Nachhaltigkeit der Staatsverschuldung

Schriftenreihe des Robert Holzmann Instituts zur Analyse wirtschaftspolitischer Aktivitäten

Herausgegeben von Robert Holzmann und Reinhard Neck

Band 21

PL ACADEMIC RESEARCH

Reinhard Neck / Robert Holzmann (Hrsg.)

Nachhaltigkeit der Staatsverschuldung

PL ACADEMIC RESEARCH

Bibliografische Information der Deutschen Nationalbibliothek
Die Deutsche Nationalbibliothek verzeichnet diese Publikation in der Deutschen Nationalbibliografie; detaillierte bibliografische Daten sind im Internet über http://dnb.d-nb.de abrufbar.

Veröffentlicht mit Unterstützung des Forschungsrates der Alpen-Adria-Universität Klagenfurt.

Umschlagabbildung:
Eigene Darstellung nach Abbildung 1 in HaushaltsSteuerung.de: Portal zur öffentlichen Haushalts- und Finanzwirtschaft, Staatsverschuldung in der Europäischen Union (EU), 25. April 2016, http://www.haushaltssteuerung.de/staatsverschuldung-europa-ranking.html

ISSN 2191-0650
ISBN 978-3-631-60979-8 (Print)
E-ISBN 978-3-631-71665-6 (E-PDF)
E-ISBN 978-3-631-71666-3 (EPUB)
E-ISBN 978-3-631-71667-0 (MOBI)
DOI 10.3726/b10753

PL Academic Research ist ein Imprint der Peter Lang GmbH.

Peter Lang – Frankfurt am Main · Bern · Bruxelles · New York · Oxford · Warszawa · Wien

Diese Publikation wurde begutachtet.

www.peterlang.com

Vorwort

Im Gefolge der Großen Rezession 2007–2010 wurde von vielen Industrieländern die Budgetpolitik zur Stützung von Wirtschaftswachstum und Beschäftigung eingesetzt, was zu teilweise gravierenden Problemen der Finanzierung des öffentlichen Sektors und einer beträchtlichen Ausweitung seiner Verschuldung führte. Besonders in der Europäischen Wirtschafts- und Währungsunion wurde durch diese Entwicklung das Ziel der Budgetkonsolidierung nicht nur verfehlt, sondern voraussichtlich in weite Ferne gerückt. Andererseits gelang es in anderen Staaten, die öffentliche Verschuldung nach dem Ende der Rezession wieder zu langfristig nachhaltigen Werten zurückzuführen. Die Ursachen dieser unterschiedlichen Entwicklungen und die daraus resultierenden Perspektiven für die Wirtschaftspolitik sind Gegenstand dieses Buchs.

Im Rahmen eines Forschungsprojekts, das vom Ludwig Boltzmann-Institut zur Analyse wirtschaftspolitischer Aktivitäten initiiert und organisiert und durch den Jubiläumsfonds der Oesterreichischen Nationalbank (Projekt Nr. 9506) finanziell gefördert wurde, wurde untersucht, wie die Budgetpolitik in Österreich und in anderen Industrieländern gestaltet werden sollte. Dabei wurden sowohl kurz- und mittelfristige (konjunkturelle) Auswirkungen von Staatsschulden wie Wachstumseffekte in die Untersuchungen einbezogen. Einen Schwerpunkt neben der österreichischen Situation bildeten die Probleme in der Eurozone, die durch die Staatsschuldenkrise im Gefolge der Großen Rezession besonders betroffen war. Neben den Untersuchungen zu den institutionellen Besonderheiten des Euroraums zeigen die in diesem Buch enthaltenen Länderstudien, wie überprüft werden kann, ob einzelne Entwicklungspfade der Staatsverschuldung als nachhaltig bezeichnet werden können und welchen Herausforderungen sich die nationalen budgetpolitischen Entscheidungsträger bei der Sicherung der Nachhaltigkeit gegenübersehen.

Frühere Versionen der Arbeiten, die in diesem Buch veröffentlicht werden, wurden auf wissenschaftlichen Tagungen vorgetragen und einer fachlichen Diskussion unterzogen. Insbesondere wurden einige Beiträge am 22. und 23. Oktober 2004 auf einer Konferenz zur Nachhaltigkeit der Staatsschulden in Tutzing bei München vorgetragen und diskutiert, die von CESifo München und dem Ludwig Boltzmann-Institut zur Analyse wirtschaftspolitischer Aktivitäten organisiert wurde. Weitere Beiträge wurden am 29. und 30. September 2009 auf einem Workshop in Klagenfurt präsentiert, der von INFER (International Network for Economic Research) und dem Institut für Volkswirtschaftslehre der Alpen-Adria-Universität Klagenfurt organisiert wurde. Durch die Schließung des Ludwig Boltzmann-Instituts zur Analyse wirtschaftspolitischer Aktivitäten und die Überführung der wissenschaftlichen Agenden dieses Instituts in das Robert Holzmann-Institut zur Analyse wirtschaftspolitischer Aktivitäten, den Wechsel des Verlags der Schriftenreihe von der Manzschen Verlags- und Universitätsbuchhandlung zum Peter Lang Verlag und verschiedene andere Umstände hat die Herausgabe dieses Buchs mehrere Verzögerungen erfahren. Das Thema ist aber unvermindert aktuell, und die in den einzelnen Beiträgen enthaltenen Informationen können weiterhin für die Budgetpolitik wesentliche Entscheidungsgrundlagen liefern.

Dem Jubiläumsfonds der Oesterreichischen Nationalbank, der Ludwig Boltzmann-Gesellschaft, dem Forschungsrat der Alpen-Adria-Universität Klagenfurt und dem Verein zur Förderung der Wirtschaftswissenschaften an der Alpen-Adria-Universität Klagenfurt ist für ihre finanzielle Unterstützung zu danken. Den Autoren der einzelnen Beiträge gebührt Dank für die kooperative und verständnisvolle Zusammenarbeit. Frau Christina Kopetzky danke ich für die sorgfältige editorische Bearbeitung dieses Buchs, die exzellente Unterstützung im Sekretariat und die kompetente Übersetzung der Kapitel 2 bis 8 und 10 aus dem Englischen. Für die gute Zusammenarbeit bei der Herausgabe des Buchs danke ich dem Projektleiter, Herrn Professor Robert Holzmann, für die Geduld während der Wartezeit bis zur Ablieferung und die rasche Drucklegung des Manuskripts den Mitarbeiterinnen und Mitarbeitern des Peter Lang Verlags.

Klagenfurt, im November 2016 Reinhard Neck

Inhaltsverzeichnis

Reinhard Neck und Robert Holzmann

Kapitel 1
Nachhaltigkeit der Staatsverschuldung: Einleitung und Übersicht

1.1 Problemstellung

Probleme der Staatsverschuldung und ihrer Nachhaltigkeit sind mindestens so alt wie der moderne Staat der Neuzeit, wie die wirtschaftsgeschichtlichen Forschungen von Drelichman und Voth (2014) zur Finanzpolitik König Philipps II. von Spanien zeigen. Dabei ist der Begriff der Nachhaltigkeit in der ökonomischen Fachliteratur nicht unumstritten, obwohl er im politischen Diskurs geradezu inflationär verwendet wird. Ursprünglich aus der Forstwirtschaft kommend, hat er vor allem im Sinn einer Erhaltung der natürlichen Lebensgrundlagen in der Ökologie einen festen Platz erhalten. Weniger zahlreich sind die Versuche, den Begriff exakter zu fassen; exemplarisch ist hier der axiomatische Ansatz von Chichilnisky (1996, 2011) zu nennen, der trotz des Engagements der Verfasserin im Zusammenhang mit dem Kyoto-Protokoll von der meist qualitativ orientierten ökologischen Literatur kaum zur Kenntnis genommen wurde. Jedenfalls handelt es sich bei nachhaltiger Politik um eine solche, die langfristige Beschränkungen berücksichtigt und Sicherungen gegenüber seltenen und unvorhergesehenen, aber potentiell katastrophalen Ereignissen („schwarzen Schwänen") beinhaltet.

Im Zusammenhang mit der Fiskalpolitik geht es bei der Nachhaltigkeit darum, die Schuldenaufnahme des Staates in Einklang mit den langfristigen Möglichkeiten der entsprechenden Volkswirtschaft zu bringen und insbesondere die Möglichkeit der Zahlungsunfähigkeit des Staates auszuschließen. Dass solche Staatsbankrotte historisch gar nicht so selten sind und regelmäßig massive wirtschaftliche Verwerfungen für die Bevölkerung der betroffenen Staaten – und nicht zuletzt gerade der schwächeren Gesellschaftsmitglieder – mit sich gebracht haben, zeigt die wirtschaftsgeschichtliche Krisenforschung sehr eindrücklich (Reinhart und Rogoff 2009). In der aktuellen Situation der Europäischen Wirtschafts- und Währungsunion (EWWU), aber auch in anderen Ländern (nicht zuletzt den Wirtschaftsmächten USA und Japan) stellen sich solche Probleme der Nachhaltigkeit der Staatsfinanzen insbesondere im Gefolge der Großen Rezession, der Finanz- und Wirtschaftskrise 2007–2010, die zu einer erheblichen Belastung der öffentliche Haushalte führte und die Verschuldung der meisten Staaten weiter ansteigen ließ. Darüber hinaus ergeben sich aus Problemen der Alters- und Gesundheitssicherung bei steigender

Lebenserwartung und verändertem generativem Verhalten in den Industrieländern weitere Herausforderungen für die Finanzierung der Ausgaben des öffentlichen Sektors. All dies rechtfertigt eine wissenschaftliche Untersuchung der Möglichkeiten der Erzielung von nachhaltigen Entwicklungen der Staatsschulden.

Die Entwicklung von Konzepten und Theorien zu den Staatsschulden, ihrer Dynamik und den Bedingungen für ihre Stabilität und von alternativen Messkonzepten für ihre Vergleichbarkeit im Rahmen eines einheitlichen Währungsraumes und darüber hinaus hat in den letzten beiden Jahrzehnten wesentliche Fortschritte erzielt. Wichtige Elemente davon werden in diesem Band diskutiert und dokumentiert und für die Bewertung der Wirtschaftspolitik herangezogen. In dieser Einleitung wollen wir nach einer kurzen Charakterisierung der einzelnen Beiträge dieses Buchs einige Themen ansprechen, die wirtschaftspolitische Relevanz haben, aber meist nicht thematisiert und analysiert werden. Gemeinsame Themen sind die Fragen der operativen Messbarkeit, Vergleichbarkeit und Anwendbarkeit von Daten um die Staatsschulden sowie die Folgerungen für die Gestaltung der Wirtschaftspolitik im Euroraum und insbesondere in Österreich.

1.2 Übersicht zu den Beiträgen

Der *erste Teil* des Buchs (Kapitel 2 bis 5) behandelt Themen, die sich auf einen internationalen oder europäischen Kontext beziehen. Die fiskalischen Reaktionen auf die Große Rezession durch automatische Stabilisatoren und zusätzliche fiskalpolitischen Maßnahmen haben in Europa ebenso wie in anderen Teilen der Welt zu einem weiteren Anstieg der Staatsschulden geführt. Häufig wird argumentiert, dass die Eurozone in Hinblick auf die Stabilisierungsaufgaben der Fiskalpolitik schlechter abgeschnitten habe als die USA. In *Kapitel 2* zeigen Servaas Deroose, Martin Larch und Andrea Schächter jedoch, dass dies nicht zutreffend ist, wenn man hinreichend zwischen diskretionären Maßnahmen und automatischen Stabilisatoren differenziert. Letztere sind im Euroraum deutlich stärker ausgeprägt als in den Vereinigten Staaten, wodurch der – ohnedies problematische – Einsatz des diskretionären Instrumentariums weniger entscheidend und allenfalls sogar korrigierbar ist. Allerdings zeigen die Autoren, dass die Trennlinie zwischen diskretionärer und automatischer fiskalpolitischer Stabilisierung nicht so scharf ist, wie generell angenommen wird; sie hängt im Wesentlichen von den vorherrschenden Annahmen über die mittelfristigen Wachstumsaussichten ab. Überdies bemerkenswert ist der Befund, dass die Fiskalpolitik im Euroraum stärker als in den USA auf die Erreichung langfristiger Nachhaltigkeit ausgerichtet war. Dagegen liegt eine Schwäche der diskretionären Stabilisierung im Euroraum in der Versuchung, unerwartete Einnahmen auszugeben. Die fiskalpolitischen Entscheidungsträger einer Reihe von Euroraum-Ländern erlagen der Versuchung, übermäßig diskretionäre Expansion umzusetzen, auch dadurch, dass die zusätzlichen Einnahmen in Jahren ausgegeben wurden, in denen rückblickend gesehen eine neutrale oder restriktive Fiskalpolitik angezeigt gewesen wäre.

Kapitel 3 von Marco Buti, Sylvester Eijffinger und Daniele Franco diskutiert die kritischen Aspekte der fiskalpolitischen Regeln der EWWU, insbesondere des Stabilitäts- und Wachstumspakts, betrachtet die wichtigsten Reformvorschläge und bewertet die im Jahr 2005 eingeführten Änderungen des Pakts. Die Rahmenstruktur des Pakts zielt darauf ab, fiskalpolitische Disziplin und fiskalpolitische Stabilisierung in einem Kontext, in dem die Länder letztendlich für die Fiskalpolitik verantwortlich bleiben, ins Gleichgewicht zu bringen. Die Reform des Pakts behebt nach Ansicht der Autoren bis zu einem gewissen Grad Probleme hinsichtlich asymmetrischer Anreize und des Fehlens einer langfristigen Ausrichtung; sie kann jedoch die größte Schwäche der alten Regeln, ihre schlechten Durchsetzungsmechanismen, kaum beheben. Das gleiche gilt wohl für die mittlerweile – allerdings nicht in allen Ländern der EU – eingerichtete Schuldenbremse. Trotzdem ist der Pakt nicht als irrelevant anzusehen: Die Gründe, weshalb fiskalpolitische Regeln in einer Währungsunion aus zahlreichen souveränen Staaten überhaupt erst eingeführt wurden, sind nach wie vor gültig. Außerdem ist bisher keine brauchbare Alternative zu einer glaubwürdigen supranationalen Regel aufgekommen, da alle anderen bisher vorgebrachten Vorschläge auf ernst zu nehmende Kritik stießen. Überdies hat gerade die Große Rezession, in der vielfach das Ziel der Nachhaltigkeit der Staatsschulden zugunsten des Ziels der Stabilisierung von Beschäftigung und Output hintangestellt wurde, gezeigt, dass beim Auftreten ernsthafter Defizite in einigen Ländern, die die Stabilität der Eurozone bedrohten, andere Mitglieder der Eurozone den Druck für eine rigorose Umsetzung der Regeln steigerten oder Maßnahmen zur teilweisen Entschuldung dieser Länder in die Wege leiteten.

Auch wenn man die Notwendigkeit fiskalpolitischer Regeln für die nachhaltige Gestaltung der Budgetpolitik des Staates außer Streit stellt, stellen sich die Fragen, ob die für den Stabilitäts- und Wachstumspakt gewählten Indikatoren für das Ziel der fiskalpolitischen Stabilität relevant, ob die zugrunde liegende Struktur der statistischen Daten und ihrer Erzeugung und Verwendung geeignet und ob die für die Durchsetzung der Regeln erforderlichen Bedingungen gegeben sind. Diesem Themenkomplex widmet sich *Kapitel 4* von Fabrizio Balassone, Daniele Franco und Stefania Zotteri. Sie überprüfen die in der EWWU eingeführten Indikatoren hinsichtlich deren Relevanz und der Eignung der zugrunde liegenden statistischen Struktur bei der Bereitstellung erforderlicher Bedingungen für die Durchsetzung. Sie stellen fest, dass ein Bezug auf vorausschauende Indikatoren geeigneter gewesen wäre. Allerdings beruhen derartige Indikatoren auf starken Annahmen, erfordern komplexe Berechnungen und eignen sich nicht für die Durchsetzung formeller Regeln, insbesondere in einem multinationalen Kontext, in dem Fragen des moralischen Risikos an Bedeutung gewinnen. Andererseits ermöglicht es der Schuldenindikator der EWWU (die konsolidierten gesamtstaatlichen Bruttofinanzschulden zum Nennwert), Ziele durch Maßnahmen zu erreichen, die nicht die fiskalpolitische Nachhaltigkeit verbessern, und tendiert dazu, ausstehende Verpflichtungen zu unterschätzen. Derartige Maßnahmen wurden in signifikantem Ausmaß in EWWU-Mitgliedstaaten eingesetzt. Auch der Defizitindikator der EWWU (die gesamtstaatliche Nettoschuldenaufnahme gemäß ESVG 1995) krankt daran, dass er nicht zeitgerecht überwacht werden kann, zu viel Spielraum für Diskretion lässt und signifikanten Berichtigungen unterliegt, wobei starke Abweichungen von den Zielen nur mit bedeutender Verzögerung festgestellt wurden, nachdem die Defizitzahlen großen Berichtigungen nach oben unterzogen worden waren. Eine laufende Überwachung während des Jahres ist daher erforderlich, wofür mittlerweile auf EU-Ebene Maßnahmen gesetzt wurden. Jedoch ist zuzugeben, dass alle fiskalpolitischen Indikatoren verzerrt werden können, wenn sie als wirtschaftspolitische Ziele eingesetzt werden, sodass einfaches Ersetzen der aktuellen Indikatoren durch neue diese Probleme nicht lösen würde. Die Autoren plädieren dafür, dass eine ganze Gruppe von Indikatoren entwickelt werden sollte, um die Relevanz der fiskalpolitischen Überwachung für fiskalpolitische Nachhaltigkeit und wirtschaftspolitische Lenkung zu erhöhen.

Kapitel 5 berichtet über die Ergebnisse der Studie eines internationalen Teams (Fabrizio Balassone, Jorge Cunha, Geert Langenus, Bernhard Manzke, Jeanne Pavot, Doris Prammer und Pietro Tommasino), die die relativen Vorzüge verschiedener budgetpolitischer Antworten auf die Herausforderung, die die Alterung darstellt, für den Euroraum bewertet. Bezüglich der budgetären Kosten der Alterung werden die Prognosen der Arbeitsgruppe Bevölkerungsalterung (AWG) des Wirtschaftspolitischen Komitees der EU als wichtiger Ausgangspunkt gewählt, die maßvolle Steigerungen der Staatsausgaben implizieren. Die Autoren zeigen jedoch, dass plausible alternative Annahmen bei Schlüsselparametern in den Prognosen die AWG-Schätzungen altersbedingter Steigerungen der Staatsausgaben für die Periode 2010–2060 deutlich erhöhen könnten, wobei im Allgemeinen die Nachhaltigkeitslücken sowohl auf künftige alterungsbedingte Kosten als auch auf aktuelle strukturelle Defizite zurückzuführen sind. Ferner untersuchen die Verfasser die relativen Vorzüge einer „frühen" fiskalischen Anpassung und einer schrittweisen Anpassung. In diesem Zusammenhang verwenden sie das Prinzip der intergenerativen Gerechtigkeit als Hauptkriterium und betrachten die intergenerativen Konsequenzen dieser beiden stilisierten Strategien aufgrund des Lebensnettobeitrags verschiedener Kohorten zum staatlichen Primärsaldo. Die Frage des geeigneten Timings budgetärer Konsolidierungen hat wichtige Auswirkungen auf die Überarbeitung der mittelfristigen Haushaltsziele (MTOs) der Fiskalpolitik, die im Rahmen des überarbeiteten Stabilitäts- und Wachstumspakts eingeführt wurden. Als Ergebnis kann unter anderem festgehalten werden, dass die „frühe" Anpassungsstrategie im Allgemeinen zu flacheren Zeitprofilen der gesamten Lebenszeitbelastung führt als die „schrittweise" fiskalpolitische Anpassung und daher als gerechter betrachtet werden kann. Aus diesen Resultaten folgt, dass eine Revision nach oben für die mittelfristigen Ziele bezüglich künftiger Budgetüberschüsse für viele EU-Mitgliedstaaten gerechtfertigt sein kann.

Im *zweiten Teil* des Buchs (Kapitel 6 bis 10) werden empirische Untersuchungen bezüglich der Nachhaltigkeit der Staatsschuldenentwicklung für verschiedene Länder dargestellt, wobei – mangels verfügbarer alternativer Daten in Zeitreihenform – die Arbeiten durchwegs auf den expliziten Staatsschulden der Vergangenheit beruhen. Der Beitrag von Henning Bohn (*Kapitel* 6) erörtert methodische Fragen von Tests konkreter Staatsschuldenentwicklungen und hebt vor allem ein Verfahren hervor, das auf der von ihm entwickelten grundlegenden Bedingung einer positiven Rückkoppelung von Primärüberschüssen an steigende Staatsschulden beruht (Bohn 1998). Dieses Testverfahren ist in zahlreichen internationalen Studien verwendet worden und gilt mittlerweile als „Goldstandard" von Nachhaltigkeitstests, da es eine hinreichende Bedingung für nachhaltige Staatsschuldenpolitik überprüft. Anhand einer außergewöhnlich langen Zeitreihe weist Bohn nach, dass die Staatsschuldenentwicklung der USA, trotz mehrfach beträchtlicher Steigerungen in Kriegszeiten, durchwegs nachhaltig war. Verantwortlich dafür war in erster Linie die Tatsache, dass Wachstumseffekte historisch die gesamte Zinsbelastung der US-Staatsschulden abgedeckt haben. Dies verweist auf die Bedeutung ausreichenden Wirtschaftswachstums für die Frage der Nachhaltigkeit der staatlichen Budgetpolitik, aber auch auf die Notwendigkeit, bei stark steigenden Staatsschulden durch restriktivere Budgetgestaltung entgegenzuwirken.

Alfred Greiner, Uwe Köller und Willi Semmler diskutieren in *Kapitel 7* verschiedene formale ökonometrische Verfahren, die es ermöglichen, die Fiskalpolitik auf Nachhaltigkeit zu testen, und liefern für die deutsche Fiskalpolitik diesbezüglich Evidenz für den Zeitraum 1960–2003. Dabei wird Bohns Ansatz erweitert, indem ein Modell mit zeitvariablen Koeffizienten bei der Anwendung auf die deutschen Zeitreihendaten verwendet wird. Tests zeigen, dass die Reaktion der Primärüberschussquote auf höhere Schuldenquoten nicht konstant war, sondern im Lauf der Zeit variiert hat, was die Erweiterung um Zeitabhängigkeit des Schätzzusammenhangs rechtfertigt. Auch hier erhalten die Autoren das Ergebnis, dass die Primärüberschuss-BIP-Quote positiv auf höhere Schuldenquoten reagiert, was darauf hinweist, dass die Staatsschulden nachhaltig sind. Es wird jedoch auch gezeigt, dass es einen negativen Trend bei diesem Koeffizienten gibt, der nur Mitte bzw. Ende der 1990er Jahre nicht gesunken ist.

Ein besonders interessanter Fall eines Landes innerhalb der Eurozone mit besonders hoher Staatsverschuldung ist Italien, das von Emma Galli und Fabio Padovano in *Kapitel 8* untersucht wird. In seiner über eineinhalb Jahrhunderte langen Geschichte seit der Vereinigung hat Italien nur 30 Jahre erlebt, in denen seine Schulden-BIP-Quote unter der vom Maastricht-Vertrag geforderten 60 %-Grenze geblieben ist. Diese turbulente Finanzgeschichte legt eine Überprüfung der Nachhaltigkeit der italienischen Staatsfinanzen nahe. Dazu führen Galli und Padovano Nachhaltigkeitstests der italienischen Staatsfinanzen in der Nachkriegszeit durch. Wie erwartet bestehen die italienischen Staatsfinanzen in der betrachteten Periode nicht diese Nachhaltigkeitstests. Der Beitrag analysiert dann die Bestimmungsgrößen der Entwicklung der italienischen Staatsdefizite, indem ein Kointegrations-Fehlerkorrektur-Modell der Bestimmungsgrößen der italienischen Staatsschulden in der Periode nach dem Zweiten Weltkrieg geschätzt wird. Die Schätzung dieses Modells für zwei Perioden – „prä-Maastricht" (1950–1990) und „post-Maastricht" (1950–2002) – liefert erste Evidenz, ob die vom Maastricht-Vertrag auferlegten Beschränkungen sowohl das Schuldenniveau als auch dessen Bestimmungsgrößen beeinflusst haben. 1991, das Jahr der Unterzeichnung des Maastricht-Vertrags, stellt einen Strukturbruch in der Beziehung dar: Die Schuldenbildung reagiert nach 1991 im Vergleich zur Periode vor 1991 wesentlich empfindlicher auf externe Beschränkungen, hauptsächlich die vom Maastricht-Vertrag selbst auferlegten numerischen Regeln, sowie auf institutionelle Faktoren wie die Budgetgenehmigungsregeln und die relative politische Macht des Wirtschaftsministers über die ausgabenkompetenten Minister. Obwohl die Bestimmungsgrößen der italienischen Staatsdefizite vor und nach Maastricht im Wesentlich die gleichen sind und waren, hat sich die Art, in der die Fiskalpolitik auf die jeweiligen Determinanten reagiert, nach der Unterzeichnung des Vertrags beträchtlich verändert. Die Empfindlichkeit der italienischen Budgetdefizite für die internen (Budgetgenehmigungsregeln) und externen (Maastricht-Vertrag) institutionellen Beschränkungen hat seit 1991 zugenommen.

Die Budgetpolitik Österreichs ist Gegenstand des *Kapitels 9* von Reinhard Neck, Andrea Klinglmair und Gottfried Haber. Sie beschreiben die historische Entwicklung der Bundesstaatsschulden und testen die Hypothese der Nachhaltigkeit der Staatsschuldenentwicklung für Österreich mit Hilfe der Methodologie von Bohn. Die Frage der Nachhaltigkeit der Staatsschuldenentwicklung des Bundes in Österreich für die gesamte untersuchte Periode wird vorsichtig positiv beurteilt, wobei jedoch die Tendenz zur Rückkehr der Staatsschulden zu ihrem Mittelwert wie in Deutschland abgenommen hat. Darüber hinaus untersuchen sie einige mögliche politische Bestimmungsgrößen der österreichischen Budgetpolitik. Für Österreich kann ein signifikanter Strukturbruch in der Mitte der 1970er Jahre in Hinblick auf die Ausrichtung der Fiskalpolitik festgestellt werden. Während die Stabilisierung der Staatsschulden (im Verhältnis zum BIP) bis 1974 ein wesentliches Ziel der Politik war, war das hauptsächliche politische Ziel seit 1975 die Senkung bzw. Geringhaltung der Arbeitslosenquote, auch auf Kosten hoher Bundesbudgetdefizite, was zu rasch ansteigenden Bundesschulden geführt hat. Die Autoren finden gewisse empirische Anzeichen dafür, dass die Teilnahme der Sozialdemokraten an der Regierung ceteris paribus das Primärdefizit erhöht hat, doch ist der Einfluss einer solchen Regierungsbeteiligung wesentlich geringer als jener der Veränderung des Paradigmas der Budgetpolitik in Richtung auf starke Reaktionen auf die Arbeitslosenquote. Daher scheint die Entwicklung der Staatsschulden in Österreich nicht in erster Linie durch Ideologien und Parteipolitik bestimmt zu werden, sondern durch strukturelle Änderungen und die Änderung im budgetpolitischen Paradigma. Ferner gibt es empirische Evidenz dafür, dass Regierungen in Österreich, die nur durch eine einzige Partei dominiert wurden, höhere Defizite herbeigeführt haben als Koalitionsregierungen der beiden großen Parteien oder insbesondere der beiden rechts orientierten Parteien in Österreich. Dagegen gibt es keine Anzeichen für einen politischen Budgetzyklus in Österreich in der untersuchten Periode.

Andrew Hughes Hallett liefert im abschließenden *Kapitel 10* eine Interpretation der fiskalpolitischen Strategien in Großbritannien nach der Ära Thatcher. In dieser Zeit war die Fiskalpolitik aktiv und an mittel- bis langfristigen Zielen orientiert, insbesondere niedriger Schuldenstand, Bereitstellung öffentlicher Dienstleistungen und Investitionen, soziale Gerechtigkeit und wirtschaftliche Effizienz. Ihre Maßnahmen wurden in Zusammenhang mit einer aktiven, auf Inflationssteuerung und einer unabhängigen Zentralbank beruhenden Geldpolitik konzipiert. Die einkommensstabilisierenden Aspekte der Fiskalpolitik wurden passiv belassen, um über die automatischen Stabilisatoren zu wirken, während der diskretionäre Teil auf das Erreichen der langfristigen Ziele ausgerichtet war, einschließlich ausgeglichenen Budgets (exklusive öffentlicher Investitionsprojekte) über den Konjunkturzyklus. Hughes Hallett interpretiert dieses institutionelle Arrangement dahingehend, dass die britische makroökonomische Politik als ein Stackelberg-Spiel modelliert werden kann, das zwischen der diskretionären (Pareto-superioren, aber zeitinkonsistenten) kooperativen Lösung und der vollständig unabhängigen (aber nichtkooperativen) Lösung liegt. Dabei nimmt die Fiskalpolitik die führende Rolle vor einer unabhängigen Geldpolitik ein, während die Geldpolitik sich zu jeder Zeit in der Rolle des Nachfolgers nach der fiskalpolitischen Position richten muss. Das ermöglicht es der Volkswirtschaft, die Vorteile einer unabhängigen Geldpolitik zu sichern, zugleich aber auch von einem gewissen Grad an Koordination zwischen den zwei Entscheidungsträgern zu profitieren, wobei die Koordination hier implizit (regelgebunden) und nicht diskretionär ist. Der Autor liefert für diese Interpretation institutionelle Evidenz aus dem Bericht des britischen Finanzministeriums, empirische Evidenz durch die Schätzung von geldpolitischen und fiskalpolitischen Reaktionsfunktionen für Großbritannien (und, zum Vergleich, die Eurozone) sowie theoretische Evidenz in einem makroökonomischen Modell fiskalpolitischer Führung, das zeigt, dass dieses Spiel zu einer im Vergleich zum symmetrischen nichtkooperativen Spiel Pareto-superioren Lösung führt und eine nachhaltige Entwicklung der Staatsschulden garantiert. Dadurch kann auch die in dieser Periode gegenüber der Eurozone bessere Entwicklung der gesamtwirtschaftlichen Zielgrößen erklärt werden.

1.3 Wirtschaftspolitische Schlussfolgerungen

1.3.1 Höhe und Vergleichbarkeit der expliziten Staatsschulden

Die offiziellen Finanzschulden eines Landes sollten grundsätzlich gut sichtbar und in ihrem Gesamtumfang und ihrer Struktur bekannt sein. In der Realität liegt trotz verschiedener Reformversuche der letzten Dekaden die wahre Größe der Finanzverpflichtungen der Staaten noch immer weitgehend im Graubereich. In Österreich ist dies auch, aber nicht nur auf die unterschiedlichen Verbuchungsvorschriften von Gemeinden und Ländern für Einnahmen, Ausgaben, Vermögensveränderungen und Finanzverpflichtungen zurück zu führen. Auch im Bundeshaushalt verbleiben trotz wesentlicher Verbesserungen Mehrdeutigkeiten, die oft mit den wirtschaftlichen Vermögensbeteiligungen des Bundes verbunden sind. Diese Unsicherheiten sind aber wahrscheinlich heutzutage nur mehr im einstelligen Prozentbereich der ausgewiesenen Finanzschulden. Das ist jedoch keine gute Entschuldigung dafür, dass es noch immer keine einheitliche Vermögens- und Verpflichtungsbilanz des Staates über Bund, Länder, Gemeinden und Wirtschaftsunternehmen der öffentlichen Hand gibt. Das Problem ist dabei nicht nur das fehlende Wissen über die tatsächliche Größe der Finanzschulden des öffentlichen Sektors, sondern es ist auch eine Einladung an die politisch Entscheidenden auf allen Ebenen, über Verschiebungen zwischen Verpflichtungskategorien die Qualität der ökonomischen Entscheidungen zu beeinträchtigen, mit negativen Auswirkungen auf Ressourcenallokation und Verteilungseffekte. Eine Harmonisierung des Rechnungswesens und des statistischen Meldewesens ist daher in Österreich vordringlich. Ähnliche Probleme bestehen auch in anderen Ländern der Eurozone und haben in der Vergangenheit zu der Unsitte der „kreativen Buchführung" geführt, wodurch etwa (aber nicht nur) Griechenland durch viele Jahre seine wahre budget-politische Situation verschleiert hat.

1.3.2 Implizite Staatsschulden: Bereiche, Umfang und Effekte

Der „Gorilla im Raum" im Bereich der öffentlichen Haushalte sind jedoch die impliziten Staatsschulden, also jene Verpflichtungen des Staates, die sich aus vergangenen Staatseinnahmen oder Verwendungszusagen ergeben, welche den offiziellen Staatsschulden in der Form von Wertpapieren (z. B. Staatsanleihen) oder Kreditverpflichtungen (z. B. an die privaten Geschäftsbanken) sehr nahe kommen.

Was als implizite Staatsschulden anzusehen ist, wie diese berechnet werden sollten, wie hoch sie wirklich sind und wie sehr sie in eine Nahebeziehung zu den expliziten Staatsschulden treten, ist in der ökonomischen Literatur noch immer nicht einheitlich geklärt und damit zu einem hohen Grade subjektiv. Die Verpflichtung der EU-Staaten, bis 2017 (d. h. morgen) diese Verbindlichkeiten zu berechnen und auszuweisen, bringt mehr Diskussion und Transparenz in die Angelegenheit. Jedoch stimmen die Zielsetzungen und Sichtweisen der VGR-Statistiker und der Ökonomen nicht notwendigerweise überein (Bloch und Fall 2015; Lojsch, Rodríguez-Vives und Slavík 2011).

Weitgehend unbestritten ist, dass die Pensionsverpflichtungen des öffentlichen und des privaten Sektors für ihre aktuellen und vergangenen Mitarbeiter, die auf Umlagebasis finanziert werden, eine wesentliche Form der impliziten Staatsschuld darstellen. Diese Zusagen beruhen grundsätzlich auf vorangegangen Beiträgen und schaffen daher juristisch wie auch politisch eine Art Eigentumsanspruch. Ähnlich den Anleihen werden diese Schulden, die durch die Entgegennahme der vergangenen Beiträge für die Versicherten entstanden sind, dann sukzessive durch Pensionsleistungen abgetragen (Holzmann, Palacios und Zviniene 2001, 2004). Was geschieht aber, wenn von den Ansprüchen – auf der Ebene des Individuums oder des gesamten Versichertenpools – nur ein Teil durch Beiträge entsteht, ein anderer aber auf traditionell gewordenen staatlichen Zuschüssen beruht, für die es jedoch eigentlich keine Gesetzesbasis gibt (wie in Österreich, wo die gesamten Zuschüsse zur Pensionsversicherung bei ca. einem Drittel der Ausgaben liegen): Zählt dieser Anteil auch zu den Staatsschulden oder nur der beitragsbezogene Teil? Auf der anderen Seite hat die Mehrzahl der vielen Pensionsreformen der letzten Jahrzehnte Reduktionen dieser impliziten Staatsschulden gebracht, was einem Zahlungsausfall entspricht. Diese Möglichkeit des Staates, sich solcher Verpflichtungen durch Leistungsreformen teilweise zu entschulden, wird vielfach als Argument dafür angesehen, dass explizite und implizite Staatsschulden nicht dieselbe ökonomische Qualität haben und daher nicht zu addieren sind. Daher weisen empirische Untersuchungen für Veränderungen der impliziten Staatsschuld aus öffentlichen Pensionen grundsätzlich keine äquivalenten Veränderungen in den Risikoprämien auf, wie wir sie erst jüngst bei den expliziten Staatsschulden der Länder des Euroraums erlebt haben. Letztere sind aber in Europa, auch durch die fehlende Glaubwürdigkeit der No-Bailout-Klausel, nur in Ausnahmefällen sichtbar und quantitativ relevant.

Neben den in der politischen Diskussion bekannten impliziten Staatsschulden aus der staatlichen Pensionsversicherung gibt es noch einen weiteren Bereich, der aber kaum in die Diskussion kommt: die staatliche Krankenversicherung. Bei dieser stehen den laufenden Versichertenbeiträgen (inklusive jenen der Arbeitgeber) laufende Leistungen gegenüber (Medikamente, Arztbesuche, Krankenhausaufenthalte), sodass der Eindruck entsteht, dass es dabei zu keinen wesentlichen verschobenen Ausgabenverpflichtungen und damit der Entstehung von impliziten Staatsschulden kommt. Bei näherer Betrachtung der Einnahmen- und Ausgabendaten stellt man jedoch fest, dass die Individuen bis zu ihrem Pensionsantritt hohe Nettozahler sind (mit Ausnahme der Frauen infolge von Geburten) und damit ein fiktives Ansparkapital für Gesundheitsausgaben im Alter haben (Holzmann und Koettl 2015, Werding und McLennan 2015). Die Größenordnung ist dabei auf individueller und makroökonomischer Ebene so, dass sie an jene der Pensionsversicherung heranreicht (und dies ist auch aus dem Deckungskapital der privaten Krankenversicherungen bekannt). Wie bei der staatlichen Pensionsversicherung bestehen diese Verpflichtungen grundsätzlich unabhängig von der Realisierung der künftigen Beiträge der jüngeren Generation, und wie bei der Pensionsversicherung kann diese Verpflichtung zwar durch „(Gesundheits-) Reformen“ reduziert, aber nicht beseitigt werden.

Was die Größenordnung dieser impliziten Staatsschulden anlangt, so ist diese beeindruckend, wie auch in Kapitel 5 dieses Buchs betont wird. In beiden Fällen ist sie nach einer einfachen Daumenregel das 20- bis 30fache des jährlichen (relevanten) Ausgabenvolumens (Holzmann 2014). Bei den Pensionen sind dies die gesamten Jahresausgaben im Steady State (nach Auswirkung der bisherigen Reformen), d. h. in Österreich zumindest 12 Prozent des BIP und damit zumindest implizite Pensionsschulden von 240 Prozent des BIP. Bei den staatlichen Gesundheitsausgaben sind dies die Altersausgaben und damit grob geschätzt zwei Drittel der gesamten Jahresausgaben im Steady State, d. h. in Österreich zumindest 6 Prozent des BIP und damit zumindest implizite Gesundheitsschulden von 120 Prozent des BIP. Wie viel von diesen impliziten Pensions- und Gesundheitsschulden von nunmehr 360 Prozent des BIP die ökonomische Qualität der expliziten Finanzschulden von nunmehr bereits über 80 Prozent des BIP haben, ist ungewiss. Zweifellos erscheint jedoch, dass die impliziten Finanzschulden ein Vielfaches der expliziten Staatsschulden ausmachen und die wirtschaftspolitischen Ansätze zu deren Reduktion und Bewältigung nicht einfacher sind.

Keine Rolle haben in der Diskussion bis vor wenigen Jahren die impliziten Staatsschulden aus Haftungsübernahmen eingenommen, auch weil die Wahrscheinlichkeit, dass diese Haftungen im größeren Maß schlagend werden, als sehr gering eingeschätzt wurde. Nach der Hypo-Alpe-Adria Pleite, den Erfahrungen des Landes Kärnten und der letztendlichen Finanzierung durch den Bund wird der Vermeidung solcher Haftungen und der Bewertung der impliziten Schulden mehr Aufmerksamkeit geschenkt werden müssen.

1.3.3 Explizite und implizite Staatsschulden: Die Rolle von Zinsen und BIP-Wachstum

Die gegenwärtig verwendeten Konzepte für die Berechnung und Bewältigung der expliziten und impliziten Staatsschuld stammen aus einer Zeit, in der die Höhe der staatlichen Zinsen und ihre Beziehung zum BIP-Wachstum „normal" und damit viel einfacher waren. Die Zinsen der staatlichen Anleihen nach Fristigkeit folgten einer normalen Ertragskurve, wobei der gewichtete Zinssatz über dem erfahrenen und erwarteten BIP-Wachstum lag. Dies hat zur Folge, dass der Marktwert der staatlichen Anleihen, aber auch die Höhe der impliziten Staatsschulden gedrückt werden, jedoch zur Stabilisierung der Schulden der primäre Budgetsaldo positiv sein muss.

Bei einem gegenwärtigen staatlichen Anleihezinssatz – auch für längerfristige Anleihen – von um die Null Prozent für gute Schuldner und einem schwachen, aber dennoch positiven BIP-Wachstum dreht sich die Relation um: Die Schuldenhöhen steigen vergleichsweise an und der primäre Budgetsaldo kann negativ sein. Aber ist in dieser abnormalen Situation der von der Geldpolitik bestimmte langfristig geringe oder gar negative Zinssatz auch jener, welcher als Diskontrate für die Bewertung der Schuldenhöhen und -dynamik heranzuziehen ist? Führt die geringe staatliche Zinshöhe nicht zu einer Illusion über die Nachhaltigkeit der Staatsfinanzen und damit zur Reduktion des Reformdrucks und -eifers? Und ist die Schuldenpolitik vorbereitet auf eine mögliche (oder gar wahrscheinliche) sehr kurzfristige Veränderung der Zinslandschaft mit nominellen oder gar realen Zinsen auf die Neuverschuldung von 3,5 oder mehr Prozent? Wenn solche Zinshöhen mit einem weiterhin geringen oder auch moderaten BIP-Wachstum verbunden sind, so verlangt dies innerhalb von wenigen Jahren eine Verbesserung des gesamtstaatlichen Budgetsaldos von einigen Prozentpunkten: Bei einem Staatsschuldenstand in Euroland von über 90 Prozent (USA über 110 Prozent) im Jahr 2016 verlangt eine Erhöhung der Zinsen auf 3 oder mehr Prozent eine Budgetsaldoverbesserung in der Größenordnung des Maastricht-Kriteriums von 3 Prozent, eine Höhe, welche die meisten Staaten (mit Ausnahme von Deutschland oder Schweden) schon derzeit schwer einhalten können.

1.3.4 Unabhängige Programmbewertungen

Diese möglichen oder sogar wahrscheinlichen Entwicklungen der kommenden Jahre legen nahe, auch die staatliche Schuldenpolitik einem Stresstest zu unterziehen. Ob die EU-Kommission dafür die geeignete Institution ist, sei dahin gestellt. Auf nationaler Ebene könnte damit aber bereits ein Anfang gemacht werden. In Österreich wäre der Fiskalrat eine mögliche Institution, solche Stress-Szenarien abseits der üblichen Annahmen zu berechnen, zu diskutieren und zu veröffentlichen. Seine Aufgaben könnten wahrscheinlich problemlos um solche Stressszenarien erweitern werden, ohne dass seine gesetzlichen Aufgaben nach BGBl 149/2013 erweitert werden müssten. Diese Aufgaben umfassen bereits derzeit „die Überwachung der Einhaltung der Fiskalregeln in Österreich sowie alle bisher vom Staatsschuldenausschuss erfüllten Aufgaben wie z.B. budgetpolitische Empfehlungen, fiskalpolitische Analysen und Studien sowie die Mitwirkung an der öffentlichen Meinungsbildung.“ (Fiskalrat Österreich 2016). Ähnliche Aufgaben erfüllen bereits derzeit die Fiskalräte der anderen Länder.

1.3.5 Staatsschulden und Sozialpolitik

Von akademischen und praktizierenden Sozialpolitikern wird vielfach behauptet, dass die Staatsschuldenzwänge von Maastricht und der jüngsten Wirtschafts- und Finanzkrise für einen Abbau des Sozialstaates in den letzten beiden Dekaden verantwortlich gemacht werden können (de la Porte und Heins 2016). Dies sei kontraproduktiv und schädlich. Nun hat zweifellos die Finanzkrise die Notwendigkeit gebracht, alle Staatsausgaben zu überprüfen und nach Einsparungspotential zu suchen. Dabei wurden und werden auch die Sozialausgaben nicht ausgespart. Die geforderten und implementierten Pensionskürzungen in Griechenland als Gegenleistung für weitere Unterstützung durch die Troika werden vielfach als Beispiel dafür genannt. Im Großen und Ganzen wurde aber die Bedeutung der Sozialausgaben in der EU (und Österreich) kaum, wenn überhaupt, eingeschränkt. Im Gegenteil, man könnte sich sogar mehr intertemporale Einschränkungen im Austausch für eine temporäre Budgetausweitung vorstellen. In Österreich (und in anderen europäischen Ländern) könnte eine Pensionsreform nach schwedischem Vorbild die impliziten Pensionsverpflichtungen um 50 und mehr Prozentpunkte des BIP verringern. Dies geschieht durch eine wesentliche Erhöhung des Pensionsalters, auch weil die beitragsorientierten Pensionskonten die automatischen Anreize dafür schaffen. Damit stünde vom Standpunkt einer umfassenden Staatsschuldenpolitik einer Ausweitung der expliziten Finanzschulden von 10 bis 15 Prozent in den nächsten Jahren und einer Schuldenfinanzierung von Infrastruktur und Bildungsausgaben wenig entgegen. Dafür wäre es aber notwendig, auch die entsprechenden Strukturreformen im Arbeits- und Sozialbereich durchzuführen und nicht allein das Niveau der Sozialausgaben zu erhöhen.

1.3.6 Staatsschulden und makroökonomische Stabilisierungspolitik

Die vielfach (gerade in der österreichischen wirtschaftspolitischen Diskussion, aber auch in den Defizitländern der „Peripherie" der Eurozone) vertretene Auffassung, dass die sogenannte Austeritätspolitik mit dem Ziel einer Verringerung der Staatsschulden für das schwache Wirtschaftswachstum und die steigende Arbeitslosigkeit verantwortlich ist, wird durch die empirische Evidenz nicht gestützt. Die Entwicklung in Deutschland während der Jahre seit dem Eintritt in die Eurozone 1998/1999 ist ein schlagendes Gegenbeispiel: Als die Orientierung der Fiskalpolitik, wie in Kapitel 7 dieses Buchs gezeigt wird, am Ziel der Nachhaltigkeit nachließ, wies Deutschland ein ungewöhnlich schwaches BIP-Wachstum auf, während es nach der Großen Rezession – auch als Spätfolge der wirtschaftspolitischen Maßnahmen der Bundesregierung Schröder II (der Agenda 2010) – wieder die gewohnte Rolle als „Konjunkturlokomotive" des Euroraums (bzw. seiner „Kernländer") einnahm und trotzdem zu ausgeglichenen Budgets und sogar Budgetüberschüssen konvergierte. Ähnliches gilt für die Entwicklung der USA in den späten 1990er Jahren. Wenngleich diese Beispiele die Kausalrichtung des Verhältnisses von BIP-Wachstum und an Nachhaltigkeit orientierter Fiskalpolitik offen lassen, kann zumindest die Hypothese, dass letztere das Wirtschaftswachstum immer nachteilig beeinflussen müsse, als falsifiziert betrachtet werden. Dies wird auch durch theoretische Überlegungen bestätigt, wonach diskretionäre Fiskalpolitik nur schwache Stabilisierungswirkungen (wenn überhaupt) zeitigen kann; eine regelgebundene Fiskalpolitik, die die automatischen Stabilisatoren wirken lässt, ist dafür besser geeignet (Taylor 2000).

Die teilweise langsame Erholung der Volkswirtschaften der Eurozone nach der Großen Rezession und der neuerliche Konjunktureinbruch in einigen Ländern ihrer Peripherie sind in beträchtlichem Ausmaß nicht auf die (ohnehin meist höchstens ansatzweise verfolgte) Austeritätspolitik zurückzuführen, sondern sind auch Folgen der für die makroökonomische Politik nicht optimalen institutionellen Struktur der Eurozone. Abgesehen von der unterschiedlichen Wettbewerbsfähigkeit ihrer Mitglieder und nationalen Sonderfaktoren (wie Banken- und Immobilienkrisen) sind hier die Unterschiede in der Stabilitätskultur zwischen den einzelnen Ländern ein wichtiger Bestimmungsfaktor, der durch die mangelhafte Durchsetzung der Regeln des Maastricht-Vertrags noch verstärkt wird. Das Paradebeispiel ist natürlich Griechenland, aber ähnliche Probleme sind auch in anderen

Ländern aufgetreten, wie etwa das Beispiel Italien (Kapitel 8) zeigt. Umgekehrt sieht man an den Ergebnissen Großbritanniens (Kapitel 10), das eine institutionelle Struktur aufweist, in der die Fiskalpolitik die automatischen Stabilisatoren wirken lässt und diskretionäres Handeln an langfristigen Zielen – einschließlich jenem der Nachhaltigkeit der Staatsverschuldung – orientiert, während die Geldpolitik zwar unabhängig ihre Instrumente einsetzt, aber der langfristigen Orientierung der Fiskalpolitik und daraus abgeleiteten Zielen folgt, dass diese Struktur bessere (und insbesondere auch nachhaltigere) Ergebnisse liefert, als es in der Eurozone der Fall ist.

Auswege aus diesem Dilemma des Euroraums sind in ihrer gegenwärtigen institutionellen Architektur kaum ersichtlich. Die viel diskutierte Vergemeinschaftung der Fiskalpolitik (ein „europäischer Finanzminister") allein würde das Problem nicht lösen; zumindest müsste diese(r) Finanzminister(in) budgetpolitisch „konservativer" im Sinne einer Nachhaltigkeitsorientierung sein, als es die große Mehrheit der tatsächlichen Finanzminister(innen) der Eurozone bisher war. Dass ein solcher Konservativismus nicht auf Umverteilungsziele und auf eine umfassende Sozial- und Infrastrukturpolitik verzichten müsste, wurde bereits betont und wird durch das Beispiel Schwedens eindrucksvoll vorgeführt. Ob die EU in ihrer gegenwärtigen politischen Krise zu derartigen weitreichenden institutionellen Reformen in der Lage ist, ist allerdings leider zu bezweifeln.

1.4 Literaturverzeichnis

Bloch, D; Fall, F. (2015): Government Debt Indicators: Understanding the Data, OECD Economics Department, Working Paper No. 1228, Paris, http://www.oecd.org/officialdocuments/publicdisplaydocumentpdf/?cote=ECO/WKP(2015)46&docLanguage=EN (abgerufen am 5. November 2016).

Bohn, H. (1998): The Behavior of U.S. Public Debt and Deficits, Quarterly Journal of Economics 113, 949–963.

Chichilnisky, G. (1996): An Axiomatic Approach to Sustainable Development, Social Choice and Welfare 13(2), 231–257.

Chichilnisky, G. (2011): What is Sustainability? International Journal of Sustainable Economy 3(2), 125–140.

de la Porte, C.; Heins, E. (Hrsg.) (2016): The Sovereign Debt Crisis, the EU and the Welfare State Reform, London.

Drelichman, M.; Voth, H.-J. (2014): Lending to the Borrower from Hell: Debt, Taxes, and Default in the Age of Philip II, Princeton, NJ.

Fiskalrat Österreich (2016): https://www.fiskalrat.at (abgerufen am 5. November 2016).

Holzmann, R. (2014): The Implicit Pension Debt: Concept and Role in Pension Economics and Reform, in: Meszaros, J. (Hrsg.): Pension Adequacy and Sustainability, Budapest, 9–35.

Holzmann, R.; Koettl. J. (2015): The Portability of Pensions, Health, and other Social Benefits: Concepts and Issues, CESifo Economic Studies 61(2), 377–415, doi:10.1093/cesifo/ift017, online veröffentlicht am 13. Januar 2014.

Holzmann, R.; Palacios, R.; Zviniene, A. (2001): On the Economics and Scope of Implicit Pension Debt: An International Perspective, Empirica 28(1), 97–129.

Holzmann, R.; Palacios, R.; Zviniene, A. (2004): Implicit Pension Debt: Issues, Measurement and Scope, Social Protection Discussion Paper Series 0402, Washington, DC.

Lojsch, D. H.; Rodríguez-Vives, M.; Slavík, M. (2011): The Size and Composition of Government Debt in the Euro Area, European Central Bank, Occasional Paper Nr. 132, Oktober, Frankfurt.

Reinhart, C. M.; Rogoff, K. S. (2009): This Time is Different: Eight Centuries of Financial Folly, Princeton, NJ.

Taylor, J.B. (2000): Reassessing Discretionary Fiscal Policies, Journal of Economic Perspectives 14(3), 21–36.

Werding, M.; McLennan, S. (2015): International Portability of Health-Cost Coverage: Mobility, Insurance, and Redistribution, CESifo Economic Studies 61(2), 484–519, doi:10.1093/cesifo/ifu022, online veröffentlicht am 27. Mai 2015.

Servaas Deroose, Martin Larch und Andrea Schächter

Kapitel 2
Beschränkt, lahm und prozyklisch? Ein Rückblick auf die Fiskalpolitik im Euroraum

2.1 Einleitung

Wenn es einen transatlantischen Schönheitswettbewerb für fiskalpolitische Stabilisierung gäbe, würde der Euroraum wahrscheinlich auf dem zweiten Platz hinter den USA landen. Die sich aus dem dezentralen System der Wirtschaftspolitik auf dieser Seite des Atlantik ergebende Fiskalpolitik gilt als allgemein weniger erfolgreich beim Ausbügeln temporärer Schwankungen des BIP im Vergleich zu den in Washington getroffenen wirtschaftspolitischen Entscheidungen. Ein oft zitierter Zeitraum aus der näheren Vergangenheit sind die frühen 2000er Jahre, als in Folge der IT-Blase die US-Fiskalbehörden eine merkliche diskretionäre fiskalpolitische Expansion umsetzten, während die fiskalpolitischen Entscheidungsträger in den meisten Ländern des Euroraums trotz der merklichen Dämpfung der Konjunktur scheinbar nicht dagegen wirkten. Ähnlich beurteilt wird die Situation im Zusammenhang mit der Großen Rezession, als die fiskalpolitische Stabilisierung im Euroraum erneut als jener der USA hinterher hinkend betrachtet wurde, sowohl hinsichtlich des Timing als auch des Umfangs.

Der angeblich zögerliche und zeitversetzte Ansatz zur fiskalpolitischen Stabilisierung im Euroraum scheint den Kritikern des Stabilitäts- und Wachstumspakts (SWP), jenes EU-Rahmenwerks, das die Fiskalpolitik in der Europäischen Wirtschafts- und Währungsunion (EWWU) bestimmt, recht zu geben. Sie argumentieren, dass die 3 %-Grenze des BIP-Defizits im EU-Vertrag die Fiskalpolitik im Euroraum in eine Zwangsjacke presst.

Die vorliegende Arbeit wirft einen neuen Blick auf die fiskalpolitische Stabilisierung im Euroraum und relativiert den traditionell unvorteilhaften Vergleich mit den USA. Die Analyse lenkt die Aufmerksamkeit auf eine Reihe von Aspekten der Fiskalpolitik, die, obwohl konventionell, im Allgemeinen vernachlässigt oder nur gesondert betrachtet werden.

Erstens ist die Analyse fiskalpolitischer Stabilisierung typischerweise auf diskretionäre Maßnahmen beschränkt. Die Wirkung sogenannter automatischer Stabilisatoren – budgetärer Einrichtungen, die ohne explizite Intervention der Entscheidungsträger stabilisierend wirken – wird nicht berücksichtigt bzw. separat analysiert. Diese Konzentration auf diskretionäre Fiskalpolitik kann mit dem Argument verteidigt werden, dass vernünftigerweise nur Maßnahmen aufgrund diskretionärer Entscheidungen fair beurteilt werden können. Wenn man dieser Art von Argumentation auch etwas abgewinnen könnte, weil man nur für bewusstes Handeln verantwortlich gemacht werden kann, so lässt sie doch einige Aspekte außer Acht, die für die Evaluation fiskalpolitischer Stabilisierung nicht unerheblich sind. Zum Beispiel können sich automatische Stabilisatoren sowohl hinsichtlich ihrer Größe als auch ihrer Zusammensetzung von Land zu Land unterscheiden.

Ein zweites Element, das nach und nach in den Blickpunkt der fiskalpolitischen Entscheidungsträger und Wissenschafter rückt, ist die Lücke zwischen der tatsächlichen fiskalpolitischen Stabilisierung und den in Echtzeit formulierten fiskalpolitischen Absichten, die zeitweise recht groß sein kann. Die Lücke ist nicht nur auf die bekannten zeitlichen Verzögerungen zwischen dem Erkennen des Stabilisierungsbedarfs und dem Wirksamwerden der Maßnahmen zurückzuführen, sondern auch auf die notorische Unisicherheit bezüglich der Beurteilung von Konjunkturbedingungen in Echtzeit, und zwar in einem wesentlich größeren Ausmaß. Dies kann die Entscheidungsträger dazu verleiten, fiskalpolitische Maßnahmen zu treffen, die im Nachhinein betrachtet sich als ungeeignet – weil prozyklisch – erweisen. Natürlich ändert ein besseres Verständnis der fiskalpolitischen Absichten nicht die tatsächliche Auswirkung von Fiskalpolitik. Nichtsdestoweniger können diesbezügliche Erkenntnisse genutzt werden, um die Echtzeitmessung von Konjunkturbedingungen und in Folge dessen von fiskalpolitischer Stabilisierung zu verbessern.

Der dritte und letzte Punkt unserer Analyse bezieht sich auf die konventionelle Unterscheidung zwischen diskretionärer fiskalpolitischer Stabilisierung und automatischen Stabilisatoren. Obwohl einleuchtend ist sie doch weniger trennscharf und aussagekräftig als allgemein vermutet. Entgegen der landläufigen Meinung haben die meisten automatischen Stabilisatoren ihren Ursprung nicht in progressiven Steuersystemen und Arbeitslosengeldern. Die automatische Stabilisierung funktioniert hauptsächlich über die Trägheit der diskretionären Ausgaben in Bezug auf die konjunkturellen Schwankungen des Output; vorausgesetzt, ein Staat kann Kredite aufnehmen, so steigt sein Anteil am BIP ‚automatisch“ bei Rezessionen und sinkt bei Aufschwüngen. Eine erfolgreiche Stabilisierung mittels automatischer Stabilisatoren hängt daher im Wesentlichen vom Typ des ökonomischen Schocks ab, der die Volkswirtschaft trifft. Im Fall eines permanenten negativen Schocks wird ein gegebenes Niveau diskretionärer Ausgaben langfristig nicht mehr nachhaltig sein. Obwohl dies für manch einen wie eine Binsenweisheit klingen mag, ist es in der fiskalpolitischen

Debatte bei weitem nicht selbstverständlich. Insbesondere kann sich das, was ursprünglich als automatische Stabilisierung gedacht war, im Lauf der Zeit in diskretionäre Fiskalpolitik wandeln.

Unser Ansatz ist weitgehend deskriptiv. Es liegt nicht in unserer Absicht, eine ökonometrische Analyse der Bestimmungsgrößen fiskalpolitischer Entscheidungsfindung mittels einer großen Anzahl von Ländern durchzuführen; derartige Studien gibt es bereits *en masse* in der Literatur. Unsere Absicht ist bescheidener und dennoch, so glauben wir, nicht minder wichtig. Im Gefolge der Großen Rezession versuchen wir, Licht auf die relative Performance der fiskalpolitischen Stabilisierung in der EU und in den USA zu werfen, eine Frage, die einiges an Aufmerksamkeit hervorgerufen hat und bei der die USA insgesamt als der reaktionsstärkere Akteur dargestellt wird. Im Großen und Ganzen kann unsere Arbeit als eine Art Fallstudie verstanden werden. Die meisten der in unserer Analyse verwendeten Konzepte wurden bereits auf die eine oder andere Art in der einschlägigen Literatur behandelt. Unser Ziel ist es, uns auf die fiskalpolitische Stabilisierung in zwei globalen Regionen zu konzentrieren, wobei die fiskalpolitischen Entscheidungen über regionale Grenzen hinaus von Bedeutung sein sollen, und einige weit verbreitete Ansichten über fiskalpolitische Stabilisierung im Euroraum zu relativieren.

Es sollte auch betont werden, dass der Euroraum in unserer Analyse als Ganzes betrachtet wird. Das offensichtliche Risiko bei einem derartigen Ansatz besteht darin, die einzelnen Mitglieder alle in den gleichen Topf zu werfen. Kleinere Mitgliedstaaten können Fiskalpolitiken verfolgen, die deutlich von jenen Deutschlands und Frankreichs, die das Aggregat dominieren, abweichen. Nichtsdestoweniger begründet sich dieser Blickwinkel mit dem Ziel, die fiskalpolitische Leistung der Gesamtheit jener Länder, die die Währungsunion und deren gemeinsamen wirtschaftlichen Wirkungsrahmen bilden, zu analysieren.

Der Rest des Kapitels ist wie folgt organisiert: Abschnitt 2.2 enthält eine Übersicht der bestehenden Literatur über diskretionäre Fiskalpolitik im Euroraum und vergleicht sie mit den Studien für die USA. Dieser Vergleich wird dann durch eine detailliertere Analyse spezifischer Aspekte der fiskalpolitischen Entscheidungsfindung untermauert. Insbesondere zeigt Abschnitt 2.3, dass eine Beurteilung der fiskalpolitischen Stabilisierung in der Vergangenheit ohne Durchleuchtung der Rolle von automatischen Stabilisatoren nicht vollständig wäre. In Abschnitt 2.4 werden fiskalpolitische Ergebnisse den fiskalpolitischen Plänen in Echtzeit gegenübergestellt. Abschnitt 2.5 verbindet diese beiden Elemente und hebt die Schwierigkeiten bei der Abgrenzung von diskretionären und automatischen fiskalpolitischen Impulsen in der Praxis hervor. Abschnitt 2.6 fasst zusammen und stellt ein paar fiskalpolitische Überlegungen vor.

2.2 Fiskalpolitische Stabilisierung im Euroraum: Wie sehen die Fakten aus?

Dem normativen makroökonomischen Gedanken, dass Fiskalpolitik zur Glättung temporärer Schwankungen in den gesamtwirtschaftlichen Zielgrößen beitragen soll, zum Trotz bleibt die Prozyklizität von Fiskalpolitik ein verbreitetes Phänomen in der ganzen Welt. Studien zeigen, dass sich die Fiskalpolitik in Entwicklungsländern und in Ländern mit mittlerem Einkommen oft mit dem Konjunkturzyklus bewegt. Bei den entwickelten Volkswirtschaften sind die Ergebnisse stärker nuanciert und von Betrachtungszeitraum und Land abhängig. Wenn die Fiskalpolitik in Industrieländern prozyklisch war, dann meistens in guten wirtschaftlichen Zeiten (z.B. Manasse 2006, Alesina und Tabellini 2005). Die Defizitverzerrung in guten Zeiten wurde weitgehend politisch-ökonomischen Motiven zugeschrieben, da die Entscheidungsträger anderen Zielen als jenem der Output-Stabilisierung mehr Gewicht beimessen. Für eine umfassende Übersicht der Wirtschaftspolitik der fiskalpolitischen Entscheidungsfindung einschließlich alternativer Mechanismen, die zu prozyklischer Fiskalpolitik führen können, siehe z.B. Drazen (2000).

Prozyklizität der Fiskalpolitik ist auch als Merkmal des Euroraums aufgetreten (siehe z.B. Langedijk 2004). Seit Anfang der 1990er Jahre, als die EU-Mitgliedstaaten die Einführung einer Währungsunion vereinbarten und sich darauf vorzubereiten begannen, wurden wiederholt Perioden prozyklischer Fiskalpolitik beobachtet. Auf den ersten Blick schienen diese Perioden jene Kritiker zu bestätigen, die argumentiert hatten, dass der SWP die Stabilisierungsfunktion der Fiskalpolitik ernsthaft behindern würde. Dieses Urteil wurde lange, bevor der SWP in Kraft trat, – z.B. von Buiter et al. (1993) – gesprochen und ein paar Jahre nach dessen Einführung – z.B. von Canzoneri und Diba (2001) und Calmfors (2003) – noch bekräftigend wiederholt.

Die verfügbaren ökonometrischen Ergebnisse darüber, wie der fiskalpolitische Rahmen der EU die fiskalpolitische Stabilisierung in jenen Ländern, die die europäische Einheitswährung eingeführt haben, beeinflusst haben könnte, sind nicht notwendigerweise entmutigend. Die Einführung des Euro scheint die Fähigkeit der Fiskalpolitik, Konjunkturschwankungen im Allgemeinen zu stabilisieren, nicht geschwächt zu haben. Tatsächlich waren Gali und Perotti (2003) unter den Ersten, die zum Schluss kamen, dass der SWP die stabilisierende Rolle der Fiskalpolitik nicht beeinträchtigt hat. Sie zeigten sogar, dass ein klares prozyklisches Muster in der Prä-Maastricht-Ära einem stärkeren anti- oder azyklischen Trend nach 1991 gewichen ist. Marinheiro (2008) bestätigte dieses Ergebnis für eine erweiterte Datenperiode. Ähnlich dokumentierten Fatás und Mihov (2003), dass die SWP-Beschränkungen die verschiedenen Einflüsse, von denen angenommen wird, dass sie den Einsatz des fiskalpolitischen Instrumentariums verzerren, entschärft haben.

Abbildung 2.1: Fiskalpolitische Position ex post in guten und in schlechten Zeiten, Euroraum und US

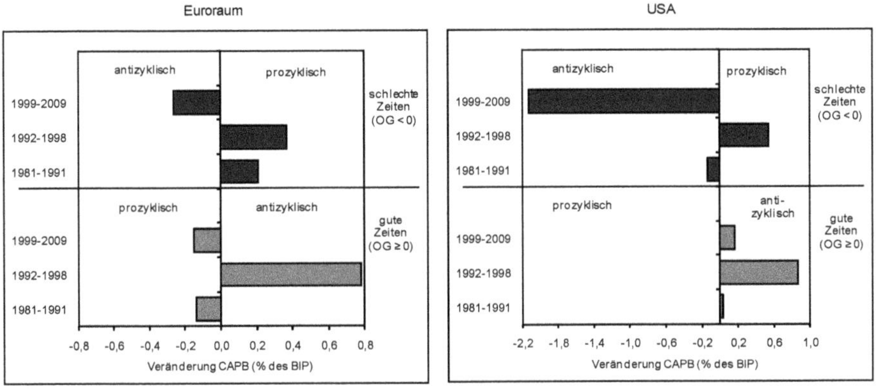

Anmerkung: CAPB = konjunkturbereinigter Primärsaldo. OG = Output-Lücke. Die fiskalpolitische Position im Euroraum wurde um die UMTS-Einnahmen in den Jahren 2000–2002 bereinigt. Die „guten Zeiten" entsprechen Perioden mit positiven Output-Lücken, die „schlechten Zeiten" jenen mit negativen Output-Lücken. Die Euroraum-Daten sind gewichtete Durchschnittswerte und enthalten nicht Zypern, Luxemburg, Malta und Slowenien. Vorsicht ist bei der Interpretation der Periode 1992–1998 geboten, da sie nur ein einziges Jahr für gute Zeiten enthält (1992 für den Euroraum; 1998 für die USA).
Quellen: Berechnungen der Europäischen Kommission basierend auf Daten der OECD.

Diese Ergebnisse sind in Hinsicht auf zumindest vier Punkte zu relativieren. Erstens verdeckt die geschätzte Verbesserung der stabilisierenden Eigenschaft der Fiskalpolitik im Euroraum nach 1991 eine bedeutende Veränderung beim Verhalten über die verschiedenen Phasen des Konjunkturzyklus hinweg. Abbildung 2.1 zeigt die Fiskalpolitik, gemessen durch die durchschnittliche Veränderung des konjunkturbereinigten Primärsaldos (CAPB), in den EU-11-Ländern für drei verschiedene Teilperioden.[1] Die konjunkturellen Bedingungen werden erfasst, indem zwischen Jahren mit positiver (gute Zeiten) bzw. negativer (schlechte Zeiten) Output-Lücke differenziert wird. In der Periode vor Maastricht (1980–1991) gibt es eine klar prozyklische Politik in beiden Phasen des Konjunkturzyklus: Im Schnitt ist die Fiskalpolitik expansiv in guten und restriktiv in schlechten Zeiten. Das Muster veränderte

1 Die EU-11 sind Belgien, Deutschland, Finnland, Frankreich, Griechenland, Irland, Italien, die Niederlande, Österreich, Portugal und Spanien. Die Daten stammen aus dem OECD Economic Outlook von Juni 2009. Diese Wahl wird durch die Notwendigkeit, Konsistenz zwischen Ex-post- und Echtzeit-Daten im gesamten Kapitel zu gewährleisten, diktiert.

sich in der zweiten Teilperiode (1992–1998), als die elf Länder im Versuch, die Maastricht-Kriterien für die Einführung des Euro zu erfüllen, im Schnitt eine strenge Fiskalpolitik unabhängig von der konjunkturellen Situation betrieben. Nach Einführung der Einheitswährung 1999 erscheint wieder ein prozyklisches Muster in guten Zeiten, das in schlechten Zeiten jedoch antizyklisch wird.

Ein weiterer zu berücksichtigender Vorbehalt bei Betrachtung der Ergebnisse von Gali und Perotti (2003) ist, dass Panel-Schätzungen nicht unbedingt die korrekten fiskalpolitischen Folgerungen erfassen. Trotz statistischer Exaktheit weisen Panel-Schätzungen jedem Land dasselbe Gewicht zu, unabhängig von dessen relativer Größe im Euroraum. Auftretende statistische Regelmäßigkeiten spiegeln daher nicht notwendigerweise die Faktoren, die die Fiskalpolitik tatsächlich formen, und damit die Fiskalpolitik der Währungsunion als Ganzes wider. Insbesondere heben sie nicht wirklich die Rolle hervor, die die fiskalpolitische Performance in großen Euroraumländern gespielt hat, deren Verhalten gegen die Bestimmungen des SWP verstieß und letztendlich zur Krise des Pakts 2003 führte (siehe z. B. Buti und Pench 2004). Auch wenn alle Länder des Euroraums außer Deutschland, Frankreich und Italien eine anti- oder azyklische Fiskalpolitik betrieben (wie Anfang der 2000er Jahre), wäre die Gesamtfiskalpolitik im Euroraum dennoch prozyklisch.

Drittens messen die meisten bestehenden Studien über die Bestimmungsgrößen diskretionärer Fiskalpolitik, einschließlich Gali und Perotti (2003), die konjunkturellen Bedingungen mittels Ex-post-Schätzungen der Output-Lücken, d. h. Schätzungen, die typischerweise von jenen, die in Echtzeit, also dem Moment, in dem fiskalpolitische Entscheidungen getroffen werden, abweichen. Wir werden in Abschnitt 2.4 genauer betrachten, wie sich die Unterschiede zwischen Echtzeit- und Ex-post-Beurteilungen der Konjunktur bei unserem transatlantischen Vergleich auswirken.

Um die angeblichen Mängel des fiskalpolitischen Rahmens der EU zu unterstreichen, weisen Kritiker oft auf die Erfahrungen der USA seit Mitte der 1990er Jahre hin, wo auf den ersten Blick die fiskalpolitische Stabilisierung erfolgreicher scheint. Ausgehend von der traditionellen Analyse (Abbildung 2.2), die nur die Rolle der diskretionären Fiskalpolitik betrachtet, scheint die Fiskalpolitik im Euroraum stärker prozyklisch gewesen zu sein als jene der USA. Während dies schon in Abbildung 2.1, die die diskretionäre Fiskalpolitik über die drei Zeiträume im Euroraum und in den USA zeigt, augenscheinlich war, wird dies in Abbildung 2.2, die die diskretionäre Fiskalpolitik und die konjunkturellen Bedingungen in beiden Wirtschaftsräumen seit 1996 zeigt, noch weiter hervorgehoben. Alle Datenpunkte in den Quadranten oben links und unten rechts zeigen Zeiten, in denen die

Fiskalpolitik prozyklisch war, während die anderen beiden Quadranten antizyklische Perioden zeigen.

Abbildung 2.2: Fiskalpolitische Position ex post und Konjunkturbedingungen, Euroraum und USA

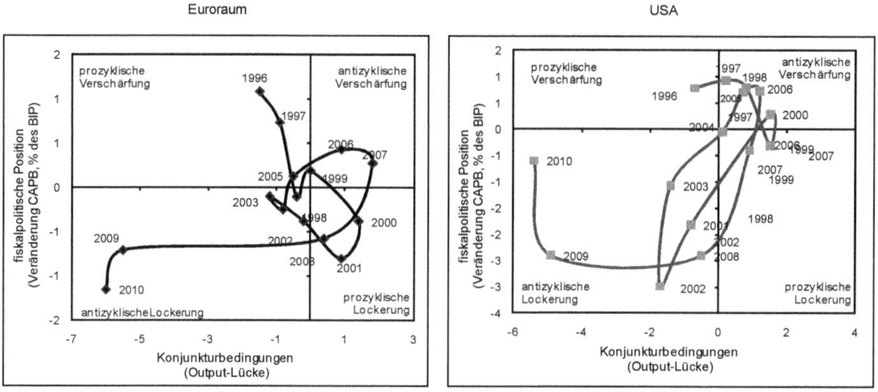

Anmerkung: CAPB = konjunkturbereinigter Primärsaldo. Die fiskalpolitische Position im Euroraum wurde um die UMTS-Einnahmen bereinigt. Euroraum bezieht sich auf die EU-11 laut Definition in Fußnote 1.
Quellen: Berechnungen der Europäischen Kommission basierend auf Daten der OECD.

Wie oben erwähnt, war die Euroraum-Fiskalpolitik durch eine starke prozyklische fiskalpolitische Verschärfung im Vorlauf zur EWWU gekennzeichnet, gefolgt von einer Anpassungsermüdung, die zu einer prozyklischen fiskalpolitischen Lockerung trotz anhaltenden Wirtschaftswachstums führten (2000/01). Als sich die wirtschaftlichen Bedingungen ab 2002 verschlechterten, wurde die Fiskalpolitik wieder verschärft und bewegte sich dann zu einer neutralen Position im Aufschwung 2005/07. Dieses Muster scheint mit den in den USA registrierten Erfahrungen zu kontrastieren, wo die diskretionäre Fiskalpolitik dazu beigetragen hat, die Wirtschaft weitgehend zu stabilisieren, obwohl dies nicht jedes Jahr das erklärte und primäre Ziel der Fiskalpolitik war. Insbesondere die scharfe Wende von einem konjunkturbereinigten Primärüberschuss im Jahr 2000 zu einem Defizit von über 3 Prozent des BIP 2002 war nicht nur eine Reaktion auf den wirtschaftlichen Abschwung infolge des Platzens der IT-Blase 2001. Im Gegenteil reflektierte sie eher (i) die Erhöhung der Militärausgaben im Zusammenhang mit dem Irakkrieg und (ii) Steuersenkungen zur Wählergewinnung.

Der transatlantische Unterschied bei der diskretionären fiskalpolitischen Stabilisierung war auch 2008/09 in den Jahren der Großen Rezession sichtbar. Bei ungefähr gleich hohen Veränderungen der Output-Lücke 2008 (die

Lücke vergrößerte sich um 1,4 Prozentpunkte in beiden Volkswirtschaften) reagierten die USA ziemlich heftig, um die Abwärtsbewegung der Wirtschaftsaktivitäten abzufangen. Um konjunkturelle Faktoren bereinigt erhöhte sich das US-Primärdefizit weitgehend aufgrund der von der Bush-Administration Anfang 2008 genehmigten Einkommensteuersenkung um über 2,5 Prozentpunkte von 0,5 % des BIP 2007 auf 3,3 % des BIP. Ein weiterer Stimulus wurde Anfang 2009 von der neugewählten Obama-Administration genehmigt, was zu einer weiteren Erhöhung des konjunkturbereinigten Primärdefizits um weitere 2,5 Prozentpunkte im selben Jahr führte.

Im Euroraum wurde die diskretionäre Fiskalpolitik ebenfalls expansiv. Angesichts des Ausmaßes der Krise wurde der Wirtschaftsabschwung relativ gut vorweg genommen. Die Regierungen waren hinsichtlich diskretionärer Ankurbelungsmaßnahmen jedoch wesentlich zurückhaltender. Um konjunkturelle Faktoren bereinigt gab der Primärbudgetsaldo des Euroraums um 0,6 Prozentpunkte 2008 und nur marginal mehr, um 0,7 Prozentpunkte, 2009 nach. Das notorische Vorurteil schien bestätigt: Im Vergleich zu den USA war die fiskalpolitische Stabilisierung im Euroraum einmal mehr zurückhaltend und zeitverzögert.

2.3 Fiskalpolitische Stabilisierung: Ist das mehr als nur diskretionäre Maßnahmen?

Bei der Analyse und Diskussion fiskalpolitischer Stabilisierung liegt das Augenmerk hauptsächlich auf diskretionären Maßnahmen; der Rolle der automatischen Stabilisatoren – Regelungen, die helfen, den Output ohne expliziten Eingriff durch die Fiskalbehörden zu glätten – wird im Allgemeinen weniger Aufmerksamkeit geschenkt, vermutlich weil deren stabilisierende Funktion von Natur aus unumstößlich ist. Vergleicht man jedoch die fiskalpolitische Stabilisierung zwischen verschiedenen Ländern, werden die automatischen Stabilisatoren ein wichtiges zu berücksichtigendes Element. Abhängig von ihrer Größe können sie prozyklische diskretionäre Maßnahmen ausgleichen oder sogar komplett aufheben.

Wenn von automatischen Stabilisatoren die Rede ist, denken die meisten Ökonomen und Praktiker typischerweise an zwei Budgetelemente, die mehr oder weniger prominent im Budget von Industrieländern aufscheinen: progressive Steuersysteme und Arbeitslosengelder. Progressive Steuersysteme führen zu einem überproportionalen Anstieg (Rückgang) der Steuereinnahmen, wenn das BIP steigt (sinkt). Analog dazu steigen bzw. sinken die Arbeitslosengelder mit der Anzahl der arbeitslosen Personen. Beide Mechanismen dämpfen (unterstützen) die Konjunktur während Booms (Rezessionen).

Tabelle 2.1: Größe und Zusammensetzung von automatischen Stabilisatoren im Euroraum und in den USA

	Semi-Elastizitäten			Elastizitäten	
	Einnahmen (a)	Ausgaben (b)	Gesamt (a)–(b)	Einnahmen	Ausgaben
BE	0,00	–0,50	0,49	1,00	–0,16
DE	–0,01	–0,53	0,51	0,97	–0,27
EL	0,03	–0,37	0,40	1,07	–0,04
ES	0,03	–0,36	0,39	1,09	–0,16
FR	–0,01	–0,51	0,50	0,98	–0,12
IE	0,04	–0,32	0,37	1,14	–0,16
IT	0,07	–0,41	0,48	1,17	–0,04
LU	0,06	–0,40	0,47	1,14	–0,04
NL	0,00	–0,55	0,56	1,01	–0,42
AT	–0,02	–0,47	0,45	0,96	–0,08
PT	0,03	–0,43	0,46	1,08	–0,09
FI	–0,03	–0,53	0,49	0,92	–0,21
Euroraum	**0,01**	**–0,48**	**0,48**	**1,03**	**–0,17**
USA	**0,00**	**–0,35**	**0,34**	**1,00**	**–0,09**

Anmerkung: (1) Euroraum-Durchschnitte sind BIP-gewichtet.
Eine Semi-Elastizität misst die Veränderung einer Quote in Bezug auf eine prozentuelle Veränderung des Nenners. Z.B.

$$\partial\left(\frac{R-G}{Y}\right)/\frac{\partial Y}{Y}=\left(\frac{\partial R}{\partial Y}\frac{Y}{R}-1\right)\frac{R}{Y}-\left(\frac{\partial G}{\partial Y}\frac{Y}{G}-1\right)\frac{G}{Y}=(\eta_R-1)\frac{R}{Y}-(\eta_G-1)\frac{G}{Y},$$

wobei R die Einnahmen sind, G die Ausgaben, Y das BIP. η_G und η_R bezeichnen die Elastizität der Einnahmen bzw. Ausgaben in Bezug auf das BIP.
Quellen: OECD, Europäische Kommission und Girouard und André (2006).

Tabelle 2.1 und Abbildung 2.3 zeigen die Schlüsselelemente der automatischen Stabilisatoren in den USA und dem Euroraum. Diese Schätzungen wurden mittels einer von der OECD entwickelten Methode abgeleitet (siehe Van den Noord 2000, Girouard und André 2005) und werden von den Diensten der Europäischen Kommission für die Implementierung des fiskalpolitischen Überwachungssystems der EU verwendet (siehe Europäische Kommission 2004).[2]

2 Wie in Tabelle 2.2 angeführt, sind die Zahlen in den ersten drei Spalten Semi-Elastizitäten. Sie messen eine Veränderung einer Quote in Bezug auf eine

Wenig überraschend zeigt sich, wenn man von den Unterschieden innerhalb der Ländergruppe abstrahiert, die die europäische Einheitswährung eingeführt hat, dass die automatischen Stabilisatoren im Euroraum bedeutend wichtiger sind als in den USA. Ein konjunktureller Rückgang des BIP im Euroraum um 1 Prozent erhöht die Defizitquote im Schnitt um einen halben Prozentpunkt im Gegensatz zu einem Anstieg um etwa ein Drittel Prozentpunkt in den USA.

Abbildung 2.3: Größe der automatischen Stabilisatoren im Euroraum und in den USA

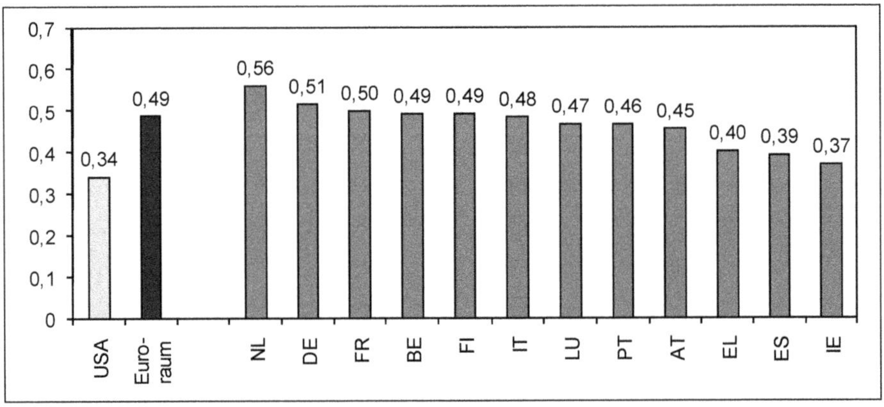

Anmerkung: Formal stellen die Schätzungen Semi-Elastizitäten dar, d. h. sie messen die Veränderung der Budgetsaldo-BIP-Quote in Bezug auf eine relative Veränderung des BIP oder analog dazu eine prozentuelle Veränderung der Output-Lücke. Die Schätzungen der Größe der automatischen Stabilisatoren wurden von einer von der OECD entwickelten Methodologie abgeleitet (siehe Girouard und André (2005)) und von den zuständigen Komitees des Rats der Europäischen Union und dem Wirtschaftspolitischen Komitee bestätigt. Die Euroraumdaten enthalten nicht Zypern, Malta und Slowenien.
Quellen: Europäische Kommission und OECD.

prozentuelle Veränderung des Nenners: $d(B/Y)/(dY/Y)$, wobei B und Y den Budgetsaldo bzw. das nominelle BIP bezeichnen. Ein anderes Maß der konjunkturellen Reaktion des Budgets ist die budgetäre Sensitivität, die konjunkturelle Veränderungen bei Einnahmen, Ausgaben und Budgetsaldo in Prozent des BIP erfasst (dB/Y). Beide Maße beinhalten die gleiche Art Informationen, da sie auf denselben zugrundeliegenden Einnahmen- und Ausgabenelastizitäten beruhen. Der Unterschied liegt im Schwerpunkt: Der erste Fall konzentriert sich auf Veränderungen der BIP-Quoten (z. B. verändert sich die BIP-Quote im Fall einer proportionalen Steuer nicht im Lauf des Konjunkturzyklus); im zweiten Fall liegt das Augenmerk auf Veränderungen der in % des BIP ausgedrückten Niveaus.

Als nächstes ist zu beachten, dass die Steuersysteme insgesamt dazu tendieren, weitgehend proportional zu sein. Die progressiven Elemente der Einkommensbesteuerung werden im Wesentlichen durch den regressiven Charakter der Sozialbeiträge ausgeglichen. Daraus ergibt sich, dass sowohl in den USA als auch im Euroraum die Elastizität der Gesamtsteuern in Bezug auf das BIP gleich oder nahezu gleich eins ist (zweite Spalte von rechts). Das bedeutet, dass sich die Einnahmen im Wesentlichen parallel zum BIP bewegen, d.h. die Einnahmen-BIP-Quote bleibt über die Konjunktur hinweg weitgehend konstant.

Die Arbeitslosengelder stellen nur einen kleinen Anteil an den gesamten Primärausgaben dar: rund 2 Prozent in den USA und 3,5 Prozent im Euroraum als Ganzes. Berücksichtigt man den Zusammenhang zwischen Arbeitslosigkeit und aggregierter Wirtschaftsleistung (Girouard und André (2005) schätzen eine Elastizität von –5,5 für die USA und –4,4 im Euroraum), führt ein Rückgang des BIP um einen Prozentpunkt *ceteris paribus* zu einer Erhöhung der Ausgabenquote um lediglich einen Zehntelpunkt in den USA und weniger als zwei Zehntelpunkte im Euroraum als Ganzes (ein Zehntelpunkt, wenn einfache Durchschnitte verwendet werden), was keinen wirklich großen Impuls darstellt.[3]

Empirisch betrachtet stellen progressive Steuersysteme und Arbeitslosengelder nur einen kleinen Teil der automatischen Stabilisierung dar. Der Großteil der automatischen Stabilisierung stammt eher von der Trägheit, die der Anpassung anderer Ausgabenkomponenten über den Konjunkturzyklus hinweg innewohnt, verbunden mit den Kreditmöglichkeiten der Staaten. Geht der Output vorübergehend zurück, schließen Regierungen im Allgemeinen nicht gleich Schulen, kündigen nicht Ärzten und Krankenschwestern, bauen nicht Richter und Soldaten ab und belassen nicht Infrastrukturprojekte wie Straßen oder Gebäude unbeendet. Mit anderen Worten: Die Implementierung diskretionärer Ausgabenniveaus in Übereinstimmung mit bestehenden Plänen wirkt gegen den Rückgang bzw. Anstieg des aggregierten Outputs. Es ist dieser Mechanismus, im Wesentlichen also die Größe des öffentlichen Sektors, der den größten Teil der automatischen fiskalpolitischen Stabilisierung über den Konjunkturzyklus ausmacht (siehe Box 1). Die zwei Allerweltskandidaten, progressive Steuern und Arbeitslosengelder, spielen bestenfalls eine Nebenrolle.

---

3 Die verfügbaren OECD-Schätzungen überschätzen höchstwahrscheinlich die tatsächliche Größe der automatischen Stabilisatoren der USA. Sie berücksichtigen nicht die Tatsache, dass viele US-Bundesstaaten zur Einhaltung eines ausgeglichenen Budgets verpflichtet sind und die Staatsschulden daher nicht erhöhen können. Aufgrund dessen können diskretionäre Ausgaben während Rezessionen nicht konstant gehalten werden.

Box 1: Eine stilisierte Theorie automatischer fiskalpolitischer Stabilisatoren

Die Mechanik automatischer Stabilisatoren und deren relative Bedeutung können mittels eines prototypischen einfachen keynesianischen Modells des folgenden Typs dargestellt werden:

$$Y=C+G+\varepsilon_t=cYD+\bar{G}+\varepsilon_t=c(Y-tY)+\bar{G}+\varepsilon_t,$$

wobei der gesamtwirtschaftliche Output Y die Summe aus privatem Konsum C, öffentlichem Konsum G und einem stochastischen Störterm ε_t ist. Der private Konsum C wird als lineare Funktion des verfügbaren Einkommens angenommen, d.h. des Gesamteinkommens minus Einkommensteuern, die als Anteil t vom gesamtwirtschaftlichen Einkommen Y eingehoben werden. Der öffentliche Konsum wird auf dem Niveau $\bar{G}$ konstant gehalten. In diesem Fall ist der Impakt eines Schocks in der Höhe einer Einheit auf den Gleichgewichtsoutput

$$\frac{\partial Y}{\partial \varepsilon_t}=\frac{1}{(1-c+ct)}.$$

Wird die Annahme konstanter öffentlicher Ausgaben $\bar{G}$ gelockert und durch das Erfordernis eines ausgeglichenen Budgets $G = tY$ ersetzt, steigt der Impakt eines Schocks in der Höhe einer Einheit auf

$$\frac{\partial Y}{\partial \varepsilon_t}=\frac{1}{(1-c+ct-t)},$$

weil sich die öffentlichen Ausgaben G prozyklisch anpassen. Hält man daher G im Fall von Störungen konstant, hat dies eine klar stabilisierende Auswirkung auf den gesamtwirtschaftlichen Output. Dieser Effekt dominiert jenen von „traditionellen Stabilisatoren", insbesondere der Arbeitslosengelder, die typischerweise nur einen sehr kleinen Anteil an den Gesamtausgaben darstellen. Dies kann berücksichtigt werden, indem im obigen Modell ein Ausgabenterm eingeführt wird, der bei einem negativen Schock steigt und bei einem positiven Schock sinkt, und zwar um einen linearen Faktor γ:

$$Y=c(Y-tY)+G+\varepsilon_t=c(Y-tY)+tY-\gamma\varepsilon+\varepsilon.$$

Der Impakt eines Schocks in der Höhe einer Einheit auf den Output wird zu

$$\frac{\partial Y}{\partial \varepsilon_t}=\frac{1-\gamma}{(1-c+ct-t)}.$$

Solange $t/(1-c+ct)>\gamma$ (was angesichts hoher Steuerquoten und relativ geringer Arbeitslosengelder ziemlich wahrscheinlich ist), haben konstante Ausgabenniveaus G einen stärker stabilisierenden Effekt als antizyklische Ausgabensysteme.

Die Beobachtung, dass die Größe der automatischen Stabilisatoren durch die Größe des Staates zusammen mit seiner Möglichkeit, Kredite aufzunehmen, dominiert wird, ist nicht neu. Girouard und André (2005), die – zusammen mit Van den Noord (2000) – die wichtigste Arbeit bezüglich empirischer Schätzungen der Größe von automatischen Stabilisatoren in OECD-Ländern verfassten, unterstreichen diesen Punkt. Darüber hinaus liefern Fatás und Mihov (2001) einen Nachweis für diesen Effekt. Diese Erkenntnis wurde bis dato von den Volkswirten und Wirtschaftspolitikern jedoch noch nicht zur Gänze verinnerlicht; siehe z. B. die Erhebung von Capet (2004), in der – in Übereinstimmung mit einer nach wie vor weit verbreiteten Meinung – automatische Stabilisatoren ausschließlich mit Arbeitslosengeldern und der Progression bei Einkommensteuern in Verbindung gebracht werden.

Die relative Rolle der automatischen Stabilisatoren für die fiskalpolitische Stabilisierung im Euroraum und den USA wird in den Abbildungen 2.4 bzw. 2.5 dargestellt. Die linke Grafik zeigt die diskretionäre Fiskalpolitik, gemessen mittels CAPB, während die rechte Grafik den Gesamtimpakt der Fiskalpolitik zeigt, gemessen an der jährlichen Veränderung des Primärdefizits. Wird dieser volle Fiskalimpakt (diskretionäre und automatische Stabilisatoren) betrachtet, verbessert sich das Stabilisierungsergebnis des Euroraums sichtbar. Dies gilt insbesondere für Jahre, in denen die Konjunktur besonders starke Schwankungen aufweist. 1993 z. B., als die Wirtschaftsleistung im Euroraum 2 Prozentpunkte unter ihrem Potenzial lag, hob die antizyklische Wirkung der automatischen fiskalpolitischen Stabilisatoren die prozyklische Wirkung der diskretionären Fiskalpolitik mehr als auf. Dies führte zu einem insgesamt expansiven Fiskalimpuls.

Abbildung 2.4: Fiskalpolitische Position ex post (diskretionär und gesamt) und Konjunkturbedingungen, Euroraum

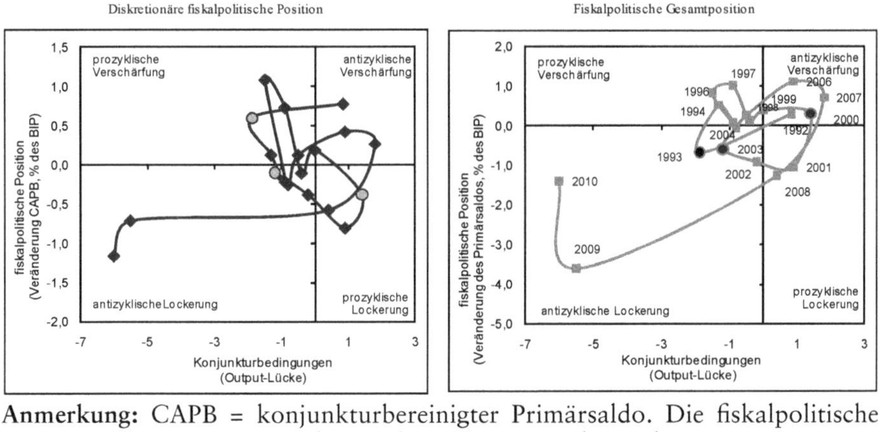

Anmerkung: CAPB = konjunkturbereinigter Primärsaldo. Die fiskalpolitische Position im Euroraum wurde um die UMTS-Einnahmen bereinigt. Euroraum bezieht sich auf die EU-11 laut Definition in Fußnote 1.

Quellen: Berechnungen der Europäischen Kommission basierend auf Daten der OECD.

Die linke Grafik in Abbildung 2.4 zeigt eine Verbesserung des CAPB und somit eine prozyklische Straffung, während die rechte Grafik zeigt, dass sich der gesamte Primärsaldo verringert und somit einen antizyklischen Impuls geliefert hat. Eine ähnliche Konstellation entstand 2003, als nach dem Platzen der IT-Blase der Euroraum eine lange Dämpfung der Konjunktur erfuhr. Auch der Unterschied 2009 ist beachtenswert, als das reale BIP einen starken Rückgang auf beiden Seiten des Atlantiks aufwies. In diesem Jahr veränderte die Wirkung der automatischen Stabilisatoren nicht die Gesamtposition der Fiskalpolitik im Euroraum (die Veränderung des CAPB war expansiv), sondern verursachte ein Minus von fast 3 % der insgesamt –3,6 % des BIP.

Ein Beispiel für außergewöhnlich gute wirtschaftliche Zeiten, in denen die automatischen Stabilisatoren halfen, die fiskalpolitische Position zu dämpfen, war das Jahr 2000. In den USA hingegen veränderte die relative Schwäche der automatischen Stabilisatoren nicht die Pro- bzw. Antizyklizität der diskretionären Fiskalpolitik. In Abbildung 2.5 liegen die linke und die rechte Grafik daher sehr nahe beieinander.

Abbildung 2.5: Fiskalpolitische Position ex post (diskretionär und gesamt) und Konjunkturbedingungen, USA

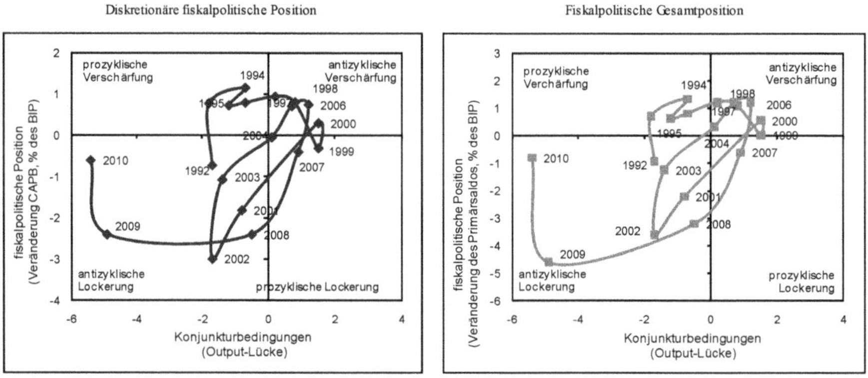

Anmerkung: CAPB = konjunkturbereinigter Primärsaldo.
Quellen: Berechnungen der Europäischen Kommission basierend auf Daten der OECD.

Die aus dieser Analyse zu lernenden Lektionen sind zweierlei. Erstens kann der höhere und stärker antizyklische fiskalpolitische Aktivismus in den USA als Versuch interpretiert werden, die schwächeren automatischen Stabilisatoren wettzumachen. Zweitens können die vergleichsweise großen automatischen Stabilisatoren im Euroraum ausschlaggebend sein und die möglichen „Fehler" der diskretionären Politik aufheben, wenn die Konjunktur besonders schnell oder besonders stark schwankt.

Diese „europäische Lösung“ einer größeren Rolle für die automatischen Stabilisatoren hat zumindest den großen Vorteil, dass automatische Stabilisatoren frei von den zahlreichen Vorbehalten sind, die mit diskretionärer Fiskalpolitik in Zusammenhang gebracht werden. Eine relativ umfangreiche Forschung dokumentiert die Mängel des fiskalpolitischen Aktivismus: Ein detaillierter und ausgeglichener Bericht über den „Aufstieg und Untergang“ diskretionärer fiskalpolitischer Stabilisierung befindet sich in Gordon (1980). Eine jüngere Studie des Internationalen Währungsfonds in dessen World Economic Outlook (Oktober 2008) zeigt gemischte Ergebnisse für die Auswirkungen diskretionärer Fiskalpolitik auf die Glättung des Outputs und hebt hervor, dass – sofern es überhaupt funktioniert – sie es nur tut, wenn die Nachhaltigkeit der Schuldenentwicklung nicht in Gefahr gebracht wird. Eine der wichtigsten Schlussfolgerungen dieser Literatur ist, dass Regeln gegenüber diskretionären Maßnahmen vorzuziehen sind. Blinder (2004) relativiert diese Schlussfolgerung etwas. Er argumentiert, dass – während man im Allgemeinen mit fiskalpolitischer Diskretion vorsichtig umgehen muss – einiges für diskretionäre Politik im Fall von schweren negativen Schocks spricht, wenn die Geldpolitik Gefahr läuft, dem nicht gewachsen zu sein. Dieser Punkt wurde während der Großen Rezession 2008/2009 bestätigt. Blinders Relativierung scheint durch den US-Kontext stärker bestätigt, wo die automatischen fiskalpolitischen Stabilisatoren relativ klein sind und die Geldpolitik zusätzlich zur Preisstabilität auch den Output zu glätten versucht. Im Euroraum hingegen beschränkt die relative Stärke der automatischen Stabilisatoren verbunden mit Nachhaltigkeitsüberlegungen bezüglich der budgetären Auswirkungen der Alterung den Spielraum für diskretionäre Maßnahmen.

Die Nützlichkeit der automatischen Stabilisatoren sollte jedoch nicht als unbedingter Grund für einen größeren öffentlichen Sektor interpretiert werden. Es scheint belegt, dass über längere Zeiträume ein größerer öffentlicher Sektor nicht notwendigerweise mit geringeren Output-Kosten über den Konjunkturzyklus hinweg einhergeht. Es scheint eine Obergrenze zu geben, ab der die positiven Effekte der automatischen Stabilisatoren durch die langfristigen Kosten für das Wirtschaftswachstum aufgrund der zusätzlichen Steuerlast und ineffizienter öffentlicher Einrichtungen aufgehoben werden. Simulationen setzen diese Grenze bei maximal 50 % des BIP an, abhängig von der Wirtschaftsstruktur (einschließlich Offenheit der Volkswirtschaft) kann sie aber auch wesentlich niedriger liegen (siehe z. B. Buti et al. 2003, Debrun et al. 2008).

2.4 Der Vorteil des Rückblicks: Bewusste (De-)Stabilisierung oder einfach nur (Un-)Glück?

Bei der Beurteilung diskretionärer Fiskalpolitik sollten nicht nur die Ergebnisse, sondern auch die Absichten der Fiskalpolitik berücksichtigt werden. Schätzungen der Output-Lücke, der angenommenen Zielvariable fiskalpolitischer Stabilisierung, unterliegen einem beträchtlichen Maß an Unsicherheit, weil sie von Erwartungen über das künftige Wirtschaftswachstum abgeleitet werden.[4] Die zum Zeitpunkt der Erstellung der Fiskalpläne verfügbaren Daten können von den tatsächlichen Ergebnissen beträchtlich abweichen (Europäische Kommission 2006a).

Das Ausmaß an Unsicherheit bezüglich der Echtzeit-Schätzungen der Output-Lücken wurde erstmals in Zusammenhang mit der US-Geldpolitik von Orphanides (2001) und Orphanides und Van Norden (2002) untersucht. In jüngerer Zeit wurde eine ähnliche Arbeit im Bereich der Fiskalpolitik für OECD-Länder durchgeführt, die zeigt, dass die Echtzeit-Schätzungen der Output-Lücken besser passen. Gute Beispiele sind die Ar-

---

4 Die Output-Lücke ist keine beobachtbare Variable. Sie misst die prozentuelle Abweichung des tatsächlichen vom potentiellen Output, wobei Letzterer ein theoretisches Konstrukt ist. Die meisten zur Schätzung des potentiellen Outputs (y) für das Jahr t zum Zeitpunkt des aktuellen Jahrs T (oder des letzten Jahres, für das historische Daten verfügbar sind) verwendeten Methoden beinhalten eine zentrierte und symmetrische Funktion des BIP, von Teilen des BIP oder der gesamten Faktorproduktivität im Fall der Produktionsfunktionsmethode:

$$y_{t|T} = b_0 + \sum_{j=1}^{\infty} b_j y_{t-j} + \sum_{j=1}^{\infty} b_j y_{t+j}.$$

Für Schätzungen des potentiellen Outputs im Jahr T oder später setzt dies die Verwendung von Prognosen voraus, d. h.:

$$y_{T+i|T} = b_0 + \sum_{j=1}^{\infty} b_j y_{T+i-j} + \sum_{j=1}^{\infty} b_j Ey_{T+i+j|T}.$$

Nimmt man die Differenz zwischen der „letzten“ Schätzung des potentiellen Outputs, die nach Eintreffen neuer Daten erhalten wird, und der Prognose, bekommt man:

$$y_{T+i|T+i} - y_{T+i|T} = b_0 + \sum_{j=1}^{\infty} b_j (y_{T+i+j} - Ey_{T+i+j|T}).$$

Dies impliziert, dass Prognosefehler für das reale BIP sich in Revisionen der Output-Lücke niederschlagen. Für die Methode der Europäischen Kommission siehe Denis et al. (2005). Statistische Datenrevisionen können auch den Unterschied zwischen Echtzeit- und Ex-post-Output-Lücken erklären. In der Praxis ist deren Auswirkung jedoch relativ klein im Vergleich zu Prognosefehlern.

beiten von Forni und Momigliano (2004), Beetsma und Giuliodori (2007) sowie Cimadomo (2008). Darüber hinaus argumentieren Jonung und Larch (2006) ebenfalls unter Verwendung von Echtzeitdaten, dass die von Gali und Perotti (2003) identifizierte stärkere antizyklische Fiskalpolitik in der EWWU nicht auf eine verbesserte Fähigkeit, eine Feinabstimmung der Wirtschaft über zyklische Variationen des Outputs durchzuführen, zurückzuführen ist. Ihrer Ansicht nach spiegelt dies eher die bei mehreren EU-Mitgliedstaaten beobachtete Tendenz während des Wirtschaftsabschwungs Anfang der 2000er Jahre wider, Budgetpläne auf optimistischen Wachstumsvorhersagen aufzubauen, die angesichts negativer Wachstumsüberraschungen nicht mehr revidiert werden. Ex post sieht das dann so aus, als ob die Politik antizyklisch agieren würde. Diese Interpretation wird von Marinheiro (2008) untermauert.

Um zu unserem transatlantischen Vergleich der fiskalpolitischen Stabilisierung zurück zu kommen: Abbildung 2.6 zeigt in Echtzeit verfügbare Informationen über den Konjunkturzyklus und über den Budgetsaldo.[5] Die Echtzeitdaten sind OECD-Schätzungen, die jeweils im Frühling des Berichtsjahres *t* entstanden sind. Dies ermöglicht einen engen Abgleich zwischen der Echtzeit-Output-Lücke und der Echtzeit-Fiskalpolitik desselben Jahres, die sowohl das Ende *t*–1 verabschiedete Budget als auch jegliche zu Beginn des Jahres *t* getroffenen oder beschlossenen Maßnahmen beinhaltet. Aus der Abbildung für den Euroraum ergeben sich zwei wichtige Punkte. Erstens bestätigt die linke Grafik in Abbildung 2.6 die prozyklische Fiskalpolitik in der zweiten Hälfte der 1990er Jahre, die die fiskalpolitischen Prioritäten des EU-Fiskalrahmens im Vorlauf zum Euro widerspiegelt, vor allem das Staatsdefizit unter 3 % des BIP zu bringen. Zweitens war die prozyklische Lockerung 2000 und 2001 nicht geplant. Ausgehend von den zu diesem Zeitpunkt verfügbaren Informationen könnte die Fiskalpolitik als „begründete" Antwort auf eine Konjunkturposition gedeutet werden, die sich von Potenzial auf unter-Potenzial bewegt, während mittelfristig erwartet wurde, dass die Wirtschaft auf den Pfad hohen Wachstums der späten 1990er Jahre zurückkehrt. Auch 2008, im ersten Jahr der Großen Rezession, war der Echtzeitblick der Fiskalpolitik auf eine (bescheidene) Stabilisierung ausgerichtet. Da niemand den bevorstehenden scharfen Rückgang des realen BIP vorhersah, wurde die Output-Lücke zu Beginn des Jahres noch immer als negativ geschätzt.

---

5 Die beiden Grafiken in Abbildung 2.6 basieren auf OECD-Daten aus zwei Gründen: Erstens hat die OECD seit 1995 konsequent Schätzungen der Echtzeit-Output-Lücken veröffentlicht; andere verfügbare Echtzeitdaten decken einen weitaus kürzeren Zeitraum ab. Zweitens sind die OECD-Wachstumsprognosen, die in die Echtzeitschätzungen der Output-Lücken einfließen, weitgehend frei vom kalkulierten Optimismus, dem staatliche Prognosen zum Opfer fallen können.

Abbildung 2.6: Fiskalpolitische Position in Echtzeit und Konjunkturbedingungen, Euroraum und USA

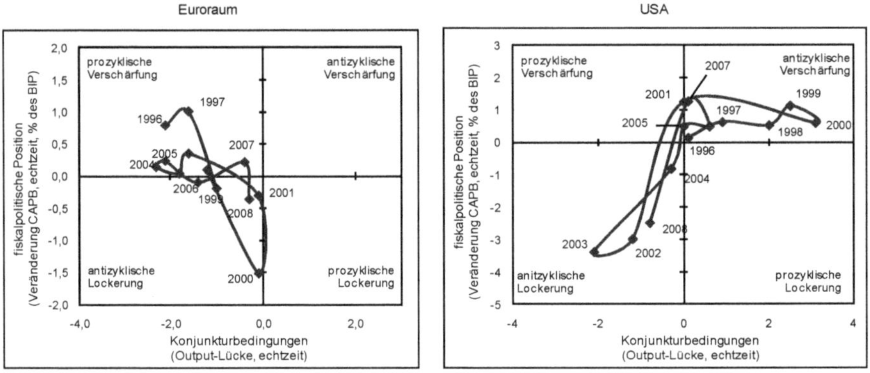

Anmerkung: OECD-Schätzungen der Output-Lücke in Jahr *t*, erstellt im Frühling desselben Jahrs. CAPB = konjunkturbereinigter Primärsaldo. Die fiskalpolitische Position im Euroraum wurde um die UMTS-Einnahmen bereinigt. Euroraum bezieht sich auf die EU-11 laut Definition in Fußnote 1.
Quellen: Berechnungen der Europäischen Kommission basierend auf Daten der OECD.

Die Lücke zwischen der Fiskalpolitik in Echtzeit und ex post war in den USA generell kleiner und, was noch wichtiger ist, veränderte nicht die Gesamtausrichtung der Fiskalpolitik. Die antizyklische Eigenschaft der fiskalpolitischen Pläne wurde weitgehend realisiert.

Für den Euroraum sind negative Wachstumsüberraschungen eine der Hauptursachen dafür, dass adäquate Pläne in prozyklische Fiskalpolitik umgewandelt werden. Fiskalpolitische Pläne wurden oft auf einer eher optimistischen Sicht des künftigen Wirtschaftswachstums aufgebaut, woraus sich Wachstumsprognosen ergeben, die die aktuellen BIP-Niveaus unter dem Potenzial positionieren. Die Echtzeit-Schätzungen der Output-Lücke lagen daher oftmals eher auf der pessimistischen Seite und schienen die expansive Fiskalpolitik zu rechtfertigen. In einigen Fällen wurden Makro-Prognosen strategisch genutzt, um die Budgetpläne auf Linie mit den Erfordernissen des SWP aus Ex-ante-Sicht zu bringen, und trugen damit ex post zu systematischen Abweichungen von den Zielen bei.[6]

6 Empirische Studien zeigen eine durch den Optimismus in staatlichen Wachstumsprognosen bedingte Verzerrung (z. B. Jonung und Larch 2006, Strauch et al. 2004).

Abbildung 2.7: Prognosefehler bei der Output-Lücke, Euroraum und USA

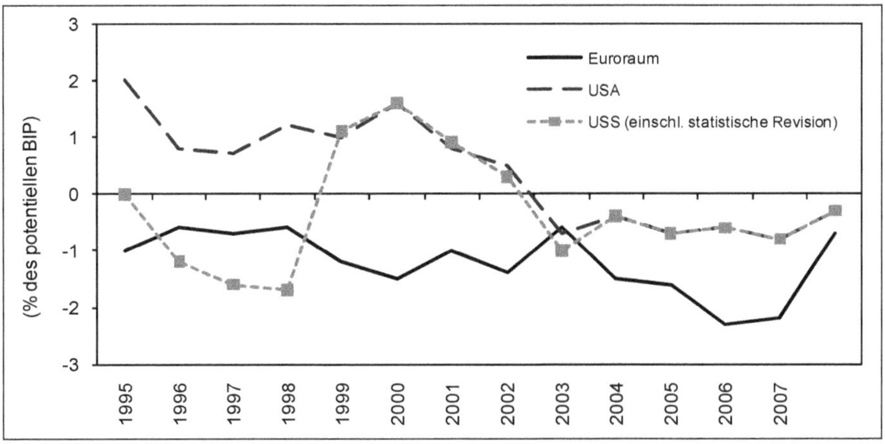

Anmerkung: Die Prognosefehler werden gemessen als Ex-post-Output-Lücke der OECD minus Echtzeitschätzungen der OECD für die Output-Lücke im Jahr *t*, erstellt im Frühling desselben Jahres. Die große Differenz zwischen den Echtzeit- und Ex-post-Schätzungen für die USA in der zweiten Hälfte der 1990er Jahre spiegelt auch statistische Revisionen der nationalen VGR-Daten wider. Die größte Revision fand 1999 statt, als das BIP um 1 bis 2 % angehoben wurde. Die Annahme, dass diese Revision sich in vollem Ausmaß auf die Output-Lückenschätzung auswirkte, würde jedoch nicht die fiskalpolitischen Konsequenzen der Echtzeitschätzungen für die USA ändern.
Quellen: Europäische Kommission und OECD.

In den Jahren 1996–2007 wurde die Output-Lücke im Euroraum in Schnitt um ca. 1 Prozentpunkt des BIP in den OECD-Prognosen unterschätzt. Genauer gesagt lagen die Prognosen über die gesamte Periode hinweg konsequent falsch in einer Richtung (Abbildung 2.7). Als sich die mittelfristigen Wachstumsprognosen besonders nach 1999 nicht bewahrheiteten und unter Berücksichtigung der Tatsache, dass es immer leichter ist, mit positiven Wachstumsüberraschungen umzugehen, stellte sich die geplante Fiskalpolitik aus Stabilisierungssicht als ungeeignet heraus.

Die USA wuchsen im Gegensatz dazu in den späten 1990er Jahren stärker als prognostiziert, woraus sich kleinere Output-Lücken als erwartet ergaben (Abbildung 2.7), die Wachstumsüberraschungen waren seitdem aber gering. Dies scheint ein Zeichen für eine realistischere oder konservativere Einschätzung der mittelfristigen Wachstumserwartungen zu sein, wodurch sich die bessere Erfolgsgeschichte hinsichtlich fiskalpolitischer Stabilisierung erklärt.

Die Reihe großer negative Wachstumsüberraschungen im Euroraum könnte teilweise dessen geringere Anpassungsfähigkeit widerspiegeln oder einen entsprechenden Nachholbedarf an Strukturreformen im Vergleich zu den

USA. Während der kumulierte Verlust in der Output-Lücke im Euroraum infolge des Platzens der IT-Blase im Jahr 2000 jenem in den USA sehr ähnlich war, war der Wachstumsrückgang im Euroraum wesentlich langwieriger. Das größere Ausmaß an Trägheit in der Euroraumkonjunktur ist teilweise auf höhere Marktstarrheiten zurückzuführen, die die Fähigkeit einer Volkswirtschaft, sich negativen wirtschaftlichen Schocks anzupassen, belasten. Indikatoren zur Messung verschiedener Arten von Starrheiten und Friktionen, wie Kündigungsschutzgesetze, Gütermarktregulierungen oder die Verwaltungslast für Unternehmungen reihen den Euroraum hinter die USA.[7]

2000/01 – als ex post betrachtet die Prozyklizität der Fiskalpolitik im Euroraum besonders augenfällig war – überschritt die fiskalpolitische Lockerung eindeutig die Auswirkungen einer inkorrekten Beurteilung der konjunkturellen Position in Echtzeit. Weitere Fehlleistungen spielten eine Rolle. Die Entscheidungsträger waren seit 1996 mit reichlichen Steuereinnahmen konfrontiert, die über die Expansion der aggregierten Wirtschaftsleistung hinaus gingen; wie Abbildung 2.8 zeigt, stieg die scheinbare Steuerelastizität für den Euroraum in der zweiten Hälfte der 1990er Jahre weit über die normalen bzw. Durchschnittsniveaus der meisten Jahre.

Abbildung 2.8: Scheinbare und durchschnittliche Steuerelastizitäten, Euroraum

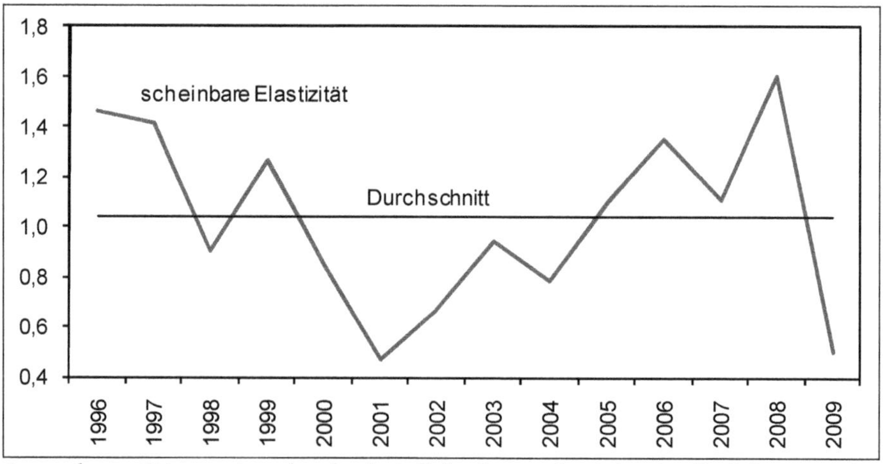

Anmerkung: Die gezeigte durchschnittliche Steuerelastizität ist die Schätzung der OECD für die Euroraum-11-Länder (siehe Girouard und André 2005).
Quellen: Europäische Kommission und OECD.

7 Für eine Analyse der Belastbarkeit des Euroraums, insbesondere im Vergleich zu den USA, siehe Europäische Kommission (2007a).

Obwohl gebührende Sorgfalt zur Schlussfolgerung hätte führen müssen, dass der überdurchschnittliche Steueranteil am Wachstum nicht dauerhaft sein würde, bestand die wirtschaftspolitische Reaktion darin, die Steuern zu senken bzw. die Ausgaben zu einem Zeitpunkt zu erhöhen, in dem die Wirtschaft *de facto* über ihrem Potenzial arbeitete. Diese Entscheidung erwies sich als besonders unglücklich auch für die nachfolgenden Jahre, da sie den Spielraum für eine makroökonomische Stabilisierung während der Wirtschaftsflaute nach 2001 beträchtlich einengte. Leider lernten die Fiskalpolitiker nicht aus den Erfahrungen der Jahre 2000/01. In den Jahren vor der Großen Rezession wurden umfangreiche unverhoffte Einnahmen verbunden mit Vermögens- und Immobiliengewinnen erneut in Staatsausgaben umgeleitet, die dann schwer auf den öffentlichen Finanzen in der Rezession lasteten.

2.5 Diskretionär oder automatisch? Eine unsichtbare Grenze

Der österreichische Philosoph Egon Friedell (1878–1938) hat einmal gesagt, dass alle Klassifizierungen von Natur aus mangelhaft und falsch sind und doch irgendwie nützlich, weil sie uns helfen, mit der Komplexität der Welt zu Recht zu kommen. Dieses Prinzip gilt auf jeden Fall für die Abgrenzung zwischen diskretionärer und automatischer fiskalpolitischer Stabilisierung. Obwohl die Zerlegung der jährlichen Veränderung des nominellen Budgetsaldos in einen diskretionären und einen automatischen Teil sowohl in der Forschung als auch in der wirtschaftspolitischen Analyse gemeinhin akzeptiert und weitgehend praktiziert wird, ist sie alles andere als klar umrissen.

Im Kern des Problems, wie sich aus der Diskussion in Abschnitt 2.4 ergibt, liegt die Unsicherheit über die genaue Bestimmung der Eigenschaften ökonomischer Schwankungen. In dem Moment, in dem ein Schock die Volkswirtschaft trifft, ist sehr schwer zu beurteilen, ob er vorübergehend sein wird oder nicht. Nur der Rückblick lässt ein mehr oder weniger robustes Urteil zu. Wirtschaftspolitische Entscheidungen müssen jedoch in Echtzeit getroffen werden.

Jede Entscheidung, die automatischen Stabilisatoren wirken zu lassen, beinhaltet daher ein implizites oder explizites Urteil über die Nachhaltigkeit des vorherrschenden Niveaus diskretionärer Ausgaben. Passt ein Staat seine diskretionären Ausgaben nicht an, wenn das BIP sinkt, arbeitet er unter der Voraussetzung, dass das Niveau der Wirtschaftsleistung schließlich zum Trend, der vor dem Schock zu beobachten war, zurückkehren wird. Umgekehrt wäre eine diskretionäre Anpassung der Ausgaben angezeigt, wenn die Beurteilung ergibt, dass der Schock permanent ist und die Ausgaben-BIP-Quote nicht nachhaltig ist. Ob die Änderung der Fiskalpolitik daher als automatisch oder diskretionär zu sehen ist, hängt im Wesentlichen davon ab, wie der Schock beurteilt wird. Diese Beurteilung kann sich im Lauf der Zeit ändern, wenn neue Daten verfügbar werden. Tatsächlich ist die Grenze zwischen diskretionärer und automatischer Stabilisierung bedingt durch eine gegebene Beurteilung der mittelfristigen Wachstumserwartungen. Wird ein Schock als temporär (permanent) eingeschätzt, werden bestehende Zerlegungsmethoden aller Voraussicht nach einen stärkeren Beitrag der automatischen (diskretionären) Stabilisierung hervorbringen.

Bei einer gegebenen jährlichen Veränderung der Quote von nominellem Budgetsaldo zum BIP impliziert jede neue Beurteilung des potenziellen Outputs eine Verschiebung bei der Zusammensetzung der fiskalpolitischen Stabilisierung von diskretionär zu automatisch oder umgekehrt.[8] Wie in der Einleitung angeführt, scheint dieser Punkt vom Konzept her einleuchtend, kann aber zu empfindlichen wirtschaftspolitischen Debatten führen und hat es auch schon getan. Die späten 1990er und frühen 2000er Jahre, als die Fiskalpolitiker in einer Reihe von Euroraum-Ländern ihre sukzessiven mittelfristigen Fiskalpläne auf der Erwartung aufbauten, dass das Wirtschaftswachstum auf dem vor dem Platzen der IT-Blase 2001 beobachteten Pfad bleiben oder dazu zurückkehren würde, sind ein in-

---

8 Die jährliche Veränderung der Budgetsaldo-BIP-Quote *db* kann umgeschrieben werden als

$$db_t = dfp_t + (\varepsilon_r - \varepsilon_g)\left[\frac{dy_t}{y_t} - \frac{dy_t^P}{y_t^P}\right]\frac{y_t}{y_t^P},$$

wobei y für das BIP, y^P für das potenzielle BIP und *dfp* für diskretionäre Maßnahmen in % des BIP stehen. ε_r und ε_g kennzeichnen die Semi-Elastizitäten der Einnahmen bzw. Ausgaben. Der zweite Term auf der rechten Seite misst den Beitrag der automatischen Stabilisatoren. Seine Größe hängt von der relativen Stärke des tatsächlichen im Vergleich zum potenziellen Wachstum ab. Wenn ein negativer Schock

$$\frac{dy_t}{y_t} < 0$$

ein permanentes Element beinhaltet, wobei

$$\frac{dy_t^P}{y_t^P} < 0,$$

dann steigt der Anteil der diskretionären Komponente *dfp* im Gegensatz zu einem rein temporären Schock

$$\frac{dy_t^P}{y_t^P} = 0.$$

Für eine detailliertere Diskussion der Funktionsweise des CAPB siehe Larch und Salto (2005).

teressantes Beispiel. Aufgrund der angenommenen Stabilität der Wachstumstrends wurde ein vergleichsweise großer Anteil der prognostizierten jährlichen Veränderung der Budgetsaldo-BIP-Quote in Echtzeit für das Ergebnis der automatischen Stabilisatoren verantwortlich gehalten. Als die wirtschaftliche Abschwächung aber andauerte und die Wirtschaftspolitiker widerstrebend realisieren mussten, dass der Schock eher permanent war, wurde ein Teil von dem, was für automatische Stabilisierung gehalten wurde, in diskretionäre Fiskalpolitik umgewandelt. Der Unterschied zwischen automatischer Stabilisierung und diskretionärer Expansion hat bedeutende Auswirkungen auf die Umsetzung des fiskalpolitischen Überwachungsrahmens der EU: Die Funktionsweise von automatischen Stabilisatoren wird bis zu einem bestimmten Grad akzeptiert, während diskretionäre Expansion unter normalen Umständen nicht akzeptiert wird.[9]

Tabelle 2.2 veranschaulicht das Ausmaß dieses Phänomens. Sie zeigt die Zusammensetzung der beobachteten Veränderungen der Quote von nominellem Budgetsaldo zu BIP im Euroraum und in den USA zu zwei verschiedenen Zeitpunkten: in Echtzeit, d. h. basierend auf der im Berichtsjahr gemachten Beurteilung des potenziellen Outputs und der Output-Lücke, und ex post, d. h. basierend auf den in späteren Jahren verfügbaren Informationen.[10] Die Tabelle enthält im Wesentlichen die gleiche Art von Informationen wie Abbildung 2.6, hebt jedoch die Verlagerung der Zusammensetzung der fiskalpolitischen Stabilisierung hervor, wenn zusätzliche Informationen über die Dauer des Schocks verfügbar werden. Die Berechnungen zeigen, wie sich 1999 und 2000 das Ausmaß der diskretionären Lockerung im Euroraum als wesentlich größer als in Echtzeit vermutet herausstellte. Eine marginale Restriktion in den Plänen für 1999 (um 0,1 Prozent des BIP) wurde tatsächlich zu einer Expansion in der Höhe von einem Drittelprozent des BIP.

---

9 Ex post gesehen führen solche Transformationen von automatisch zu diskretionär zu dem von Buti und Sapir (1998) diskutierten Muster: Zu Beginn einer Rezession implementieren Euroraum-Mitgliedsländer zusätzlich zur Wirkung der automatischen Stabilisatoren diskretionäre Expansionen, die dann später umgekehrt werden, sobald realisiert wird, dass die Wirtschaft nicht auf den vorherigen Wachstumspfad zurückkehrt.

10 Der Unterschied zwischen der jährlichen Veränderung der Budgetsaldo-BIP-Quote in Echtzeit und ex post beinhaltet eine Reihe von Faktoren, hauptsächlich statistische Revisionen. Um von derartigen Revisionen zu abstrahieren, wird eine Zerlegung der Echtzeitveränderung der Quote von nominellem Budgetsaldo zu BIP in diskretionär und automatisch vorgenommen. So kann der ausschließlich von der Revision der mittelfristigen Wachstumsprognosen stammende Effekt isoliert werden.

Tabelle 2.2: Relative Bedeutung der diskretionären und automatischen Stabilisierung in Echtzeit und ex post, Euroraum-Mitgliedsländer

		Veränderungen des primären Budgetsaldos						Niveau von CAPE
		Echtzeit			Output-Lücken von Juni 2008 mit Echtzeit-Primärsaldo			
		Primär-saldo	Diskre-tionäre Maß-nahmen	Automa-tische Stabilisa-toren	Primär-saldo	Diskre-tionäre Maß-nahmen	Automa-tische Stabilisa-toren	Niveau-verschiebung aufgrund von Revisionen der Output-Lücke (zwischen Echtzeit und Juni 2008)
		Jährliche Veränderungen (% des BIP)						(% des BIP)
USA	1998	0,20	–0,14	0,34	0,20	–0,09	0,29	–0,65
	1999	0,10	0,00	0,10	0,10	–0,33	0,43	–0,15
	2000	0,40	0,00	0,40	0,40	0,14	0,26	–0,03
	2001	–0,40	0,30	–0,70	–0,40	0,27	–0,67	0,27
	2002	–1,80	–1,60	–0,20	–1,80	–1,46	–0,34	0,20
Euro-raum	1998	0,00	0,33	–0,33	0,00	–0,28	0,28	0,25
	1999	0,00	0,10	–0,10	0,00	–0,34	0,34	0,61
	2000	–1,00	–1,50	0,50	–1,00	–1,80	0,80	1,01
	2001	–0,20	–0,30	0,10	–0,20	–0,04	–0,16	0,95
	2002	–0,20	0,30	–0,50	–0,20	0,43	–0,63	0,53

Anmerkung: CAPE – konjunkturbereinigte Primärausgaben. Der Echtzeit-Primärsaldo stammt aus dem OECD Economic Outlook von Frühjahr. Der diskretionäre Anteil wurde berechnet durch Betrachtung der zyklischen Position (Output-Lücke) in Echtzeit und im Rückblick (2008). Die Anteile der automatischen Stabilisatoren sind die Restwerte zwischen Primärsaldo und diskretionären Maßnahmen.
Quellen: Berechnungen der Europäischen Kommission basierend auf Daten der OECD.

Die Verschiebung von automatisch zu diskretionär ist in Hinblick auf die Ausgabenniveaus noch stärker ausgeprägt. Wie die letzte Spalte von Tabelle 2.2 zeigt, wurde die nicht-zyklische Primärausgabenquote im Euroraum in den Jahren 2000 und 20001 um einen ganzen Prozentpunkt des BIP überschätzt; die Primärausgaben in der Größenordnung von 1 Prozent des BIP wurden zuerst für vorübergehend in Echtzeit gehalten, stellten sich aber als permanent bleibend heraus.

2.6 Zusammenfassung und fiskalpolitische Schlussfolgerungen

In der vorliegenden Arbeit wurde versucht, die Performance der fiskalpolitischen Stabilisierung im Euroraum zu klären. Unsere Analyse zeigt, dass der Nachweis einer auf den ersten Blick eher ungünstigen Performance im Vergleich zu den USA seit Mitte der 1990er Jahre relativiert werden muss.

Die scheinbare Tendenz im Euroraum, prozyklische Maßnahmen zu verfolgen, basiert auf einer partiellen Beurteilung der fiskalpolitischen Stabilisierung. Erstens beschränkt sie sich auf diskretionäre Fiskalpolitik und ignoriert automatische Stabilisatoren, deren Ausmaß im Euroraum wesentlich größer ist als in den USA. In Jahren, in denen die Wirtschaftsleistung besonders steil abfällt oder ansteigt, kann die Wirkung der automatischen Stabilisatoren im Euroraum diskretionäre Maßnahmen ausgleichen (oder korrigieren). Zweitens wurde die Fiskalpolitik im Euroraum außerdem auf die Erreichung langfristiger Nachhaltigkeit ausgerichtet.

In den USA spielen automatische Stabilisatoren hingegen eine geringere Rolle und die fiskalpolitische Stabilisierung muss mittels diskretionärer Maßnahmen erfolgen. Auch wenn die diskretionäre Stabilisierung für eine Anzahl wohlbekannter Mängel anfällig war, spiegelt das stärkere Zurückgreifen auf fiskalpolitische Diskretion die amerikanische Entscheidung gegen einen großen Staatssektor wider.

Ein Teil der scheinbaren Schwäche der diskretionären Stabilisierung im Euroraum war zurückzuführen auf (i) die Beurteilung der zyklischen Bedingungen in Echtzeit, verbunden mit (ii) der Versuchung, unerwartete Einnahmen auszugeben. Die fiskalpolitischen Entscheidungsträger einer Reihe von Euroraum-Ländern scheinen anhaltend optimistisch über die Widerstandsfähigkeit ihrer Volkswirtschaft gewesen zu sein. Dies (ver-)führte sie dazu, diskretionäre Expansion umzusetzen, manchmal durch die Ausgabe zusätzlicher Einnahmen in Jahren, in denen rückblickend gesehen eine neutrale oder restriktive Fiskalpolitik angezeigt gewesen wäre.

Der letzte Punkt unserer Analyse bestand darin, zu argumentieren, dass die Trennlinie zwischen diskretionärer und automatischer fiskalpolitischer Stabilisierung nicht so scharf ist wie generell angenommen. Sie hängt im Wesentlichen von den vorherrschenden Annahmen über die mittelfristigen Wachstumsaussichten ab.

Insgesamt stützt unsere Analyse eine Reihe von wirtschaftspolitischen Schlussfolgerungen, die darauf abzielen, die fiskalpolitische Stabilisierung im Euroraum zu verbessern. Die erste Schlussfolgerung ist eher kurzfristiger

Natur und bezieht sich auf die aktuelle Wirtschaftslage. Die anderen sind allgemeinerer Natur und reichen über die gegenwärtigen Umstände hinaus.

Die aktuelle Wirtschaftslage: Auf den Zusammenbruch des US-Hypothekenmarkts an Kreditnehmer mit schlechter Bonität im August 2007 und die damit einhergehende Finanz- und Wirtschaftskrise folgte die schwerste Rezession in der Nachkriegsgeschichte sowohl der USA als auch Europas. Wie üblich trafen die US-Behörden bereits Anfang 2008 fiskalpolitische Maßnahmen zur Abfederung der Auswirkungen des Wirtschaftsrückgangs. Ein zweites und umfangreicheres Konjunkturbelebungspaket wurde Anfang 2009 verabschiedet.

Im Euroraum hingegen und mit Ausnahme einiger unkoordinierter und relativ kleiner Initiativen begannen die Mitgliedstaaten erst im Herbst 2008, nachdem die Finanzkrise ziemlich dramatische Ausmaße erreicht hatte, sich ernsthaft Gedanken über große diskretionäre Maßnahmen zu machen. Die Initiative der Europäischen Kommission zur Einführung eines konsistenten Rahmens für nationale fiskalpolitische Stabilisierung (*A European Economic Recovery Plan*) wurde am 26. November 2008 gestartet.

Diese scheinbar verzögerte oder langsame Reaktion sollte jedoch nicht als Zeichen politischen Versagens oder Gleichgültigkeit gewertet werden. Im Gegenteil gibt es gute Argumente, die mehr Vorsicht und nach Ländern differenzierte Reaktionen in Form fiskalpolitischer Stimuli im Euroraum begründen. Zum einen bietet das durchschnittliche Mehr an Staat in den Euroraumländern im Vergleich zu den USA einen dickeren Polster bei Wirtschaftsrückgängen, wodurch der Bedarf an unmittelbarer diskretionärer Stabilisierung reduziert ist. Zum anderen spiegelt die aktuelle Krise in einigen Euroraumländern einen Angebotsschock wider, der eine Anpassung der Wirtschaft verlangt (z. B. die überdimensionierte Bauwirtschaft in Irland und Spanien), die nicht mittels fiskalpolitischer Stabilisierung erreicht werden kann. Das Aufschieben einer notwendigen Strukturreform zugunsten einer fiskalischen Expansion birgt daher die Gefahr, dass eine ungünstige fiskalpolitische Position aufgebaut wird. Letztendlich war die Nachhaltigkeit der öffentlichen Finanzen angesichts der erwarteten Auswirkungen der Alterung auf die Budgets in einigen Euroraumländern bereits in Gefahr, lange bevor die Krise die Situation noch verschlimmerte. Der Spielraum für diskretionäre Stabilisierung war somit von Anfang an eingeschränkt.

Stärkere nationale budgetäre Einrichtungen: Die Erfahrung zeigt, dass starke finanzpolitische Institutionen, insbesondere numerische fiskalpolitische Regeln und mittelfristige Budgetpläne, zu größerer fiskalpolitischer Disziplin und Stabilisierung beitragen können.[11] Bestimmte Arten von Fiskalregeln, insbe-

11 Für eine Analyse der fiskalpolitischen Strukturen im Euroraum und der EU siehe z. B. Europäische Kommission (2006) und (2007).

sondere mittelfristige nominelle Ausgabenregeln, haben geholfen, die Dringlichkeit von zusätzlichen Ausgaben oder Steuersenkungen in guten Zeiten zu beschränken und somit die Prozyklizität zu reduzieren. Dieser Erfolg baut auf starken politischen Bekenntnissen und effizienten Überwachungs- und Durchsetzungsmechanismen auf. Auch wenn in dieser Arbeit nicht einzelne Länder untersucht wurden, kann relativ sicher daraus geschlossen werden, dass eine stärkere und bessere fiskalpolitische Steuerung die fiskalpolitische Performance im Euroraum insgesamt verbessern würde.

Vorsichtigere makroökonomische Prognosen: Bessere fiskalpolitische Steuerung kann auch dazu beitragen, die Verzerrung durch makroökonomische Prognosen zu reduzieren. Eine Möglichkeit bestünde darin, unabhängige budgetpolitische Institutionen bei der Erstellung der makroökonomischen Annahmen für das Budget einzubinden. Empirische Studien zeigen, dass fiskalpolitische Behörden in der EU, die von unabhängigen Agenturen erstellte Prognosen verwendeten, eine bessere fiskalpolitische Performance ablieferten. Eine detaillierte Besprechung der Rolle unabhängiger Fiskaleinrichtungen ist z. B. in Jonung und Larch (2006) sowie Debrun et al. (2007) zu finden.

Da die mit Prognosen verbundene Unsicherheit jedoch bestenfalls reduziert, aber nicht eliminiert werden kann, sollte in der Praxis klar sein, dass eine Bewertung der fiskalpolitischen Stabilisierung in Echtzeit, insbesondere die Unterscheidung zwischen diskretionär und automatisch, von einer gegebenen makroökonomischen Prognose abhängig ist. Im Grunde genommen könnte dies ganz einfach erreicht werden, indem aufgezeigt wird, was verschiedene Szenarien für die relative Bedeutung diskretionärer fiskalpolitischer Stabilisierung implizieren. Der Vorteil einer derartigen Option liegt in der verbesserten Transparenz, indem die Risiken expliziter werden. Das Darstellen alternative Szenarien kann aber auch Nachteile haben. Entwickelt sich das Budget schlechter als erwartet, könnten die politischen Entscheidungsträger behaupten, dass sich dies im Rahmen der erwarteten Unsicherheitsspanne bewegt. Eine mögliche Alternative für die Verwendung verschiedener Szenarien könnte das Heranziehen – idealerweise von unabhängigen Einrichtungen erstellter – vorsichtiger makroökonomischer Prognosen sein, die den Budgetplänen ein gewisses Maß an Umsicht verleihen.

Größere Widerstandsfähigkeit gegenüber Schocks: Um die Fähigkeit des Euroraums zu verbessern, wirtschaftliche Schocks zu dämpfen, sind Strukturreformen, wie in der neuaufgelegten Lissabon-Strategie für Wachstum und Beschäftigung von 2005 vorgesehen und im Stabilisierungsplan vom 26. November 2008 wieder aufgegriffen, das Mittel der Wahl. Während die ersten Ergebnisse der Wachstums- und Beschäftigungsstrategie bis Mitte 2008 sichtbar waren, weil Strukturreformen zu einer starken Beschäftigungssteigerung beigetragen hatten, haben nicht alle Mitgliedstaaten Reformen mit der gleichen Entschlossenheit unternommen und nicht alle Wirtschaftsbereiche gleichermaßen profitiert. Insbesondere die Öffnung von Märkten und die Bewältigung der Arbeitsmarktsegementierung sind hinterher gehinkt. Die aktuelle Krise wird ein Test für die bleibende Wirkung einiger Reformen darstellen; sie erweist die Bedeutung der europäischen Agenda für Strukturreformen als Beitrag zur Erholung von der Großen Rezession und zur Immunisierung gegen künftige Rezessionen.

2.7 Literaturverzeichnis

Alesina, A.; Tabellini, G. (2005): Why Is Fiscal Policy often Pro-cyclical? NBER Working Paper No. 11600.

Beetsma, R. M. W. J.; Giuliodori, M. (2007): Fiscal Adjustment to Cyclical Developments in the OECD: An Empirical Analysis Based on Real-Time Data, Journal of Comparative Economics 36(2), 221–242.

Blinder, A. (2004): The Case Against the Case Against Discretionary Fiscal Policy, CEPS Working Paper No. 100.

Buiter, W.; Corsetti, G.; Roubini, N. (1993): Excessive Deficits: Sense and Nonsense of the Treaty of Maastricht, Economic Policy 8(1), 58–100.

Buti, M.; Martinez-Mongay, C.; Sekkat, K.; Van den Noord, P. (2003): Automatic Fiscal Stabilisers in EMU: A Conflict Between Efficiency and Stabilisation? CESifo Economic Studies 49(1), 123–140.

Buti, M.; Pench, L. (2004): Why Do Large Countries Flout the Stability Pact? And What Can Be Done about It? Journal of Common Market Studies 42(5), 1025–1032.

Buti, M.; Sapir, A. (1998): Economic Policy in EMU, Oxford.

Calmfors, L. (2003): Fiscal Policy and Macroeconomic Stabilisation in the Euro Area: Possible Reforms of the Stability and Growth Pact and National Decision Making Processes, Report on the European Economy 2003, EEAG, European Economic Advisory Group at CESifo, München.

Canzoneri, M. B.; Diba, B. T. (2001): The SGP: Delicate Balance or Albatross? In: Brunila, A.; Buti, M.; Franco, D. (Hrsg.): The Stability and Growth Pact, Basingstoke, 53–74.

Capet, S. (2004): The Efficiency of Fiscal Policies: A Survey of the Literature, CEPII Working Paper Nr. 04/11.

Cimadomo, J. (2008): Fiscal Policy in Real Time, ECB Working Paper, Nr. 919.

Debrun, X.; Hauner, D.; Kumar, M. S. (2007): The Role of Fiscal Agencies, in: Kumar, M. S.; Ter-Minassian, T. (Hrsg.): Promoting Fiscal Discipline, Washington, 106–132.

Debrun, X.; Pisani-Ferry, J.; Sapir, A. (2008): Government Size and Output Volatility: Should We Forsake Automatic Stabilisation? European Economy, Economic Paper, Nr. 316.

Denis, C.; Grenouilleau, D.; Mc Morrow, K.; Röger, W. (2005): Calculating Potential Growth Rates and Output Gaps – A Revised Production Function Approach, European Economy, Economic Paper, Nr. 247.

Drazen, A. (2000): Political Economy in Macroeconomics, Princeton.

Europäische Kommission (2004): Public Finances in EMU – 2004, European Economy, Brüssel.

Europäische Kommission (2006): Public Finances in EMU – 2006, European Economy 3, Brüssel.

Europäische Kommission (2006a): Adjustment Dynamics in the Euro Area – Experience and Challenges, European Economy 6, Brüssel.

Europäische Kommission (2007): Public Finances in EMU – 2007, European Economy 3, Brüssel.

Europäische Kommission (2007a): The Resilience of the Euro-Area Economy, Quarterly Report on the Euro Area 6(3), 31–42.

Fatás, A.; Mihov, I. (2001): Government Size and Automatic Stabilizers: International and Intranational Evidence, Journal of International Economics 55(1), 3–28.

Fatás, A.; Mihov, I. (2003): The Case for Restricting Fiscal Policy Discretion, Quarterly Journal of Economics 118(4), 1419–1447.

Forni, L.; Momigliano, S. (2004): Cyclical Sensitivity of Fiscal Policies Based on Real-time Data, Applied Economics Quarterly 50(3), 299–326.

Gali, J.; Perotti, R. (2003): Fiscal Policy and Monetary Integration in Europe, Economic Policy 18(37), 533–572.

Girouard, N.; André, C. (2005): Measuring Cyclically-adjusted Budget Balances for OECD Countries, OECD Working Paper Nr. 434.

Gordon, R. J. (1980): Postwar Macroeconomics: The Evolution of Events and Ideas, in: Feldstein, M. S. (Hrsg.): The American Economy in Transition, NBER, Chicago, 101–162.

International Monetary Fund (2008): Fiscal Policy as a Countercyclical Tool, World Economic Outlook, Oktober.

Jonung L.; Larch, M. (2006): Fiscal Policy in the EU. Are Official Output Forecasts Biased? Economic Policy 21(47), 491–534.

Langedijk, S. (2004): The Pro-cyclicality of Fiscal Policy in EMU, Quarterly Report on the Euro Area 3, 27–37.

Larch, M.; Salto, M. (2005): Fiscal Rules, Inertia and Discretionary Fiscal Policy, Applied Economics 37(10), 1135–1146.

Manasse, P. (2006): Pro-cyclical Fiscal Policy: Shocks, Rules, and Institutions – A View from MARS, IMF Working Paper 06/26.

Marinheiro, C. F. (2008): The Stability and Growth Pact, Fiscal Policy Institutions and Stabilization in Europe, International Economics and Economic Policy 5(1–2), 189–207.

Orphanides, A. (2001): Monetary Policy Rules Based on Real-time Data, American Economic Review 91(4), 964–985.

Orphanides, A.; Van Norden, S. (2002): The Unreliability of Output Gap Estimates in Real Time, Review of Economics and Statistics 84(4), 569–583.

Strauch, R.; Hallerberg, M.; von Hagen, J. (2004): Budgetary Forecasts in Europe: The Track Record of Stability and Convergence Programmes, ECB Working Paper Nr. 307.

Van den Noord, P. (2000): The Size and Role of Automatic Fiscal Stabilizers in the 1990s and Beyond, OECD Economic Department Working Paper, Nr. 230.

Marco Buti, Sylvester Eijffinger und Daniele Franco

Kapitel 3
Die Leiden des Stabilitäts- und Wachstumspakts: Eine Untersuchung der Reformdebatte

3.1 Einleitung

Der Stabilitäts- und Wachstumspakt (SWP) ist einer der Pfeiler der EWWU. Er ist ein auf die Sicherung gesunder Budgets und niedriger Staatsschulden ausgerichtetes Disziplinierungsmittel. Während er weitgehend als wesentliche Innovation betrachtet wird, unterliegt der Pakt seit Anbeginn einer hitzigen Kontroverse. Er wurde durch Wissenschafter und Meinungsführer ausführlich kritisiert. Vorschläge für radikale Veränderungen wurden vorgebracht, und sogar die Außerkraftsetzung des Pakts wurde in Betracht gezogen. Diese Debatte hat sich 2002 unter dem Einfluss der Entwicklung der öffentlichen Finanzen mehrerer Eurozonenländer, die die Wirksamkeit (und Weisheit) des Pakts in Frage stellte, beschleunigt. Die Krise spiegelte im Wesentlichen die fehlende Verbesserung der strukturellen Budgetposition in den späten 1990er und frühen 2000er Jahren sowie die Auswirkung des darauf folgenden Wirtschaftsrückgangs wider. Dies drückte die Defizite mehrerer Länder an oder über die Defizitgrenze von 3 % des BIP.

Die Ereignisse überschlugen sich im November 2003, als der Europäische Rat beschloss, nicht den Empfehlungen der Europäischen Kommission über die Verfahren bei übermäßigen Defiziten betreffend Frankreich und Deutschland, deren Defizite die 3 %-Grenze seit 2002 überschritten, zu folgen. Einige Länder unterstützten die Meinung der Kommission. Dadurch wurden die Meinungs- und Interessensgegensätze zwischen europäischen Institutionen und Mitgliedstaaten offen gelegt. Aufgrund einer Anfrage der Kommission gab der Europäische Gerichtshof im Juli 2004 sein Urteil bezüglich dieses Konflikts ab. Der Kernpunkt dieses Urteils war, dass die fiskalpolitischen Regeln der EU nur dann glatt funktionieren können, wenn Rat und Kommission kooperieren.

Im September 2004 präsentierte die Kommission eine Reihe von Änderungsvorschlägen für den SWP mit dem Ziel, prozyklische Politik zu verhindern, das mittelfristige Ziel besser zu definieren, dem Schuldenkriterium eine prominentere Stellung zu gewähren, ökonomische Umstände bei der Umsetzung des Verfahrens bei übermäßigen Defiziten zu berücksichtigen und die Überwachung und Durchsetzung zu verbessern (Europäische Kommission 2004b). Nach einer schwierigen und zeitweise hitzigen Debatte wurde beim ECOFIN-Rat im März 2005 in einem Bericht eine Einigung erzielt, die Veränderungen sowohl beim präventiven als auch beim korrektiven Arm des Pakts in Betracht zieht (ECOFIN Rat 2005).

Diese Debatte wurde vor dem Hintergrund unzureichender fiskalpolitischer Ergebnisse geführt. Ein den Anforderungen des SWP nicht entsprechendes budgetäres Verhalten trat insbesondere in großen Ländern auf. Seit 2002 wiesen Frankreich und Deutschland Defizite auf, die weit über 3 % des BIP lagen. Infolge starker statistischer Revisionen zeigte sich 2004, dass Griechenland die Grenze seit 1997 systematisch überschritten hatte; 2005 wurde klar, dass Italien die Grenze 2001, 2003 und 2004 – wenn auch nur in geringem Ausmaß – überschritten hatte. Auch Portugal durchbrach 2005 die Defizitgrenze um eine breite Spanne. Andere Länder haben sie zeitweise überschritten oder wiesen Budgetdefizite auf, die eindeutig nicht der Klausel des ausgeglichenen Haushalts des SWP entsprachen. Darüber hinaus haben sich einige Länder neuer Buchhaltungs- und Finanzierungsmethoden bedient, die – wenn auch formal den EWWU-Regeln entsprechend – nicht die zugrunde liegenden Zustände der öffentlichen Finanzen verbessern (Europäische Kommission 2004a, 2005).

Diese Entwicklungen hängen gewissermaßen mit dem Erfolg der EWWU-Regeln, Defizite in früheren Jahren einzudämmen, zusammen. Als in den späten 1980er und frühen 1990er Jahren die öffentlichen Finanzen mehrerer EU-Länder auf einem nicht nachhaltigen Pfad zu sein schienen, waren die Vorteile geringerer Defizite offensichtlich. Die fiskalpolitische Disziplin wurde als Grundvoraussetzung für die Senkung der Zinssätze und die Verwendung der Fiskalpolitik zur zyklischen Stabilisierung erkannt (Buti et al. 1998). Sogar ein willkürliches Ziel wie die Defizitgrenze von 3 % des BIP wurde als wünschenswert erachtet, weil es die Länder dazu zwang, die (unvermeidbare) Anpassung vorzunehmen. Sobald sich die budgetäre Lage verbessert hatte, trat die Frage eines angemessenen Gleichgewichts zwischen fiskalpolitischer Disziplin und anderen Zielen in den Vordergrund. Der Schritt in die EWWU veränderte radikal die Anreizstruktur der EU-Regierungen, wobei das relative Gewicht der Einhaltung der Gemeinschaftsregeln im Vergleich zu anderen, stärker inländischen Zielen sank (Buti und Giudice 2002).

Die vorliegende Arbeit beurteilt die kritischen Aspekte der fiskalpolitischen Regeln der EWWU, betrachtet die wichtigsten Reformvorschläge und bewertet die im Jahr 2005 eingeführten Änderungen des SWP. Sie ist wie folgt gegliedert. Abschnitt 3.2 fasst die kritischen Aspekte bei der Implementierung des SWP sowie die wesentlichsten Vorschläge, die für das Ersetzen oder das radikale Überarbeiten des Pakts vorgebracht wurden, zusammen. Abschnitt 3.3

zieht einige Schlüsse aus den Debatten über den SWP vor dem Hintergrund der Literatur über fiskalpolitische Regeln. Abschnitt 3.4 betrachtet die 2005 vereinbarten Veränderungen des SWP und deren möglichen Auswirkungen auf dessen Funktionsweise und Effektivität. Der letzte Abschnitt enthält Schlussfolgerungen.

3.2 Neuauflage des SWP: kritische Aspekte und Reformvorschläge

Die Kritiker sehen im Stabilitätspakt von 1997 mehrere Mängel: Er reduziere die budgetäre Flexibilität, wirke asymmetrisch, sei zu einheitlich, sanktioniere politisch motivierte Fiskalpolitik nicht, verhindere öffentliche Investitionen, vernachlässige die gesamte fiskalpolitische Position der Eurozone und ignoriere die langfristige Nachhaltigkeit.

In diesem Kontext wurden mehrere Vorschläge für den Ersatz oder die Änderung des SWP vorgebracht. Auf die eine oder andere Art beziehen sich alle Vorschläge auf einen oder mehrere oder o.a. Kritikpunkte. Tabelle 3.1 zeigt eine Übersicht der wichtigsten von Wissenschaftern vorgebrachten Vorschläge, um den SWP zu ersetzen, zu reformieren oder zu verbessern.[1]

Tabelle 3.1: Reform des SGP: wichtigste Vorschläge

Kritikpunkt	Reformvorschläge	Autoren	Institutionelle Implikationen
Numerische Regeln greifen das budgetäre Fehlverhalten nicht am Ursprung an; der SWP benötigt eine glaubwürdigere und unparteiische Durchsetzung.	Nationale Institutionen reformieren: – budgetäre Verfahren verändern – unabhängige fiskalpolitische Komitees einrichten. Finanzmarktdisziplin stärken.	Buiter und Sibert (2005) Eichengreen (2003) Fatás et al. (2003) Wren-Lewis (2003) Wyplosz (2002, 2005)	Vertrag reformieren, Verfahren bei übermäßigem Defizit abschaffen. Großkredit-Richtlinie abändern. Regeln über Sicherheiten bei EZB-Offenmarktgeschäften ändern.
Der SGP beachtet zu sehr das Defizit, nicht die Qualität der öffentlichen Finanzen.	Berücksichtigung der Qualität der öffentlichen Finanzen: – Ausgabenregeln – Goldene Regel	Blanchard und Giavazzi (2003) Brunila (2002) Fitoussi und Creel (2002) Mills und Quinet (2002)	Die Institutionalisierung der Goldenen Regel erfordert Änderungen im Vertrag.

1 Adaptiert und aktualisiert von Buti et al. (2003). Siehe auch Begg und Schelkle (2004).

Kritikpunkt	Reformvorschläge	Autoren	Institutionelle Implikationen
Nachhaltigkeit hängt von Schuldenstand und künftigen Einnahmen- und Ausgabenströmen, nicht vom kurzfristigen Defizit ab.	Konzentration auf Schulden und Nachhaltigkeit: – Schuldennachhaltigkeitspakt – Regel des permanenten Ausgleichs – diversifizierte Defizitobergrenze	Buiter und Grafe (2003) Calmfors und Corsetti (2002) Coeuré und Pisani-Ferry (2003) Gros (2003) Pisani-Ferry (2002)	Diese Vorschläge erfordern Änderungen im Vertrag.
Der SGP behandelt nicht die Frage der fiskalpolitischen Position für den Euroraum.	Fiskalpolitische Koordination auf Euroraumebene: – aggregiertes Budgetausgleichziel – handelbare Defizitzertifikate.	Bofinger (2004) Casella (2001) Schelkle (2002)	Innerhalb einer nationalen 3 %-Grenze mit dem Vertrag nicht inkompatibel.

3.2.1 Reform der nationalen Verfahren und Institutionen

Die erstbeste Strategie zur Gewährleistung gesunder Fiskalpolitik wäre die, direkt die zu übermäßigen Defiziten führenden Faktoren auf nationaler Ebene anzugehen. Damit müsste man sich auch nicht auf numerische Parameter verlassen, die notwendigerweise willkürlich und für Schummelversuche anfällig sind.[2] Eine gesunde Fiskalpolitik könnte entweder durch Verfahren, die fiskalpolitische Verantwortung auf nationaler Ebene sichern, oder durch die Disziplinierung durch die Finanzmärkte gewährleistet werden.[3] Diese Strategie reagiert auf die Kritik der fehlenden budgetären Flexibilität.

2 Starke Evidenz für den verbreiteten Einsatz von Einmalmaßnahmen und kreative Buchführung in den Anfängen der EWWU ist in Koen und van den Noord (2005) zu finden. Siehe auch von Hagen und Wolff (2004).

3 Die Möglichkeit, sich auf Marktmechanismen zu verlassen, um wirksame Anreize für fiskalpolitische Disziplin zu setzen, wurde in den späten 1980er Jahre im Zuge der Gestaltung der EWWU ausführlich untersucht. Damals war man weitgehend der Ansicht, dass die durch die Marktkräfte auferlegten Beschränkungen entweder zu langsam und schwach oder aber zu plötzlich und störend wirken. Jüngere Untersuchungen bestätigen, dass Marktmechanismen keinen verlässlichen Ersatz für fiskalpolitische Regeln darstellen. Größere Transparenz bei den fiskalpolitischen Konten schafft jedoch die Möglichkeit, dass die Märkte Regeln sinnvoll ergänzen. Siehe Balassone et al. (2004). Eine Übersicht der Vorschläge zur Stärkung der Finanzmarktdisziplin findet sich in Buti et al. (2003a). Diese Frage wurde kürzlich von Buiter und Sibert (2005) neu aufgegriffen.

Zwei Gruppen von Vorschlägen fallen unter diese Überschrift:

Verfahrensreformen: Verfahrensreformen verlangen Änderungen der Regeln über die Präsentation, Annahme und Durchführung von Staatsbudgets. Hierarchische Verfahren sind förderlicher für fiskalpolitische Disziplin als kollegiale Verfahren. Auf nationaler Ebene verleihen hierarchische Regeln den Finanzministern große Macht, die für Ausgaben zuständigen Minister während der Budgetvorbereitung innerhalb der Regierung zu überstimmen und die Fähigkeit des Parlaments, die Budgetvorschläge der Regierung abzuändern, zu beschränken.

Während numerische Ziele und Verfahrensreformen oft als alternative Optionen für die Gewährleistung budgetärer Umsicht angesehen werden, schließen sie einander in der Praxis nicht gegenseitig aus. Im Fall der EWWU hatten numerische Ziele zwar eine klare Vorrangstellung, auf Verfahrensregeln (wie z. B. gemeinsame Bilanzrichtlinien oder die Einführung von Stabilitätsprogrammen) wurde jedoch ebenso zurückgegriffen, um die Einhaltung von Budgetbeschränkungen zu sichern.

Ersetzt man die numerischen Grenzen durch Verfahren zur Sicherung vernünftiger Budgets, ergeben sich zwei Probleme. Erstens bleibt der Bedarf an transparenten und schnellen Kriterien, um neue Beitrittskandidaten für den Euroraum auszuwählen, bestehen. Zweitens würde die Verabschiedung harmonisierter Budgetverfahren grundsätzliche Probleme aus Sicht der nationalen Souveränität hervorrufen und könnte mit nationalen Institutionen und Traditionen kollidieren. Die alternative Lösung – nämlich auf EU-Ebene genehmigte länderspezifische Verfahren – wäre auch problematisch. Die Ex-ante-Wirksamkeit dieser Verfahren wäre sehr schwer zu bewerten. Sollten sie sich darüber hinaus als unwirksam bei der Eindämmung von Defiziten erweisen, wäre eine Zuweisung der Verantwortlichkeit schwierig, da nationale Regierungen argumentieren könnten, dass sie ihre Fiskalpolitik in Übereinstimmung mit den vereinbarten Verfahren gestaltet haben.

Während wirksame Budgetverfahren wichtig für die Gewährleistung einer gesunden Fiskalpolitik auf nationaler Ebene wichtig sind,[4] scheinen sie letztendlich zurzeit keine gangbare Alternative zu numerischen Regeln auf EU-Ebene darzustellen. Einige Verfahrensregeln (wie einheitliche Bilanzierungsrichtlinien) sind jedoch erforderlich, um die Einhaltung der Budgetbeschränkungen zu gewährleisten.

Institutionelle Reformen: In diesem Bereich hat der Vorschlag, unabhängige fiskalpolitische Komitees (FPKs) einzurichten, die größte Aufmerksamkeit

---

4 Das Vertragsprotokoll über das Verfahren bei übermäßigen Defiziten fordert tatsächlich die Mitgliedstaaten dazu auf, die Konsistenz der nationalen Verfahren und Institutionen mit den Bestimmungen des Vertrags zu wahren.

auf sich gezogen. Die Idee basiert auf der Erfahrung von Zentralbanken, die für die Gestaltung der Geldpolitik zuständig sind. In den am stärksten ausgeprägten Varianten würde derartigen Einrichtungen die Verantwortung für die Festlegung der Budgetziele (Wyplosz 2002, 2005) oder sogar für bestimmte Steuersätze (Wren-Lewis 2003) übertragen.

Obwohl von der Idee her reizvoll laufen diese Vorschläge Gefahr, ernsthafte Machbarkeitsprobleme zu bekommen. Die Fiskalpolitik liegt – anders als die Geldpolitik – im Herzen des politischen Entscheidungsprozesses. Die Trennung zwischen dem Festlegen eines Ziels für den Budgetsaldo (im Zuständigkeitsbereich des FPK) und der Allokations- und Distributionsfunktion (im Verantwortungsbereich von Regierung und Parlament verbleibend) kann sich als schwierig erweisen. Entscheidungen über den Budgetsaldo wirken sich auf die Zusammensetzung von Einnahmen und Ausgaben aus. Politisch ist es schwer vorstellbar, dass eine Regierung einen Teil ihrer fiskalpolitischen Kompetenz an eine unabhängige Einrichtung delegiert. In einer sanfteren Variante (Sapir et al. 2004, Annett et al. 2005) könnten solche Einrichtungen jedoch mit der Überwachung und Bewertung von fiskalpolitischen Vorschlägen und Entscheidungen betraut werden, um Sichtbarkeit und Transparenz zu verbessern.[5] In dieser Form wären sie jedoch als Ergänzung eher denn als Substitut für numerische Regeln zu betrachten.

3.2.2 Berücksichtigung der „Qualität" der öffentlichen Finanzen

Der SWP konzentriert sich auf den jährlichen Budgetsaldo. In der Literatur wird jedoch zunehmend betont, dass die Zusammensetzung der öffentlichen Finanzen auch eine Rolle spielt. Die Ausrichtung auf Qualität lässt sich in zwei Vorschläge zur Reformierung des SWP übersetzen: Verschiebung von einem Defizitziel zu (a) einem *Ausgabenziel / einer Ausgabenregel* oder zu (b) der sogenannten *Goldenen Regel* der Defizitfinanzierung.

Ausgabenregeln: Die Ausrichtung auf die Ausgabenseite hat den Vorteil der Kontrollierbarkeit, weil die Ausgaben viel weniger von der Konjunktur abhängen als die Einnahmen. Ausgabenregeln können das jährliche Budgetverfahren an eine mehrjährige wirtschaftspolitische Struktur koppeln. Sie beziehen sich auf Budgetelemente, die von Regierungen gesteuert und die leicht definiert und überwacht werden können. Darüber hinaus erlauben sie Stabilisatoren, auf der Einnahmenseite zu wirken, und können eine Ausgabenlockerung in Aufschwungzeiten verhindern.

5 Während die meisten Vorschläge die Einrichtung der FPKs auf nationaler Ebene vorsehen, schlagen Fatás et al. (2003) die Einführung einer derartigen Einrichtung auf EU-Ebene vor.

Der Einsatz von Ausgabenregeln in einem multinationalen Kontext (siehe Abschnitt 3.3) erscheint allerdings problematisch. Erstens würden einheitliche Ausgabenregeln de facto politisch heterogenen Ländern homogene soziale Präferenzen auferlegen, während länderspezifische Regeln schwer durchzusetzen wären. Zweitens beziehen sich Ausgabennormen nicht auf fiskalpolitische Variablen, die negative Externalitäten verursachen können: Während ein zunehmendes Defizit oder Schuldenniveau in einem Land euroraumweit Probleme hervorrufen kann, hat ein steigendes Ausgabenniveau als solches keine negativen Auswirkungen auf andere Länder. Darüber hinaus können Ausgabenregeln jedoch nicht Defizit- und Schuldenerhöhungen, die von Steuersenkungen stammen, verhindern. Sie müssten daher durch eine Defizit- oder Schuldenregel ergänzt werden. Da keine einheitliche Ausgaben-BIP-Quote vorgeschrieben werden kann, müssten die Länder drittens Ziele für die Ausgabenquote angeben, die mit der gewünschten Defizitquote konsistent sind. Schließlich spiegelt die Größe des Budgets typischerweise die politischen Präferenzen der Regierung wider. Eine neue Regierung möchte möglicherweise die von ihrer Vorgängerin eingegangenen Verpflichtungen neu verhandeln.

Insgesamt ist zu sagen, dass Ausgabenregeln sich auf nationaler Ebene als nützlich erweisen können, sie aber eher als Ergänzungen denn als Substitute für Defizit- oder Schuldenregeln geeignet sind.

Die Goldene Regel: Mehrere Autoren haben vorgeschlagen, den SWP durch eine Art Goldene Regel zu ersetzen (Blanchard und Giavazzi 2003). Die Goldene Regel würde es ermöglichen, die Last von Kapitalprojekten über die verschiedenen Generationen an Steuerzahlern, die davon profitieren, zu verteilen und den durch verzerrende Besteuerung verursachten Effizienzverlust, wenn der Steuersatz im Lauf der Zeit fluktuiert, zu vermeiden. Dies würde auf einige der gegen den SWP vorgebrachten Kritikpunkte eingehen. Das Halten des Budgets „im Ausgleich oder im Überschuss" impliziert, dass Kapitalinvestitionen aus den laufenden Einnahmen finanziert werden müssen, was wiederum einen negativen Anreiz schaffen kann, Projekte mit aufgeschobenem Nutzen zu beginnen. In Konsolidierungsphasen ist der negative Anreiz stärker.

Es gibt jedoch einige Argumente, die gegen die Einführung der Goldenen Regel sprechen (Balassone und Franco 2000a, Buiter 2001):

Erstens ist die angebliche Inkompatibilität zwischen SWP und einer ordentlich definierten Goldenen Regel in Frage zu stellen. Um die Last der Kapitalausgaben über verschiedene Generationen von Steuerzahlern zu verteilen, müsste sich die Regel auf die Nettoausgaben beziehen. In Industrieländern, in denen die Infrastruktur zum Teil von Akteuren außerhalb der zentralen Regierung zur Verfügung gestellt wird, ist das Niveau der Nettoinvestitionen beschränkt und nicht unbedingt inkonsistent mit einer vernünftigen Interpretation der Regel des ausgeglichenen Haushalts des SWP (Europäische Kommission 2004a).

Zweitens würde die Goldene Regel, wenn auf die öffentlichen Bruttoinvestitionen angewandt, eine Behinderung für die Defizit- und Schuldensenkung darstellen. Angesichts der Quote von öffentlichen Investitionen als Prozentsatz des BIP könnte das langfristige Gleichgewichtsniveau der Staatsverschuldung sehr hoch sein, insbesondere in einer Umgebung niedriger Inflation.

Drittens ergibt das Aussondern öffentlicher Investitionen von anderen Budgetelementen wenig Sinn. Wichtig ist die allgemeine Kapitalakkumulation von sowohl privatem als auch öffentlichem Kapital. Eine gut gestaltete Steuerreform z. B., die durch Verringerung von Steuerbelastung und Verzerrungen zu höheren Investitionen führt, wäre öffentlichen Investitionen möglicherweise vorzuziehen. Darüber hinaus gibt es keine klare Evidenz in der empirischen Literatur dafür, dass Investitionen in die öffentliche Infrastruktur immer zu signifikanten positiven Wachstumseffekten führen. Einige Studien deuten darauf hin, dass öffentliche Investitionen schnell abnehmenden Erträgen unterliegen können (siehe z. B. de la Fuente 1997). Darüber hinaus kann eine Goldene Regel Ausgabenentscheidungen zugunsten von materiellen Anlagen und zulasten von Ausgaben für immaterielle Werte, die einen wichtigen Beitrag zum Wirtschaftswachstum leisten, wie z. B. jene für eine Erhöhung des Humankapitals, verzerren.

Viertens würde die Goldene Regel den multilateralen Überwachungsprozess komplizierter machen, indem sie Spielraum für opportunistisches Verhalten zulässt, da Regierungen einen Anreiz hätten, laufende Ausgaben als Kapitalinvestitionen zu klassifizieren. *Schließlich* gibt es Probleme der länderübergreifenden Vergleichbarkeit von Amortisationsdaten.

Darüber hinaus gibt es keine Garantie, dass öffentliche Investitionen infolge einer Einführung der Goldenen Regel zunehmen würden. Dies passiert nur dann, wenn die öffentlichen Investitionen aufgrund der Defizitobergrenze unter dem gewünschten Niveau gehalten werden, während dies für die laufenden Ausgaben nicht zutrifft. Es kann sein, dass durch die Einführung einer Goldenen Regel der zusätzliche Spielraum für Defizite verwendet wird, um die laufenden Ausgaben zu erhöhen (oder Steuern zu senken) – ohne Auswirkungen auf die Investitionen (siehe Turrini 2004).

3.2.3 Ausrichtung auf Schuldenniveau und Nachhaltigkeit

Die Regeln des Vertrags betrachten nicht die Frage der Nachhaltigkeit und ignorieren die Tatsache, dass Länder verschieden sind. Dieser Kritikpunkt weist verschiedene Nuancen auf. Erstens konzentriert sich der SWP fast ausschließlich auf kurzfristige Ziele für das Budgetdefizit. Auf diese Art und Weise liefert er Anreize für kreative Buchführung und Einmalmaßnahmen, die die Transparenz der VGR verschleiern. Zweitens finden weder der Schuldenstand noch der Bestand an impliziten Verbindlichkeiten der staatlichen Pensionssysteme Eingang in den SWP. Daher werden Länder mit unterschiedlichen mittel- und langfristigen Aussichten und unterschiedlichen Schuldenniveaus vom Pakt gleich behandelt. Drittens kann der Pakt Länder daran hindern, bestimmte Maßnahmen umzusetzen, wie z. B. Pensionsreformen, die die langfristige Nachhaltigkeit auf Kosten einer kurzfristigen Verschlechterung des Defizits verbessern.[6]

In der Literatur wurden zwei Lösungen dafür vorgebracht: Die erste besteht darin, ein mittelfristiges Ziel zu berechnen, das direkt länderspezifische Nachhaltigkeitsfragen berücksichtigt; die zweite, den Staatsschulden in den gemeinsamen Regeln mehr Gewicht zu verleihen.

Von den Maastricht-Parametern zur Steuerglättung: Es wurde argumentiert, dass der SWP übermäßig restriktiv und zu grob ist, um eine adäquate fiskalpolitische Haltung auf nationaler Ebene herbeizuführen (Allsopp und Artis 2003). Der Pakt ist besonders ungeeignet im Fall von aufholenden Ländern, die durch höheres potentielles Wachstum und höhere Inflation gekennzeichnet sind und sich daher höhere Defizite leisten können, ohne die langfristige Nachhaltigkeit ihrer Staatsfinanzen zu gefährden. Angesichts des höheren Bedarfs weniger reifer Volkswirtschaften an öffentlichen Investitionen kann eine starre Anwendung der Regel des ausgeglichenen Haushalts in Verbindung mit der 3 %-Marke dem Aufholprozess angeblich schaden.

Buiter und Grafe (2003) schlagen eine Regel permanenten Ausgleichs vor, die Nachhaltigkeit und fiskalpolitische Umsicht gewährleisten würde und gleichzeitig Länderdifferenzen berücksichtigt. Ihre Regel ist eine starke Form der Steuerglättung: Sie verlangt, dass das inflations- und wachstumsbereinigte permanente Budget sich im Zustand des Ausgleichs oder im Überschuss befindet. Der permanente Budgetausgleich ergibt sich aus der Differenz zwischen den konstanten langfristigen durchschnittlichen zukünftigen Werten von Steuereinnahmen und Staatsausgaben.

Während die Regel theoretisch schlüssig ist, indem sie die Berücksichtigung künftiger sozialer und politischer Präferenzen und das Setzen von Annahmen über künftige Wachstumsraten für die Berechnung des permanenten Werts von Steuern und Ausgaben verlangt, erscheint ihre Anwendbarkeit jedoch zweifelhaft (Pench 2003). Betrachtet man darüber hinaus die Notwendigkeit, Kreditwürdigkeit und starke makrofinanzielle Stabilität zu sichern, um ausländische Investoren anzulocken, ist das Argument, dass der Aufholprozess durch die Zulässigkeit höherer Defizite gefördert werden kann, strittig (Europäische Kommission 2005).

Mehr Gewicht auf Verschuldung: Eine Möglichkeit, die mangelnde Ausdifferenzierung des Pakts zu überwinden, besteht darin, den Staatsschulden

6 Für ein theoretisches Modell siehe Razin und Sadka (2002).

mehr Bedeutung zuzumessen. Calmfors und Corsetti (2002) schlagen vor, die Defizitmarke vom Schuldenstand abhängig zu machen. Die Defizitgrenze von 3 % des BIP sollte nur für Länder mit einer Schuldenquote über 55 % des BIP gelten, während ein höherer Grenzwert dann für Länder mit einem geringeren Schuldenstand gelten würde. Dieser Vorschlag berücksichtigt die Forderung nach Einfachheit und verbessert die Aspekte Anreize und Länderdifferenzierung. Er wäre „erweiterungsfreundlich", da die meisten Neuzugänge relativ niedrige Schuldenstände aufweisen. Er würde jedoch eine Abänderung des Vertrags erforderlich machen.

Das Problem frontal in Angriff nehmend schlagen Pisani-Ferry (2002) und Coeuré und Pisani-Ferry (2003) vor, den Ländern die Möglichkeit zu geben, aus dem Verfahren bei übermäßigem Defizit herauszuoptieren und einen Schuldennachhaltigkeitspakt einzugehen. Diese Länder müssten ein mittelfristiges Programm vorlegen, das ein als Referenzwert für die Beurteilung der Ergebnisse dienendes Fünfjahresziel für die Schuldenquote und eine komplette Übersicht über implizite Verbindlichkeiten enthält. Kurzfristig hätten sie dann größere Flexibilität. Der Schwerpunkt der EU-Überwachung würde sich dann von einer jährlichen Überprüfung des Defizits auf eine mittelfristige Ausrichtung auf langfristige fiskalpolitischer Nachhaltigkeit verlagern.

Dieser Vorschlag ist jedoch auch etwas problematischer. Erstens basiert er auf der Annahme, dass Defizite in der EWWU keine Rolle spielen, wenn die Schuldenstände unter Kontrolle sind. Das ist jedoch zweifelhaft, insbesondere aus Sicht einer sinnvollen Maßnahmenkombination. Während zweitens die stärkere Bindung an die Schuldenquote keine Messprobleme verursacht, ist der Bezug auf implizite Verbindlichkeiten problematischer. Schätzungen unterliegen einer großen Unsicherheit hinsichtlich makroökonomischer, demographischer und Verhaltensszenarien (siehe Abschnitt 3.4).

Nichtsdestotrotz ist das Ignorieren des Aspekts der Staatsschulden eine klare Einschränkung des ursprünglichen SWP.

3.2.4 Fiskalpolitische Koordination auf Euroraumebene

Diese Kategorie von Reformvorschlägen befasst sich mit der fiskalpolitischen Koordination auf Euroraumebene. In einer Währungsunion ist nur die aggregierte fiskalpolitische Position für die Maßnahmenbündel auf Euroraumebene relevant und geht als solche in die Reaktionsfunktion der Zentralbank ein. Es wird daher vorgeschlagen, ein Ziel für den Euroraum als Ganzes festzulegen und dann auf die Mitgliedsländer aufzuteilen.

Diese Lösungen sind eine Antwort auf den Vorwurf, dass der SWP die aggregierte fiskalpolitische Position unbeachtet lässt. Im Rahmen des Pakts ist jedes Land für die nationalen fiskalpolitischen Maßnahmen zuständig, und die

Aggregation der national bestimmten Fiskalpolitiken führt nicht unbedingt zu einer optimalen fiskalpolitischen Position auf Euroraumebene.

Fiskalpolitische Koordination kann entweder über Entscheidungen auf Gemeinschaftsebene, die den gewünschten Budgetsaldo für jedes Land anführen, oder über eine marktgesteuerte Allokation von nationalen Defizitanteilen am Gesamt-Euroraum-Defizit erzielt werden.

Gemeinschaftliche Allokation von Defizitanteilen: Ein Vorschlag für einen Koordinationsmechanismus im budgetären Bereich wurde vom französischen Finanzminister Dominique Strauss-Khan beim informellen ECOFIN-Rat im April 1999 unterbreitet. Der Vorschlag betonte, dass die aggregierte fiskalpolitische Haltung auf EWWU-Ebene basierend auf einem aggregierten Stabilitätsprogramm untersucht werden muss. Er wies darauf hin, dass das Ziel, eine geeignete fiskalpolitische Haltung für die EWWU insgesamt zu erzielen, berücksichtigt werden sollte, wenn die nationalen Stabilitätsprogramme in Augenschein genommen werden.[7]

Eine natürliche Implikation davon ist, dass das Defizitkriterium von 3 % des BIP nur auf das Durchschnittsdefizit für den Euroraum anwendbar wäre. Einzelnen Mitgliedstaaten wäre es erlaubt, die Defizitgrenze zu überschreiten, so lange es andere Länder mit Defiziten unterhalb dieses Werts gibt. Da die Amplitude der Konjunkturschwankungen für die Eurozone insgesamt wesentlich geringer ist, sind die zur Verhinderung einer Überschreitung der aggregierten Defizitgrenze notwendigen Ziele weniger streng als jene, die für jeden Mitgliedstaat einzeln erforderlich sind.

Unter den aktuellen institutionellen Rahmenbedingungen der EWWU gilt das Defizitkriterium jedoch für jeden Mitgliedstaat einzeln. Die Budgetregeln des Maastricht-Vertrags müssten daher neu verhandelt werden, um eine Umsetzung dieser Interpretation zu ermöglichen. Eine bürokratische Allokation von Defizitanteilen wäre hochgradig kontrovers.

Marktallokation von Defizitzertifikaten: Casella (2001) schlägt die Verwendung von Marktmechanismen für die Allokation von „Defizitanteilen" in der EWWU vor. Nach der Auswahl eines aggregierten Ziels für die Union und einer ersten Zuteilung von Defizitzertifikaten könnte man den EWWU-Ländern erlauben, die Rechte auf Defizitbildung zu handeln. Während dieses System das aggregierte euroraumweite Defizit unverändert lässt, ermöglicht es einzelnen Mitgliedstaaten, von deren ursprünglicher Zuteilung im Fall von idiosynkratischen Schocks abzuweichen.

Der Mechanismus würde die aggregierten Kosten für die Einhaltung der aggregierten Ziele minimieren und Belohnungen für Länder, die unter günstigen Konjunkturbedingungen Überschüsse einfahren, bereitstellen, wodurch

7 Ähnliche Vorschläge wurden von Bofinger (2004) und Schelkle (2002) vorgebracht.

das Problem der asymmetrischen Wirkungsweise des Pakts bewältigt wird. Es würde außerdem den Spielraum für politische Manipulation einschränken.

Dieses Modell unterliegt jedoch drei großen Schwierigkeiten. Erstens wäre die Marktlösung nur dann effizient, wenn die Defizite der verschiedenen Staaten die gleichen Externalitäten verursachen und somit perfekte Substitute sind. Das Risiko, eine Finanzkrise auszulösen, ist jedoch nicht bei allen Staaten gleich. Zweitens hängt die Effizienz des Markts für Zertifikate von dessen Wettbewerbsstruktur ab. Dadurch ist der Mechanismus schlecht geeignet für Situationen, in denen die Anzahl der Regierungen klein ist. Schließlich gibt es keine einfache Lösung für das Problem, wie die ursprüngliche Zuteilung der Zertifikate vorgenommen werden soll. Die möglichen Kriterien (BIP, Bevölkerungsgröße, usw.) würden stark unterschiedliche Zuteilungen hervorrufen.

3.3 Lehren aus der Diskussion

Jeder der oben untersuchten Vorschläge macht auf ein oder mehrere potentiell ernsthafte Probleme bei der Gestaltung und der Umsetzung des SWP aufmerksam. Der Vorschlag, institutionelle und verfahrensbezogene Reformen vorzunehmen, betont die Notwendigkeit einer unabhängigen Einrichtung für die Durchsetzung. Die Idee, zu einer Goldenen Regel zu wechseln, betont die Notwendigkeit, den Wachstumsaspekt des SWP zu erhalten. Mehrere Vorschläge betonen die übermäßige Einheitlichkeit der aktuellen Regeln. Die Berücksichtigung der verschiedenen Schuldenniveaus betont die Notwendigkeit, die Nachhaltigkeitsdimension in den Kern des SWP aufzunehmen. Der Vorschlag, einen Markt für Defizitzertifikate einzurichten, beschäftigt sich mit dem Problem der prozyklischen Tendenz in guten Zeiten.

Keiner der oben umrissenen Vorschläge weist jedoch eine Pareto-Verbesserung auf: Sie sind zwar geeignet, einige der in der Diskussion hervorgehobenen Probleme anzugehen, keiner von ihnen kann jedoch alle Probleme lösen, sondern sie könnten sogar ein paar von ihnen verschlimmern. Einige Reformvorschläge weisen den gleichen Mangel an Flexibilität des aktuellen Regimes auf (Goldene Regel); andere erfordern Schätzungen, die sich in einem multinationalen Kontext als sehr problematisch erweisen können (Schuldennachhaltigkeitspakt, Regel des permanenten Ausgleichs); andere wiederum bedürfen eines entscheidenden Sprungs nach vorne in die Integration der Fiskalpolitik (Verfahrensreformen, Budgetziel für den Gesamteuroraum).

Bei der Bewertung des SWP sollten auch die in der Literatur zu findenden Hinweise über die Rolle und Gestaltung von fiskalpolitischen Regeln berücksichtigt werden. Die Rolle von fiskalpolitischen Institutionen und Verfahren für die Entwicklung der budgetären Ergebnisse wurde zunehmend erkannt. Während „gute Regeln" nicht notwendigerweise „gute Fiskalpolitik" hervorrufen, können ungeeignete budgetäre Einrichtungen und Verfahren zu einem Mangel an fiskalpolitischer Disziplin beitragen.

In früheren Arbeiten (Buti et al. 2003a, b) haben wir die „Qualität" der fiskalpolitischen Regeln der EWWU anhand der von Kopits und Symansky (1998) sowie Inman (1996) identifizierten Kriterien für die Gestaltung, Umsetzung und Durchsetzung einer fiskalpolitischen Regel untersucht. Eine gute fiskalpolitische Regel sollte gut gestaltet sein (klar definiert, einfach, transparent, konsistent und flexibel), eine wirksame Umsetzung ermöglichen (indem sie Ex-ante- und Ex-post-Einhaltung sowie eine effiziente Überwachung bedingt) und durchsetzbar sein (hinsichtlich Entscheidung, Abänderung und Sanktionen).

Wir kamen zu dem Schluss, dass der SWP einige starke Aspekte aufweist – insbesondere hinsichtlich Einfachheit und Überwachung –, aber auch schwache – nämlich in Bezug auf die Durchsetzbarkeit. Das Fehlen einer wirksamen Durchsetzbarkeit verlegt den Pakt de facto in den Bereich des faktischen Rechts („soft law", siehe Schuknecht 2004). Um jedoch ein Urteil über die „Qualität" des SWP als fiskalpolitische Regel zu fällen, ist zu beachten, dass die in der Literatur diskutierten Kriterien für die Beurteilung der Qualität von nationalen fiskalpolitischen Regeln entworfen wurden. Mit der EWWU mussten fiskalpolitische Regeln erstmalig in einem supranationalen Kontext entworfen werden.

Die fiskalpolitischen Regeln der EWWU spiegeln die Interaktion zwischen dem multinationalen Charakter der EWWU und dem Fehlen einer politischen Autorität föderalen Rangs (Balassone und Franco 2001). Dies hat wichtige Folgen. Erstens mussten nationale Souveränitäts- und Subsidiaritätsaspekte berücksichtigt werden. Dies impliziert, dass die Regeln so neutral wie möglich gegenüber den sozialen Präferenzen der Länder, die in der EU ziemlich heterogen sind, sein müssen. Dadurch wurde z. B. die Einführung von Regeln unterbunden, die eine Entscheidung bezüglich Rolle und Größe des öffentlichen Sektors in der Wirtschaft beinhalten.

Zweitens ist in einem supranationalen Kontext die Ex-post-Einhaltung angesichts des höheren moralischen Risikos und der größeren Schwierigkeit, Ex-ante-Ankündigungen zu überwachen, besonders wichtig.

Drittens beeinflusst der supranationale Charakter die Zielkonflikte zwischen den verschiedenen Kriterien auf sehr komplexe Art und Weise. Der Zielkonflikt zwischen Einfachheit und Flexibilität ist ein Beispiel dafür. Einerseits kann eine Präferenz für Einfachheit gegenüber Flexibilität bestehen, um Gruppenzwang und zentrale Überwachung zu ermöglichen sowie moralisches Risiko zu verhindern. Andererseits erhöht eine große Zahl an Ländern die Heterogenität und Streuung der Präferenzen, was zur Folge hat, dass eine „Einheitsgrößen"-Regel höchstwahrscheinlich suboptimal ist.[8]

---

8 Dieser Zielkonflikt wird durch die Erweiterung des Euroraums um neue Mitgliedstaaten noch verschärft. Für eine Diskussion darüber siehe Orbán und Szapáry (2004).

Da das Verhängen von formellen Sanktionen zwischen souveränen Staaten politische Schwierigkeiten hervorruft, sollte schließlich die rufschädigende Wirkung wie z. B. jene der „frühen Warnungen" und des Status bei übermäßigen Defiziten, u. a. auch mittels erhöhter fiskalpolitischer Transparenz, gestärkt werden und das Zurückgreifen auf Sanktionen auf Fälle ernsthaften Fehlverhaltens beschränkt werden.

Während keiner der Vorschläge als gebrauchsfertige Alternative zum SWP geeignet scheint, hat die Debatte doch einige Schlüsselbereiche aufgezeigt, bei denen eine Verbesserung des ursprünglichen Pakts vorgenommen werden könnte. Unseres Erachtens (Buti et al. 2003a, b) sind die Schlüsselpunkte: (a) die Überwindung der übermäßigen Einheitlichkeit der Regeln, indem eine bestimmte Länderspezifizität hinsichtlich struktureller und konjunktureller Wirtschaftsfaktoren zugelassen wird; (b) die Verbesserung der Transparenz der laufenden und vorausschauenden Fiskalkonten – dies würde die Glaubwürdigkeit der Regeln sichern sowie Markt- und politische Mechanismen der Defizitsteuerung stärken; (c) die Korrektur der prozyklischen Politik durch ausgewogene Anreizschemata zwecks Verhinderung von Fehlverhalten insbesondere in gute Zeiten; und (d) die Stärkung der Durchsetzbarkeit durch Verlagerung zu einer unparteiischen Anwendung der Regeln.[9]

Im nun folgenden Abschnitt wird nach einer kurzen Übersicht ihrer Hauptmerkmale beurteilt, wie die 2005 vereinbarte Reform des SWP hinsichtlich dieser Zielsetzungen abschneidet.

3.4 Neuauflage des SWP: Auftritt der wirtschaftspolitischen Entscheidungsträger

3.4.1 Der neue SWP

Während die Debatte in akademischen Kreisen die Tiefe der Zerklüftung zwischen Wirtschaftswissenschaftern gezeigt hat, entwickelte sich 2004 langsam ein gewisser Konsens zwischen den wichtigsten wirtschaftspolitischen Spielern darüber, welche Veränderungen des fiskalpolitischen Rahmens der EWWU erforderlich seien. Es wurde erkannt, dass die EWWU numerische fiskalpolitische Regeln braucht (da Finanzmarktdisziplin und nationale Verfahren als nicht ausreichend für die Gewährleistung fiskal-

9 Wie bereits in der Debatte über fiskalpolitische Regeln hervorgehoben, gibt es Zielkonflikte und Ergänzungen zwischen den gewünschten Merkmalen einer „guten" Regel. Die Aufwertung der Länderspezifizität z. B. führt wahrscheinlich zu weniger Transparenz, während die Verbesserung der Transparenz vermutlich zu einer wirksameren Durchsetzbarkeit führt. Für eine Diskussion darüber mit einem besonderen Bezug auf supranationale Regeln siehe Buti et al. (2003a).

politischer Disziplin erachtet wurden) und dass radikale Veränderungen der 1992 (Maastricht-Vertag) und 1997 (SWP) eingeführten Regeln höchst problematisch wären. „Interne Anpassungen" des bestehenden Rahmens statt einer radikalen Überarbeitung der Regeln galten als einziger machbarer Weg nach vorne. Es wurde auch anerkannt, dass komplementäre Maßnahmen auf nationaler Ebene (wie z.B. bessere Budgetverfahren und unabhängige Fiskalbeiräte) höchst wünschenswert wären.

Die gemeinsame „Speisekarte" interner Reformen beinhaltete Maßnahmen zur Verbesserung der Fiskalpolitik in guten Zeiten, eine stärkere Berücksichtigung von Schuldenstand und langfristiger Nachhaltigkeit bei der Beurteilung der Budgetpositionen der Mitgliedstaaten, eine stärkere Betonung der konjunkturellen Entwicklungen und mehr Transparenz bei den Fiskaldaten. Andere Aspekte blieben stärker umstritten: u.a. Veränderungen im Verfahren bei übermäßigem Defizit sowie eine möglicherweise gewichtigere Rolle der Kommission als für die Durchsetzung zuständige Institution.

Die mit dem Beginn eines Reformprozesses unter dem Druck ungünstiger fiskalpolitischer Entwicklungen verbundenen Risiken wurden in der Debatte ebenfalls hervorgehoben: Die Glaubwürdigkeit der Struktur selbst könnte gefährdet werden und der Reformprozess könnte sich als sehr lang und unsicher erweisen. Es wurde auch angemerkt, dass, wenn das Problem in erster Linie eines mangelnder Einhaltung der Regeln ist, die Priorität darin bestehen sollte, eine rigorose Umsetzung der bestehenden Regeln zu gewährleisten, anstatt sie zu ändern. Zugleich wurde jedoch weitgehend anerkannt, dass der Versuch, die bestehenden Regeln nach dem Wendepunkt im November 2003 lediglich anzuwenden, keine brauchbare Option darstellte. Ein gewisses Gefühl der Identifikation mit den Regeln bei allen Parteien wieder herzustellen wäre die Vorbedingung für deren wirksame Durchsetzung.

Auf Ansuchen des Europäischen Rats veröffentlichte die Kommission im September 2004 ein Kommuniqué mit Vorschlägen für einige zusätzliche Veränderungen des Pakts, die gleichzeitig die Gesamtarchitektur erhalten sollten und darauf ausgerichtet waren, prozyklische Maßnahmen zu verhindern, vor allem in guten Zeiten; das mittelfristige Ziel besser zu definieren, indem länderspezifische Umstände und Reformen berücksichtigt würden; dem Schuldenkriterium mehr Gewicht zu geben; die Umsetzung des Verfahrens bei übermäßigem Defizit zu verändern, insbesondere durch Gewährung eines längeren Zeitraums für die Korrektur eines übermäßigen Defizits unter bestimmten Umständen; und die Governance und Durchsetzung zu verbessern (Europäische Kommission 2004b).

Nach einer schwierigen und zweitweise hitzigen Debatte wurde beim ECOFIN-Rat im März 2005 eine Einigung erzielt. Die Richtlinien der Reform wurden in einem Bericht dargelegt, der Veränderungen sowohl beim präventiven als auch beim korrektiven Arm des Pakts in Betracht zog (ECOFIN Rat 2005).[10]

Auf der präventiven Seite (d. h. bei den mittelfristigen Zielen und dem Anpassungspfad dahin) sollen die mittelfristigen Budgetziele basierend auf Schuldenquoten und potentiellen Wachstumsraten nunmehr von Land zu Land etwas differenziert werden. Die Ziele werden in strukturellen Größen spezifiziert, d. h. konjunkturbereinigt und unter Wegrechnung der Auswirkungen von temporären Maßnahmen, und im Bereich zwischen einem Defizit von 1 % des BIP und einem kleinen Überschuss liegen. Letzteres soll für stark verschuldete, langsam wachsende Länder gelten. Implizite Verbindlichkeiten sollen in Zukunft ebenfalls berücksichtigt werden, sobald weitere Untersuchungen es dem Rat ermöglichen, sich über Kriterien und methodologische Fragen zu einigen. Große Strukturreformen mit langfristigem fiskalpolitischem Nutzen werden berücksichtigt, sowohl bei der Definition des Anpassungspfads in Richtung mittelfristiges Ziel als auch bei der Betrachtung temporärer Abweichungen vom Ziel. Eine Reihe detaillierterer Bestimmungen betreffen den Pfad zu den mittelfristigen Zielen, wobei eine jährliche Mindestanpassung von 0,5 % des BIP gewährleistet sein muss.

Auf der korrektiven Seite (d. h. der Anwendung des Verfahrens bei übermäßigem Defizit) wurde eine Modifikation bei der Definition der „außerordentlichen konjunkturellen Umstände“ eingeführt, die den Referenzwert für das übermäßige Defizit rechtfertigen kann: Ein Bruch des Grenzwerts gilt nunmehr dann als außerordentlich, wenn es auf eine negative Wachstumsrate oder auf einen kumulierten Output-Verlust in einem sich hinziehenden Zeitraum sehr geringen Wachstums im Vergleich zum potentiellen Wachstum zurückzuführen ist. Bei der Beurteilung von Defiziten über der 3 %-Grenze wird die Kommission mehrere Faktoren berücksichtigen, von konjunkturellen Bedingungen über die Umsetzung des Lissabon-Prozesses hin zu Maßnahmen zur Förderung von F&E und Innovation, von der Schuldennachhaltigkeit zur Gesamtqualität der öffentlichen Finanzen, von finanziellen Beiträgen zur internationalen Solidarität zu fiskalischen Lasten infolge der europäischen Vereinigung. Jegliche Überschreitung der 3 %-Grenze sollte dennoch beschränkt und temporär bleiben. Auch die Umsetzung von Pensionsreformen mit einer kapitalgedeckten Pflichtsäule wird berücksichtigt, insbesondere bei der Beurteilung, ob ein übermäßiges Defizit korrigiert wurde.[11]

Obwohl der Rat bestätigte, dass die Frist für die Korrektur eines übermäßigen Defizits grundsätzlich bei einem Jahr nach dessen Feststellung bleibt,

---

10 Diese Veränderungen wurden in weiterer Folge in Gesetzesnovellen der SWP-Bestimmungen im Juli 2005 übertragen. Für eine detaillierte Darstellung des neuen Pakts siehe Europäische Kommission (2005).

11 Siehe Schuknecht und Tanzi (2005), die angeben, dass länderspezifische Umstände und Reformgestaltung eine Rolle spielen.

hat er beschlossen, dass die ursprüngliche Frist um ein Jahr länger angesetzt werden kann, wenn besondere Umstände bestehen, und zu einem späteren Zeitpunkt geändert werden kann, wenn unerwartete negative wirtschaftliche Ereignisse mit wesentlichen ungünstigen budgetären Auswirkungen auftreten.

Der Rat wollte den Schuldenstand stärker gewichten, konnte sich jedoch nicht auf die Quantifizierung eines Mindestschuldenabbaus für Länder mit sehr hohen Schuldenquoten, wie von der Kommission vorgeschlagen, einigen.

Der Rat umriss darüber hinaus eine Reihe von Schritten zur Verbesserung der Governance der EU-Regeln. Er schlug eine engere Kooperation zwischen Mitgliedstaaten, Kommission und Rat bei der Umsetzung des Pakts vor. Er deutete auf die Notwendigkeit hin, nationale Budgetregeln zu entwickeln und sicherzustellen, dass die nationalen Parlamente in diesen Prozess eng eingebunden werden. Schließlich verlangte er verlässliche makroökonomische Prognosen und Budgetstatistiken.

3.4.2 Eine Evaluierung der Reform

Diese Veränderungen wurden mit gemischten Reaktionen aufgenommen. Einige Kommentatoren argumentierten, dass angesichts der zahlreichen Ausnahmen für die 3 %-Regel der Pakt de facto gestorben ist. Andere wiederum betrachteten die Vorschläge als wichtigen Schritt nach vorne zur Erreichung einer besseren Ausgewogenheit im Pakt zwischen fiskalischer Disziplin und Flexibilität. Die gleiche Spaltung wie in der Debatte über den ursprünglichen SWP trat in den Reaktionen zu seiner Reform neuerlich auf.

Die Übersicht der Debatte über den SWP hat die kritischen Punkte hervorgehoben, die von einer wirksamen Reform des Pakts behandelt werden sollten. Wie oben argumentiert, sollte jegliche Reform der Regeln darauf abzielen, (a) die übermäßige Einheitlichkeit zu überwinden, (b) die Transparenz zu verbessern, (c) die prozyklische Tendenz zu korrigieren und (d) die Durchsetzbarkeit zu stärken.

Tabelle 3.2 zeigt eine qualitative Beurteilung der wichtigsten vom Rat eingebrachten Änderungen hinsichtlich der Governance der neuen Regeln, des präventiven und des korrektiven Arms des SWP.[12] Der Rest des Abschnitts befasst sich mit einer Beurteilung der Reform von 2005 und liefert einige Hinweise, wo weitere Fortschritte erforderlich sind, um die Wirksamkeit der neuen Regeln zu gewährleisten.

(a) **Überwindung der übermäßigen Einheitlichkeit:** Der neue SWP hat sowohl im präventiven als auch im korrektiven Arm des Pakts einige Elemente von Länderspezifizität eingeführt. Die Regel des ausgeglichenen Haushalts

12 Für frühere Beurteilungen der Reform siehe das Postskriptum in Buti und Franco (2005), Eijffinger (2005) und Europäische Kommission (2005).

des ursprünglichen SWP, gedeutet als weitgehend ausgeglichene konjunkturbereinigte Budgets, behandelte Länder gleich, die verschiedenen Niveaus von Staatsschulden, impliziten und Eventualverbindlichkeiten sowie öffentlichem Investitionsbedarf aufweisen.

In den frühen Jahren der EWWU war die einzige Dimension, anhand derer Länder differenziert wurden, die Veränderlichkeit der Konjunkturkomponente des Budgets: Volkswirtschaften mit stärker schwankenden Konjunkturzyklen und stärkeren automatischen Stabilisatoren benötigen eine größere konjunkturelle Sicherheitsspanne, um eine Verletzung der 3 %-Defizitgrenze des BIP unter normalen Konjunkturbedingungen zu verhindern (Artis und Buti 2000). Im neuen Pakt wurde die Ausformulierung der mittelfristigen Budgetziele um andere Dimensionen erweitert, wie z. B. der durch den Schuldenstand verkörperten finanziellen Zerbrechlichkeit des Landes und der Gefährdung der langfristigen Nachhaltigkeit durch die impliziten Verbindlichkeiten der Pensionssysteme sowie der Fähigkeit der Länder, „aus ihren Schulden heraus zu wachsen", indem ihr potentielles Wachstum berücksichtigt wird.

Tabelle 3.2: Wünschenswerte Verbesserungen des SWP „Marke I"

SWP-Reform 2005	Überwindung der übermäßigen Einheitlichkeit	Verbesserung der Transparenz	Korrektur der prozyklischen Tendenz	Stärkung der Durchsetzbarkeit
I. Governance				
Stabilitätsprogramm für die Legislatur		(+)		
Einbindung des nationalen Parlaments				(+)
Verlässliche Prognosen		(+)		(+)
Bessere statistische Governance		+		+
II. Präventiver Arm				
Mittelfristige Ziele		++	–	
Anpassungspfad	+		+	
Strukturreformen	+	–		–
III. Korrektiver Arm				
Außerordentliche Umstände	+		+	
„Alle sonstigen relevanten Faktoren"	+	– –		– –
Systemische Pensionsreformen	+			–

SWP-Reform 2005	Überwindung der übermäßigen Einheitlichkeit	Verbesserung der Transparenz	Korrektur der prozyklischen Tendenz	Stärkung der Durchsetzbarkeit
Schulden und Nachhaltigkeit	+	–	+	
Wiederholbarkeit von Schritten	+	–	+	–
Gesamtbeurteilung	+	– / +	+	– / +

Legende: ++ starke Verbesserung, + Verbesserung, – Verschlechterung, – – starke Verschlechterung, (+) Verbesserung, wenn tatsächlich auf nationaler Ebene umgesetzt.

Der Rat hat hier einen vorsichtigen Ansatz gewählt, indem er festlegte, dass das mittelfristige Ziel, um die 3 %-Grenze zu sichern, niemals ein Defizit von 1 % des BIP überschreiten sollte.[13] Dies impliziert, dass Ländern mit einem relativ geringen Schuldenstand und relativ geringen geschätzten Eventualverbindlichkeiten erlaubt wird, konjunkturbereinigte Budgetdefizite von bis zu 1 % des BIP zu haben. Diese Lösung ist in den meisten Fällen mit einer umsichtigen Version der Goldenen Regel konsistent.[14] Die Schuldenquoten in hoch verschuldeten Ländern und in Ländern mit zu erwartenden steigenden Ausgabenniveaus würden rasch sinken und dadurch dazu beitragen, die Last der Überalterung in Zukunft auszugleichen, während in den anderen Ländern die Defizitniveaus die Beibehaltung niedriger Staatsschulden sicherstellen. Diese Lösung würde die politischen Anreize, aktuelle und implizite Schulden schneller abzubauen, stärken.

Um ein moralisches Risiko zu vermeiden, müssten gemeinsam vereinbarte Schätzungen von impliziten Verbindlichkeiten in EU-Ländern berechnet werden, gemäß der Erfahrung des Wirtschaftspolitischen Ausschusses bei den Schätzungen der altersbezogenen Staatsausgaben (Economic Policy Committee 2003). Der Einsatz von langfristigen Hochrechnungen im fiskalpolitischen Rahmen der EU sollte von den Fortschritten in Bezug auf Vergleichbarkeit, Transparenz und Unabhängigkeit der Prognosen abhängen. Eine Reihe von Nachhaltigkeitsindikatoren könnten verwendet werden: Steuerlücken, staatliche Nettowerte und Generationenkonten. Da jeder Indikator einige willkürliche Auswahlmöglichkeiten verlangt, müssen die relevanten Annahmen

13 Laut Schätzungen der Europäischen Kommission wären diese Spannen für die größeren Länder geeignet. Siehe Europäische Kommission (2002).

14 Wie oben angeführt, ist im Fall öffentlicher Investitionen das korrekte Konzept das der *Netto*investitionen (und somit die Berücksichtigung der Abschreibungen).

und Parameter im Vorhinein definiert und ein gemeinsamer Satz Indikatoren vereinbart werden.[15]

Der neue SWP führt länderspezifische Elemente auch im korrektiven Arm des Pakts ein. Wie nachstehend argumentiert, können derartige Veränderungen zwar die übermäßige Einheitlichkeit der Regeln verringern, sie können jedoch in manchen Fällen die Komplexität der Regel erhöhen, was zu negativen Auswirkungen auf Transparenz und Durchsetzbarkeit führen kann.

(b) Verbesserung der Transparenz: Transparenz hat mehrere Dimensionen, einschließlich Buchführungsrichtlinien, Prognoseverfahren und Berichtswesen (Kopits und Symansky 1998). Zwei Aspekte sind besonders wichtig: (i) Fiskalpolitische Indikatoren, die umfassende Einblicke in die laufenden und vorausschauenden Fiskalkonten und die Einhaltung der Regeln ermöglichen, sollten für die überwachenden Einrichtungen, die Öffentlichkeit und die Finanzmärkte zugänglich sein. (ii) Die Gestaltung der Regeln sollte eine zweifelsfreie Überprüfung der Regeleinhaltung ermöglichen. Dies erfordert einfache und klar definierte Regeln.

Bezüglich des ersten Aspekts wurde der fiskalpolitische Rahmen der EWWU wegen mangelnder Transparenz weithin kritisiert.[16] Dieses Thema hat verschiedene Gesichtspunkte. Erstens liefert der Defizitindikator nach ESVG 95 kein umfassendes Bild der Ungleichgewichte der staatlichen Finanzen. Zweitens erlaubt der Schuldenindikator (Bruttofinanzschulden zum Nennwert), dass Ziele über Operationen erreicht werden, die nicht die fiskalpolitische Nachhaltigkeit verbessern, und tendiert dazu, die offenen Gesamtverpflichtungen zu unterschätzen. Drittens wird die Überwachung im aktuellen System der VGR durch Verzögerungen bei der Bereitstellung der Daten behindert und ermöglicht ein gewisses Maß an Manipulation bei den Statistiken, was zur Folge hat, dass die Abmahnung oft viel zu spät oder erst erfolgt, wenn die tatsächlichen Werte endlich vorliegen. Viertens basierten die Stabilitätsprogramme oftmals auf Prognosen, die sich als optimistisch verzerrt herausstellten.

Der neue SWP enthält potentiell wichtige Bestimmungen, die zu einer verbesserten Transparenz führen, jedoch auch Elemente, die entgegengesetzt wirken.

In der Vergangenheit haben einige Länder, um die kurzfristigen Ziele zu erreichen, öfters geldbeschaffende Einmalmaßnahmen gesetzt anstatt die notwendige Strukturanpassung vorzunehmen. Der Beschluss, dass die Einhaltung des mittelfristigen Ziels und der Mindestjahresanpassung von 0,5 %

---

15 Siehe Balassone und Franco (2000b) sowie die anderen Aufsätze in Banca d'Italia (2000).

16 Siehe Balassone, Franco und Zotteri (2006), Koen und van den Noord (2005) sowie von Hagen und Wolff (2004).

des BIP aus *struktureller* Sicht bewertet werden sollen, indem der geschätzte Effekt von Konjunktur und Einmalmaßnahmen herausgerechnet wird, wird zu einer verbesserten Transparenz führen.[17] Um dies umzusetzen, könnte eine vereinbarte Definition von Einmalmaßnahmen die bestehende Vereinbarung über die Berechnung von konjunkturbereinigten Budgetsalden ergänzen.[18] Angesichts der gegenwärtigen Gesetzgebung und Bilanzierungskonventionen wurde die 3 %-Regel nicht abgeändert. In der Praxis können daher immer noch Einmalmaßnahmen verwendet werden, um ein übermäßiges Defizit zu verhindern. Hinsichtlich der Beseitigung eines übermäßigen Defizits ist es wichtig, auf die *Dauerhaftigkeit* der Anpassung zu achten, wodurch die Anreize reduziert werden, Einmalmaßnahmen einzusetzen, um das Defizit vorübergehend unter den Referenzwert zu bringen, ohne die zugrunde liegenden Ungleichgewichte zu korrigieren.

Bezüglich der Staatsschulden konzentriert sich die Anwendung der fiskalpolitischen Regeln weiterhin auf deren *Brutto*-Definition. Diese übersieht jedoch die Tatsache, dass Staatseigentum verkauft werden kann, um Schulden zurück zu zahlen, und dass es auch nicht-finanzielle Verbindlichkeiten gibt. Es wäre besser, sich sowohl auf eine Brutto- als auch auf eine Nettoschuldendefinition zu verlassen. Erstere ist präziser, früher verfügbar und kurzfristig relevanter, Letztere ist umfassender und auf lange Sicht relevanter. Basierend auf einem vereinbarten und transparenten Rahmen könnte von den Staaten verlangt werden, Schätzungen von außerbudgetären Verbindlichkeiten, deren Nettovermögensposition und langfristigen Budgettrends abzuliefern.[19] Die Schätzungen sollten jährlich überarbeitet und Veränderungen ausführlich erklärt werden.

---

17 Dadurch wird die Erfahrung mit den Erlösen aus dem Verkauf der UMTS-Lizenzen von 2000–2001 auf alle temporäre Maßnahmen ausgeweitet.

18 Die Schätzung von konjunkturbereinigten Daten und Einmalmaßnahmen wirft technische Probleme auf und verlangt nach einigen Entscheidungen bezüglich der methodologischen Lösungen Darüber hinaus können konjunkturbereinigte Salden ex post anhand von neuen Informationen über makroökonomische Aussichten korrigiert werden. Die Staatsausgaben reflektieren normalerweise sämtliche Maßnahmen und Ereignisse mit temporären expansiven oder restriktiven Effekten. Es wäre vermutlich sinnvoll, lediglich die Maßnahmen mit transitorischer Wirkung auf die Staatseinnahmen zu berücksichtigen (z. B. Verkauf von Vermögen, Vorwegnahme von Steuerzahlungen, Steueramnestien). Richtlinien bezüglich der Definition von Einmalmaßnahmen müssten vorab vereinbart werden. Die Europäische Kommission (2004a) hat versucht, eine möglichst komplette Liste von Einmalmaßnahmen zu erstellen.

19 Siehe Balassone, Franco und Zotteri (2006). Einen ersten Schritt in diese Richtung stellt die Einführung von langfristigen Ausgabenprognosen in den Stabilitätsprogrammen dar.

Die Verfügbarkeit von qualitativ hochwertigen Statistiken und zeitgerechten Fiskalindikatoren bleibt nach wie vor ein Thema. Das Problem der Früherkennung von Zielabweichungen wurde im Fall von Portugal im Jahr 2001 eindringlich aufgedeckt. Noch ernster war der Fall von Griechenland, von dem 2004 bekannt wurde, dass es ein Defizit von über 3 % des BIP seit 1997 hatte. In Griechenland, aber auch in anderen Ländern, hat das Schuldenwachstum öfters das Defizitniveau überschritten, da außerordentliche Operationen systematisch zum Schuldenwachstum beigetragen haben.

Der neue Pakt bestätigt die Bedeutung von Qualität, Pünktlichkeit und Verlässlichkeit von Fiskalstatistiken und verpflichtet sich, die Unabhängigkeit, Integrität und Verantwortlichkeit von sowohl den nationalen Statistikämtern als auch Eurostat zu gewährleisten.[20] Die Verfügbarkeit von besseren Statistiken sollte durch eine umfassendere Überwachung der fiskalpolitischen Variablen ergänzt werden. Eine Möglichkeit wäre, parallel zu nationalen Kontendefinitionen die regelmäßige Überwachung von Cash Flows wieder einzuführen. Die nationalen Entscheidungsträger müssten weitgehend mit der ESVG 95-Bilanz konsistente Ex-ante-Cash-Werte angeben. Parallel dazu könnten Veränderungen des Schuldenniveaus (nach Bereinigung von Wechselkursänderungs- und Privatisierungseffekten) überwacht werden:[21] Wenn in den Finanzflüssen eine signifikante Abweichung vom Ziel erkannt wird, müssten die nationalen Verantwortlichen diese Differenz erklären.[22]

Übermäßig optimistische Prognosen, die in manchen Mitgliedstaaten[23] alltäglich sind, können sich in höheren als prognostizierten Defiziten niederschlagen, da Staatseinnahmen sehr schnell auf Veränderungen des potentiellen BIP reagieren, während Anpassungen auf der Ausgabenseite in der Regel ein langwieriges Verfahren der politischen Entscheidungsfindung verlangen. Der neue Pakt weist darauf hin, dass Budgetprognosen auf realistischen und umsichtigen makroökonomischen Prognosen basieren sollten. Die Europäische Kommission (2004b) schlug vor, die Stabilitätsprogramme auf von der

---

20 Bezüglich der Bedeutung eines verlässlichen statistischen Rahmens für die Anwendung der fiskalpolitischen Regeln der EU siehe Balassone, Franco und Zotteri (2003).

21 Siehe Balassone, Franco und Zotteri (2006) sowie Europäische Kommission (2005).

22 Wie von der Kommission vorgeschlagen enthielt die Empfehlung des Rats im Fall der Anwendung des Verfahrens bei übermäßigem Defizit auf Griechenland, Portugal und Italien 2005 eine Anmerkung über die Vermeidung von außerordentlichen Operationen.

23 Wie in Buti und van den Noord (2004) gezeigt, ist das Erstellen übermäßig optimistischer Prognosen in Wahlzeiten besonders verlockend als Mittel zur Erhöhung des Spielraums für diskretionäre Fiskalpolitik. Siehe Strauch et al. (2004) sowie Larch und Salto (2005) für eine detaillierte Diskussion dieses Themas.

Kommission bereit gestellten makroökonomischen Annahmen zu basieren. Der Rat beschloss, dass es den Ländern dennoch freistehen würde, ihre eigenen Annahmen heranzuziehen und dass sie Abweichungen im Vergleich zu den Prognosen der Kommission detailliert zu erklären hätten.[24]

Während die o.a. Veränderungen tatsächlich die Qualität und Verfügbarkeit der Fiskalindikatoren verbessern können, werden andere eher negative Auswirkungen auf den zweiten angeführten Aspekt der Transparenz haben, nämlich die Möglichkeit, die Einhaltung der Regeln leichter zu beurteilen.

Bezüglich des korrektiven Arms des Pakts ist die bemerkenswerteste Änderung die Spezifikation der sogenannten „sonstigen relevanten Faktoren" bei der Beurteilung, ob ein Defizit über der 3 %-Grenze des BIP als „übermäßig" im Sinne des Pakts gelten kann. Derartige Faktoren – von der Umsetzung des Lissabon-Prozesses und Maßnahmen zur Förderung von F&E und Innovation über die Gesamtqualität der Staatsfinanzen und finanziellen Beiträgen zur internationalen Solidarität bis hin zu fiskalischen Lasten im Zusammenhang mit der europäischen Vereinigung – können Ländern leichte Fluchtwege im Fall von Defiziten über dem Referenzwert ermöglichen. Obwohl es eine wichtige Sicherheitsvorkehrung in der Regelung, dass jede Überschreitung der 3 %-Grenze beschränkt und temporär bleiben muss, gibt, kann die Zulassung einer derart langen Liste von Faktoren die Beurteilung stark trüben.

Der präventive Arm des SWP ist ebenfalls komplexer geworden. Es werden keine mittelfristigen Ziele mehr ex ante bestimmt, sondern Ziele, die die Länder selbst in ihren Programmen aufgrund gemeinsam vereinbarter Kriterien festlegen und die sich im Lauf der Zeit entwickeln können.

(c) **Korrektur des prozyklischen Verhaltens:** Es ist weitergehend akzeptiert, dass der SWP den Ländern nicht ausreichend Anreize bot, in guten Zeiten eine umsichtige Fiskalpolitik zu verfolgen, mit dem Ergebnis, dass ihr Spielraum in schlechten Zeiten eingeschränkt war. Die neuen Bestimmungen zielen explizit darauf ab, dieses prozyklische Verhalten zu korrigieren, durch Betonung der Bedeutung von verlässlichen makroökonomischen Prognosen, die Verpflichtung, in guten Zeiten die Konsolidierungsbemühungen zu verstärken, die Lockerung der Klausel über außerordentliche Bedingungen, die Verknüpfung des Timings für die Korrektur des übermäßigen Defizits mit den vorherrschenden Konjunkturbedingungen und das Vorsehen einer vorsichtigen Möglichkeit, im Fall negativer Schocks Schritte des Verfahrens zu wiederholen.

---

24 Jonung und Larch (2004) unterstützen den Vorschlag unabhängiger Prognosen.

Während diese Veränderungen in die richtige Richtung gehen, stellt sich die Frage, ob sie im Sinne von Zuckerbrot und Peitsche weit genug gehen.

Um den Gruppenzwang zu erhöhen, könnte eine mögliche Lösung darin bestehen, das Frühwarnverfahren des SWP nicht nur in schlechten Zeiten, wenn sich das Defizit der 3 %-Marke nähert, zu verwenden, sondern auch in guten Zeiten, wenn eine signifikante Abweichung von den Strukturzielen festgestellt wird. Die Idee eines Frühwarnverfahrens unabhängig von der Gefahr eines übermäßigen Defizits wird in Europäische Kommission (2004b) in Erwägung gezogen. Während der neue SWP zwar die Möglichkeit für die Kommission vorsieht, diesbezüglich „fiskalpolitische Ratschläge" zu erteilen, wurde dieser Vorschlag nicht angenommen.

Ein ausgedehnterer Einsatz von Frühwarnungen wäre nicht unproblematisch. Er könnte zu kontroversen Debatten führen, auch angesichts der Möglichkeit, dass konjunkturbereinigte Salden aufgrund von Veränderungen der gesamtwirtschaftlichen Aussichten (sogar für vergangene Jahre) signifikant revidiert werden.

Buti et al. (2003a, b) und Sapir et al. (2004) argumentieren, dass die Einrichtung von Schlechtwetterfonds die Anreize für ein umsichtiges fiskalpolitisches Verhalten in guten Zeiten verbessern könnte. Diese Fonds, die in Rezessionszeiten verwendet und bei Konjunkturaufschwüngen aufgestockt würden, könnten den Anreiz für Regierungen steigern, die Überschüsse in guten Zeiten nicht zu vergeuden und den Spielraum in schlechten Zeiten zu vergrößern. Ihre Einrichtung würde jedoch eine Überarbeitung der aktuellen ESVG-Bilanzierungsrichtlinien für die Berechnung von Budgetstatistiken implizieren, sodass ein derartiger Schritt zwar sehr interessant, jedoch nicht unproblematisch wäre.[25]

(d) **Stärkung der Durchsetzbarkeit:** Eine starke Kritik am Vertrag und am alten SWP ist, dass die Umsetzung parteiisch ist: Nationale Einrichtungen sollen die Regeln auf sich selbst anwenden, wodurch für sie Anreize für Absprachen und Kuhhandel bestehen.

Wie in Tabelle 3.2 dargestellt, enthält der neue Pakt ähnlich wie im Fall der Transparenz Bestimmungen, die die Durchsetzbarkeit stärken werden, und andere, die sie weiter schwächen könnten.

Wie in Buti et al. (2003a, b) aufgezeigt, ist die Durchsetzbarkeit besonders problematisch im Fall von supranationalen fiskalpolitischen Regeln, die auf

25 Alternativ dazu könnte das Vertragsprotokoll dahingehend geändert werden, dass der Referenzwert von 3 % sich auf das Budget abzüglich des im Schlechtwetterfonds gebildeten Vermögens bezieht. Was passiert jedoch, wenn der Fonds nach langwierigen Defiziten erschöpft ist? Der im SWP verwendete Budgetwert würde sich rapide verschlechtern und zu Schwierigkeiten bei der Umsetzung des SWP führen.

souveräne Staaten anzuwenden sind. Ein Fortschritt wäre die Förderung der nationalen Aneignung der Regeln, damit es eine größere Chance gibt, dass sie sich von selbst durchsetzen.[26] Parallel dazu sollte die Rolle der Kommission bei der Durchsetzung des SWP gestärkt werden.

Hinsichtlich der ersten Überlegung (nationale Aneignung) weisen die neuen Bestimmungen über die Governance – namentlich die Einbindung der nationalen Parlamente – in die richtige Richtung, sind insgesamt jedoch eher bescheiden. Insbesondere der Vorschlag, unabhängige Überwachungsorgane auf nationaler Ebene einzurichten (siehe Tabelle 3.1), der in den ursprünglichen Vorschlägen der Kommission (Europäische Kommission 2004b) angeführt war, wurde nicht angenommen. Bezüglich des zweiten Punkts (stärkere Rolle der Kommission) führt der neue Pakt keine wesentlichen Veränderungen bei den Abstimmungs- oder Verfahrensregeln ein. Der Rat war offensichtlich nicht bereit, die Autorität der Kommission im Interesse der Glaubwürdigkeit der fiskalpolitischen Regeln der EWWU zu stärken. Im Gegenteil laufen Bestimmungen wie die Berücksichtigung der „sonstigen relevanten Faktoren“, indem sie die Transparenz verringern und die Möglichkeit von Absprachen im Rat erhöhen, Gefahr, gegen die wirksame Durchsetzbarkeit der Regeln zu wirken.

(e) **Insgesamt gesehen:** Kann die Reform insgesamt gesehen als Verbesserung des ursprünglichen Pakts betrachtet werden? Dies kann beantwortet werden, indem entweder die neuen mit den alten Regeln verglichen werden oder der Prozess, der zu diesem neuen Rahmenwerk geführt hat, ebenfalls in Betracht gezogen wird. Im ersteren Fall kann geschlossen werden, dass einige Elemente der Reform die Qualität der budgetären Rahmenstruktur der EWWU verbessern, während andere sie verschlechtern.

Einige Innovationen ermöglichen größere Flexibilität bei der Handhabung besonderer Umstände und länderspezifischer Probleme und behalten dabei den Ansatz umsichtigen fiskalpolitischen Verhaltens, da die Flexibilität durch die Richtlinie eingeschränkt bleibt, dass jede Überschreitung der 3 %-Grenze des BIP temporär und beschränkt bleiben muss, und keine Ausgabenkategorie von der Defizitdefinition ausgeschlossen ist. Die Schritte zur Verbesserung der fiskalpolitischen Transparenz, Steigerung der Qualität der Statistiken und Stärkung der nationalen budgetären Einrichtungen können die Regeln verstärken. Die Betonung langfristiger Nachhaltigkeit reduziert die Kurzsichtigkeit der fiskalpolitischen Regeln – ein dem alten Pakt oft gemachter Vorwurf.

26 Wie Buti und Pench (2004) argumentieren und die Erfahrungen der frühen Jahre der EWWU gezeigt haben, ist dies im Fall von großen Euroraumländern besonders wichtig, wo die Androhung von externen Sanktionen weniger wirksam ist.

Die Überarbeitung der Ausnahmeklausel ist dahingehend positiv, als sie eine übermäßig restriktive Bedingung aufhebt.

Andererseits können sich einige Änderungen als problematisch erweisen. Dies gilt z. B. für die erweiterten Fristen für Defizitkorrekturen, die Gefahr laufen, ein bewegliches Ziel zu werden. Die größere Komplexität der neuen Rahmenstruktur könnte die Sichtbarkeit der fiskalpolitischen Ziele verringern und die Überwachung weniger wirksam werden lassen. Wie die Literatur betont, sind komplexe und weniger klar definierte Regeln schwieriger durchzusetzen. Es gibt auch eine Reihe von kontroversen technischen Fragen, die noch anzusprechen sind, z. B. wie die Nachhaltigkeit zu messen ist, wie temporäre Maßnahmen zu definieren sind, wie die Qualität der Staatsfinanzen zu beurteilen ist und wie die Kosten der europäischen Integration zu berücksichtigen sind. Schließlich wurden kaum Veränderungen in den Schlüsselbestimmungen bezüglich der Durchsetzbarkeit der Regeln vorgenommen.

In anderen Bereichen ist weiterer Fortschritt gewährleistet. Dies gilt für die Bestimmungen über die Governance (verlässliche Prognosen, Rolle der nationalen Parlamente, Kontinuität über die Legislaturperioden), für die Definition der ausreichenden Schuldenabbaugeschwindigkeit sowie die Entwicklung und Umsetzung einer breiteren Palette an fiskalpolitischen Indikatoren.

Nimmt man den zweiten Ansatz zur Beurteilung der Reform, verursacht der Prozess, der zur Reform geführt hat, ein gewisses Unbehagen, da man annehmen könnte, dass die Veränderungen vorgenommen wurden, um den spezifischen fiskalpolitischen Schwierigkeiten bestimmter wohl bekannter Länder entgegenzukommen. Klarerweise bestünde der Idealzustand darin, Regeln unter einem „Schleier des Nichtwissens“ festzulegen oder zu reformieren, ohne im Vorhinein zu wissen, wer davon profitiert und wer nicht. Das durch die de facto Aufhebung der Regeln infolge des ECOFIN-Beschlusses im November 2003 hervorgerufene Vakuum verlangte jedoch nach einer politischen Reaktion der europäischen Institutionen.

3.5 Schlussbemerkungen

Die vorliegende Arbeit vertritt die Ansicht, dass das aktuelle fiskalpolitische Regelwerk der EU unter Berücksichtigung der theoretischen und empirischen Arbeiten über fiskalpolitische Regeln unter die Lupe genommen werden sollte, jedoch unter Berücksichtigung seiner supranationalen Eigenschaft. Die Rahmenstruktur zielt darauf ab, fiskalpolitische Disziplin und fiskalpolitische Stabilisierung in einem Kontext, in dem die Länder letztendlich für die Fiskalpolitik verantwortlich bleiben, ins Gleichgewicht zu bringen.

Klarerweise wies der Stabilitätspakt „Marke I“ einige Mankos auf – insbesondere hinsichtlich asymmetrischer Anreize und des Fehlens einer langfristigen Ausrichtung. Der reformierte Pakt behebt bis zu einem gewissen Grad derartige Probleme, ohne die ursprüngliche Architektur zu verändern. Die größte Schwäche der alten Regeln lag jedoch letztendlich in den schlechten Durchsetzungsmechanismen. Werden die Regeln wirksamer durchgesetzt werden? Die Tatsache, dass es im neuen Pakt einen größeren Ermessensspielraum, aber keine unabhängige Einrichtung für die Durchsetzung gibt, kann den Anreiz für Absprachen durch den Rat erhöhen, wodurch die Umsetzung der Regeln untergraben wird. In diesem Fall würde die fehlende Durchsetzbarkeit anhalten oder noch weiter verschlimmert werden. Da der neue Pakt jedoch bessere ökonomische Grundprinzipien umfasst und die nationale Akzeptanz und fiskalpolitische Transparenz verbessern könnte, besteht eine gewisse Chance, dass er sich von selbst durchsetzt.

Welches Urteil auch immer letztendlich über die Überarbeitung des SWP gefällt wird, wäre es falsch anzunehmen, dass der Pakt irrelevant wird. Erstens sind die Gründe, weshalb fiskalpolitische Regeln in einer Währungsunion aus zahlreichen souveränen Staaten überhaupt erst eingeführt wurden, nach wie vor gültig. Zweitens ist, wie die Debatte über die Reform des Pakts gezeigt hat, keine brauchbare Alternative zu einer glaubwürdigen supranationalen Regel aufgekommen, da alle anderen möglichen Lösungen auf ernst zu nehmende Kritik der einen oder anderen Art stießen. Drittens brauchen viele Länder eine gesunde Fiskalpolitik, die zu einem Schuldenabbau führt, aus rein nationalen Gründen – insbesondere wegen des demografischen Schocks, der bereits lauert: hier kann sich ein externer Anker als weiterhin nützlich erweisen. Schließlich ist es wahrscheinlich, dass – sobald ernsthafte Defizite in einigen Ländern auftreten und die Stabilität der Eurozone bedrohen – die anderen Mitglieder der Eurozone den Druck für eine rigorose Umsetzung der Regeln steigern werden.

Unseres Erachtens wird der SWP daher nicht „nur ein weiteres Koordinationsverfahren der EU“ werden, das nach kurzer Aufmerksamkeit verblasst und de facto aus dem Gedächtnis verschwindet. Da Regeln in einer Währungsunion notwendig sind, aber als solche eine Beschränkung für nationale Optionen darstellen, kann ganz im Gegenteil mit relativer Sicherheit vorhergesagt werden, dass der reformierte Pakt im Kern der fiskalpolitischen Debatte in Europa verbleiben wird. Und es wird nicht an Vorschlägen für die „Reform der Reform“ mangeln.

3.6 Literaturverzeichnis

Allsopp, C.; Artis, M. (2003): The Assessment: EMU Four Years on, Oxford Review of Economic Policy 19(1), 1–29.

Annett, A.; Decressin, J.; Deppler, M. (2005): Reforming the Stability and Growth Pact, IMF Policy Discussion Paper PDP/05/2.

Artis, M. J.; Buti, M. (2000): "Close to Balance or in Surplus" – A Policy Maker's Guide to the Implementation of the Stability and Growth Pact, Journal of Common Market Studies 38(4), 563–592.

Balassone, F.; Franco, D. (2000a): Public Investment, the Stability Pact and the Golden Rule, Fiscal Studies 21(2), 207–229.

Balassone, F.; Franco, D. (2000b): Assessing Fiscal Sustainability: A Review of Methods with a View to EMU, in: Banca d'Italia (2000), 22–60.

Balassone, F.; Franco, D. (2001): EMU Fiscal Rules: A New Answer to an Old Question? In: Banca d'Italia (2001), 33–58.

Balassone, F.; Franco, D.; Giordano, R. (2004): Market Induced Fiscal Discipline: Is there a Fall-back Solution for Rule-failure? In: Banca d'Italia (2004).

Balassone, F.; Franco, D.; Zotteri, S. (2003): Fiscal Rules: Indicators and Underlying Statistical Frameworks, Paper zum IIPF Kongress, Prag, überarbeitete Version in Buti und Franco (2005).

Balassone, F.; Franco, D.; Zotteri, S. (2006): EMU Fiscal Indicators: A Misleading Compass? Empirica 33, 63–87.

Banca d'Italia (2000): Fiscal Sustainability, Rom.

Banca d'Italia (2001): Fiscal Rules, Rom.

Banca d'Italia (2004): Public Debt, Rom.

Begg, I.; Schelkle, W. (2004): The Pact is Dead: Long Live the Pact, National Institute Review 189, 86–98.

Blanchard, O. J.; Giavazzi, F. (2003): Reforms that Can Be Done: Improving the SGP through a Proper Accounting of Public Investment, unveröffentlichtes Manuskript.

Bofinger, P. (2004): Should the Stability and Growth Pact be reformed? Briefing Paper für das Committee on Economic and Monetary Affairs des Europäischen Parlaments, Februar.

Brunila, A. (2002): Fiscal Policy: Coordination, Discipline and Stabilisation, Paper für die Group of Economic Policy Analysis der Europäischen Kommission, April.

Brunila, A.; Buti, M.; Franco, D. (Hrsg.) (2001): The Stability and Growth Pact – The Architecture of Fiscal Policy in EMU, Basingstoke.

Buiter, W. H. (2001): Notes on a "Code for Fiscal Stability", Oxford Economic Papers 53(1), 1–19.

Buiter, W. H.; Grafe, C. (2003): Reforming EMU's Fiscal Policy Rules – Some Suggestions for Enhancing Fiscal Sustainability and Macroeconomic Stability in an Enlarged European Union, in Buti (2003), 92–145.

Buiter, W. H.; Sibert, A. C. (2005): How the ECB's Open Market Operations Weaken Fiscal Discipline in the Eurozone (and What to Do about It), Paper zur Konferenz „Fiscal Policy and the Road to the Euro", National Bank of Poland, 30. Juni–1. Juli.

Buti, M. (Hrsg.) (2003): Monetary and Fiscal Policies in EMU: Interactions and Coordination, Cambridge.

Buti, M.; Eijffinger, S.; Franco, D. (2003a): Revisiting the Stability and Growth Pact: Grand Design or Internal Adjustment? CEPR Discussion Paper Nr. 3692.

Buti, M.; Eijffinger, S.; Franco, D. (2003b): Revisiting the Stability and Growth Pact: A Pragmatic Way Forward, Oxford Review of Economic Policy 19, 100–111.

Buti, M.; Franco D. (Hrsg.) (2005): Fiscal Policy in EMU – Theory, Evidence and Institutions, Cheltenham.

Buti, M.; Franco, D.; Ongena, H. (1998): Fiscal Discipline and Flexibility in EMU: The Implementation of the Stability and Growth Pact, Oxford Review of Economic Policy 14(3), 81–97.

Buti, M.; Giudice, G. (2002): Maastricht's Fiscal Rules at Ten: An Assessment, Journal of Common Market Studies 40(5), 823–847.

Buti, M.; Pench, L. R. (2004): Why Do Large Countries Flout the Stability Pact? And what Can Be Done about It? Journal of Common Market Studies 42(5), 1025–1035.

Buti, M.; van den Noord, P. (2004): Fiscal Discretion and Elections in the Early Years of EMU, Journal of Common Market Studies 39, 737–56. Überarbeitete Version in: Buti und Franco (2005).

Buti, M.; von Hagen, J.; Martinez Mongay, C. (Hrsg.) (2002): The Behaviour of Fiscal Authorities, Cheltenham.

Calmfors, L.; Corsetti, G. (2002): How to Reform Europe's Fiscal Policy Framework, World Economics 4(1), 109–116.

Casella, A. (2001): Tradable Deficit Permits, in: Brunila et al. (2001), 394–413.

Coeré, B.; Pisani-Ferry, J. (2003): A Sustainability Pact for the Eurozone, unveröffentlichtes Manuskript, Ecole Polytechnique.

de la Fuente, A. (1997): Fiscal Policy and Growth in the OECD, CEPR Discussion Paper Nr. 1755.

ECOFIN Rat (2005): Improving the Implementation of the Stability and Growth Pact, 7423/05, März.

Economic Policy Committee (2003): The Impact of Ageing Populations on Public Finances: Overview of Analysis Carried out at EU Level and Proposals for a Future Work Programme, Brüssel.

Eichengreen, B. (2003): Institutions for Fiscal Stability, Institute for European Studies Working Paper PEIF 14.

Eijffinger, S. C. W. (2005): On a Reformed Stability and Growth Pact, Intereconomics 40(3), 141–147.

Europäische Kommission (2002): Public Finances in EMU – 2002, European Economy 3.

Europäische Kommission (2004a): Public Finances in EMU – 2004, European Economy 3.

Europäische Kommission (2004b): Strengthening Economic Governance and Clarifying the Implementation of the Stability and Growth Pact, COM (2004) 581, September.

Europäische Kommission (2005): Public Finances in EMU – 2005, European Economy 3.

Fatás, A.; von Hagen, J; Hughes Hallett, A.; Strauch, R.; Sibert, A. (2003): Stability and Growth in Europe: Towards a Better Pact, CEPR MEI 13.

Fitoussi, J.-P.; Creel, J. (2002): How to Reform the European Central Bank, Centre for European Reform.

Gros, D. (2003): A Stability Pact for Public Debt, CEPS Policy Brief Nr. 30, Januar.

Inman, R. P. (1996): Do Balanced Budget Rules Work? U.S. Experience and Possible Lessons for the EMU, NBER Working Paper Nr. 5838.

Jonung, L.; Larch, M. (2004): Improving Fiscal Policy in the EU: The Case for Independent Forecasts, European Economy Economic Paper Nr. 210.

Koen, V.; van den Noord, P. (2005): Fiscal Gimmickry in Europe: One-off Measures and Creative Accounting, OECD Economics Department Working Paper Nr. 417.

Kopits, G.; Symansky, S. (1998): Fiscal Policy Rules, IMF Occasional Paper Nr. 162.

Larch, M.; Salto, M. (2005): Fiscal Rules, Inertia and Discretionary Fiscal Policy, Applied Economics 37, 1135–1146.

Mills, P.; Quinet, A. (2002): How to Allow the Automatic Stabilisers to Play Fully? A Policy-Maker's Guide for EMU Countries, in: Buti et al. (2002), 115–129.

Orbán, G.; Szapáry, G. (2004): The Stability and Growth Pact from the Perspective of the New Member States, Journal of Policy Modeling 26, 839–864.

Pench, L. R. (2003): Comment on Buiter and Grafe, in: Buti (2003), 146–153.

Pisani-Ferry, J. (2002): Fiscal Discipline and Policy Coordination in the Eurozone: Assessment and Proposals, Paper für die Group of Economic Policy Analysis der Europäischen Kommission, April.

Razin, A.; Sadka, E. (2002): The Stability and Growth Pact as an Impediment to Privatizing Social Security, CEPR Discussion Paper Nr. 3621.

Sapir, A. et al. (2004): An Agenda for a Growing Europe, Oxford.

Schelkle, W. (2002): Disciplining Device or Insurance Arrangement? Two Approaches to the Political Economy of EMU Policy Coordination, LSE European Institute Working Paper Nr. 1/02.

Schuknecht, L. (2004): EU Fiscal Rules: Issues and Lessons from Political Economy, ECB Working Paper Nr. 421.

Schuknecht, L.; Tanzi V. (2005): Reforming Public Expenditure in Industrialised Countries: Are there Trade-offs? ECB Working Paper Nr. 435.

Strauch, R.; Hallerberg, M.; von Hagen, J. (2004): Budgetary Forecasts in Europe – the Track Record of Stability and Convergence Programmes. ECB Working Paper Nr. 307.

Turrini, A. (2004): Public Investment and the EU Fiscal Framework, European Commission Economic Paper Nr. 202.

von Hagen, J.; Wolff, G. B. (2004): What do Deficits Tell us about Debt? Empirical Evidence on Creative Accounting with Fiscal Rules in the EU, Deutsche Bundesbank Discussion Paper Nr. 38.

Wren-Lewis, S. (2003): Fiscal Policy, Inflation and Stabilisation in EMU, in: Buti (2003), 65–87.

Wyplosz, C. (2002): Fiscal Policy: Rules or Institutions? Paper für die Group of Economic Policy Analysis der Europäischen Kommission, April.

Wyplosz, C. (2005): Fiscal Policy: Institutions versus Rules, National Institute Economic Review 191, 64–78.

Fabrizio Balassone, Daniele Franco und Stefania Zotteri

Kapitel 4
Die fiskalpolitischen Indikatoren der EWWU: Ein irreführender Kompass?

"In general, countries characterised by a relatively high degree of fiscal transparency have exhibited greater fiscal discipline and, in many instances, have been able to achieve a more robust economic performance ..."
(Kopits und Craig 1998, S. 2).[1]

4.1 Einleitung

Das Für und Wider von fiskalpolitischen Regeln wurde bereits ausgiebig diskutiert (Kopits und Symansky 1998, Kopits 2001, Banca d'Italia 2001). Einerseits werden anreizkompatible fiskalpolitische Regeln zur Vorbeugung gegen opportunistisches Verhalten von Wirtschaftspolitikern und Diskontinuitäten in der Wirtschaftspolitik angesehen. Andererseits werden Regeln auch als Quelle für unnötige Starrheit betrachtet.

Im europäischen Kontext wurden fiskalpolitische Regeln eingeführt, um in erster Linie gesunde und nachhaltige Staatsfinanzen zu sichern. Disziplin fördernde Marktmechanismen wurden als nicht ausreichend erachtet. Die mit der Europäischen Wirtschafts- und Währungsunion (EWWU) begleitend eingeführten Regeln waren zur Sicherung fiskalpolitischer Konsolidierung bis 1997 effizient. In den letzten Jahren wurden sie jedoch ausgiebig kritisiert. Darüber hinaus ist deren Durchsetzbarkeit mehrfach auf Probleme gestoßen: Die Defizitgrenze von 3 Prozent des BIP wurde verletzt und die Umsetzung der Überwachungs- und Sanktionsverfahren ist unter Druck geraten.

Vorschläge zur Reformierung der Regeln gibt es en masse. Einige haben schlichtweg die Abschaffung der Regeln und das ausschließliche Vertrauen auf die Marktdisziplin verlangt. Andere haben vorgeschlagen, die nationalen fiskalpolitischen Institutionen zu stärken – sogar mit dem Gedanken, die Fiskalpolitik an unabhängige Einrichtungen zu delegieren (z. B. Wyplosz 2002). Weniger radikale Vorschläge beinhalten das Ersetzen der Defizitziele durch Ausgabenziele, die Einführung der Goldenen Regel, das Festlegen von Zielen für den Euroraum als Ganzes, die Verlagerung auf Indikatoren langfristiger Nachhaltigkeit der

1 Übers: „Im Allgemeinen haben durch einen relativ hohen Grad an fiskalpolitischer Transparenz gekennzeichnete Länder eine größere fiskalpolitische Disziplin aufgewiesen und es in vielen Fällen geschafft, eine robustere Wirtschaftsleistung zu erbringen..."

öffentlichen Finanzen sowie das Festlegen länderspezifischer Regeln (Buti et al. 2003, HM Treasury 2004). Die Europäische Kommission (2004) hat selbst eine Reihe von Vorschlägen für die Verbesserung der Effizienz des fiskalpolitischen Regelwerks der EWWU vorgebracht. Nach einer schwierigen Debatte wurde vom ECOFIN-Rat im März 2005 eine Vereinbarung getroffen. Die Richtlinien der Reform wurden in einem Bericht über die „Verbesserung der Umsetzung des Stabilitäts- und Wachstumspakts" festgelegt, der Veränderungen an sowohl dem präventiven wie dem korrektiven Arm des Pakts vorsieht (Europäische Kommission 2005). Ob nun der Maastricht-Vertrag und der Stabilitäts- und Wachstumspakt (SWP) die Eckpfeiler der fiskalpolitischen Disziplin in der EWWU bleiben oder Marktmechanismen als einzige Beschränkungen für Budgetungleichgewichte dienen werden, die Qualität der verfügbaren Defizit- und Schuldenmaßnahmen bleiben entscheidend.

Die vorliegende Arbeit trägt zur Debatte über die europäischen fiskalpolitischen Regeln bei, indem sie die in der EWWU eingeführten Indikatoren hinsichtlich deren Relevanz für das Ziel der fiskalpolitischen Stabilität und der Eignung der zugrunde liegenden statistischen Struktur bei der Bereitstellung erforderlicher Bedingungen für die Durchsetzung beurteilt.

Bezüglich der fiskalpolitischen Gesundheit verlassen sich die fiskalpolitischen Regeln der EWWU auf jährliche Zielgrößen, die als traditionelle Indikatoren für Defizit und Schulden festgelegt sind. Die fortdauernde Einhaltung dieser Ziele soll eine langfristige fiskalpolitische Nachhaltigkeit sichern. Es könnte argumentiert werden, dass ein Bezug auf vorausschauende Indikatoren geeigneter gewesen wäre. Derartige Indikatoren basieren jedoch auf starken Annahmen, erfordern komplexe Berechnungen und eignen sich nicht für die Durchsetzung formeller Regeln, insbesondere in einem multinationalen Kontext, in dem Fragen des moralischen Risikos an Bedeutung gewinnen.

Abgesehen von dieser allgemeinen Fragestellung stellt unser Beitrag fest, dass der Schuldenindikator der EWWU (die konsolidierten gesamtstaatlichen Bruttofinanzschulden zum Nennwert) es ermöglicht, Ziele über Maßnahmen zu erreichen, die nicht die fiskalpolitische Nachhaltigkeit verbessern, und dazu tendiert, ausstehende Verpflichtungen zu unterschätzen. Es lässt sich belegen, dass derartige Maßnahmen in den letzten Jahren in EWWU-Mitgliedstaaten eingesetzt wurden, und zwar in signifikantem Ausmaß (Koen und van den Noord 2005, Milesi 2003, Milesi-Ferretti und Moryiama 2004, von Hagen und Wolff 2004).

Hinsichtlich der Durchsetzung argumentiert die vorliegende Arbeit, dass der Defizitindikator der EWWU (die gesamtstaatliche Nettoschuldenaufnahme gemäß ESVG 1995)[2] nicht zeitgerecht überwacht werden kann, zu viel

2 ESVG 1995 ist die derzeitige Fassung des Europäischen Systems Volkswirtschaftlicher Gesamtrechnungen (Eurostat 1979 und 1995).

Spielraum für Diskretion lässt und signifikanten Berichtigungen unterliegt. Seine Mängel werden durch die Analyse einiger Ereignisse bestätigt, wobei starke Abweichungen von den Zielen nur mit bedeutender Verzögerung festgestellt wurden, nachdem die Defizitzahlen großen Berichtigungen nach oben unterzogen worden waren.

Eine laufende Überwachung unter dem Jahr ist erforderlich: aus Sicht des Mitgliedstaates, der versucht, die Regeln einzuhalten, aber auch aus Sicht der Institution (der Europäischen Kommission – EK), die Abweichungen von den Zielen rechtzeitig zu erkennen versucht. Große Spielräume für Diskretion sowie häufige und ziemlich umfangreiche Berichtigungen wirken sich sowohl auf die Machbarkeit der Kontrolle von kurzfristigen Entwicklungen als auch auf die Verlässlichkeit der Indikatoren als Grundlage für eine langfristige Analyse negativ aus.

Die Mängel der EWWU-Indikatoren betreffen ihren Einsatzbereich im Kontext der Überwachung der Einhaltung fiskalpolitischen Regeln der EWWU und implizieren keine Schwächen von ESVG 1995 bezüglich der Lieferung von Informationen, die für volkswirtschaftliche Analysen geeignet sind.

Der vorliegende Beitrag bestätigt, dass alle fiskalpolitischen Indikatoren verzerrt werden können, wenn sie als wirtschaftspolitische Ziele eingesetzt werden, und erkennt, dass ein einfaches Ersetzen der aktuellen Indikatoren durch neue das Problem nicht lösen würde. Er argumentiert vielmehr, dass die Schwächen des Defizitindikators der EWWU stark verringert würden, wenn mehr Gewicht auf Konsistenzgegenprüfungen mit dem Schuldenindikator gelegt werden würden, als dies derzeit der Fall ist.[3] Das würde das Risiko großer Berichtigungen reduzieren und die Integrität der ESVG 1995-Daten als Stütze für die wirtschaftlichen Analysen wahren. Die hier vorgebrachten Vorschläge haben den Vorteil, dass sie keiner formellen Änderung der aktuellen fiskalpolitischen Struktur bedürfen.[4]

Dieses Argument wird durch drei Fallstudien abrupter und signifikanter Defizitberichtigungen – Portugal und Italien bezüglich ihrer Fiskaldaten für 2001 sowie Griechenland für 2003 – gestützt. In allen drei Fällen hätten frühe Anzeichen für ungewöhnliche Entwicklungen der Staatsfinanzen durch die Beobachtung der Konsistenz zwischen Defizit- und Schuldenzahlen erkannt werden können.

---

3 Die Möglichkeit, Ströme und Bestände ebenso wie periodenbereinigte und nicht periodenbereinigte Daten nachzuprüfen, ist ein bedeutendes Merkmal des vom Internationalen Währungsfonds entwickelten Staatsfinanzenstatistikrahmens (IMF 2001a). Bezüglich fiskalpolitischer Transparenz siehe auch IMF (2001b).

4 Dieser Beitrag betrachtet nicht die Rolle zyklisch bereinigter Zahlen und makroökonomischer Hochrechnungen bei der Umsetzung fiskalpolitischer Regeln. Diese Aspekte werden in Europäische Kommission (2002, 2004) und Strauch et al. (2004) untersucht.

Schließlich betont die vorliegende Arbeit, dass für wirtschaftspolitische Führung – im Gegensatz zur Durchsetzung von Regeln – die Analyse von Defizit und Schulden innerhalb einer integrierten statistischen Struktur, die auf einer breiteren Palette von Indikatoren basiert, stattfinden sollte.

Der Beitrag ist wie folgt gegliedert. Abschnitt 4.2 fasst kurz die Defizit- und Schuldenindikatoren der EWWU zusammen. Die Abschnitte 4.3 und 4.4 bewerten die Indikatoren in Bezug auf die Ziele der Nachhaltigkeit der Staatsfinanzen bzw. die Durchsetzung der Regeln. Abschnitt 4.5 versucht zu zeigen, dass die Überwachung von Defizitentwicklungen effizienter wäre, wenn sie durch die Analyse der Schuldendynamik gestützt würde, und untersucht drei Fallstudien, die diese Ansicht unterstützen. Abschnitt 4.6 weist darauf hin, dass – abgesehen von der Gestaltung der Regeln – die Analyse der fiskalpolitischen Indikatoren der EWWU für die fiskalpolitische Nachhaltigkeit relevanter wäre, wenn sie innerhalb einer mehrdimensionalen statistischen Struktur durchgeführt würde. Abschnitt 4.7 fasst zusammen.

4.2 Die fiskalpolitischen Indikatoren der EWWU

Die fiskalpolitische Struktur der EWWU wurde schrittweise entwickelt. Der Vertrag von Maastricht legte 1992 die für einen Beitritt zur Währungsunion einzuhaltenden fiskalpolitischen Kriterien fest. Primäres Ziel des Vertrags war, eine gesunde fiskalpolitische Position zu halten, um innerhalb der Union stabile monetäre und finanzielle Bedingungen zu bewahren. Der im Juni 1997 vom Europäischen Rat in Amsterdam angenommene SWP ergänzte den Vertrag mit der Absicht, die dauerhafte Einschränkung der Defizit- und Schuldenniveaus mit Grenzen für fiskalpolitische Stabilisierungsmaßnahmen in Einklang zu bringen. Der SWP verstärkte auch die die quantitativen Regeln begleitenden Überwachungsverfahren (Buti und Sapir 1998, Brunila et al. 2002).

Die Gestaltung der EWWU-Regeln stieß auf eine Reihe von praktischen Problemen. Eine Nachhaltigkeitsanalyse ist vorausblickender Natur und sollte nicht auf Jahresergebnissen basieren, die nur die aktuelle Budgetsituation darstellen. Die Beurteilung künftiger Entwicklungen können sich entweder auf explizite mittel- bis langfristige Prognosen von traditionellen Defizit- und Schuldenmaßen beziehen (Franco und Marino 2004) oder auf zusammenfassende Indikatoren dieser Prognosen, wie die Veränderung des Nettowerts oder das Ungleichgewicht bei der fiskalpolitischen Behandlung verschiedener Generationen.[5] Beide Lösungen verlassen sich jedoch auf

5 Einige Autoren haben vorgeschlagen, auf entweder das „volkswirtschaftliche Defizit" (Kotlikoff 1984) oder den „staatlichen Nettowert" (Buiter 1983) zurück zu greifen. Diese Lösungen würden u.a. die Berücksichtigung von Pensionen in

starke Annahmen und können zu Ergebnissen führen, deren Robustheit hinterfragt werden kann. Darüber hinaus sind zusammenfassende Indikatoren schwer zu interpretieren und lassen sich nicht direkt in wirtschaftspolitische Anordnungen übersetzen.[6] Ein negativer Nettowert signalisiert z. B., dass die gegenwärtige Budgetbeschränkung nicht erfüllt wird, weist jedoch keineswegs auf das geeignete Timing für die notwendige Korrektur hin. Im Gegenzug signalisiert ein positiver Nettowert, dass die Beschränkung erfüllt wird, sagt jedoch nichts über das Timing künftiger Entwicklungen der Staatsfinanzen aus und kann daher nicht als Hinweis genommen werden, dass die aktuelle Politik nachhaltig ist.[7]

Im Kontext der EWWU war es schwierig, die Einbeziehung von ausgeklügelten Nachhaltigkeitsfaktoren für formelle Regeln in Betracht zu ziehen. Die Asymmetrie zwischen dem geldpolitischen Regime mit Einheitswährung und gemeinsamer geldpolitischer Institution einerseits und dem fiskalpolitischen Regelwerk ohne Autorität auf supranationaler Ebene andererseits hat Fragen des moralischen Risikos aufgeworfen. Vor diesem Hintergrund haben die europäischen Entscheidungsträger eine vorsichtige Haltung eingenommen und relativ einfache numerische Regeln und Indikatoren gewählt.

Artikel 104 des Vertrags und das angehängte Protokoll über übermäßige Defizite legen die Kriterien für die Bewertung der budgetären Situationen fest: (i) das allgemeine Staatsdefizit darf 3 Prozent des BIP nicht übersteigen (außer unter besonderen Umständen über einen beschränkten Zeitraum und in begrenztem Ausmaß);[8] und (ii) die allgemeinen Staatsschulden dürfen

---

der Fiskalrechnung verlangen, wenn die Verpflichtungen eingegangen werden und nicht wenn die Ausgaben tatsächlich getätigt werden. Für eine Übersicht siehe Towe (1991) sowie Blejer und Cheasty (1991); für eine Kritik siehe MacKenzie (1989). Sowohl Buiter (1985) als auch Blanchard et al. (1990) schlagen zusammenfassende Indikatoren der Ergebnisse von langfristigen Prognosen vor. Zusammenfassende Indikatoren der fiskalpolitischen Last, die aktuelle Generationen künftigen Generationen aufbürden, werden durch Generationenkonten geliefert (Auerbach et al. 1991). Siehe auch HM Treasury (2003).

6 Dieses Problem ist speziell für das Generational Accounting relevant. Für eine kritische Beurteilung siehe z. B. Buiter (1995), Haveman (1994) und IMF (1996).

7 Ein positiver Nettowert kann das Nettoergebnis eines in Kürze erwarteten steilen und bedeutenden Anstiegs von Defizit und Schulden sowie einer zu einem späteren Zeitpunkt erwarteten ausgleichenden Verbesserung sein. Wenn der anfängliche Anstieg der Schulden jedoch eine Finanzkrise auslöst, wird es unmöglich, diesen auszugleichen.

8 Der SWP führte als mittelfristiges Ziel eine budgetäre Position im Ausgleich oder im Plus ein und erklärte, wie die Regelungen des Vertrags zu interpretieren seien, die eine Jahresdefizitquote über der 3 %-Grenze unter besonderen Umständen, die außerhalb der Kontrolle des Staates liegen und bedeutende Auswirkungen auf die Staatsfinanzen haben, zulassen. Im März 2005 beschloss der ECOFIN-Rat,

60 Prozent des BIP nicht übersteigen bzw. – wenn sie sich über dieser Grenze befinden – müssen abnehmen und sich der Grenze ausreichend schnell nähern.

Da aus praktischen Gründen traditionelle Indikatoren gewählt werden mussten, wurden für die Jahresergebnisse strengere Höchstwerte als erforderlich gewählt (Balassone und Franco 2000a, 2001). Während die Höchstgrenze für die Defizitquote Domars (1944) Erfordernis für Nachhaltigkeit entspricht, zielt die Schuldengrenze auf Vermeidung einer Konvergenz zu hohen Schuldenständen. Die der Wahl der tatsächlichen Grenzwerte zeitweise nachgesagte Willkürlichkeit scheint eher Uneinigkeiten in der Theorie der fiskalpolitischen Nachhaltigkeit als eine mangelhafte Gestaltung der Regeln widerzuspiegeln.[9] Die Wahl eines Bruttoschuldenmaßes scheint auch das vernünftige Maß an Umsicht zu reflektieren, die bei der Beurteilung von Solvenz anzuwenden ist angesichts des unvermeidlich hohen Ausmaßes an erforderlichem Urteilsvermögen bei der Bewertung von Finanzvermögen.

Es wurde eine gemeinsame Referenzstruktur der volkswirtschaftlichen Gesamtrechnung für die zwei Indikatoren vereinbart (Eurostat 2000). Das Defizit ist als gesamtstaatliche Nettokreditaufnahme nach ESVG 1995 definiert, während die Schulden als Bruttofinanzverbindlichkeiten zum Nennwert, konsolidiert zwischen und innerhalb der Sektoren des Gesamtstaates, definiert sind. Obwohl dies nicht die ESVG-Schuldendefinition ist, sind die relevanten Finanzinstrumente und die Referenzsektoren jene, die innerhalb dieses Rahmens spezifiziert sind.[10] Das Europäische Statistische Zentralamt (Eurostat) überwacht die korrekte Implementierung von Definitionen und die von den nationalen Statistikinstitutionen verwendeten Berechnungskriterien. Ferner veröffentlicht es Erläuterungen zu kontroversen Fragen.

Die Wahl des ESVG als relevante Gesamtrechnungsstruktur für die budgetäre Überwachung ist sowohl auf die Eignung von nationalen Gesamtrechnungen für die ökonomische Analyse als auch das Fehlen einer brauchbaren Alternative zurückzuführen. Es wurde als unrealistisch erachtet, eine neue Gesamtrechnungsstruktur zur Überwachung der öffent-

---

dass ein Überschreiten des Referenzwerts als Ausnahme betrachtet werden kann, wenn es auf eine negative Wachstumsrate oder auf einen kumulierten BIP-Verlust während einer sich hinziehenden Periode sehr geringen Wachstums im Verhältnis zum potentiellen Wachstum zurückzuführen ist. Der Rat beschloss weiters, dass die mittelfristigen Ziele konjunkturbereinigt und um Einmal- und andere temporäre Maßnahmen bereinigt zu definieren sind (Europäische Kommission 2005).

9 Das Ziel wurde nahe dem europäischen Durchschnittswert zum Zeitpunkt des Vertrags festgelegt. Mangels eines voll spezifizierten „Konsens"-Modells der Volkswirtschaft ist es nicht möglich, ein nachhaltiges Höchstniveau der Schulden zu schätzen (siehe z. B. Balassone und Franco 2000a).

10 Über die Messung der Staatsschulden in der EWWU siehe Mink und Rodriguez-Vives (2004).

lichen Finanzen zu definieren. Das Risiko, dass eine neue Struktur für politisch motivierte Interpretationen anfälliger als das ESVG sein würde, wurde wohl auch vermutet.

Während die fortlaufende Einhaltung der kurzfristigen vorsichtigen Ziele für den Defizitindikator als Mittel zur Sicherung der Nachhaltigkeit herangezogen wurde, wurde der Notwendigkeit einer vorausschauenden Beurteilung der budgetären Situation Rechnung getragen, indem die Vorlage von mehrjährigen Programmen einschließlich mittel- und langfristiger Prognosen verlangt wurde. Die interne Konsistenz der Programme, die ihnen zugrunde liegenden Annahmen sowie letztendlich deren Realisierbarkeit werden ebenfalls untersucht.[11] Langfristige Prognosen gewinnen in der Überwachung budgetärer Trends zunehmend an Bedeutung.[12]

4.3 Die Stabilität der Staatsfinanzen

Gesunde Staatsfinanzen sind das Hauptziel der EWWU-Regeln. Während die Motivation klar ist (eine gesunde Politik verhindert Insolvenz), ist die analytische und operationale Definition der „Gesundheit“ nicht so einfach: Wie kann das Gleichgewicht zwischen unnötiger Zurückhaltung und unverantwortlichem Exzess definiert werden? Diese Schwierigkeit spiegelt sich in der langwierigen Debatte über die Definition fiskalpolitischer Nachhaltigkeit wider (Balassone und Franco 2000a, Banca d'Italia 2000).

In der Literatur wird häufig auf die Gegenwartswert-Budgetbeschränkung verwiesen, aufgrund derer die Finanzverpflichtungen (*FL*) gleich oder geringer sein müssen als die Summe von: (i) Vermögen (*A*); (ii) der Differenz zwischen dem Stand an aufgelaufenen Erträgen, die noch einzunehmen sind, und dem Stand an aufgelaufenen Ausgaben, die noch zu zahlen sind (den sonstigen Nettokonten, *NOA*); (iii) dem Gegenwartswert der Differenz zwischen künftigen Einnahmen (*T*, exklusive Einnahmen aus dem Verkauf von Vermögen) und Ausgaben (*G*, exklusive Ausgaben für den Erwerb von Vermögen),[13] sowie

11 Die Mitgliedstaaten der Europäischen Union (EU) müssen ihre mittelfristigen Budgetziele der Europäischen Kommission in einem standardisierten Format vorlegen (Stabilitätsprogramme für EWWU- bzw. Konvergenzprogramme für Nicht-EWWU-Länder). Sie müssen die fiskalpolitischen Ziele, die Maßnahmen zu deren Erreichung sowie die zugrunde liegenden Annahmen angeben. Die Relevanz der Annahmen wird durch die Untersuchung der Erfolgsgeschichte der Budgetprognosen in den Programmen betont (Strauch et al. 2004).

12 Siehe das Opinion of the Economic and Financial Committee, 27. Juni 2001, mit Vermerk des Rats. Siehe auch Economic Policy Committee (2001 und 2003).

13 Künftige Einnahmen und Ausgaben werden periodenbereinigt bewertet, so dass es nicht nötig ist, sonstige künftige offene Forderungen und Verbindlichkeiten explizit zu berücksichtigen.

(iv) dem Gegenwartswert der Differenz zwischen künftigen Veränderungen des Werts von Vermögen und des Werts von Verbindlichkeiten (ΔV):

$$FL_t \leq A_t + NOA_t + [\Sigma_{t+1,\infty} T_i(1+r)^{t-i} - \Sigma_{t+1,\infty} G_i(1+r)^{t-i}] + \Sigma_{t+1,\infty} \Delta V_i(1+r)^{t-i}. \quad (1)$$

Unter Verwendung von Gleichung (1) als Referenz können die Defizit- und Schuldenindikatoren der EWWU hinsichtlich zwei Aspekten untersucht werden: (i) Umfang (d. h. Fragen zu Elementen von Gleichung (1), die übersehen werden); (ii) Messung (d. h. Fragen in Bezug auf die Konsistenz tatsächlicher Maße mit deren „theoretischen" Gegenstücken in Gleichung (1)).

4.3.1 Fragen des Umfangs

Die fiskalpolitischen Indikatoren der EWWU sind Maße von FL_t für die Schulden und (T_t–G_t) für das Defizit. Die fiskalpolitischen Regeln der EWWU berücksichtigen daher nicht: (i) das Staatsvermögen (A_t); (ii) den Stand der sonstigen Nettokonten (NOA_t, Nettovermögen/-verbindlichkeiten, die bereits aufgelaufen, jedoch nicht in Finanzinstrumente einverleibt sind); (iii) künftige Einnahmen- und Ausgabenströme; sowie (iv) künftige Veränderungen der Bewertung von Vermögen und Verbindlichkeiten (ΔV).

Durch Berücksichtigung des Staatsvermögens würde man die Nettoschulden (FL_t–A_t) schätzen. Während dieser Indikator ein besseres Referenzmaß für die Beurteilung der fiskalpolitischen Nachhaltigkeit darstellt, bereitet deren Messung einige Schwierigkeiten. Erstens sollte der Liquiditätsgrad des Staatsvermögens berücksichtigt werden. Zweitens unterliegen Daten über Vermögenswerte oft einer signifikanten Unsicherheit, insbesondere jene über unverzinsliches Vermögen. Drittens besteht eine offene Frage bezüglich des geeigneten Bewertungskriteriums: Während die Verwendung von Buchwerten zu einer Unterschätzung des Vermögens führen kann, würde das Heranziehen von Marktwerten exzessive Volatilität im Schuldenmaß induzieren.

Verkäufe von Finanzvermögenswerten, die keine Auswirkung auf die Nettoposition des Staates haben, können verwendet werden, um die Bruttoverbindlichkeiten zu reduzieren, ohne die darunterliegenden Nachhaltigkeitsbedingungen zu verbessern. In Italien trug ein in den 1990er Jahren vorgenommenes großes Privatisierungsprogramm zur Senkung der Bruttofinanzverbindlichkeiten um nahezu 5 Prozentpunkte des BIP bei. In jüngerer Zeit wurden die Bruttoschulden auch dank des Verkaufs von Immobilien (beinahe 1 Prozent des BIP 2002) sowie der Herabsetzung der vom Finanzministerium gehaltenen Vermögenswerte auf Bankkonten (rund 0,6 Prozent des BIP 2003) in Schach gehalten.

Für die EU-15 kann geschätzt werden, dass die Erlöse aus Privatisierungen über 0,5 Prozent des BIP pro Jahr zwischen 1994 und 2002 ausmachten. Sie betrugen beinahe 1 Prozent des BIP zwischen 1997 und 1999. In Belgien trugen

Privatisierungen signifikant zur Schuldensenkung bis 1998 bei. In Deutschland erreichten sie im Schnitt rund 1 Prozent des BIP am Ende der 1990er Jahre. In Finnland betrugen die Verkäufe von Anteilen an staatlichen Unternehmen im Telekom-Sektor 1999 3 Prozent des BIP, 2000 1,5 Prozent und 2002 1,9 Prozent. In Irland erreichten die Erlöse aus Privatisierungen 1999 5,5 Prozent des BIP. Ein umfangreiches Privatisierungsprogramm wurde in Griechenland kurz vor der Jahrhundertwende gestartet; die Erlöse betrugen 1999 3,3 Prozent des BIP. Auch in Österreich, Frankreich und Portugal gab es Verkaufsprogramme von Staatsvermögen.

Ein umfassenderes Bild der staatlichen Nettoverbindlichkeiten wäre durch die Berücksichtigung der sonstigen Nettokonten (NOA_t) zu bekommen. Dies würde jedoch Probleme der Datenverfügbarkeit aufwerfen. Insbesondere wären Schätzungen von gewerblichen Schulden- und Steuergutschriften erforderlich.

Offene Verbindlichkeiten könnten unterschätzt werden, wann immer die aufgelaufenen Nettoverbindlichkeiten noch nicht in Finanzinstrumenten inkorporiert sind. Dies kann den Schuldenindikator der EWWU unvermittelt beeinflussen. In Italien erreichte der Stand an Steuergutschriften signifikante Niveaus in der ersten Hälfte der 1990er Jahre (fast 4 Prozent des BIP). Sie werden aktuell auf weniger als die Hälfte dieses Niveaus geschätzt. Begleichungen vergangener Schulden, weitgehend gewerbliche Schulden von staatlichen Einrichtungen im Gesundheitswesen, waren in den 1990er Jahren und zuletzt durchwegs signifikant und betrugen nur knapp unter 0,5 Prozent des BIP pro Jahr.

Insgesamt gibt es keine erstbeste Lösung. Es wären jedoch nützliche Hinweise zu bekommen von: (i) einem Maß der Schulden abzüglich der meisten liquiden Mittel (z. B. Bankeinlagen) und anderer Vermögenswerte, deren Bewertung weniger problematisch ist (z. B. bediente Darlehen); (ii) einem Maß der Schulden einschließlich des Standes an relevantesten und leicht messbaren aufgelaufenen Verbindlichkeiten (z. B. Steuergutschriften); sowie von (iii) einem Maß der Veränderungen der Nettoschulden (Bewertungsprobleme betreffen Vermögensströme nicht so sehr wie Vermögensbestände).

Bezüglich der künftigen Einnahmen und Ausgaben ($\Sigma_{t+1,\infty} T_i(1+r)^{t-i} - \Sigma_{t+1,\infty} G_i(1+r)^{t-i}$) gibt es, wie in Abschnitt 4.2 angeführt, praktische Gründe, vorausschauende Indikatoren auszuschließen. Nichtsdestotrotz bedarf es einer Überwachung der fiskalpolitischen Maßnahmen, die Schulden und Defizit heute auf Kosten von Defizitzuwächsen morgen verbessern, um irreführende Interpretationen der aktuellen budgetären Ergebnisse zu verhindern. Der Rückgriff auf derartige Maßnahmen war nicht ungewöhnlich unter den EU-Mitgliedstaaten. Ein typisches Beispiel dafür sind Zins-Swap-Geschäfte. Zwischen 1998 und 2003 führten Zins-Swaps zu einer signifikanten Senkung des Gesamtdefizits in Österreich (0,8 Prozentpunkte des BIP), Dänemark (0,6 P.p.), Italien (0,6 P.p.) und Schweden (0,6 P.p.).

Swap-Geschäfte im Ausmaß von durchschnittlich 0,2 Prozentpunkten des BIP wurden auch in Belgien, Finnland, Griechenland und Spanien durchgeführt.[14]

2002 nahm das italienische Finanzministerium ein großes Swap-Geschäft mit 1993 an die italienische Nationalbank gegebenen Anleihen vor, um eine Überziehung des Kontos des Finanzministeriums bei der Bank abzudecken. Das Finanzministerium kaufte langfristige Anleihen im Wert von EUR 39,4 Milliarden mit einer Jahresverzinsung von 1 Prozent zurück und gab der italienischen Nationalbank langfristige Anleihen um EUR 15,4 Milliarden mit einer Verzinsung zwischen 5 und 6,5 Prozent. So konnten die Staatsschulden um EUR 23,9 Milliarden reduziert werden. Die künftigen Staatskonten wurden jedoch durch höhere Zinsausgaben (ca. EUR 0,5 Milliarden pro Jahr), geringere Steuereinnahmen aufgrund der reduzierten steuerpflichtigen Gewinne der Nationalbank sowie geringere von der Nationalbank an das Finanzministerium zu zahlende Dividenden belastet.

Verbriefungen von künftigen Einnahmen, durch Staatsgarantie gesicherte Verbriefungen, Verkauf und Rückmietung von Vermögenswerten sowie Transfers von Pensionsverbindlichkeiten von einem Unternehmen an den Staat im Tausch gegen eine Vorabzahlung durch das Unternehmen sind unter den Mitgliedstaaten zunehmend populär geworden.[15] Jüngere Eurostat-Entscheidungen haben jedoch die Realisierbarkeit einiger dieser Maßnahmen als Mittel zur Senkung der aktuellen Defizite ausgeschlossen (diese Transaktionen müssen nun als Darlehen behandelt werden).

Künftige Veränderungen der Bewertung von Vermögen und Verbindlichkeiten (ΔV) sind hauptsächlich auf Wechselkursschwankungen sowie Kapitalgewinne und -verluste zurückzuführen. Während im Allgemeinen erwartet werden kann, dass sich die Auswirkungen der einzelnen Faktoren langfristig aufheben, kann es Umstände geben, unter denen sie eine Verschiebung aufweisen (wenn z. B. die heimische Währung durchwegs zu Abwertungen tendiert). In diesem Fall kann das tatsächliche Ausmaß der Verbindlichkeiten unterschätzt werden, wenn dies außer Acht gelassen wird.

---

14 Man beachte, dass derzeit zwei verschiedene Definitionen für Defizite in Europa verwendet werden: die erste, die für die Zwecke der fiskalpolitischen Regeln der EWWU verwendet wird, wird durch Swap-Geschäfte beeinflusst; die zweite, die eigentliche ESVG 1995-Definition, nicht.

15 Verbriefungen von künftigen Einnahmen wurden von Italien und Griechenland vorgenommen. Verkauf- und Rückmietungsgeschäfte waren in Österreich von nennenswertem Ausmaß. Frankreich senkte 1997 seine Defizite (um 0,5 Prozent des BIP) durch Kompensation für die Übernahme von Pensionsverbindlichkeiten (von France Telecom). Portugal traf eine ähnliche Maßnahme 2003 mit dem Pensionsfonds der Post; die Defizitsenkung betrug ungefähr 1 Prozent des BIP.

4.3.2 Fragen der Messung

Diese beziehen sich auf die Bewertungskriterien für die Berechnung des Schuldenindikators (FL_t) und auf die Definition des Gesamtstaates. Bezüglich der Bewertungskriterien wird der für die fiskalpolitischen Regeln der EWWU gewählte Schuldenindikator im Gegensatz zur Gegenwartswert-Budgetbeschränkung, die anhand des Rückzahlungswerts der Verbindlichkeiten definiert ist (d. h. basierend auf dem Preis, der zu zahlen ist, wenn die Verbindlichkeiten fällig sind), zum Nennwert betrachtet. Meistens stimmen die beiden Kriterien überein. Dies ist jedoch nicht immer der Fall. Ein Beispiel dafür ist die Bewertung der Einlagezertifikate der italienischen Post, deren Nennwert nicht die bei Abhebung der Mittel zu zahlenden aufgelaufenen Zinsen enthält. Ende 2003 betrug die Differenz zwischen den beiden Bewertungskriterien nahezu 5 Prozent des BIP. Anleihen mit diesem Merkmal werden auch in Portugal begeben.

Eine Marktbewertung der Verbindlichkeiten wäre keine zufriedenstellende Lösung für die Nachhaltigkeitsanalyse: Sie bezieht sich auf den Betrag, den der Staat zahlen müsste, wenn er seine Schulden zurückkaufen wollte, bevor sie fällig sind, ohne jedoch dazu verpflichtet zu sein. Darüber hinaus würde die Bezugnahme auf Marktwerte das Schuldenmaß extrem unberechenbar machen.

Hinsichtlich der Definition des Gesamtstaates gilt die Gegenwartswert-Budgetbeschränkung für die Aktivitäten aller öffentlichen Einrichtungen, deren finanzielles Verhalten letztendlich Auswirkungen auf die Einnahmen hat, die zur Einhaltung der Budgetbeschränkung erforderlich sind. Im ESVG 1995 werden die gesamtstaatlichen Einrichtungen als jene Einheiten identifiziert, deren Hauptfunktion die Produktion von Nicht-Markt-Dienstleistungen oder die Umverteilung von Ressourcen ist. Dieses Kriterium wird implementiert, indem vom gesamtstaatlichen Sektor jene Einheiten in staatlichem Eigentum oder unter staatlicher Kontrolle ausgeschlossen werden, die sich mit gewerblichen Geschäften befassen (wie Staatsunternehmen), vorausgesetzt sie decken den Großteil ihrer Kosten aus ihren eigenen Einnahmen.[16] Daraus ergibt sich, dass die gesamtstaatlichen Schulden einem plötzlichen Anstieg unterliegen

16 Es kann Grenzfälle geben, insbesondere wenn die Einnahmen von staatlichen Unternehmen vom Gesamtstaat stammen, wodurch festzustellen ist, ob diese Geldflüsse tatsächlich Einnahmen und nicht Transfers sind. Die Klassifizierung von Einheiten, die die gleichen Güter produzieren, könnte länderübergreifend daher nicht homogen sein. Der Fall von staatlichen Unternehmen, die mit öffentlichen Investitionen oder dem Verkauf von staatlichem Vermögen befasst sind, ist mit Reformen in Österreich und Italien in den Vordergrund geraten. Blejer und Cheasty (1991) diskutieren verschiedene Ansätze zur Definition des öffentlichen Sektors.

können, wenn sich die finanzielle Situation dieser Unternehmen derart verschlechtert, dass der Staat ihnen aus der Klemme helfen muss.

Im letzten Jahrzehnt sind Schuldenübernahmen in mehreren EWWU-Mitgliedstaaten aufgetreten. 1997 übernahm der italienische Staat die offenen Verbindlichkeiten der nationalen Eisenbahngesellschaft (beinahe 2,5 Prozent des BIP). 2001 nahm Belgien die Verbindlichkeiten des vormaligen Zentralbüros für Hypothekarkredite in die Staatsschulden auf (in diesem Jahr erhöhten diese Maßnahme und andere Ad-hoc-Faktoren die Schulden-BIP-Quote um 1,9 Prozentpunkte); ähnliche Maßnahmen wurden 2002 getroffen. Darüber hinaus hat sich die belgische Regierung bereit erklärt, 2005 die Schulden der nationalen Eisenbahngesellschaft zu übernehmen (2,5 Prozent des BIP). In Österreich begab der Staat Anleihen in der Höhe von etwa 5,2 Prozent des BIP, um staatliche Unternehmen zu finanzieren (*Rechtsträgerfinanzierung*). Bedeutende Schuldenübernahmen wurden auch in Frankreich, Deutschland, Griechenland und Portugal durchgeführt.

4.4 Durchsetzung der Regeln

In dem durch die fiskalpolitischen Regeln der EWWU definierten Kontext ist eine unterjährige Überwachung sowohl aus Sicht des Mitgliedstaates, der versucht, die Regeln einzuhalten, als auch der Institution (der EK), die versucht, die Konsistenz von unterjährigen Entwicklungen mit den Jahreszielen zu beurteilen, erforderlich. Aus dieser Perspektive konzentriert sich die Analyse auf Stromgrößen. Es ist daher entscheidend, dass der gewählte Defizitindikator jeweils rechtzeitig zur Verfügung steht, dass dessen Berechnung nicht zu viele Ermessenselemente enthält und dass er nicht signifikanten Berichtigungen unterliegt.

Aus Sicht der fiskalpolitischen Überwachung weist das ESVG-Defizit einige Probleme auf, die sich weitgehend auf das Prinzip der Periodenabgrenzung beziehen, ein Merkmal, das durch den Umstieg von der 1979er auf die 1995er Fassung des ESVG (gültig ab 2000) noch erhöht hat. Während die periodenbereinigte Gesamtrechnung unerlässlich für die Messung der makroökonomischen Auswirkungen der Fiskalpolitik ist, hat die nicht periodenbereinigte Rechnung einige Vorteile für die kurzfristige budgetäre Kontrolle und Analyse.[17]

17 Siehe z. B. Kopits und Craig (1998). Ähnlich hält das australische Finanzministerium fest: „Der Hauptvorteil der periodenbereinigten Werte (im Gegensatz zum Cash-Ansatz) ist, dass sie eine umfassendere Angabe der Gesamtaktivitäten des Staates und der langfristigen Auswirkungen der aktuellen Politik liefern. Nicht periodenbereinigte Maße haben jedoch ihrerseits einige Vorteile bei der Verfolgung der Ausgaben in einem Fiskaljahr und als Hilfestellung zur Identifizierung der

Erstens sind periodenbereinigte Daten im Wesentlichen auf nicht periodenbereinigten Daten basierende Schätzungen. Deren Erstellung ist daher zeitaufwändiger. Dies impliziert, dass das ESVG 1995-Defizit nicht zeitgerecht zur Verfügung steht.[18] Tatsächlich basieren die meisten kurzfristigen Budgetindikatoren auf nationaler Ebene auf nicht periodenbereinigten Daten. Es ist nicht erforderlich, diese Indikatoren mit dem ESVG 1995-Budgetsaldo in Einklang zu bringen, es kann jedoch problematisch sein, wenn das Verhältnis zwischen nicht periodenbereinigtem Defizit und ESVG 1995-Defizit nicht stabil ist.[19]

Zweitens enthalten periodenbereinigte Daten mehr Ermessenselemente, obwohl sie ökonomisch relevanter sind als nicht periodenbereinigte Daten. Das Bewusstsein für die mit dem vollen Vertrauen auf periodenbereinigte Daten verbundenen potentiellen Probleme ist ersichtlich aus der Entscheidung von Eurostat zu spezifizieren, dass periodenbereinigt berechnete Einnahmen nur jene Positionen enthalten sollten, die wahrscheinlich auch tatsächlich realisiert werden, und dass die periodenbereinigten und die nicht periodenbereinigten Daten mittelfristig konvergieren sollten.[20]

Drittens werden periodenbereinigte Daten eher revidiert: Im Zug der Verfügbarkeit besserer Informationen im Lauf der Zeit unterliegen die deren Schätzung zugrundeliegenden Annahmen Veränderungen.

Weitere Fragen können in Bezug auf die Behandlung von Transaktionen mit Finanzvermögen, die das ESVG 1995-Defizit nicht beeinflussen, auftreten. Die Unterscheidung zwischen Finanz- und Nichtfinanzvermögen mag etwas willkürlich sein: Der Verkauf von Nichtfinanzvermögen (Immobilien oder auch UMTS-Lizenzen) ist an sich nichts anderes als eine Privatisierung; auch unterscheiden sich im Allgemeinen direkte öffentliche Investitionen nicht von Kapitalspritzen. Ob eine Transaktion eine Kapitalspritze (die das Defizit nicht beeinflusst) oder ein Kapitaltransfer (der es tut) darstellt, kann von der Rentabilität des begünstigten Unternehmens abhängen; ein Konzept, das sich nicht für eine eindeutige Bewertung eignet.

---

kurzfristigen Effekte der Fiskalpolitik auf die Wirtschaft" (Commonwealth of Australia 1999, S. 2).

18 Um die zeitgerechte Verfügbarkeit der ESVG 1995-Daten zu verbessern, vereinbarten die EU-Länder, 2005 mit der Veröffentlichung von Quartalsdaten für das gesamtstaatliche Defizit zu beginnen.

19 Dies war in den letzten Jahren der Fall z.B. in Italien.

20 Siehe Eurostat (2000) und EU-Verordnungen 2516/2000 und 995/2001. Beleg für die Relevanz dieser Frage ist die Berichtigung des portugiesischen Defizits für 2001 um nahezu 2 Prozentpunkte des BIP, zum Teil auf den Ablauf der Erlaubnis für Portugal zurückzuführen, periodenbereinigte Daten zu liefern, ohne die Konsistenz mit den nicht periodenbereinigten Daten gewährleisten zu müssen (die Berichtigung war auch für die Jahre 1995 bis 2000 bedeutend).

Die unterschiedliche Erfassung von Investitionsausgaben und Kapitalspritzen einerseits und Verkäufen von Kapitalgütern und Privatisierungen andererseits kann zu Verzerrungen im Budgetierungsverfahren führen – wie die Beliebtheit von Investitionsauslagerungen bezeugt. Sie kann auch zur Verwendung von Einmalmaßnahmen wie z. B. dem Verkauf von Immobilien zur Feinabstimmung der Defizitzahlen führen.[21]

Tabelle 4.1 zeigt die Defizit-BIP-Quoten der Jahre 1997–2004, wie ursprünglich von den Euroraum-Mitgliedsländern und wie in den jüngsten verfügbaren Meldungen bezüglich der einzelnen betrachteten Jahre berichtet. Die Berichtigungen ergaben systematisch schlechtere Budgetsalden. Die jährliche Berichtigung für die Eurozone beträgt im Durchschnitt ca. 0,2 Prozent des BIP, wobei die Veränderungen auf nationaler Ebene signifikanter sind. Die Berichtigungen nach oben waren in Griechenland (2000–2003), Italien (2001–2003), Portugal (1998–2001) und Spanien (1997, 1997, 2000) besonders hoch. Signifikante Berichtigungen nach oben fanden auch in den Niederlanden (2002) und Österreich (2000) statt. Bedeutende Berichtigungen nach unten fanden hingegen in Belgien (1998, 1999) und Luxemburg (1997–2001) statt.

Tabelle 4.2 zeigt die gesamtstaatlichen Schulden-BIP-Quoten für die Jahre 1997–2004, wie ursprünglich von den Euroraum-Mitgliedsländern und wie in den jüngsten verfügbaren Meldungen berichtet. Die Berichtigungen ergeben sowohl Erhöhungen als auch Senkungen der ursprünglichen Schuldenzahlen. Die Gesamtberichtigung beträgt im Durchschnitt ca. 0,4 Prozent des BIP pro Jahr. Berichtigungen nach oben waren gleich oder größer als ein Prozent des BIP in Belgien (1997–1998), Frankreich (1997–1998), Irland (1998), Griechenland (2000–2003), Italien (2000–2002) und Österreich (1999–2001). Relevante Berichtigungen nach unten traten so häufig auf wie Berichtigungen nach oben und betrafen in erster Linie Portugal, die Niederlande, Spanien und Irland.

---

21 Tatsächlich sollte das Gleichung (1) entsprechende Defizit nicht von Transaktionen mit Vermögen, ob Finanzvermögen oder nicht, beeinflusst werden (d. h. es sollte unter Ausschluss jeglicher Vermögenstransaktionen berechnet werden). Im Prinzip bedeutet dies, dass Gleichung (1) auch mit einer Defizitfinanzierung für den Erwerb von Produktionsvermögen (d. h. mit der sogenannten Goldenen Regel) kompatibel ist. In der Praxis kann die Goldene Regel jedoch die Spannen für opportunistische Buchführung erhöhen (die Bewertung der Abschreibung ist nur ein Beispiel). Darüber hinaus würde die Goldene Regel nur zum Teil die Tendenz gegen Nicht-Finanzausgaben in den aktuellen Regeln aufheben, zugleich aber neue einführen (z. B. gegen Investitionen in Humankapital). Interessanterweise beinhaltet Artikel 104 des Vertrags Bruttoinvestitionen unter den Elementen, die bei der Beurteilung der fiskalpolitischen Positionen der Staaten zu berücksichtigen sind, verweist jedoch nicht explizit auf die Goldene Regel. Für eine Diskussion der Goldenen Regel und die Machbarkeit ihrer Umsetzung im Kontext der fiskalpolitischen Regeln der EWWU siehe Balassone und Franco (2000b).

Tabelle 4.1: Netto-Neuverschuldung/-Kreditgewährung 1997–2004: Anfangs- und Endschätzungen der Frühjahrsberichte[1] (in Prozent des BIP)

	1997		1998		1999		2000 [2]		2001		2002		2003		2004
	FJ	FJ	FJ	FJ	FJ	FJ	FJ	FJ	FJ	FJ	FJ	FJ	FJ	FJ	FJ
	1998	2002	1999	2003	2000	2004	2001	2004	2002	2005	2003	2005	2004	2005	2005
Belgien	–2,1	–2,0	–1,3	–0,7	–0,9	–0,4	0,0	0,2	0,2	0,6	0,1	0,1	0,2	0,4	0,1
Deutschland	–2,7	–2,7	–2,1	–2,2	–1,1	–1,5	1,5	1,3	–2,7	–2,8	–3,6	–3,7	–3,9	–3,8	–3,7
Griechenland [3]	–4,0	–4,7	–2,4	–2,5	–1,6	–1,8	–0,9	–2,0	0,1	–3,6	–1,2	–4,1	–1,7	–5,2	–6,1
Spanien	–2,6	–3,2	–1,8	–3,0	–1,1	–1,2	–0,3	–0,9	0,0	–0,5	–0,1	–0,3	0,3	0,3	–0,3
Frankreich	–3,0	–3,0	–2,9	–2,7	–1,8	–1,8	–1,3	–1,4	–1,4	–1,5	–3,1	–3,2	–4,1	–4,2	–3,7
Irland	0,9	1,2	2,3	2,3	2,0	2,4	4,5	4,4	1,7	0,9	–0,1	–0,4	0,2	0,2	1,3
Italien [4]	–2,7	–2,7	–2,7	–2,8	–1,9	–1,7	–0,3	–0,6	–1,4	–3,2	–2,3	–2,7	–2,4	–3,2	–3,2
Luxemburg	1,7	2,8	2,1	3,0	2,4	3,7	5,3	6,3	5,0	6,2	2,6	2,3	–0,1	0,5	–1,1
Niederlande	–1,4	–1,1	–0,9	–0,8	0,5	0,7	2,0	2,2	0,2	–0,1	–1,1	–1,9	–3,2	–3,2	–2,5
Österreich	–2,5	–2,0	–2,1	–2,5	–2,0	–2,3	–1,1	–1,5	0,1	0,3	–0,6	–0,2	–1,1	–1,1	–1,3
Portugal	–2,5	–2,6	–2,3	–3,2	–2,0	–2,8	–1,4	–2,8	–2,7	–4,4	–2,7	–2,7	–2,8	–2,9	–2,9
Finnland	–0,9	–1,5	1,0	1,5	2,3	2,2	6,7	7,1	4,9	5,2	4,7	4,3	2,3	2,5	2,1
Euroraum	–2,5	–2,6	–2,1	–2,3	–1,2	–1,3	0,4	0,1	–1,3	–1,7	–2,2	–2,4	–2,7	–2,8	–2,8

[1] Ein negatives Vorzeichen zeigt ein Defizit, ein positives Vorzeichen einen Überschuss an. – [2] Einschließlich UMTS-Erlöse. – [3] Die Daten für die Jahre 1997–2000 wurden Ende 2004 auf 6,6, 4,3, 3,4 bzw. 4,1 Prozent des BIP revidiert. – [4] Die mit FJ 2005 bezeichnete Spalte bezieht sich auf die Meldungen von Mai 2005.

Tabelle 4.2: Bruttoschulden, 1997–2004: Anfangs- und Endschätzungen der Frühjahrsberichte (in Prozent des BIP)

	1997		1998		1999		2000		2001		2002		2003		2004
	FJ	FJ	FJ	FJ	FJ	FJ	FJ	FJ	FJ	FJ	FJ	FJ	FJ	FJ	FJ
	1998	2002	1999	2003	2000	2004	2001	2004	2002	2005	2003	2005	2004	2005	2005
Belgien	122,2	124,7	117,3	119,6	114,4	114,8	110,9	109,1	107,5	108,0	105,3	105,4	100,5	100,0	95,6
Deutschland	61,3	61,0	61,0	60,9	61,0	61,2	60,2	60,2	59,8	59,4	60,8	60,9	64,2	64,2	66,0
Griechenland [(1)]	108,7	108,2	106,5	105,8	104,4	105,2	103,9	106,2	99,7	114,8	104,9	112,2	103,0	109,3	110,5
Spanien	68,8	66,6	65,6	64,6	63,5	63,1	60,6	61,2	57,2	57,8	54,0	55,0	50,8	51,4	48,9
Frankreich	58,0	59,3	58,5	59,5	58,6	58,5	58,0	57,2	57,2	57,0	59,1	59,0	63,0	63,9	65,6
Irland	66,3	65,1	52,1	54,9	52,4	48,6	39,1	38,4	36,3	35,8	33,3	32,6	32,0	32,0	29,9
Italien [(2)]	121,6	120,2	118,7	116,3	114,9	115,5	110,2	111,2	109,4	110,9	106,7	108,3	106,2	106,8	106,6
Luxemburg	6,7	6,0	6,7	6,3	6,2	6,0	5,3	5,5	5,5	7,2	5,3	7,5	4,9	7,1	7,5
Niederlande	72,1	69,9	67,7	66,8	63,9	63,1	56,3	55,9	52,9	52,9	52,6	52,6	54,8	54,3	55,7
Österreich	66,1	64,7	63,1	63,7	64,5	67,5	62,8	67,0	61,8	67,1	68,7	66,7	65,0	65,4	65,2
Portugal	62,0	58,9	57,8	55,0	56,7	54,3	53,8	53,3	55,4	55,9	58,1	58,5	59,4	60,1	61,9
Finnland	55,8	54,1	49,6	48,6	47,1	47,0	44,0	44,6	43,6	43,8	42,7	42,5	45,3	45,3	45,1
Euroraum	75,2	75,3	73,4	73,7	72,3	72,8	69,7	70,4	69,1	69,6	69,2	69,5	70,4	70,9	74,1

[(1)] Die Daten für die Jahre 1997–2000 wurden Ende 2004 auf 114,0, 112,4, 112,3 bzw. 114,0 Prozent des BIP berichtigt. – [(2)] Die mit FJ 2005 bezeichnete Spalte bezieht sich auf die Meldung von Mai 2005.

Tabelle 4.3: Veränderung der Schulden, 1997–2004: Anfangs- und Endschätzungen der Frühjahrsberichte (in Prozent des BIP)

	1997		1998		1999		2000		2001		2002		2003		2004
	FJ	FJ	FJ	FJ	FJ	FJ	FJ	FJ	FJ	FJ	FJ	FJ	FJ	FJ	FJ
	1998	2002	1999	2003	2000	2002	2001	2003	2002	2004	2003	2005	2004	2005	2005
Belgien	0,6	0,7	–0,4	–0,6	0,9	0,3	0,3	0,2	2,0	1,6	–0,1	0,3	–2,1	–2,1	0,5
Deutschland	2,5	2,4	1,7	1,7	1,8	1,8	0,8	0,6	0,5	0,5	2,4	2,4	3,9	3,9	3,3
Griechenland	7,7	7,6	5,7	5,6	5,4	5,4	6,4	8,7	4,0	8,3	5,7	5,8	5,9	5,8	9,1
Spanien	2,5	2,5	2,1	2,2	2,9	2,8	1,8	2,0	0,7	0,4	0,5	0,8	–0,3	–0,2	1,0
Frankreich	4,2	3,9	2,6	2,7	1,1	1,1	1,4	1,4	1,8	1,8	3,8	4,0	5,5	6,0	4,3
Irland	0,3	0,8	–1,5	–1,7	2,1	1,9	–3,8	–3,6	1,6	1,7	0,5	0,3	1,1	1,0	0,4
Italien [(1)]	2,6	2,7	1,4	1,4	1,9	2,1	1,5	1,5	3,5	4,2	0,5	1,1	1,6	1,9	3,8
Luxemburg	0,6	0,5	0,7	0,8	0,5	0,0	0,1	0,2	0,0	0,2	0,2	0,5	–0,6	0,0	0,9
Niederlande	–1,1	–0,9	0,2	0,8	–0,1	–0,2	–2,7	–2,9	0,2	0,5	1,6	1,6	3,3	2,7	2,7
Österreich	–0,8	–2,6	1,6	1,7	3,2	3,1	1,0	2,6	0,0	2,0	1,8	1,2	0,1	0,4	2,0
Portugal	0,6	0,8	0,4	0,5	3,4	3,0	2,2	2,5	5,5	5,5	5,2	5,2	2,5	2,5	3,8
Finnland	2,0	1,5	–1,4	–1,1	0,2	–0,2	0,9	1,2	0,9	1,1	0,2	0,2	3,7	3,8	1,7
Euroraum	2,5	2,4	1,7	1,7	1,7	1,7	0,9	1,0	1,6	1,8	2,1	2,2	2,9	3,1	3,3

[(1)] Die mit FJ 2005 bezeichnete Spalte bezieht sich auf die Meldung von Mai 2005.

Die Veränderungen der Bruttoschulden, eine Näherung eines nicht periodenbereinigten Defizitmaßes (siehe auch Abschnitt 4.5), sind jedoch stabiler. Dies ist aus Tabelle 4.3 ersichtlich, in der die BIP-Quoten der Veränderung der Schulden für die Jahre 1997–2004 dargestellt sind, und zwar wie ursprünglich berichtet und wie in den jüngsten verfügbaren Meldungen für das jeweils betrachtete Jahr berichtet. Die Berichtigungen sind nahezu vernachlässigbar. Die sich auf die Veränderungen der Schulden beziehenden Berichtigungen sind weniger weit gestreut über die Länder als jene, die die ESVG 1995-Defizite betreffen, und führen sowohl zu Steigerungen als auch zu Senkungen der zuvor veröffentlichten Daten. Die Berichtigungen waren signifikant in Österreich 1997, 2000, 2001 und 2002 (+1,8, +1,6, +2,0 bzw. –0,6 Prozent des BIP) und in Griechenland 2000 und 2001 (+2,3 bzw. +5,1 Prozent).

Vor den großen Berichtigungen von 2004 und 2005 der Fiskaldaten für Griechenland und Italien berichtete die Europäische Kommission (2003) über die Verlässlichkeit der fiskalpolitischen Indikatoren der EWWU in der Periode 2000–2003 (d. h. seit ESVG 1995 in Kraft trat) und stellte fest, dass „die durchschnittliche absolute Berichtigung der Defizitquoten der Mitgliedstaaten 0,15 Prozent des BIP nach sechs Monaten, 0,22 Prozent nach einem Jahr und 0,26 Prozent nach 18 Monaten betrug“ (S. 66). Während sie argumentierte, dass diese Zahlen im Vergleich zur durchschnittlichen Größe der Ausgaben- und Einnahmen-BIP-Quoten (rund 47 Prozent) klein sind, hielt die EK auch fest, dass „in manchen Fällen die Berichtigungen der Defizitquoten inakzeptabel hoch waren.“

Letztendlich ermöglicht der Defizitindikator der EWWU zwar eine Vergleichbarkeit zwischen den Mitgliedstaaten, ist jedoch nicht der geeignetste Indikator für die kurzfristige Überwachung. In mehreren Fällen stellte sich das Defizit als wesentlich höher als ursprünglich geschätzt heraus. Schätzungen der Veränderungen der Schulden scheinen weniger unbeständig zu sein.

4.5 Fallstudien

Die Diskussion in den vorangegangenen Abschnitten zeigt, wie leicht sowohl der Defizit- als auch der Schuldenindikator manipuliert werden können. Sie weist jedoch auch darauf hin, dass im Allgemeinen – da das ESVG 1995-Defizit keine Stromgröße ist, die Veränderungen im Bestand der Finanzverbindlichkeiten widerspiegelt – sich eine gegebene budgetäre Maßnahme unterschiedlich auf die zwei Indikatoren auswirkt. Am besten sieht man das, wenn das ESVG 1995-Defizit mit der Veränderung der Schulden verglichen wird. Ersteres ist gegeben durch

$$DEF_t \equiv G_t - T_t, \tag{2}$$

während letztere gegeben ist durch

$$\Delta FL_t \equiv G_t - T_t + NAFA_t + \Delta VL_t + CA_t, \quad (3)$$

wobei *NAFA* der Nettoerwerb von Finanzvermögen ist, *CA* die Differenz zwischen nicht periodenbereinigter und periodenbereinigter Bewertung (erstere für die Berechnung der Veränderung der Schulden, letztere zur Berechnung des Defizits; mittelfristig sollte die Differenz zu null konvergieren), und ΔVL sind Bewertungsveränderungen der Verbindlichkeiten.

Die Diskrepanz zwischen der Veränderung der Schulden und dem für die EWWU-Regeln gewählten Defizitmaß war in den 1990er Jahren keineswegs vernachlässigbar. Der Jahresdurchschnitt für die EU-15-Länder betrug zwischen 1992 und 2001 nahezu 1 Prozent des BIP. Während diese Inkonsistenz gegenwärtig in erster Linie als unnötige Verkomplizierung der Beurteilung der Stabilitätsprogramme betrachtet wird, ist sie doch auch ein Hinweis auf das Potential ungenutzter Synergien aus der gemeinsamen Beurteilung der beiden Indikatoren.

Aus Gleichung (3) ist eine Schätzung des Defizits in nicht periodenbereinigten Werten erhältlich:

$$DEFC_t = \Delta FL_t - NAFA_t - \Delta VL_t. \quad (4)$$

Der Vergleich von periodenbereinigtem und nicht periodenbereinigtem Defizit liefert Hinweise über die Konsistenz von periodenbereinigten Defizitschätzungen. Die Überwachung des Ausmaßes an Bruttovermögenserwerb ermöglicht eine Bewertung des Ausmaßes an Vorsicht bei der Entscheidung über die Klassifizierung von Transaktionen. Zugleich kann man durch Berücksichtigung von Privatisierungen und von Veränderungen bei der Bewertung von Verbindlichkeiten bestimmenden Maßnahmen beurteilen, in welchem Ausmaß die Schuldendynamik von nicht wiederkehrenden Adhoc-Faktoren abhängt, die die staatliche Vermögensnettoposition unberührt lassen (oder zumindest nicht verschlimmern).[22]

Die EU-Länder müssen jetzt schon die für diese Überprüfungen benötigten Informationen im Rahmen des halbjährlichen Berichts von Staatsfinanzdaten bereitstellen. Diese Daten sind jedoch nicht öffentlich zugänglich, wodurch die Möglichkeit einer unabhängigen Beurteilung beschränkt wird.[23] Darüber hinaus enthalten die aktuellen Arrangements

22 Idealerweise wäre auch eine Kontrolle des Ausmaßes von Einmalmaßnahmen mit direkter Auswirkung auf *G* und *T* in Gleichungen (2) und (3) erwünscht. Siehe Abschnitt 4.6.

23 Die Europäische Zentralbank veröffentlicht eine Defizit-Schulden-Anpassungstabelle für die Eurozone insgesamt.

keine Möglichkeit für eine explizite Schätzung des nicht periodenbereinigten Defizits.

Drei Fallstudien über abrupte und signifikante Defizitdatenberichtigungen belegen die Nützlichkeit einer Überprüfung der Fiskaldaten. Diese Berichtigungen fanden in Italien und in Portugal 2002 sowie in Griechenland 2004 statt.

4.5.1 Italien 2001

Laut März-2002-Bericht des italienischen statistischen Zentralamtes (Istat) betrug die Nettoneuverschuldung 2001 1,4 Prozent des BIP (im Gegensatz zu 1,7 Prozent 2000, exklusive der UMTS-Einnahmen). Dieses Ergebnis lag sehr nahe an den Prognosen internationaler Organisationen.[24]

Im Juni 2002 erhöhte Istat die Zahl für das Defizit 2001 auf 1,6 Prozent des BIP, in erster Linie aufgrund der Berichtigung der Daten vom Gesundheitssektor.[25] Im Juli 2002 kündigte Eurostat einen Beschluss über die buchhalterische Behandlung von Verbriefungen seitens staatlicher Einrichtungen für die Zwecke des Verfahrens bei übermäßigem Defizit an. Dies implizierte eine Berichtigung von Italiens Defizit nach oben auf 2,2 Prozent des BIP.[26] Im März 2003 berichtigte Istat neuerlich die Zahl für 2001 nach oben auf 2,6 Prozent des BIP. Diese Berichtigung war aufgrund der Verfügbarkeit kompletterer Informationen über die Konten verschiedener staatlicher Ebenen erforderlich.[27] Im März 2005 berichtigte Istat das Defizit für die Periode von 2001 bis 2003 nach oben. Das Defizit

24 1,3 Prozent des BIP laut IWF im Oktober 2001; 1,1 Prozent laut EK im November 2001; und 1,4 Prozent laut OECD im Dezember 2001.

25 Eine ähnliche Berichtigung, ebenfalls aufgrund von Daten des Gesundheitssektors, wurde bereits im März 2002 in Bezug auf die Ergebnisse von 2000 (von 1,5 Prozent auf 1,7 Prozent) vorgenommen.

26 Gemäß Eurostat-Beschluss werden Verbriefungen als Darlehen an den Gesamtstaat betrachtet, wenn: (i) sie künftiges Einkommen ohne Bezug zu zuvor bestehendem Vermögen betreffen; und (ii) sie keine adäquate Risikoübertragung auf den Empfänger beinhalten (Eurostat legte fest, dass das Risiko nur dann übertragen wird, wenn der Staat das verbriefte Vermögen nicht garantiert und mindestens 85 Prozent des Marktwerts des verbrieften Vermögens bezahlt werden). Das 2001 in Italien vorgenommene Geschäft betraf Immobilien und künftige Lotterieeinnahmen. Beide wurden als Darlehen betrachtet, da im ersteren Fall der Staat weniger als 85 Prozent des Marktwerts der verbrieften Gebäude erhielt und im zweiten Fall die künftigen Einnahmenströme sich nicht auf zuvor bestehendes Vermögen bezog.

27 Die Berichtigungen betrafen insbesondere Gesundheitsausgaben und Zinsendienst, Steuereinnahmen und Ausgaben für Zwischenkonsum, Abfindungen für Angestellte, Subventionen und Zinsen.

für 2001 erreichte 3,0 Prozent des BIP. Diese Veränderung spiegelte weitgehend eine Korrektur bei der Klassifizierung von Kapitalspritzen an die im staatlichen Eigentum stehende Eisenbahngesellschaft wider. Im Mai 2005 wurde das Defizit weiter auf 3,2 Prozent revidiert.[28]

Insgesamt wurde die ursprüngliche Schätzung des Defizits für das Jahr 2001 um 1,8 Prozentpunkte des BIP nach oben berichtigt, von 1,4 Prozent im März 2002 auf 3,2 Prozent im März 2005. Weniger als ein Drittel der Berichtigung war auf ungewöhnliche Faktoren zurückzuführen (d. h. Eurostat-Beschluss über die Behandlung von Verbriefungen).[29]

Der für das Defizit zwischen 2000 und 2001 ursprünglich gemeldete Rückgang (von 1,7 Prozent auf 1,4 Prozent des BIP) stand in krassem Widerspruch zur Schuldendynamik. Die Veränderung der Schulden stieg von 1,5 Prozent des BIP 2000 auf 3,5 Prozent 2001 (Abbildung 4.1a).

Der Rückgang der Nettoneuverschuldung widersprach ebenfalls dem Anstieg des Cash-Defizits, berechnet als Veränderung der Schulden abzüglich Nettovermögenserwerbe und Bewertungseffekte: Das Cash-Defizit betrug 3,0 Prozent im Jahr 2000 und 3,3 Prozent 2001 (Abbildung 4.1b).

Abbildung 4.1a: Italien: Nettoneuverschuldung und Veränderung der Bruttoschulden, Datenstand März 2002 (in Mrd. Euro)

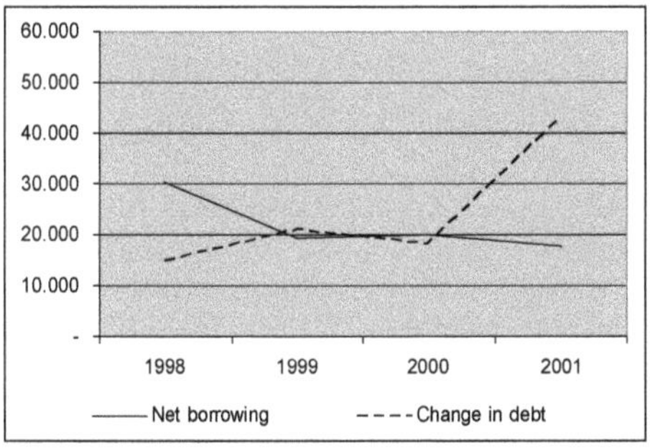

Abbildung 4.1b: Italien: Nettoneuverschuldung und nicht periodenbereinigtes Defizit, Datenstand März 2002 (in Mrd. Euro)

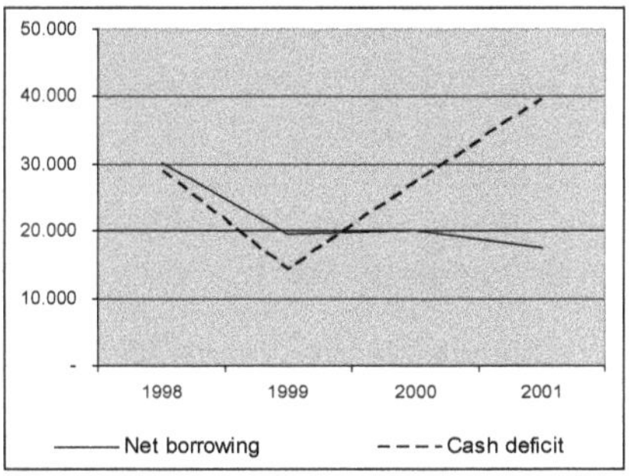

28 Laut Angaben von Eurostat wurden im Mai 2005 einige Zahlungen, die der Staat von Steuereintreibern 2003 und 2004 erhalten hatte, als Darlehen statt als Einnahmen erfasst. Darüber hinaus wurden die 2004 von Infrastrutture S.p.A. in Rahmen der Finanzierungsmaßnahmen für die Hochleistungsbahn begebenen Obligationen als Staatsschulden erfasst.

29 Istat betonte, dass zuvor – bis zum März-2002-Bericht an die EK – normale Berichtigungen (z. B. exklusive jener im Zusammenhang mit Eurostat-Beschlüssen) der Defizitzahlen von einem Jahr zum Folgejahr gering waren, normalerweise nicht über +/–0,1 Prozent des BIP. Siehe Istat-Pressemitteilung (Februar 2003; S. 7).

Abbildung 4.2a: Italien: Nettoneuverschuldung und Veränderung der Bruttoschulden, Datenstand Mai 2005 (in Mrd. Euro)

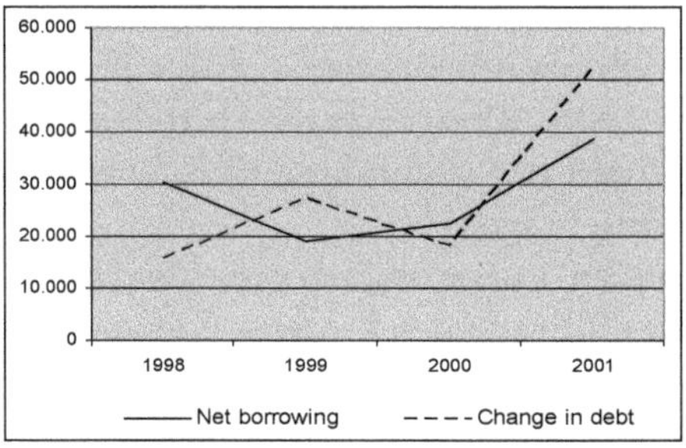

Abbildung 4.2b: Italien: Nettoneuverschuldung und nicht periodenbereinigtes Defizit, Datenstand Mai 2005 (in Mrd. Euro)

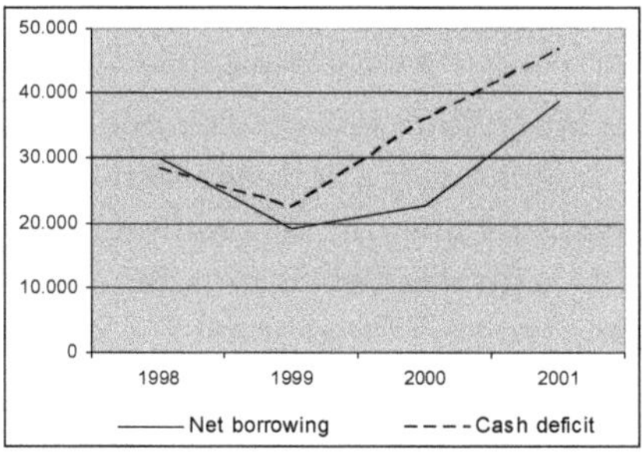

Nach den Berichtigungen folgen die Schätzungen für das ESVG 1995-Defizit (1,9 und 3,2 Prozent des BIP für 2000 bzw. 2001) einem Muster, das mehr der Schuldendynamik entspricht (Abbildung 4.2a). Die ESVG 1995-Zahlen liegen auch näher an denen auf Cash-Basis berechneten Werten (3,1 bzw. 3,8; Abbildung 4.2b).[30]

Wir kommen zu dem Schluss, dass eine gemeinsame Untersuchung der drei Indikatoren eine frühe Warnung der wahrscheinlich folgenden Berichtigungen hätte liefern können. Zur Erinnerung: Alle Informationen für die Berechnung dieser Indikatoren waren seit dem März-2002-Bericht an die EK verfügbar. Dieser Vergleich wurde übrigens von der italienischen Nationalbank in ihrem im Mai 2002 veröffentlichten Jahresbericht (Banca d'Italia 2002) durchgeführt.

4.5.2 Portugal 2001

In seiner ersten Meldung über die Fiskalergebnisse für 2001 schätzte Portugal das gesamtstaatliche Defizit auf 2,2 Prozent des BIP im Vergleich zu 1,5 Prozent für 2000. Zu diesem Zeitpunkt waren die aktuellsten Defizitprognosen durch internationale Institutionen etwas günstiger.[31]

Eurostat stellte fest, dass es nicht in der Lage sei, die Zahlen der portugiesischen Meldung zu bestätigen, unter anderem aufgrund fehlender Informationen über Kapitalspritzen an öffentliche Unternehmen – die als Eigenkapitalerwerb ohne Auswirkungen auf das Staatsdefizit behandelt worden

30 Die Veränderung der Schulden 2001 wurde nach oben berichtigt infolge (i) eines Eurostat-Beschlusses betreffend Verbriefungen und (ii) der Veröffentlichung neuer Daten bezüglich der Post-Konten.

31 2,0 Prozent laut IWF (Oktober 2001); 2,0 Prozent laut EK (November 2001); und 1,7 Prozent laut OECD (Dezember 2001).

waren (Eurostat 2002, S. 2). Darüber hinaus betonte Eurostat, dass – dadurch dass einige dieser Kapitalspritzen als Transfers neu klassifiziert werden könnten – das gemeldete Defizit als provisorisch zu betrachten sei und wahrscheinlich höher ausfallen würde.

Im Frühling 2002 wurde eine Kommission unter dem Vorsitz der portugiesischen Nationalbank mit Vertretern des Finanzministeriums und des nationalen Statistikinstituts eingerichtet, um die Staatskonten zu analysieren und zu aktualisieren. Im September wurde die Zahl für das Defizit 2001 nach oben auf 4,1 Prozent des BIP berichtigt. Diese Berichtigung war auf mehrere Faktoren zurückzuführen: neue Daten über die Konten von örtlichen Behörden; die Neuklassifizierung einiger Kapitalspritzen an Unternehmen im staatlichen Eigentum; Veränderungen der für den Übertrag von Ausgaben und Einnahmen in Zusammenhang mit dem EU-Strukturfonds verwendeten Methoden; und der Ablauf einer Übergangsfrist bezüglich der Methoden für das Erfassen von Steuer- und Sozialbeitragseinnahmen im Lauf des Jahres.

Der ursprünglich berichtete Anstieg des Defizits zwischen 2000 und 2001 (von 1,5 auf 2,2 Prozent des BIP) war deutlich geringer als der für die Veränderung der Schulden beobachtete Anstieg (von 2,5 auf 5,5 Prozent). Abbildung 4.3a zeigt die ursprüngliche Abweichung zwischen den ESVG 1995-Defizitzahlen und jenen, die sich auf die Veränderung der Schulden beziehen. Abbildung 4.3b zeigt dieselben Variablen nach den Berichtigungen. Man beachte, dass das ESVG 1995-Defizit auch in den Jahren vor 2001 näher an der Veränderung der Schulden liegt.

Abbildung 4.3a: Portugal: Nettoneuverschuldung und Veränderung der Bruttoschulden, Datenstand März 2002 (in Mrd. Euro)

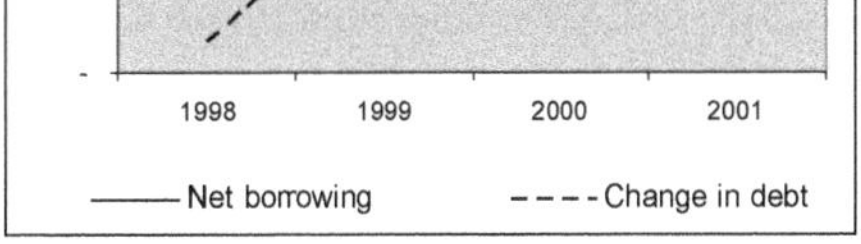

Abbildung 4.3b: Portugal: Nettoneuverschuldung und Veränderung der Bruttoschulden, Datenstand März 2003 (in Mrd. Euro)

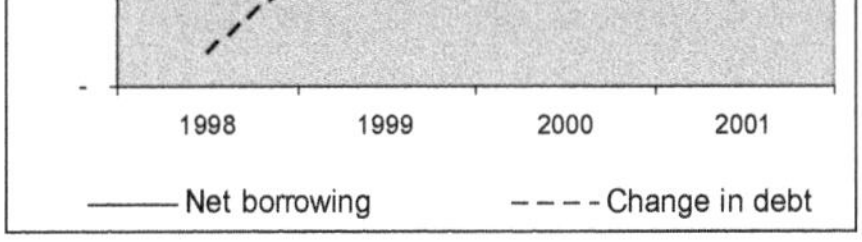

4.5.3 Griechenland 2003

Anfang März 2004 schätzte Griechenland in seiner ersten Meldung über das Fiskalergebnis für 2003 das gesamtstaatliche Defizit auf 1,7 Prozent des BIP im Vergleich zu 1,4 Prozent 2003. Zu dieser Zeit entsprachen die aktuellsten Prognosen durch internationale Institutionen weitgehend den von Griechenland gemeldeten Daten.[32]

Später im März schickte Griechenland aktualisierte Daten an die EK, die das Defizit 2003 nach oben auf 3,0 Prozent des BIP berichtigten. Bei der Veröffentlichung der Frühjahrsprognosen berücksichtigte die EK letztere Meldung und betonte, dass „die Daten für 2003 von Eurostat noch nicht validiert wurden und daher keine verlässliche Basis für die Beurteilung der budgetären Lage zu diesem Zeitpunkt liefern“ und „eine Untersuchung für Ende April vorbereitet wird, um mehr Informationen über die budgetäre Lage in diesem Land zu erhalten und über allfällige erforderliche Schritte zu entscheiden.“ Im Mai verifizierte Eurostat nach einer weiteren Meldung, dass das gesamtstaatliche Defizit 2003 3,2 Prozent des BIP betrug. In der September-Meldung wurden die Zahlen für Defizit und Schulden der Jahre 2000–2003 wesentlich berichtigt. Insbesondere wurden das Defizit für 2003 auf 4,6 Prozent des BIP und die Schulden für 2003 auf 109,9 Prozent des BIP berichtigt.

Die zwischen März und September vorgenommenen Defizitberichtigungen waren in erster Linie zurückzuführen auf: (i) geringere Steuereinnahmen (hauptsächlich Umsatzsteuer); (ii) geringere Zahlungen von EU-Institutionen im Rahmen von Strukturfondsprogrammen; (iii) die Neuklassifizierung als Finanztransaktion einer Zahlung von der Postsparbank an den Staat; (iv) Berichtigungen nach oben von Militärausgaben und Zinszahlungen; und (v) geringere Überschüsse aus Sozialversicherungsfonds als erwartet.[33]

Der ursprünglich gemeldete Anstieg des Defizits zwischen 2002 und 2003 (von 1,4 Prozent auf 1,7 Prozent des BIP) entsprach jenem der Veränderung der Schulden, wobei letztere von 5,6 Prozent des BIP 2002 auf 5,9 Prozent 2003 stieg. Das Niveau der zwei Indikatoren war jedoch ausgesprochen unterschiedlich (Abbildung 4.4a).[34] Abbildung 4.4b zeigt, wie die Berichtigungen begannen, diese Diskrepanz zu verringern.

---

32 1,4 Prozent des BIP laut IWF (September 2003); 1,7 Prozent laut EK (Oktober 2003); und 1,7 Prozent laut OECD (Dezember 2003).

33 Die Berichtigungen der Schuldenzahlen waren wegen einer Unterschätzung von Anleihen mit kapitalisierten Zinsen und einer Überschätzung von konsolidiertem Vermögen der Sozialversicherung notwendig.

34 Man beachte, dass das im März gemeldete Niveau der Neuverschuldung auch bedeutend niedriger war als das des Neuverschuldungsbedarfs des Gesamtstaats (siehe Bank of Greece 2003 und 2004).

Abbildung 4.4a: Griechenland: Nettoneuverschuldung und Veränderung der Bruttoschulden, Datenstand März 2004 (in Mrd. Euro)

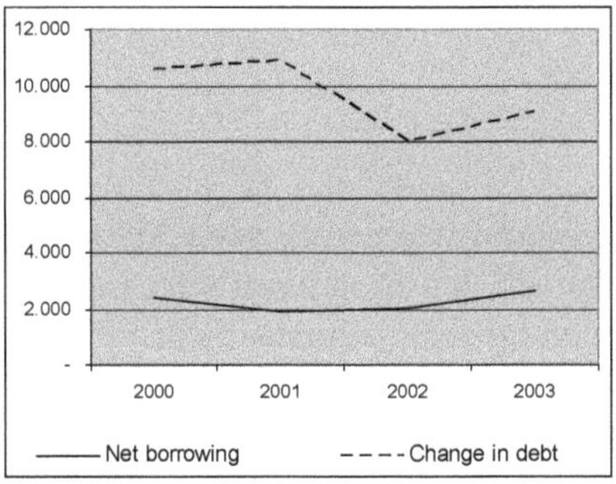

Abbildung 4.4b: Griechenland: Nettoneuverschuldung und Veränderung der Bruttoschulden, Datenstand September 2004 (in Mrd. Euro)

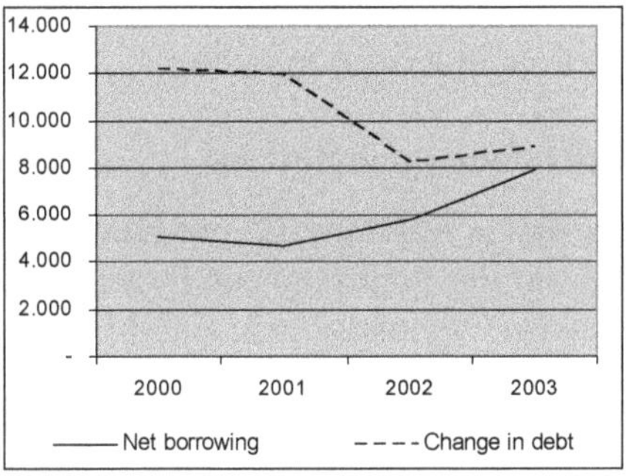

4.6 Auf dem Weg zu einer integrierten Analysestruktur

Das ESVG 1995-Defizit ist der Hauptindikator für die Bewertung der fiskalpolitischen Entwicklungen in der EWWU. Es ist der Eckpfeiler von fiskalpolitischen Programmen, der fiskalpolitischen Überwachung und der Ex-post-Beurteilung von Budgetpolitik. Dieses extensive Anwendungsgebiet kontrastiert mit den Bedenken, die in Zusammenhang mit seiner Verwendung für Überwachungszwecke entstehen. Es kontrastiert auch mit den Schlussfolgerungen der ökonomischen Literatur über fiskalpolitische Indikatoren, die betonen, dass die Bewertung aller verschiedenen Aspekte der Fiskalpolitik (z.B. gesamtwirtschaftliche Effekte, Ausmaß diskretionärer Maßnahmen, Auswirkungen auf das Sparen, fiskalpolitische Nachhaltigkeit) nicht auf einem einzelnen Indikator basieren darf.[35] Die Analyse der einzelnen Aspekte der Fiskalpolitik wird am besten mit Bezug auf spezifische Indikatoren durchgeführt.[36]

Bei der Betrachtung möglicher Lösungen sollte man im Auge behalten, dass – wie auch die Literatur über Geldpolitik vorschlägt – jeder einzelne Indikator wahrscheinlich verzerrt ist (Goodhart 1984). Diese Überlegung warnt davor, das ESVG 1995-Defizit einfach durch einen anderen Indikator zu ersetzen. Jeder alternative Indikator wäre auch für Verzerrungen anfällig und würde nicht alle Aspekte der Fiskalpolitik erfassen. Der vorliegende Ab-

35 „... zu starke Konzentration auf einen Indikator für fiskalpolitischen 'Erfolg' vereinfacht zu sehr die technischen Fragen bezüglich der Funktionsweise einer Volkswirtschaft und lenkt die Aufmerksamkeit von den fundamentaleren Problemen ihres Zustands ab" (Peacock und Shaw 1981, S. 5).

36 Siehe z.B. Blanchard (1990), Blanchard et al. (1990) sowie Blejer und Cheasty (1991, 1993).

schnitt untersucht, wie Überprüfungen der aktuellen EWWU-Defizit- und Schuldenindikatoren besser genutzt werden können, um eine effektive Durchsetzung der fiskalpolitischen Regeln der EWWU zu sichern, und wie diese Indikatoren mit zusätzlichen Informationen integriert werden können, um eine zielführendere wirtschaftspolitische Unterstützung zu bieten, ohne den Vertrag ändern zu müssen.

4.6.1 Synergien nutzen

Die drei in Abschnitt 4.5 untersuchten Fälle weisen zwei gemeinsame Merkmale auf: (a) der ursprüngliche Defizitwert entsprach den Prognosen aller internationalen Organisationen; und (b) die Veränderung der gesamtstaatlichen Bruttoschulden war viel höher als die ursprüngliche Schätzung des ESVG 1995-Defizits und musste im Regelfall nicht wesentlich nach oben berichtigt werden.[37]

Dies deutet darauf hin, dass (a) durch die isolierte Betrachtung des ESVG 1995-Defizits alle beteiligten Parteien eine verzerrte Sicht der fiskalpolitischen Trends über bedeutende Zeiträume bekommen können; und (b) die Veränderung der Schulden und das zugrundeliegende Cash-Defizit verwendet werden können, um das ESVG 1995-Defizit zu prüfen, und dass es ungenützte Synergien zwischen den beiden EWWU-Indikatoren gibt.

Die Europäische Kommission wies kürzlich auf Ähnliches hin: „große und anhaltende Bestands-/Stromanpassungen sollten Grund zur Sorge sein, da sie das Ergebnis einer ungeeigneten Erfassung von budgetären Maßnahmen sein und zu großen Ex-post-Berichtigungen der Defizitniveaus nach oben führen können" (Europäische Kommission 2003, S. 59). Die Kommission argumentierte des Weiteren, dass „es wichtig sei, dass eine Verbindung zwischen dem Defizit nach ESVG und den nicht periodenbereinigten Defiziten öffentlicher Konten hergestellt wird. Dies ist deshalb wichtig, weil die nicht periodenbereinigten Salden leichter zusammenzustellen und zu überwachen sind, da sie direkt beobachtbar sind". Während darüber hinaus „alle Länder der Kommission Daten über die Verbindung zwischen den nicht periodenbereinigten Zahlen und dem ESVG-Staatsdefizit übermitteln [...], ist für mehrere Länder diese Information ziemlich verwirrend oder nicht vollständig oder es gibt bedeutende statistische Diskrepanzen" (S. 67).

Das verstärkte Zurückgreifen auf nicht periodenbereinigte Schuldenzahlen hätte zusätzlichen Nutzen hinsichtlich Rechtzeitigkeit und Transparenz. Hinsichtlich ersterer gilt, dass Daten über Finanzverbindlichkeiten schneller verfügbar sind als jene über reale Transaktionen und Transaktionen mit Finanzvermögen (das Informationspaket für den Gesamtstaat ist normalerweise

---

37 Im Fall Griechenlands wurde die Veränderung der Bruttoschulden für 2000 und 2001 signifikant nach oben berichtigt.

innerhalb eines Monats nach Ende der Referenzperiode zusammengestellt); hinsichtlich der Transparenz sind die Daten üblicherweise aus Marktquellen öffentlich zugänglich.[38]

Das ESVG 1995-Defizit sollte systematisch mit der Veränderung der Bruttoschulden und dem zugrunde liegenden nicht periodenbereinigten Defizit abgeglichen werden.[39] Die Stabilitäts- und Konvergenzprogramme, die Ziele sowohl für den Budgetsaldo als auch die Schulden vorgeben, sollten Informationen liefern, die die zwei Indikatoren in Einklang bringen. Der derzeit in den halbjährlichen Meldungen enthaltene Abgleich sollte der Öffentlichkeit zugänglich gemacht und ausführlich erklärt werden. Darüber hinaus sollten vollständige Details über die Transaktionen mit Finanzvermögen, die Differenz zwischen periodenbereinigten und nicht periodenbereinigten Zahlen, die Differenz zwischen dem Nennwert von Anleihen und deren Preis bei Ausgabe, die Effekte von Wechselkursbewegungen auf in Fremdwährung begebenen Staatsanleihen sowie andere Faktoren, die zu einem Keil zwischen Defizit und Veränderung der Bruttoschulden führen können, zur Verfügung gestellt werden. Dies würde genauere Untersuchungen von ungewöhnlichen Entwicklungen bei derartigen Positionen (wie anhaltend bedeutender Nettoerwerb von Finanzvermögen und Differenzen zwischen periodenbereinigten und nicht periodenbereinigten Zahlen) ermöglichen.

4.6.2 Ein breiter gefächertes Indikatoren-Netzwerk

Während ein transparenterer und veröffentlichter Abgleich von Defizit- und Schuldenzahlen sicher bei der Durchsetzung der Regeln hilfreich wäre, kann sich eine weitere Ergänzung dieser Indikatoren als vorteilhaft aus Sicht der Nachhaltigkeitsanalyse und wirtschaftspolitischen Lenkung erweisen.

Die Bruttoschuldendefinition lässt die Tatsache außer Acht, dass Staatsvermögen verkauft werden kann, um Schulden zurück zu zahlen. Es ist daher besser, sich sowohl auf eine Brutto- als auch eine Nettoschuldendefinition zu stützen (HM Treasury 2003). Erstere ist präziser, frühzeitiger verfügbar und aus kurzfristiger Sicht relevanter; letztere ist vollständiger und langfristig gesehen relevanter. Wie in Abschnitt 4.3 hervorgehoben gibt es möglicher-

38 Bzw. sind sie schlimmstenfalls nicht nur von staatlichen Quellen, sondern auch von den Partnern der zugrunde liegenden Finanztransaktionen verfügbar. Während nicht periodenbereinigte Daten offensichtlich nicht gegen Bilanzverschönerungen immun sind (z. B. durch verzögerte Zahlungen an Lieferanten oder Angestellte), gilt auch, dass unter diesen Umständen jemand Einspruch gegen derartige Praktiken erheben wird, was bei opportunistischen Periodenabgrenzungen nicht der Fall ist.

39 In der australischen Gesamtrechnung, die auf periodenbereinigten Kriterien basiert, sind periodenbereinigte und nicht periodenbereinigte Zahlen abgeglichen. Siehe Commonwealth of Australia (1999) und Robinson (2002).

weise kein adäquates Maß für die Nettoschulden. Es könnte jedoch nützlich sein, die Bruttoschulden zu ergänzen durch (i) ein Maß der liquidesten Mittel (z. B. Bankeinlagen) und jener Vermögenswerte, deren Bewertung weniger problematisch ist (z. B. Darlehensrückzahlungen); sowie (ii) ein Maß der Veränderungen der Nettoschulden (Bewertungsprobleme betreffen Vermögensströme nicht so sehr wie Bestände).

Darüber hinaus sollten von der EWWU-Schuldendefinition ausgeschlossene Verbindlichkeiten überwacht werden. Erstens gibt es Eventualverbindlichkeiten, die aus dem staatlichen Engagement in der Wirtschaft entstehen können (z. B. Garantien für Schulden öffentlicher Unternehmen oder Einlagensicherungen).[40] Zweitens gibt es nichtfinanzielle Verbindlichkeiten (wie Handelsforderungen und Gutschriften von Steuerzahlern), die zu berücksichtigen sind (Kopits und Craig 1998). Basierend auf einem vereinbarten und transparenten Rahmen könnte von den Staaten verlangt werden, dass sie Schätzungen dieser außerbudgetären Verbindlichkeiten auf Jahresbasis abliefern. Dies würde eine Schätzung der Gesamtfiskalposition des Staates ermöglichen.[41]

Das Ausmaß von Einmalmaßnahmen sollte veröffentlicht werden, um den dahinter liegenden Budgetsaldo bewerten zu können. Die Messung der Wirkung von Einmalmaßnahmen wirft einige methodologische Fragen auf (Europäische Kommission 2004, Koen und van den Noord 2005). Staatsausgaben sind normalerweise das Ergebnis von mehreren Vorkehrungen und Ereignissen mit temporär expansiven oder restriktiven Effekten. Es könnte sich als nützlich erweisen, Maßnahmen mit vorübergehenden Auswirkungen auf die Staatseinnahmen zu betrachten (z. B. Verkauf von Vermögen, Vorwegnahme von Steuerzahlungen, Steueramnestien). Richtlinien über die Definition von Einmalmaßnahmen müssten im Vorhinein vereinbart werden.

Periodische und standardisierte Bewertungen der langfristigen Implikationen aktueller budgetpolitischer Maßnahmen sollten auch bereitgestellt werden.[42] Schätzungen sollten regelmäßig überarbeitet und Veränderungen ausführlich erklärt werden. Die auf europäischer Ebene koordinierten Aufgaben haben wesentlich dazu beigetragen, die Qualität und die Vergleichbarkeit langfristiger Prognosen zu erhöhen (Economic Policy Committee 2001, 2003). Weitere Fortschritte sind jedoch erforderlich, ehe die Schätzungen

40 Eine Eventualverbindlichkeit kann definiert werden als Maßnahme, die nur dann eine Ausgabe bewirkt, wenn ein bestimmtes Ereignis eintritt.

41 Siehe z. B. die Analyse in Commonwealth of Australia (2002a).

42 Ein erster Schritt in diese Richtung ist die Einführung von langfristigen Ausgabenprognosen in den Stabilitätsprogrammen. Bezüglich der technischen Merkmale und Implikationen für Maßnahmen von langfristigen Prognosen siehe Franco und Marino (2004).

im fiskalpolitischen Rahmen der EU verwendet werden können.[43] Während sich die Bewertung der Nachhaltigkeit von Pensionssystemen und der Druck von Pensionsprogrammen auf die Budgets primär auf Ausgaben-BIP-Quoten und Gleichgewichtsbeitragsraten beziehen sollten, können sich Schätzungen der Pensionsverbindlichkeiten als nützliche Ergänzung zu konventionellen Schulden- und Defizitmaßen erweisen.[44]

4.7 Schlussfolgerungen

Der ECOFIN-Rat der EU stellte zwar einen Fortschritt bei der Bereitstellung von Fiskalstatistiken fest, erklärte jedoch, dass „die Zusammenstellung und Meldung von Statistiken für das Verfahren bei übermäßigem Defizit nicht für politische und Wahlzyklen anfällig sein dürfen." Er hielt fest, dass er „der Ansicht ist, dass Integrität, Unabhängigkeit und Verantwortlichkeit der Datenersteller sowie die Transparenz der Kompilierungsmethoden, untermauert durch die geeigneten institutionellen Strukturen, für die Sicherung derartig hochqualitativer Statistiken ganz wesentlich sind." Schließlich lud er „die Kommission [dazu ein], bis Juni 2005 einen Vorschlag für derartige Standards zu machen, die die Unabhängigkeit, Integrität und Verantwortlichkeit der nationalen Statistikinstitute der Mitgliedsländer verstärken." Der Rat hat damit implizit anerkannt, dass Indikatoren durch politische Überlegungen beeinflusst werden können und dass es Spielraum für die Verbesserung sowohl der Transparenz der Methodologien als auch der Unabhängigkeit von Statistikinstituten gibt. Diese Situation ist in Zeiten fiskalpolitischen Stresses, in denen der Druck, sich intransparenter Praktiken zu bedienen, steigen könnte, besonders besorgniserregend (Kopits und Craig 1998, Petersen 2003).

Der vorliegende Beitrag hat hervorgehoben, dass es unabhängig von den gewählten Indikatoren wichtig ist, sich des unvermeidbaren Drucks von opportunistischen Interpretationen von Buchführungsregeln bewusst zu sein. Während die problematischen Aspekte der Defizit- und Schuldenindikatoren der EWWU hervorgestrichen wurden, wurde auch festgehalten, dass jeder andere Indikator demselben Druck ausgesetzt wäre, und vorgeschlagen, dass die Effektivität der kurzfristigen Überwachung großen Nutzen aus der vollen Ausnutzung von Konsistenzprüfungen, die durch die Verfügbarkeit von zwei Indikatoren möglich werden, ziehen würde. Zugleich wurde argumentiert,

---

43 Siehe Franco und Marino (2004).

44 Sie könnten ein klareres Verständnis der Auswirkungen von Fiskalpolitik vermitteln (gegenwärtige Pensionisten- und Arbeiterverbindlichkeiten entsprechen Sozialversicherungsvermögen), ein Maß für die Kosten einer Beendigung von Pensionsprogrammen nach dem Umlageverfahren liefern und für die Messung von Defiziten auf Abgrenzungsbasis nützlich sein (Franco et al. 2005); vgl. auch an den Noord und Herd (1993).

dass eine ganze Gruppe von Indikatoren entwickelt werden sollte, um die Relevanz der fiskalpolitischen Überwachung für fiskalpolitische Nachhaltigkeit und wirtschaftspolitische Lenkung zu erhöhen.

Durch die Ergänzung der aktuell verwendeten Indikatoren mit nicht periodenbereinigten Defizit- und Nettoschuldenschätzungen würde auch die in der Umsetzung der EWWU-Regeln implizite Fehlanpassung von Werkzeugen und Zielen berichtigt werden. Gegenwärtig verlässt sich das System auf periodenbereinigte Werte für die kurzfristige Überwachung und nicht periodenbereinigte Zahlen für die Bewertung der langfristigen Nachhaltigkeit. Die periodenbereinigte Buchführung ist für mittel- und langfristige Nachhaltigkeitsanalysen jedoch besser geeignet und nicht periodenbereinigte Zahlen werden am besten für die kurzfristige Überwachung eingesetzt.[45]

Die in Abschnitt 4.6 formulierten Vorschläge erfordern keine Veränderung des Maastricht-Vertrags oder des Stabilitäts- und Wachstumspaktes. Sie entsprechen den in den letzten Jahren in einigen Ländern eingeführten Reformen zur Verbesserung der Analyse von fiskalpolitischen Entwicklungen.[46]

Im Rahmen einer Reform der Budgetziele hat Neuseeland Maßnahmen eingeführt, die der Erhöhung der fiskalpolitischen Transparenz dienen und eine Verpflichtung zu nachhaltiger Fiskalpolitik signalisieren sollen (New Zealand Treasury 1995, Cangiano 1996). Die öffentlichen Bilanzen werden für einen breiten öffentlichen Sektor gemeldet, einschließlich Nichtfinanzunternehmen und staatliche Finanzeinrichtungen. Während die Berichte auf periodenbereinigten Daten basieren, werden auch nicht periodenbereinigte Daten publiziert. Schätzungen von messbaren Verpflichtungen und Eventualverbindlichkeiten werden ebenfalls bereitgestellt.

Das australische Budget liefert eine detaillierte Analyse von Finanz- und Nichtfinanzvermögen (Commonwealth of Australia 2002a). Letzteres beinhaltet Grundstücke, Gebäude, Fabriken, Ausstattung, Infrastruktur und Inventar. Das Budget untersucht auch Finanz- und Nichtfinanzverbindlichkeiten. Letztere enthalten die Pensionsverbindlichkeiten und andere Ansprüche von Staatsbediensteten, Subventionen, offene Stipendien und offene Verbindlich-

---

45 Dementsprechend berichtet in den USA das Budget über vergangene und erwartete Cash-Flows in die und aus der Staatskasse, und der Finanzbericht der Bundesregierung meldet Vermögen und Verbindlichkeiten auf periodenbereinigter Basis (United States CBO 2004, United States Department of the Treasury 2004). Das Budgetdefizit bestimmt die Veränderung der im Streubesitz befindlichen Schulden und trägt zusammen mit Veränderungen anderer Verbindlichkeiten (z. B. von Bundesbeamten erworbene Pensionsansprüche) und anderer Positionen (z. B. der Schätzung der Abschreibung) zur Bestimmung der Veränderung der staatlichen Nettoposition bei. 2003 betrug der Defizit- und Schuldenanstieg etwa 3,5 Prozent des BIP, die Nettoposition verschlechterte sich um 6,1 Prozent des BIP.

46 Für die Entwicklungen in den USA siehe United States CBO (2004).

keiten gegenüber Lieferanten. Sowohl der Nettowert (Gesamtvermögen minus Gesamtverbindlichkeiten) als auch die Nettoschulden (Bruttofinanzverbindlichkeiten minus Finanzvermögen) werden gemeldet. Es werden Zahlen für den Gesamtstaat (Zentralstaat und Provinz/Gemeinden), für staatliche Nichtfinanzunternehmen sowie für den konsolidierten öffentlichen Sektor geliefert. Der Budgetsaldo wird sowohl periodenbereinigt als auch nicht periodenbereinigt dargestellt. Die australische Regierung veröffentlicht darüber hinaus einen Bericht, der Budgetprognosen über eine 40-Jahres-Periode untersucht (Commonwealth of Australia 2002b). Der Bericht bewertet u.a. die Auswirkungen von demografischen Veränderungen auf die Hauptausgabenprogramme.

Diese und andere Beispiele beweisen, dass „Transparenz zu erfolgreicher Fiskalpolitik führt, egal ob im Rahmen regelbasierter oder diskretionärer Politikgestaltung“ (Kopits 2001, S. 74), da „umsichtige Ausgaben, eine produktive und gerechte Besteuerung sowie ein adäquates Gleichgewicht zwischen Einnahmen und Ausgaben nur dann gefunden werden können, wenn die Verantwortung durch die öffentliche Meinung einer aktiven und informierten Gesellschaft getragen wird“ (Bastable 1927, S. 761).

4.8 Literaturverzeichnis

Auerbach, A. J.; Gokhale, J.; Kotlikoff, L. J. (1991): Generational Accounts: A Meaningful Alternative to Deficit Accounting, in: Bradford, D. (Hrsg.): Tax Policy and the Economy, Vol. 5, Cambridge, MA, 55–110.

Balassone, F.; Franco, D. (2000a): Assessing Fiscal Sustainability: A Review of Methods with a View to EMU, in: Banca d'Italia (2000).

Balassone, F.; Franco, D. (2000b): Public Investment, the Stability Pact, and the Golden Rule, Fiscal Studies 21(2), 207–229.

Balassone, F.; Franco, D. (2001): EMU Fiscal Rules: A New Answer to an Old Question? In: Banca d'Italia (2001).

Banca d'Italia (Hrsg.) (2000): Fiscal Sustainability, Rom.

Banca d'Italia (Hrsg.) (2001): Fiscal Rules, Rom.

Banca d'Italia (2002): Annual Report, Rom.

Banca d'Italia (Hrsg.) (2004): Public Debt, Rom

Bank of Greece (2003): Annual Report 2002, Athen.

Bank of Greece (2004): Summary of the Annual Report for 2003, Athen.

Bastable, C. F. (1927): Public Finance, London.

Blanchard, O. J. (1990): Suggestions for a New Set of Fiscal Indicators, OECD Working Paper Nr. 79.

Blanchard, O. J.; Chouraqui, J. C.; Hagemann, R. P.; Sartor, N. (1990): The Sustainability of Fiscal Policy: New Answers to Old Questions, OECD Economic Studies 15, 7–36.

Blejer, M. I.; Cheasty, A. (1991): The Measurement of Fiscal Deficits: Analytical and Methodological Issues, Journal of Economic Literature 29(4), 1644–1678.

Blejer, M. I.; Cheasty, A. (Hrsg.) (1993): How to Measure the Fiscal Deficit: Analytical and Methodological Issues, Washington.

Brunila, A.; Buti, M.; Franco, D. (Hrsg.) (2002): The Stability and Growth Pact – The Fiscal Architecture of EMU, Basingstoke.

Buiter, W. H. (1983): Measurement of the Public Sector Deficit and Its Implications for Policy Evaluation and Design, IMF Staff Papers 30, 307–349.

Buiter, W. H. (1985): A Guide to Public Sector Debt and Deficits, Economic Policy 1, 13–79.

Buiter, W. H. (1995): What Do Generational Accounts Tell Us About the Effects of the Budget on Intergenerational Distribution and Saving Behaviour? Conference Paper S. 111, Centre for Economic Performance, Seminar (Cambridge).

Buti, M.; Eijffinger, S.; Franco, D. (2003): Revisiting the Stability and Growth Pact: Grand Design or Internal Adjustment? CEPR Working Paper Nr. 3692.

Buti, M.; Sapir, A. (Hrsg.) (1998): Economic Policy in EMU, Oxford.

Cangiano, M. (1996): Accountability and Transparency in the Public Sector: The New Zealand Experience, IMF Working Paper Nr. 96/122.

Commonwealth of Australia (1999): Fiscal Policy under Accrual Budgeting – Information Paper, Canberra.

Commonwealth of Australia (2002a): Budget Strategy and Outlook 2002–03, Canberra.

Commonwealth of Australia (2002b): Intergenerational Report 2002–03, Canberra.

Domar, E. D. (1944): The "Burden of the Debt" and the National Income, American Economic Review 34, 798–827.

Economic Policy Committee (2001): Budgetary Challenges Posed by Ageing Populations: The Impact on Public Spending on Pensions, Health and Long-term Care for the Elderly and Possible Indicators of the Long-term Sustainability of Public Finances, Brüssel.

Economic Policy Committee (2003): The Impact of Ageing Populations on Public Finances: Overview of Analysis Carried Out at EU Level and Proposals for a Future Work Programme, Brüssel.

Europäische Kommission (2002): Public Finances in EMU – 2002, European Economy 3, Brüssel.

Europäische Kommission (2003): Public Finances in EMU – 2003, European Economy 3, Brüssel.

Europäische Kommission (2004): Public Finances in EMU – 2004, European Economy 3, Brüssel.

Europäische Kommission (2005): Public Finances in EMU – 2005, European Economy 3, Brüssel.

Eurostat (1979): European System of Accounts, Luxemburg.

Eurostat (1995): European System of Accounts, Luxemburg.

Eurostat (2000): ESA Manual on Deficit and Debt, Luxemburg.

Eurostat (2002): Euro-zone in 2001, News Release, 21. März.

Franco, D.; Marino, M. R. (2004): The Role of Long-Term Fiscal Projections; Workshop on long-term fiscal projections, 12.–13. Februar 2004, Sevilla, Spanien.

Franco, D.; Marino, M. R.; Zotteri, S. (2005): Pension Expenditure Projections, Pension Liabilities and European Union Fiscal Rules, Les finances publiques: défis à moyen et long termes, 16è Congrès des Economistes belges de Langue française, 287–342.

Goodhart, C. A. E. (1984): Monetary Theory and Practice: the U.K. Experience, London.

Haveman, R. (1994): Should Generational Accounts Replace Public Budgets and Deficits? Journal of Economic Perspectives 8(1), 95–111.

International Monetary Fund (1996): World Economic Outlook, Mai 1996, Washington.

International Monetary Fund (2001a): Government Finance Statistics Manual, Washington.

International Monetary Fund (2001b): Manual on Fiscal Transparency, Washington.

Koen, V.; van den Noord, P. (2005): Fiscal Gimmickry in Europe; One-off Measures and Creative Accounting, OECD Working Paper Nr. 417.

Kopits, G. (2001): Fiscal Rules: Useful Policy Framework or Unnecessary Ornament? In: Banca d'Italia (2001).

Kopits, G.; Craig, J. (1998): Transparency in Government Operations, IMF Occasional Paper Nr. 158.

Kopits, G.; Symansky, S. (1998): Fiscal Policy Rules, IMF Occasional Paper Nr. 162.

Kotlikoff, L. J. (1984): Economic Impact of Deficit Financing, IMF Staff Papers 31(3), 549–582.

MacKenzie, G. A. (1989): Are All Summary Indicators of the Stance of Fiscal Policy Misleading? IMF Staff Papers 36(4), 743–770.

Milesi-Ferretti, G. M. (2003): Good, Bad or Ugly? On the Effects of Fiscal Rules with Creative Accounting, Journal of Public Economics 88, 377–394.

Milesi-Ferretti, G. M.; Moryiama, K. (2004): Fiscal Adjustment in EU Countries: a Balance Sheet Approach, in: Banca d'Italia (2004).

Mink, R.; Rodriguez-Vives, M. (2004): The Measurement of Government Debt in the Economic and Monetary Union, in: Banca d'Italia (2004).

New Zealand Treasury (1995): Fiscal Responsibility Act 1994: An Explanation, Wellington.

Peacock, A.; Shaw, G. K. (1981): The Public Sector Borrowing Requirement, Bedford.

Petersen, J. E. (2003): Changing Red to Black: Deficit Closing Alchemy, National Tax Journal 56(3), 767–777.

Robinson, M. (2002): Accrual Accounting and Australian Fiscal Policy, Fiscal Studies 23(2), 287–300.

Strauch, R.; Hallerberg, M.; von Hagen, J. (2004): Budgetary Forecasts in Europe – The Track Record of Stability and Convergence Programmes, ECB Working Paper Nr. 307.

Towe, C. M. (1991): The Budgetary Control and Fiscal Impact of Government Contingent Liabilities. IMF Staff Papers 38(1), 109–134.

HM Treasury (2003): Long-term Public Finance Report: Fiscal Sustainability with an Ageing Population, London.

HM Treasury (2004): The Stability and Growth Pact: Discussion Paper, London.

United States Congressional Budget Office (2004): Measures of the U.S. Government's Fiscal Position under Current Law, CBO Paper (August), Washington.

United States Department of the Treasury (2004): Financial Report of the United States Government, Washington.

van den Noord, P.; Herd, R. (1993): Pension Liabilities in the Seven Major Economies, OECD Working Paper Nr. 142.

von Hagen, J.; Wolff, G. B. (2004): What Do Deficits Tell Us about Debt? Empirical Evidence on Creative Accounting with Fiscal Rules in the EU, Discussion Paper Nr. 38, Deutsche Bundesbank.

Wyplosz, C. (2002): Fiscal Policy: Institutions vs. Rules, HEI Working Paper Nr. 3.

Fabrizio Balassone, Jorge Cunha, Geert Langenus, Bernhard Manzke, Jeanne Pavot, Doris Prammer und Pietro Tommasino

Kapitel 5
Fiskalpolitische Nachhaltigkeit und Folgen für die Politik: eine Analyse des Euroraums nach der Krise

5.1. Einleitung

Das zunehmende Bewusstsein für die potentiell sehr wichtigen makroökonomischen und budgetären Konsequenzen der Bevölkerungsalterung hat fiskalpolitische Nachhaltigkeit zu einem Schlüsselelement entscheidungsorientierter fiskalpolitischer Analyse gemacht. Entscheidungsträger versuchen nun routinemäßig, die Auswirkung der Bevölkerungsalterung auf die fiskalpolitische Nachhaltigkeit abzuwägen, und berücksichtigen dies zunehmend, wenn sie ihre wirtschaftspolitischen Maßnahmen erarbeiten. In diesem Zusammenhang wurde bereits eine Drei-Säulen-Strategie beim Stockholmer Europäischen Rat 2001 formuliert. Sie beinhaltet eine rasche Senkung der Staatsschulden, eine Anhebung von Beschäftigung und Produktivität sowie Reformen der bestehenden Pensions-, Gesundheits- und Langzeitpflegesysteme.

Seit Einsetzen der Wirtschafts- und Finanzkrise 2008 hat sich die Aufmerksamkeit der Wirtschaftspolitiker und fiskalpolitischen Analytiker weitgehend hin zu einer kurzfristigen Stabilisierung verlagert. Sogar vor dem Hintergrund einer starken Rezession bleibt jedoch die langfristige Gesundheit der Staatsfinanzen ein Hauptanliegen. Wie die empirische Literatur über fiskalische Multiplikatoren zeigt, hängt die Wirksamkeit eines fiskalpolitischen Impulses mit großer Wahrscheinlichkeit davon ab, dass keine fiskalpolitisch angespannte Situation vorliegt. Expansive Maßnahmen sollten daher in einem glaubwürdigen mittelfristigen fiskalpolitischen Konsolidierungsplan eingebettet sein (Bouthevillain et al. 2009). Darüber hinaus ist die Dringlichkeit, fiskalpolitische Nachhaltigkeitslücken zu schließen, gestiegen, da die Rezession die öffentlichen Finanzen in sämtlichen Ländern des Euroraums – auch strukturell gesehen – vollständig aus der Bahn geworfen hat.

Die vorliegende Arbeit analysiert die fiskalpolitische Nachhaltigkeit in Ländern des Euroraums nach der Wirtschaftskrise und evaluiert die relativen Vorzüge verschiedener budgetpolitischer Antworten auf die

Herausforderung, die die Alterung darstellt. Sie liefert keine Einsichten, welcher Maßnahmenmix, z. B. Strukturreformen oder budgetäre Vorfinanzierung, die optimale Antwort auf die Alterung der Bevölkerung ist. Sie soll lediglich zur Debatte über das geeignete Timing der Budgetkomponente der politischen Reaktion auf die Bevölkerungsalterung beitragen. Wir untersuchen insbesondere die relativen Vorzüge einer „frühen" fiskalischen Anpassung (was in den meisten Ländern eine strikte fiskalpolitische Verschärfung in den Folgejahren bedeutet) und einer schrittweisen Anpassung. In diesem Zusammenhang verwenden wir das Prinzip der intergenerativen Gerechtigkeit als Hauptkriterium und betrachten die intergenerativen Konsequenzen dieser beiden stilisierten Strategien aufgrund des Lebensnettobeitrags verschiedener Kohorten zum staatlichen Primärsaldo.

Die Frage des geeigneten Timings budgetärer Konsolidierungen hat wichtige Auswirkungen auf die Überarbeitung der mittelfristigen Haushaltsziele (MTOs) der Fiskalpolitik, die im Rahmen des überarbeiteten Stabilitäts- und Wachstumspakts eingeführt wurden. Gemäß den Ergebnissen des ECOFIN-Rats vom 9. Oktober 2007 ist die langfristige fiskalpolitische Nachhaltigkeit, insbesondere auch die künftige Auswirkung der Überalterung, bei der Definition der MTOs besser zu berücksichtigen. Eine diesbezügliche Schlüsselfrage ist das Ausmaß, in dem künftige alterungsbedingte Ausgaben durch das Erzielen hoher Primärüberschüsse in den kommenden Jahren vorfinanziert werden sollten. Die hier vorgeschlagene Methodologie kann verwendet werden, um Fragen der intergenerativen Fairness bei der Festlegung der MTOs zu berücksichtigen und die intergenerativen Implikationen des in diesem Zusammenhang in der EU aktuell vorgeschlagenen Ansatzes zu evaluieren.

Der Rest des Kapitels ist wie folgt organisiert. Abschnitt 5.2 diskutiert kurz die langfristigen budgetären Aussichten für Länder des Euroraums, wobei die EU-weiten Prognosen der alterungsbedingten Kosten, die im aktuellen institutionellen Kontext als Referenz verwendet werden, als Ausgangspunkt dienen. Wir argumentieren, dass Letztere mit (signifikanten) Risikosteigerungen einhergehen, und präsentieren alternative mechanische Schätzungen, die weitgehend auf bestehenden Sensitivitätsanalysen basieren. Unter Berücksichtigung dieser alternativen Schätzungen quantifiziert Abschnitt 5.3 die Nachhaltigkeitslücken für einige Länder des Euroraums. Abschnitt 5.4 betrachtet dann die intergenerativen Konsequenzen verschiedener Konsolidierungsstrategien für die Wiederherstellung fiskalpolitischer Nachhaltigkeit anhand der oben vorgeschlagenen Linie und präsentiert empirische Ergebnisse für drei ausgewählte Länder des Euroraums (Belgien, Deutschland und Frankreich). Der letzte Abschnitt enthält ein paar Schlussbemerkungen.

5.2 Die langfristigen budgetären Aussichten für Länder des Euroraums

5.2.1 Die Prognosen der Arbeitsgruppe Bevölkerungsalterung

Seit Mitte der 1980er Jahre, als offensichtlich wurde, dass die westlichen Länder großen demografischen Veränderungen unterliegen werden, hat eine zunehmende Anzahl von Studien die langfristigen Auswirkungen auf die jeweiligen Staatsbudgets untersucht. Diese Studien konzentrieren sich üblicherweise auf Ausgabenelemente, die besonders von der Altersstruktur der Bevölkerungen abhängen (Pensionen, Gesundheit, Bildung).

Internationale Organisationen waren federführend bei Entwicklungen in der Literatur,[1] die länderübergreifende Vergleiche dank methodologischer Homogenität ermöglichten. Da die Verlässlichkeit der altersabhängigen Ausgabenprognosen jedoch von detailliertem und aktuellem institutionellem Wissen abhängt, stellte der Mangel an nationale Prognosen einen bedeutenden Nachteil dar. Die altersabhängigen Ausgabenprognosen der Arbeitsgruppe Bevölkerungsalterung (AWG) für EU-Mitgliedsstaaten haben daher einen einzigartigen Zusatzwert. Sie werden in einem multilateralen Rahmen unter Einbindung von nationalen Einrichtungen und internationalen Organisationen erstellt und verbinden dadurch nationale Details und länderübergreifende Vergleichbarkeit.

Der AWG-Bericht 2009 liefert Prognosen für fünf Ausgabenkategorien – Pensionen, Gesundheit, Langzeitpflege, Bildung und Arbeitslosengelder – bis zum Jahr 2060 (EC und EPC 2009). Die Prognosen spiegeln die Auswirkungen bestehender Gesetze einschließlich jener Bestimmungen, die bereits verabschiedet wurden, aber erst im Lauf der Zeit in Kraft treten werden. Der Bericht enthält auch jede Menge Sensitivitätsanalysen.

Im von der AWG betrachteten „Referenz"-Szenario wird eine Steigerung der Staatsausgaben sowohl für den Euroraum als auch für die EU mit etwa 5 % des BIP über den Zeitraum 2010–2060 veranschlagt.[2] Dies begründet sich durch einen signifikanten Anstieg der Ausgaben für Pensionen, Gesundheit und Langzeitpflege, während die Ausgaben für Bildung und Arbeitslosigkeit als marginal sinkend angenommen werden. Die alterungsbedingten Kosten variieren jedoch stark zwischen den Ländern. Im Euroraum werden die niedrigsten Steigerungen – um weniger oder knapp 2 % des BIP – für Ita-

---

1 Siehe Heller, Hemming und Kohnert (1986), Leibfritz et al. (1995) sowie Franco und Munzi (1997).

2 Die AWG-Prognosen decken die Periode 2008–2060 ab; wir konzentrieren uns in dieser Arbeit aber auf die Entwicklungen ab 2010, da die Schätzungen für die ersten Jahre in den meisten Fällen vornehmlich infolge der Krise im Zeitraum 2008–2010 bereits überholt sind.

lien und Frankreich vorhergesagt, während Griechenland und Luxemburg mit einem dramatischen Anstieg der Ausgaben um rund 16 % bzw. 18 % des BIP rechnen müssen.

Es gibt nur eine schwache Korrelation zwischen prognostizierten Ausgabensteigerungen und erwarteten Veränderungen der Altersabhängigkeitsquotienten. Das spiegelt Unterschiede bei den Regeln und Fälligkeiten in den Pensionssystemen bzw. dem Gesundheits- und Langzeitpflegewesen wider. Abbildung 5.1 zeigt z. B., dass für Luxemburg, das Land, für das der höchste Anstieg bei den Ausgaben prognostiziert wurde, die vorhergesagte Steigerung der Altersabhängigkeit tatsächlich geringer als in jedem anderen Euroraumland ist. Auf der anderen Seite ist die Slowakei mit der bedeutendsten demografischen Verschiebung unter allen Euroraumländer konfrontiert, weist aber alterungsbedingte Kosten nahe am Durchschnitt des Euroraums auf, während für Italien eine durchschnittliche demografische Veränderung mit dem geringsten prognostizierten Anstieg der Ausgaben verbunden ist. In den letzten beiden Fällen ist dies weitgehend auf jüngste Pensionsreformen zurück zu führen.

Abbildung 5.1: Alterungsbedingte Kosten für Länder des Euroraums im Referenzszenario der AWG im Vergleich zu Veränderungen der Altersabhängigkeitsquotienten und früheren AWG-Schätzungen (in Prozent des BIP, sofern nicht anders angegeben)

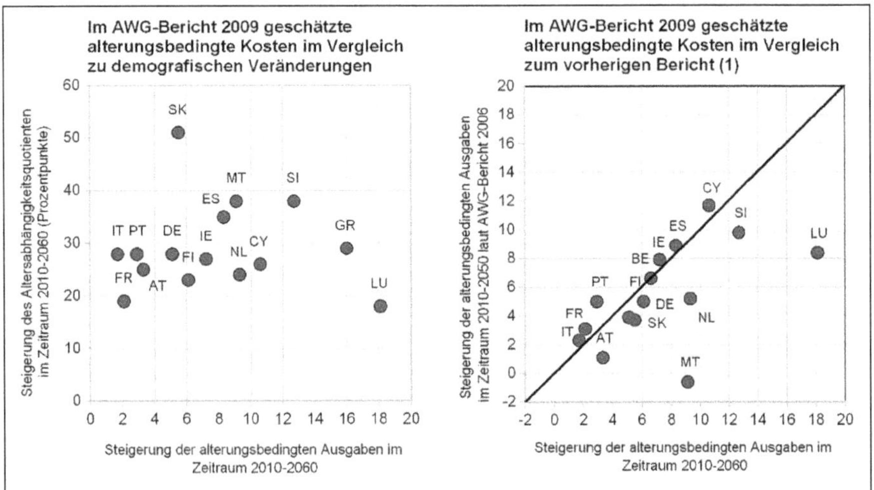

(1) Es konnte kein aussagekräftiger Vergleich für Griechenland gemacht werden, weil der vorherige AWG-Bericht keine Schätzungen der Pensionskosten für dieses Land enthält. Es ist zu betonen, dass die Vergleiche für Frankreich, Zypern und Portugal auch in einem gewissen Ausmaß verzerrt sind, weil der vorherige AWG-Bericht keine Schätzung der Ausgaben für Langzeitpflege für diese Länder enthält.
Quelle: EC und EPC (2006 und 2009)

Die jüngsten Schätzungen der alterungsbedingten Kosten durch die AWG können mit jenen in ihrem vorherigen Bericht (EC und EPC 2006) verglichen werden, der jedoch nur die Jahre bis 2050 abdeckt und für einige Länder nicht alle alterungsbedingten Ausgabenelemente enthält. Es gibt bedeutende Korrekturen nach oben für Luxemburg, Malta und die Niederlande, während die alterungsbedingten Kosten für Portugal signifikant nach unten revidiert wurden. Abgesehen von der Verlängerung des Zeitraums und der erweiterten Abdeckung alterungsbedingter Ausgabenelementen können diese Veränderungen grundsätzlich auf jüngere Reformen (wie im Fall von Portugal), aber auch auf Veränderungen bei (demografischen und makroökonomischen) Annahmen und Prognosemodellen zurückgeführt werden. Trotz der Fülle an Informationen in den AWG-Berichten ist es nicht möglich, den Ursprung der Revisionen für die einzelnen Länder vollständig nachzuvollziehen. Insgesamt offenbart ein Vergleich mit dem vorherigen AWG-Bericht, dass – allgemein gesprochen – die Staaten die Zeit zwischen den beiden AWG-Berichten nicht genutzt haben, um ausreichende Strukturreformen umzusetzen, die auf die Drosselung des Anstiegs der vorhergesagten alterungsbedingten Ausgaben abzielen: Wenn überhaupt, wurden die prognostizierten Steigerungen der alterungsbedingten Kosten für den Euroraum im Bericht von 2009 signifikant nach oben revidiert. Es sei betont, dass ein Trend in Richtung Revidierungen nach oben in aufeinander folgenden Veröffentlichungen auch bei bestimmten nationalen Prognosen der alterungsbedingten Kosten nicht ungewöhnlich ist, wie z. B. jener, die von der belgischen Studiengruppe über Alterung erstellt wurden.[3]

5.2.2 Risikobewertung und modifizierte Schätzungen der alterungsbedingten Kosten

Langfristige Prognosen wie jene der AWG sind notwendigerweise mit einem bestimmten Grad an Unsicherheit behaftet: Die Risiken betreffen insbesondere

- **demografische Annahmen**: Ein Vergleich verschiedener Jahrgänge demografischer Prognosen lassen annehmen, dass die Steigerungen der Lebenserwartung tendenziell unterschätzt werden (Balassone et al. 2009). Darüber hinaus basiert der AWG-Bericht von 2009 auf der Annahme bedeutender Nettoimmigrationsflüsse in Richtung Euroraum, die mit den aktuellen nationalen Einwanderungsbestimmungen möglicherweise nicht kompatibel sind. Die Annahme einer Nullmigration würde die alterungsbedingten

3 Die jüngste ist Hoge Raad van Financiën (2009).

Kosten im Euroraum um etwa 3 % des BIP im Zeitraum 2008–2060 erhöhen (EC und EPC 2009);

- **makroökonomische Annahmen:** Die AWG prognostiziert signifikante Rückgänge der Arbeitslosenquoten (was den prognostizierten Rückgang der arbeitsfähigen Bevölkerung ausgleicht). Diese basieren auf etwas beliebigen Annahmen über die Entwicklung und Konvergenz der NAIRUs (inflationsstabilen Arbeitslosenquoten), und das könnte in einigen Ländern Veränderungen der aktuellen Arbeitsmarktpolitik erforderlich machen;
- **budgetäre Annahmen:** Hinsichtlich der Pensionsausgaben verlassen sich die AWG-Prognosen in erster Linie auf ein Szenario der „aktuellen Politiken" bezüglich des Wachstums der individuellen Pensionsansprüche. Es ist jedoch unklar, ob diese aktuellen Politiken sich als sozial nachhaltig erweisen werden, wenn sie zu starken Senkungen bei den (ältesten) Pensionen im Verhältnis zu den Durchschnittslöhnen führen, insbesondere wenn der Anteil der Pensionsbezieher an der Wahlbevölkerung steigt. Darüber hinaus argumentieren Balassone et al. (2009), dass das AWG-Referenzszenario möglicherweise den Ausgabendruck unterschätzt, der nicht direkt mit den reinen alterungsbedingten Auswirkungen in den Gesundheits-[4] und Langzeitpflegesystemen zusammenhängt. Außerdem sei betont, dass andere von der AWG nicht berücksichtigte Ausgabenelemente, wie z. B. Familienbeihilfen, auch von demografischen Entwicklungen betroffen sein können. Schließlich können sich auch die Einnahmenkategorien[5] im Zuge der Überalterung der Bevölkerung verändern.

Balassone et al. (2009) geben einen umfassenden Überblick über die verschiedenen Arten der mit den AWG-Prognosen verbundenen Risiken. Anhand einer detaillierten Evaluierung der Prognosen für einzelne Euroraumländer argumentieren sie, dass alterungsbedingte Kosten höher als die im AWG-Referenzszenario sein können, und schlagen ein mechanisches Verfahren vor, in erster Linie auf Sensitivitätsanalysen aus dem AWG-Bericht basierend, um einige – aber nicht alle – zuvor erwähnten Risiken anzuspre-

---

4 Risiken nach oben insbesondere für Prognosen von Gesundheitsausgaben wurden dokumentiert von Dormont et al. (2007) und Oliveira Martins und de la Maisonneuve (2006).

5 Alterungsbedingte Verschiebungen bei Konsummustern z. B. können Auswirkungen auf indirekte Steuereinnahmen haben, während Steuern und Sozialversicherungsbeiträge auf Löhne offensichtlich von der Altersstruktur der Bevölkerung abhängen.

chen. Analog zu diesem Verfahren[6] passen wir die AWG-Prognosen der alterungsbedingten Ausgabensteigerungen von 2009 an, um eine konstante Einkommenselastizität von 1,1 für Gesundheitsausgaben (statt einer Elastizität, die bis 2060 zu 1 konvergiert) zu berücksichtigen, ebenso wie einen Trend in Richtung einer formaleren Langzeitpflegevorsorge aufgrund von sich ändernden Familienstrukturen und stärkerer weiblicher Beteiligung am Arbeitsmarkt (insbesondere eine jährliche Verschiebung während der ersten zehn Jahre des Prognosezeitraums zum formalen Sektor von 1 % der behinderten Älteren, die nur informale Pflege erhalten, wobei die Hälfte der Älteren sich in institutionelle Pflege begeben und die andere Hälfte formale Pflege zuhause erhalten).

Diese zwei mechanischen Korrekturen würden die alterungsbedingten Kosten im Euroraum für die Periode 2010–2060 um etwa 0,7 % des BIP im Schnitt anheben (wobei die geänderte Elastizität für Gesundheitsausgaben 0,3 % des BIP und der Trend in Richtung einer formaleren Langzeitpflege 0,4 % des BIP ausmachen). Diese mechanische Übung könnte jedoch nach wie vor spezifische Risiken für die Gesundheits- und Langzeitpflegesektoren unterschätzen. Berücksichtigt man jüngste Trends in bestimmten Ländern, könnte z. B. eine Einkommenselastizität von 1,1 für Gesundheitsausgaben noch immer relativ gering sein, während die Verschiebung in Richtung formaler Langzeitpflege noch ausgeprägter als in der mechanischen Korrektur angenommen ausfallen könnte. Darüber hinaus sind nicht alle Arten von Risiken abgedeckt: Die alterungsbedingten Kosten wären noch höher, wenn z. B. die makroökonomische Entwicklung weniger positiv als im AWG-Referenzszenario verlaufen würde, wenn die demografischen Annahmen die Geschwindigkeit der Alterung unterschätzen und die aktuellen Indexierungsregeln für Pensionen in den kommenden Jahrzehnten großzügiger gestaltet würden.[7]

---

6 Eine dritte, von Balassone et al. (2009) vorgeschlagene Korrektur bezieht sich auf die Berücksichtigung neuerer demografischer Prognosen; zum Zeitpunkt der Erstellung dieser Arbeit waren jedoch für die meisten Länder keine jüngeren Prognosen als jene im AWG-Bericht 2009 verfügbar.

7 In diesem Zusammenhang sei erwähnt, dass die volle Umsetzung von Reformen zur Anpassung von Pensionsansprüchen an eine erhöhte Lebenserwartung letztens in einigen Fällen verzögert wurde.

Abbildung 5.2: Modifizierte Schätzung der alterungsbedingten Kosten 2010–2060 für die Euroraumländer[1] (in Prozent des BIP)

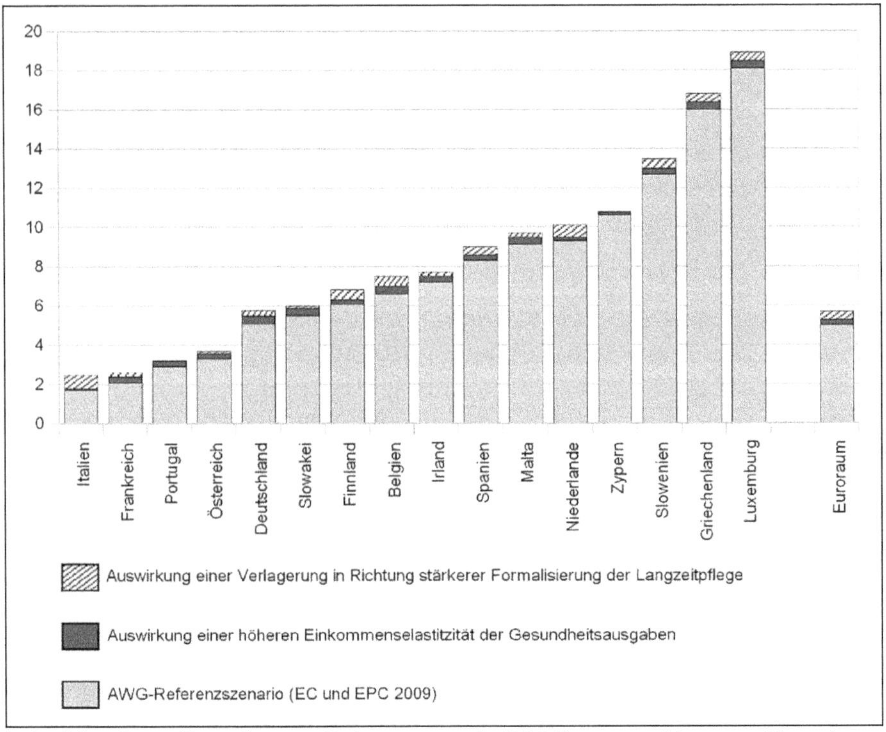

[1] Auf der Grundlage des von Balassone et al. (2009) vorgeschlagenen Korrekturverfahrens.

5.2.3 Langfristige Prognosen der Defizite und Schuldenstände

Die Alterung wird bedeutende Auswirkungen auf die Budgetsalden in fast allen Euroraumländern in der Periode 2010–2060 haben. Ein erster Hinweis auf das Ausmaß des Problems für die fiskalpolitische Nachhaltigkeit lässt sich aus den Prognosen für Defizit- und Schuldenquoten ableiten. Wir beginnen mit dem von der Europäischen Kommission (2009a) für 2010 geschätzten strukturellen Saldo und nehmen an, dass das Budgetsaldo danach nur noch von den geänderten alterungsbedingten Kosten aus dem vorherigen Abschnitt beeinflusst wird.[8]

8 Diese Prognosen basieren auf dem makroökonomischen Referenzszenario der AWG. Wie bereits erwähnt, hat das Heranziehen von 2010 – statt 2009 – den Vorteil, dass die Veränderungen der alterungsbedingten Kosten im Zeitraum 2008–2010, die verzerrt sein könnten, weil das AWG-Referenzszenario die Wirtschaftskrise dieser Periode nicht berücksichtigt, nicht in Betracht gezogen werden

Abbildung 5.3: Fiskalische Ergebnisse ohne Änderungen der Politik[1]
(in Prozent des BIP)

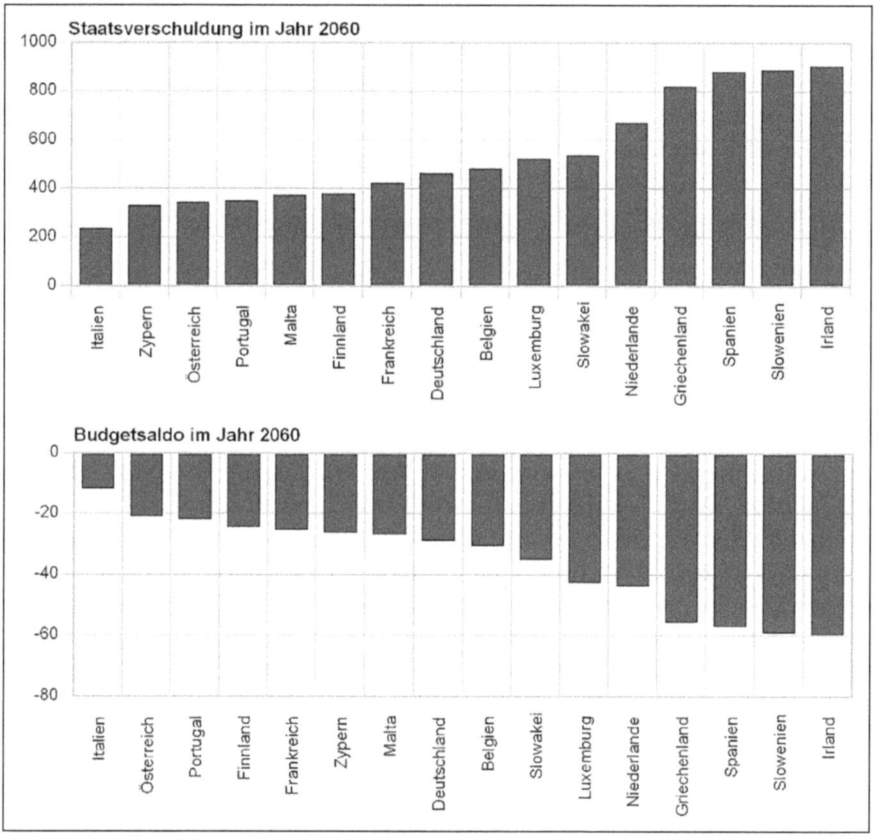

[1] Ausgehend vom strukturellen Saldo für 2010 nach den Prognosen Frühjahr 2009 (EC) und unter Berücksichtigung der makroökonomischen Prognosen der AWG (EC und EPC 2009) sowie der in Abbildung 5.2 dargestellten modifizierten alterungsbedingten Kosten.

müssen. Es hat den Nachteil, dass jegliche nach den EK-Prognosen von Frühling 2009 getroffenen diskretionären Maßnahmen, z. B. im Zuge der Erstellung der Budgets für 2010, außer Acht gelassen werden. Insgesamt waren die Auswirkungen derartiger Maßnahmen jedoch zum Zeitpunkt der Erstellung dieser Arbeit relativ gering. Andere technische Annahmen für langfristige Prognosen enthalten eine Konvergenz des impliziten Zinssatzes auf Staatsschulden zu 5,1 % für alle Länder bis 2015 (was, wie von der AWG angenommen, einem realen Satz von 3 % und einer Inflationsrate von 2 % entspricht) und Nulldefizit-Schulden-Anpassungen über den gesamten Prognosezeitraum. Genau diese Annahmen werden in unserer gesamten Untersuchung verwendet, insbesondere für die Berechnung der Nachhaltigkeitsindikatoren im nächsten Abschnitt.

Diese Übung zeigt, dass sich die öffentlichen Finanzen im Euroraum unter Berücksichtigung der wahrscheinlichen Konsequenzen der Bevölkerungsalterung in den nächsten Jahrzehnten nicht auf einem nachhaltigen Pfad befinden. Alle Länder würden am Ende der betrachteten Periode mit Rekorddefiziten und -schulden sowie einer ungünstigen Defizit-Schulden-Dynamik dastehen. Es scheint daher offensichtlich, dass die Regierungspolitiken letztendlich in allen Ländern des Euroraums geändert werden müssen.

5.3. Messung fiskalpolitischer Nachhaltigkeitslücken

Der Begriff der fiskalpolitischen Nachhaltigkeit bezieht sich typischerweise auf die Möglichkeit, die aktuelle Fiskalpolitik fortzusetzen: Nicht nachhaltige Politiken sind jene, die schlussendlich geändert werden müssen. Während die allgemeine Intuition klar ist, wurden jedoch verschiedene Spezifikationen in der Literatur[9] dargelegt, die sich im Allgemeinen auf Beschränkungen der Staatsschuldenentwicklung beziehen.

Aus theoretischer Sicht lassen sich die Definitionen von Nachhaltigkeit in zwei große Gruppen einteilen (Spaventa 1987). Laut Domar (1944) sollte die Staatsschuldenquote zu einem endlichen Wert konvergieren, um zu verhindern, dass die Steuerbelastung ständig steigen muss. Andere Spezifikationen der gleichen Art, wie von Buiter (1985) oder Blanchard et al. (1990) vertreten, sind spezifischer und verlangen, dass die Schuldenquote zurück zu ihrem ursprünglichen Niveau konvergiert. Diese Definitionen versuchen, die erstmals von Keynes (1923) vorgebrachte Idee zu erfassen, dass ein permanent ansteigender Steuersatz langfristig nicht nachhaltig ist.

Laut einer zweiten, weniger restriktiven Auffassung der Nachhaltigkeit ist eine Fiskalpolitik so lange nachhaltig, wie der diskontierte Wert aller künftigen Primärüberschüsse gleich dem aktuellen Niveau der Staatsschulden ist (siehe z. B. Blanchard et al. 1990). Dies gilt genau dann, wenn – langfristig – die Wachstumsrate der Schulden-BIP-Quote unter dem Zinssatz liegt.[10] Die in BIP-Quoten ausgedrückte intertemporale Budgetbeschränkung achtet daher weniger auf den Pfad der Staatsschulden als andere Definitionen von nachhaltiger Politik.

Obwohl es keinen fest umrissenen theoretischen Maßstab gibt, würde die „gängige" Definition fiskalpolitischer Nachhaltigkeit implizieren, dass stetig steigende und/oder extrem hohe Schuldenquoten wie in den Prognosen im vorhergegangenen Abschnitt nicht nachhaltig sind. Wie jedoch aus der großen Band-

---

9 Siehe Balassone und Franco (2000) für eine detaillierte Übersicht.

10 Eine unendliche Anzahl von Folgen von Primärsalden kann im Prinzip die intertemporale Budgetbeschränkung erfüllen, und wenn letztere in BIP-Quoten ausgedrückt wird, können einige Folgen sogar eine stetig zunehmende Schuldenquote implizieren.

breite von im Jahr 2060 erreichten Defizit- und Schuldenquoten hervorgeht, unterscheidet sich das Ausmaß, in dem die Politik verändert werden muss, um fiskalpolitische Nachhaltigkeit wieder herzustellen, von Land zu Land. Indikatoren der Nachhaltigkeitslücken versuchen üblicherweise, den fiskalpolitischen Kraftakt zu quantifizieren, der erforderlich ist, um die Schuldenquote zurück auf das gewünschte Niveau oder den Pfad bis zu einem vorab festgelegtem Datum in der Zukunft zu bringen. Es gibt verschiedene operative Definitionen.

Der von Blanchard et al. (1990) vorgeschlagene Steuerlückenindikator kann als eines der allgemeinsten Beispiele betrachtet werden: Er misst die erforderliche Veränderung der Steuerquote, die unter Berücksichtigung der prognostizierten Entwicklung der Primärausgaben sowie der Annahmen über den impliziten Steuersatz auf Staatsschulden, das BIP-Wachstum und die Defizit-Schulden-Anpassungen dieselbe Staatsschuldenquote am Ende einer gegebenen Periode ergibt wie jene, die zu Beginn dieser Periode existiert. Im Kontext des Alterungsproblems könnte die betrachtete Periode jene sein, die durch die Prognosen des alterungsbedingten Ausgabendrucks abgedeckt wird (d.h. bis 2060 im AWG-Fall), und der Indikator würde dann jenen Konsolidierungsbedarf messen, der erforderlich ist, um einen Anstieg der Schuldenquote aufgrund der Alterung zu verhindern.

Die Europäische Kommission verwendet üblicherweise zwei quantitative Indikatoren für ihre Bewertung der Nachhaltigkeit der Staatsfinanzen in den EU-Mitgliedstaaten (z.B. Europäische Kommission 2009b). Der sogenannte S1-Indikator wurde sowohl vom Steuerlückenindikator als auch vom Referenzwert für Staatsschulden laut Definition des Vertrags über die Funktionsweise der Europäischen Union inspiriert: Er ist definiert als der „dauerhafte budgetäre Konsolidierungsbedarf, damit die konsolidierten Bruttoschulden 60 % des BIP bis 2060 erreichen". Genauer ist er definiert als die Differenz zwischen dem Primärsaldo, der in einem bestimmten Zieljahr erforderlich ist, um die Schuldenquote 2060 auf 60 % zu bringen, – wobei angenommen wird, dass nach dem Zieljahr der Primärsaldo nur mehr durch die alterungsbedingten Ausgabenerhöhungen beeinflusst wird – und dem für dieses Zieljahr tatsächlich prognostizierten Primärsaldo. Es muss betont werden, dass dieser S1-Indikator *zeitabhängig* ist: Die von der Europäischen Kommission veröffentlichten S1-Indikatoren sind typischerweise mit einem Zieljahr im mittelfristigen Rahmen verknüpft (d.h. am Ende des Zeitrahmens der Stabilitätsprogramme), der S1-Indikator kann aber grundsätzlich auch berechnet werden, indem $t+1$ als Zieljahr verwendet wird.[11]

11 Abgesehen von den Schätzungen der alterungsbedingten Kosten hängt die Berechnung von S1 von einer Reihe von Annahmen bezüglich des Wirtschaftswachstums, des impliziten Zinssatzes auf Staatsschulden und der Defizit-Schulden-Anpassungen ab.

Wie in Langenus (2006) aufgezeigt, kann der S1-Indikator auch kritisiert werden, da das Schließen der nachgewiesenen Nachhaltigkeitslücke (d.h. den Primärsaldo auf das vom Indikator vorgeschlagene Niveau zu bringen) zu einer bestimmten Schuldenquote am Ende der Periode führt, die Schuldendynamik nach diesem Datum jedoch nicht im geringsten beschränkt. Für fast alle hier betrachteten Länder wäre die Schuldendynamik tatsächlich ungünstig, wenn die vom S1-Indikator vorgeschlagene fiskalpolitische Konsolidierung umgesetzt würde: Das Konstanthalten des Primärsaldos nach 2060 würde eine (rasch) steigende Schuldenquote vom Niveau der 60 % im Jahr 2060 implizieren, was mit der „gängigen" Definition der fiskalpolitischen Nachhaltigkeit in Konflikt steht. Darüber hinaus verstößt dies klar gegen das Maastricht-Konvergenzkriterium, das verlangt, dass Schuldenquoten über 60 % in einem zufriedenstellenden Tempo reduziert werden müssen.

Der zweite von der Europäischen Kommission routinemäßig verwendete Nachhaltigkeitsindikator, der sogenannte S2-Indikator, ist mit der oben genannten theoretischen Definition der Nachhaltigkeit von Blanchard et al. (1990) direkter verbunden: Er misst die Größe des „dauerhaften budgetären Konsolidierungsbedarfs, um die intertemporale Budgetbeschränkung zu erfüllen" (Europäische Kommission 2007). Es ist zu betonen, dass eine unendliche Zahl an Folgen von Primärsalden diese Beschränkung grundsätzlich erfüllen kann. Der Indikator muss daher klarer definiert werden, um operational zu werden.

Wie S1 ist auch der S2-Indikator zeitabhängig. Die „dauerhafte budgetäre Konsolidierung" wird kalibriert als die Differenz zwischen dem Primärsaldo, der erforderlich ist, um den Gegenwartswert der Folge aller künftigen Primärsalden in Prozent des BIP (unter der Annahme, dass nach dem Zieljahr der Primärsaldo nur mehr von alterungsbedingten Ausgabenerhöhungen beeinflusst wird) der Schuldenquote, die zu Beginn des Zieljahres prognostiziert wurde, gleich zu setzen, und dem tatsächlich für das Zieljahr prognostizierten Primärsaldo. Unter der Annahme, dass Wachstumsrate und Zinssatz im Lauf der Zeit konstant bleiben, kann dies mathematisch ausgedrückt werden als (Europäische Kommission 2006):

$$S2 = \frac{1+r}{1+g}\left(d_{ty-1} - \sum_{i=ty+1}^{\infty} \Delta pb_i \left(\frac{1+g}{1+r}\right)^{i-ty}\right) - pb_{ty-1}$$

wobei: pb_i = (prognostizierter) Primärsaldo für Jahr i (in Prozent des BIP)
d_i = (prognostizierte) Staatsschulden für Jahr i (in Prozent des BIP)
r = Zinssatz
g = BIP-Wachstumsrate
ty = gewähltes Zieljahr

Durch die Wahl des geeigneten Diskontfaktors $-(1+g)/(1+r)$ in der Gleichung oben, wobei insbesondere r gleich dem impliziten Zinssatz auf Staatsschulden gesetzt wird, ist die Definition von S2 klar mit dem Bewegungsgesetz der Staatsschuldenquote verknüpft. Da angenommen wird, dass der Primärsaldo ausschließlich von den alterungsbedingten Kosten beeinflusst wird und daher nach dem letzten von den Prognosen der alterungsbedingten Kosten abgedeckten Jahr konstant bleibt, impliziert die Einhaltung der intertemporalen Budgetbeschränkung dann eine konstante Staatsschuldenquote nach diesem Jahr, wie in Box 1 gezeigt. Da die AWG-Prognosen derzeit die Jahre bis 2060 abdecken, ist S2 tatsächlich gleich dem Konsolidierungsbedarf in einem gegebenen Zieljahr, um einen schuldenstabilisierenden Budgetsaldo 2060 zu erreichen. Die entsprechende im Jahr 2060 erreichte (und danach gehaltene) Schuldenquote ist von Land zu Land verschieden und hängt vom impliziten Zinssatz (der jedoch aufgrund der hier verwendeten Annahmen für alle Länder gleich ist), dem Wirtschaftswachstum nach 2060 sowie dem 2060 erreichten Primärsaldo ab (siehe Box 1). Letzterer hängt wieder von den Ausgangsbedingungen und den alterungsbedingten Kosten ab. Diese konstante Schuldenquote liegt nicht notwendigerweise unter den angepeilten 60 % der fiskalpolitischen Regeln der EU.

Box 1 – Die intertemporale Budgetbeschränkung, der S2-Indikator und die Schuldendynamik

Die Europäische Kommission verwendet den S2-Indikator, um den theoretischen Referenzwert der inteertemporalen Budgetbeschränkung zu operationalisieren. Zweck dieser Box ist es zu zeigen, dass unter den besonderen hier untersuchten Bedingungen (die auch von der Europäischen Kommission für die Berechnung von S2 angenommen werden), wobei das Wirtschaftswachstum, der implizite Zinssatz auf Staatsschulden und der Primärsaldo nach einem bestimmten Datum (2060) als konstant angenommen werden, der S2-Indikator der Auferlegung einer konstanten Staatsschuldenquote ab dem spezifischen Datum entspricht.

Die intertemporale Budgetbeschränkung impliziert im Allgemeinen:

$$d_0 = \sum_{t=1}^{\infty} pb_i \left(\frac{1+g}{1+r}\right)^i, \tag{1}$$

wobei:
- d_i = Schuldenquote in Jahr i
- pb_i = Primärsaldo-BIP-Quote in Jahr i
- g = nominelles BIP-Wachstum (der Einfachheit halber als konstant angenommen)
- r = impliziter Zinssatz auf Staatsschulden (der Einfachheit halber als konstant angenommen)

Wenn $\forall j > T, pb_j = pb_T = \overline{pb}$ dann reduziert sich (1) auf:

$$d_0 = \sum_{i=1}^{T} pb_i \left(\frac{1+g}{1+r}\right)^i + \left(\frac{1+g}{1+r}\right)^T \overline{pb} \sum_{i=1}^{\infty} \left(\frac{1+g}{1+r}\right)^i. \tag{2}$$

Unter Verwendung der Gleichung für die Summe einer unendlichen geometrischen Reihe kann (2) umgeschrieben werden als:

$$d_0 = \sum_{i=1}^{T} pb_i \left(\frac{1+g}{1+r}\right)^i + \left(\frac{1+g}{1+r}\right)^T \overline{pb}\,\frac{1+g}{r-g}, \tag{3}$$

was gleich ist:

$$d_0 - \sum_{i=1}^{T} pb_i \left(\frac{1+g}{1+r}\right)^i = \left(\frac{1+g}{1+r}\right)^T \overline{pb}\,\frac{1+g}{r-g}, \tag{4}$$

Multipliziert man beide Seiten von (4) mit $\left(\frac{1+r}{1+g}\right)^T$, erhält man:

$$d_0 \cdot \left(\frac{1+r}{1+g}\right)^T - \sum_{i=1}^{T} \left(\frac{1+r}{1+g}\right)^{T-i} pb_i = \frac{1+g}{r-g}\,\overline{pb}. \tag{5}$$

Da die linke Seite von Gleichung (5) der Ausdruck für die Schuldenquote in T ist, impliziert dies:

$$\overline{pb} = \frac{r-g}{1+g}\,d_T, \tag{6}$$

was bedeutet, dass: $\forall j > T : d_j = d_T = \bar{d}.$ (7)

Daher ist der S2-Indikator gleich der Auferlegung einer konstanten Schuldenquote in der Periode nach 2060.

In der Literatur wird eine Reihe alternativer Nachhaltigkeitsindikatoren angeboten. Darunter ist der S4-Indikator, der von Langenus (2006) vorgeschlagen und ursprünglich von Delbecque und Bogaert (1994) verwendet wurde und die für das Erreichen eines ausgeglichenen Budgets bis 2060 erforderliche schrittweise Anpassung des Primärsaldos in der Periode bis zum Zieljahr misst. Wie S1 schränkt dieser Indikator grundsätzlich nicht die Schuldendynamik ein und kann einer steigenden Staatsschuldenquote nach der betrachteten Periode entsprechen. Da jedoch die von S4 auferlegte Beschränkung (ein ausgeglichenes Budget im Jahr 2060) strenger ist als jene bei S1 (eine Schuldenquote von 60 % im Jahr 2060), ist die von S4 am Ende der betrachteten Periode implizierte finanzpolitische Position typischerweise viel gesünder als die von S1.

Sowohl der S2- als auch der S4-Indikator werden mit 2015 als Zieljahr und unter Verwendung derselben Annahmen wie in Abschnitt 5.1.3 (einschließlich der Schätzung des strukturellen Defizits durch die Europäische Kommission im Jahr 2010 als Ausgangspunkt) berechnet. Die Staatsfinanzen sind in sämtlichen Ländern des Euroraums nicht nachhaltig, die Nachhaltigkeitslücken variieren jedoch stark zwischen den Ländern und reichen von etwa 2 % des BIP in Italien bis zu über 15 % des BIP in Irland.[12] Die exakte Größe der Nachhaltigkeitslücke hängt vom gewählten Indikator ab, die Reihung der Länder ist aber ziemlich robust.

Abbildung 5.4: Indikatoren der Nachhaltigkeitslücken (in Prozent des BIP)

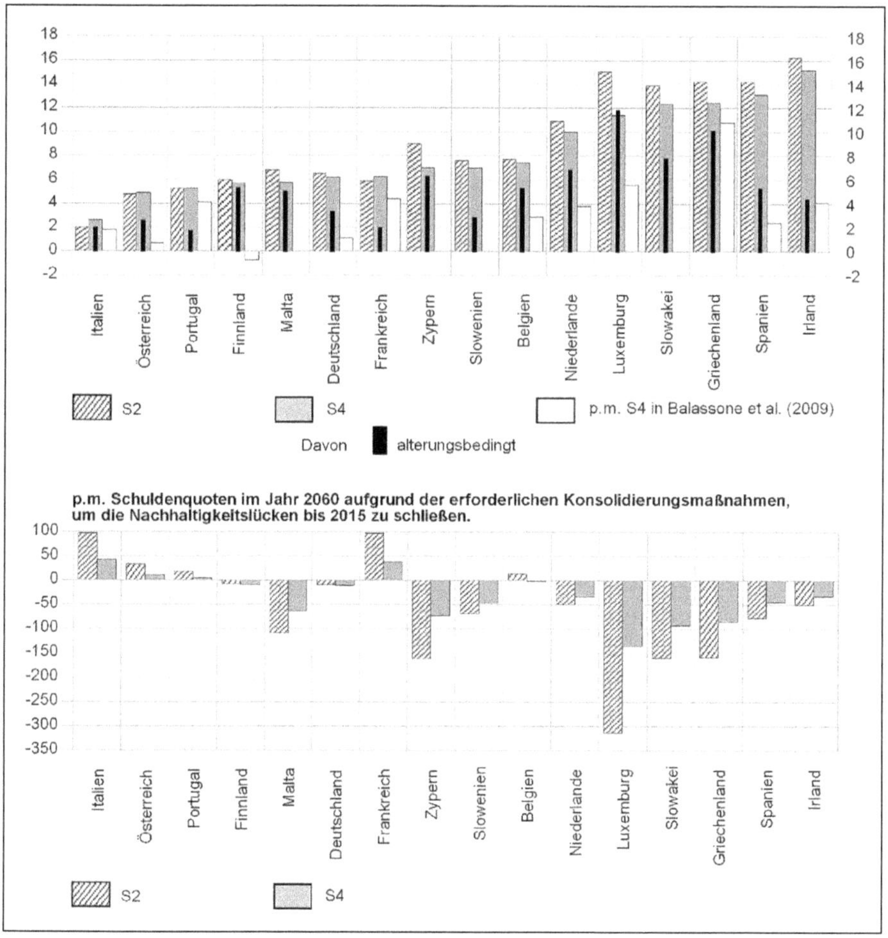

12 Die Nachhaltigkeitslücken sind für fast alle Länder etwas höher als die von der Europäischen Kommission (2009a) berichteten Werte. Abgesehen von der Berichtigung der alterungsbedingten Kosten nach oben ist dies auch auf die Tatsache zurückzuführen, dass die Europäische Kommission (2009a) den strukturellen Budgetsaldo von 2009 als Ausgangspunkt verwendet, der klarerweise besser als der hier verwendete strukturelle Budgetsaldo von 2010 ist.

Die Nachhaltigkeitslücken sind wesentlich größer als jene in Balassone et al. (2009), die auf dem vorherigen AWG-Bericht (EC und EPC 2006) basieren und, was noch viel wichtiger ist, von früheren budgetären Ergebnissen ausgehen, die noch nicht von der aktuellen Wirtschaftskrise betroffen sind. In diesem Zusammenhang zeigt eine Zerlegung des S4-Indikators, dass sogar ohne alterungsbedingte Kosten die Staatsfinanzen in allen Euroraumländern außer Luxemburg nicht nachhaltig sind, wobei im Schnitt etwa ein Drittel der Nachhaltigkeitslücke allein auf das strukturelle Defizit im Jahr 2010 zurück zu führen ist. Der Beitrag des letzteren ist jedoch wesentlich größer in Ländern wir Irland, Frankreich und Portugal.

Wie die Nachhaltigkeitslücken selbst variieren auch die Staatsschuldenquoten, die 2060 erreicht würden, wenn diese Lücken, wie durch die hier berechneten Indikatoren angedeutet wird, bis 2015 geschlossen würden, sehr stark zwischen den Ländern. Die ab 2060 erzielten konstanten Schuldenquoten, wenn die vom S2-Indikator angedeutete fiskalpolitische Anpassung umgesetzt wird, reichen ebenfalls von beinahe 100 % des BIP in Italien und Frankreich bis zu großen negativen Schuldenquoten in Ländern wie Luxemburg, Zypern, Slowenien und Griechenland. Differenzen bei der stabilen Schuldenquote zu Periodenende hängen vorwiegend mit dem von den verschiedenen Ländern am Ende der Periode erreichten Primärsaldo zusammen. Im Fall Italiens und Frankreichs z. B. – Ländern mit relative geringen alterungsbedingten Kosten – ist der Primärsaldo nach wie vor positiv, was eine positive Schuldenquote im Jahr 2060 impliziert (da der implizite Zinssatz auf Staatsschulden das nominelle BIP-Wachstum in allen Ländern übersteigt). Für Länder mit wesentlich höheren alterungsbedingten Ausgabensteigerungen würde der durch S2 implizierte Konsolidierungsbedarf zu einem Primärdefizit – und somit einer negativen Schuldenquote – im Jahr 2060 führen. Die Streuung der Schuldenquoten zu Periodenende ist für den durch den Indikator S4 angepeilten fiskalpolitischen Konsolidierungsbedarf etwas geringer. In letzterem Fall wäre die Defizit-Schulden-Dynamik am Ende der Periode ungünstig und die Schuldenquote wäre auf dem Weg der Steigerung für die meisten Länder, wenn der Primärsaldo auf dem Niveau von 2060 konstant bliebe; er würde dies jedoch von einem sehr geringen, meistens sogar negativen Niveau im Jahr 2060 aus tun.

Die hier verwendeten Nachhaltigkeitsindikatoren basieren auf einer konkreten Spezifizierung des Konsolidierungsbedarfs für die Schließung der Nachhaltigkeitslücke. Von der Konstruktion her sind sie typisch vom Vorfinanzierungstyp, d. h. sie messen das Ausmaß einer „frühen" Konsolidierungsbemühung, da das gewählte Zieljahr üblicherweise nicht sehr weit in der Zukunft liegt. Dies sollte jedoch keinesfalls als wirtschaftspolitische Empfehlung interpretiert werden: Die Indikatoren messen nur die Größe des Problems, wenn die mittelfristige Sicht als relevante Referenz herangezogen wird, und implizieren nichts bezüglich der Eignung einer derartigen relativ frühen Anpassung, um die fiskalpolitische Nachhaltigkeit wiederherzustellen. Die Frage, welche Maßnahme geeigneter ist, – z. B. die „frühe" durch die Nachhaltigkeitsindikatoren gemessene fiskalpolitische Anpassung oder eine eher schrittweise Wiederherstellung der fiskalpolitischen Nachhaltigkeit über die gesamte Periode von 2010 bis 2060 – kann nur aufgrund von klar definierten Kriterien erfolgen, wie im nun folgenden Abschnitt dargestellt wird.

5.4 Intergenerative Verteilungseffekte alternativer Anpassungsstrategien

5.4.1 Einleitung

Im nun folgenden Abschnitt werden die relativen Vorteile verschiedener budgetärer Strategien zu Sicherung fiskalpolitischer Nachhaltigkeit analysiert. Das Hauptaugenmerk liegt dabei auf dem Timing der fiskalpolitischen Konsolidierungsbemühung. Daher wird ein Szenario „früher Anpassung", das – wie vom Indikator S4 vorgeschlagen – die Nachhaltigkeitslücke bis 2015 schließt, mit einem Szenario „schrittweiser Anpassung", in dem die Konsolidierung über die Periode 2010–2060 ausgedehnt wird, verglichen. Dieser Aspekt ist insbesondere in Anbetracht der zuvor genannten Debatte über das geeignete Niveau der mittelfristigen Budgetziele (MTOs) für die EU-Mitgliedstaaten relevant. Es kann eine ganze Reihe von Kriterien angewandt werden, um die Eignung verschiedener budgetärer Strategien zu beurteilen. In diesem Zusammenhang könnten die Auswirkungen auf das Wirtschaftswachstum in Betracht gezogen werden. Eine frühe Anpassung verlangt vielleicht eine ausgesprochen restriktive Fiskalpolitik in den Folgejahren, die sich als politisch nicht durchsetzbar oder für die Wirtschaft kurzfristig zerstörerisch herausstellen könnte, auch wenn sie langfristig zu einem höheren BIP führen könnte,[13] auch aufgrund von potentiellen allokativen Gewinnen aus der Umleitung von Ressourcen von Zinsen zu produktiveren Verwendungen. Alternativ dazu kann man auch die politische Ökonomie alternativer Strategien betrachten: Die Verzögerung der fiskalpolitischen Anpassung kann zu einem Glaubwürdigkeitsverlust und schließlich zu Finanzkrisen führen,[14] wie bei den jüngsten Entwicklungen in Griechenland zu beobachten ist. In der vorliegenden Arbeit wird nur das Kriterium der intergenerativen Verteilung betrachtet. Wir präsentieren empirische Ergebnisse für drei Kernländer des Euroraums (Bel-

13 Siehe z. B. Hauner, Leigh und Skaarup (2007).

14 Alesina und Drazen (1991) liefern ein theoretisches Modell, das erklärt, warum sich die stabilisierende Wirkung trotz der Kosten einer derartigen Strategie verzögern kann.

gien, Frankreich und Deutschland), deren Nachhaltigkeitslücken im Bereich zwischen 6 % und 8 % des BIP liegen (obwohl es signifikante Unterschieden bei den fiskalpolitischen Ausgangspositionen und den alterungsbedingten Kosten gibt) und die von der Europäischen Kommission (2009b) als mit „mittlerem" Risiko bezüglich der fiskalpolitischen Nachhaltigkeit behaftet beurteilt wurden.

Während wir ausschließlich die Budgetkomponente der oben erwähnten im Stockholmer Europäischen Rat von 2001 vorgeschlagenen Dreisäulenstrategie betrachten, kann die hier vorgeschlagene Methode grundsätzlich erweitert werden, um auch spezifische Reformen für die Steigerung der Beteiligungsquoten oder die Verringerung der alterungsbedingten Ausgaben zu inkludieren. Jedenfalls sind bereits die Auswirkungen vergangener Reformen sowie eine schrittweise Erhöhung der Beteiligungsquoten in den modifizierten AWG-Prognosen eingebaut, die als Basis für diesen Abschnitt dienen.

5.4.2 Methodischer Ansatz

Fragen der intergenerativen Verteilung werden üblicherweise im Rahmen der Generationenbilanzierung analysiert. Generationenkonten werden typischerweise definiert als der Gegenwartswert der gesamten Nettosteuerzahlung – d. h. gezahlte Steuern minus erhaltene Transfers – an den Staat über die (verbleibende) Lebenszeit einer in einem bestimmten Jahr geborenen Kohorte.[15] Die intergenerative Verteilung der Nettosteuerbelastung wird dann analysiert, indem die Generationenkonten verschiedener Kohorten verglichen werden, insbesondere jenes eines in einem Basisjahr Neugeborenen mit jenen künftiger Generationen (jener nach diesem Basisjahr Geborener).[16] In diesem Zusammenhang wird oft angenommen, dass die intertemporale Budgetbeschränkung erfüllt ist, indem jeglicher fiskalpolitischer Konsolidierungsbedarf über alle künftigen Generationen gleichmäßig verteilt wird, und dass alle aktuell lebenden Generationen von derartigen Veränderungen der Fiskalpolitik nicht betroffen sind. Eine wie im vorherigen Abschnitt beschriebene Nachhaltigkeitslücke übersetzt sich somit automatisch in eine intergenerative Lücke zwischen den aktuell lebenden und den künftigen Generationen.[17]

---

15 In einigen Studien werden nicht nur die Transfers, sondern auch andere Staatsausgaben wie Ausgaben für die allgemeine Verwaltung, die innere und äußere Sicherheit sowie Investitionen (gleichmäßig) auf verschiedene Kohorten verteilt.

16 Natürlich sind nur Generationenkonten zum Zeitpunkt der Geburt vergleichbar, da das Generationenkonto einer 30 Jahre alten Person z. B. nicht die in den ersten drei Jahrzehnten ihres Lebens getätigten Nettosteuerzahlungen widerspiegelt.

17 Für eine detailliertere Beschreibung des Konzepts der Generationenbilanzierung siehe z. B. Auerbach, Gokhale und Kotlikoff (1994), Raffelhüschen (1999) oder

Dieser Standardansatz der Generationenbilanzierung hat einige Nachteile. Erstens können fiskalpolitische Veränderungen zur Wiederherstellung der fiskalpolitischen Nachhaltigkeit natürlich auch die aktuell lebenden Generationen betreffen. Intergenerative Ungleichgewichte können daher im klassischen Ansatz der Generationenbilanzierung übertrieben hoch dargestellt werden. Zweitens können, wie z. B. von Bonin (2001) gezeigt, die Generationenkonten künftiger Generationen nicht nur durch die unmittelbar nach dem Basisjahr geborene Kohorte dargestellt werden: Künftige Kohorten können anders oder in einem anderen Ausmaß von derartigen fiskalpolitischen Änderungen betroffen sein. Drittens impliziert die Betrachtung der kompletten Lebensgenerationenkonten ausschließlich für Kohorten, die im oder nach dem Basisjahr geboren sind, dass die intergenerative Verteilung zwischen allen aktuell lebenden Kohorten nicht korrekt analysiert werden kann. Wir sprechen diese Nachteile an, indem wir explizit Generationenkonten für die gesamte Lebenszeit für alle zwischen 1970 und 2060 geborenen Kohorten berechnen.[18] Unseres Wissens wurde dies bisher kaum gemacht.[19]

Das Lebensgenerationenkonto einer im Jahr k geborenen Durchschnittsperson ist gegeben durch

$$GK_k = \sum_{s=k}^{k+D} \sum_z h_{s-k,z,s} S_{s,k} \frac{1}{(1+r)^{s-k}} \tag{1}$$

In dieser Gleichung stellt D das höchste betrachtete Alter dar, $h_{a,z,s}$ die altersspezifischen Pro-Kopf-Beträge der individuellen Einnahmen- und Primärausgabenkategorien z für eine Person mit Alter a in Jahr s, und $S_{s,k}$ die Wahrscheinlichkeit einer im Jahr k geborenen Person, bis zur Periode s zu überleben, während r den Diskontsatz kennzeichnet.

Bonin (2001). Ein anderer Ansatz zur Betrachtung der intergenerativen Auswirkungen der Alterung der Bevölkerung wurde von Langenus und Eugène (2005) bzw. Langenus (2006) vorgeschlagen. Sie vergleichen die Auswirkungen verschiedener Budgetstrategien auf die Entwicklung des finanziellen Beitrags einer Durchschnittsperson im erwerbsfähigen Alter zum staatlichen Primärsaldo im Lauf der Zeit. Sie betrachten eine Situation, in der aufeinanderfolgende Generationen von Arbeitern – um das nominelle Lohnwachstum bereinigt – in etwa den gleichen Betrag beitragen, als „intergenerativ fair". Der Hauptunterschied zwischen diesem Ansatz und der Generationenbilanzierung besteht darin, dass ersterer einen Querschnitt statt einer Längsperspektive heranzieht, da er sich auf die Nettosteuerzahlungen für einzelne Jahre konzentriert statt auf die gesamte Lebenszeit einer Kohorte.

18 Obwohl mehr Generationen im Zeitraum 1970 bis 2160, für den wir die Entwicklungen der Staatsfinanzen analysieren, leben, ist nur für Kohorten geboren zwischen 1970 und 2060 die gesamte Lebensspanne abgedeckt.

19 Ein Beispiel ist Auerbach, Gokhale und Kotlikoff (1995).

Im Referenzszenario betrachten wir alle staatlichen Einnahmen- und Primärausgabenelemente, nehmen jedoch an, dass nur die fünf von der AWG betrachteten Ausgabenkategorien (Ausgaben für Pensionen, Gesundheit, Langzeitpflege, Arbeitslosigkeit und Bildung) altersspezifisch sind. Dies impliziert, dass alle anderen Einnahmen und Primärausgaben gleichmäßig über die gesamte Bevölkerung verteilt sind. Die für die Berechnung von *h* für die fünf einzelnen altersbezogenen Ausgabenkategorien erforderlichen relativen Altersprofile stammen aus verschiedenen Quellen.[20] Diese relativen Profile werden über die gesamte betrachtete Periode konstant gehalten.[21]

Lebensgenerationenkonten werden unter Verwendung der gleichen demografischen[22] und makroökonomischen Annahmen wie im 2009er Bericht der AWG (EC und EPC 2009) berechnet. Nach 2060 werden sowohl die Größe wie die Zusammensetzung der Bevölkerung im Referenzszenario konstant gehalten, während das BIP-Wachstum auf dem für die Periode 2055–2060 prognostizierten Niveau bleibt.

Bezüglich des für die Ableitung des Gegenwartwerts der Lebensnettosteuerzahlungen verwendeten Diskontsatzes haben wir uns auf die AWG-Annahme eines realen Zinssatzes von 3 % und einer Inflation von 2 % für die künftigen Jahre verlassen. Für die Vergangenheit wurde die Rendite der vom jeweiligen Staat ausgegebenen langfristigen Anleihen verwendet. Um jedoch die Lebensnettosteuerzahlungen verschiedener Kohorten vergleichbar zu machen, wurden sie mit der nominellen Wachstumsrate des Pro-Kopf-BIP diskontiert. Obwohl auch andere Methoden denkbar wären, impliziert diese, dass die Lebensnettosteuerzahlung um Steigerungen des Pro-Kopf-BIP für aufeinanderfolgende Kohorten bereinigt ist. Wenn Kohorten also gleiche Lebensnettosteuerzahlungen aufweisen, bedeutet dies nicht, dass ihre absoluten Nettosteuerzahlungen gleich sind, sondern dass ihre Lebensnettozahlungen in Relation zum Pro-Kopf-BIP zum Zeitpunkt ihrer Geburt ähnlich sind.

---

20 Siehe Balassone et al. (2009) für eine ausführlichere Diskussion der Daten und spezifische Fragen bezüglich des Abgleichs von Werten der diversen nationalen VGR mit den Schätzungen der AWG.

21 Während die meisten wirtschaftspolitischen Maßnahmen ohne Auswirkungen auf die relativen altersspezifischen Zahlungsprofile bleiben, können sich die Profile selbst verändern, z. B. im Fall einer gesetzlichen Anhebung des Pensionsantrittsalters.

22 Während die Sterblichkeitsraten für die Zukunft jene sind, die den AWG-Prognosen von 2009 zugrunde liegen, stammen die Überlebenswahrscheinlichkeiten für die vergangenen Jahren von der Human Mortality Database, University of California, Berkeley (USA), und vom Max Planck-Institut für demografische Forschung (Deutschland). Verfügbar unter http://www.mortality.org.

Wir berechnen die Lebensgenerationenkonten unter den zuvor erwähnten zwei verschiedenen Budgetstrategien der „frühen" und „schrittweisen" fiskalpolitischen Anpassung. In der ersteren auf dem Indikator S4 basierten Strategie wird der Primärsaldo in gleichen Jahresschritten bis 2015 erhöht, um im Jahr 2060 ein ausgeglichenes Budget zu garantieren. In der zweiten Strategie wird die fiskalpolitische Anpassung über die gesamte Periode 2008–2060 ausgedehnt. Diese schrittweise Anpassung ist kalibriert (durch Veränderung des Primärsaldos nach 2060), um die gleiche Schuldenquote 2160 zu erreichen wie bei der Strategie der frühen Anpassung, mit der Absicht, die beiden Strategien vergleichbar zu machen, wenn ihre intergenerativen Auswirkungen analysiert werden sollen.[23]

Bezüglich der Frage, wie die Verteilungswirkungen der verschiedenen budgetären Strategien zu vergleichen sind (welche ist gerechter?), betrachten wir einen relativ konstanten Nettolebensbeitrag zum staatlichen Primärsaldo (bereinigt um das nominelle Pro-Kopf-BIP) über die Generationen hinweg als Referenz für Gerechtigkeit. Eine budgetäre Strategie gilt daher als vorzuziehen, wenn sie zu einem flacheren Zeitprofil für die Gesamtnettosteuerbelastung über die in verschiedenen Jahren geborenen Kohorten führt. Ein flaches Zeitprofil für die Nettosteuerbelastungen über Generationen ist methodisch nahe an der Auferlegung eines konstanten Lebensnettosteuersatzes für alle Generationen – ein Konzept, das in der Literatur über Generationenbilanzierung als intergeneratives Gleichgewicht bezeichnet wird. Alternative Definitionen könnten darauf abzielen, entweder den absoluten (diskontierten) Betrag des Lebensbeitrags über die Generationen konstant zu halten oder die Differenz zwischen Markteinkommen und diesem Betrag über die Generationen konstant zu halten. Diese Definitionen würden einem Nettosteuersatz, der im Lauf der Zeit konstant sinkt bzw. steigt, entsprechen. Während die Beurteilung (intergenerativer) Gerechtigkeit letztendlich eine normative Frage ist,[24] hat Barro (1979) gezeigt, dass

---

23 Die Beschränkung einer identischen Staatsschuldenquote im Jahr 2160 könnte nicht ganz zufriedenstellend sein beim Vergleich der Lebensbelastung für zwei alternative Budgetstrategien von nur bis 2060 geborenen Generationen, da die Staatsschuldenquote 2160 offensichtlich auch durch (einen Teil der) Lebensbelastung der im Zeitraum 2061–2160 geborenen Generationen beeinflusst wird. Theoretisch könnte ein Vergleich alternativer Budgetstrategien basierend auf intergenerativer Gerechtigkeit durch das Außerachtlassen von nach 2060 geborenen Generationen verzerrt werden. Alternative Beschränkungen, um die betrachteten Budgetstrategien vergleichbar zu machen – z. B. eine identische Schuldenquote im Jahr 2060 –, wurden jedoch als weniger geeignet erachtet.

24 Einige allgemeinere Definitionen von Gerechtigkeit werden in der Literatur vorgeschlagen (siehe z. B. Rosen 1999), einschließlich der utilitaristischen Wohlfahrtsfunktion, die unter restriktiven Annahmen eine Umverteilung impliziert, bis voll-

eine unveränderte Steuerquote auch optimal sein kann, wenn man wirtschaftliche Effizienz berücksichtigt, weil diese den Wohlfahrtsverlust der Besteuerung minimiert.[25]

Klarerweise gelten alle methodischen und datenbezogenen Einschränkungen, denen die klassische Generationenbilanzierung unterliegt, auch für unseren stärker limitierten Ansatz.[26] Insbesondere können keine Schlussfolgerungen aus den absoluten Niveaus der Nettosteuerbelastungen abgeleitet werden, nicht zuletzt aufgrund der Tatsache, dass in unserem stilisierten Referenzszenario nur die von der AWG betrachteten fünf Ausgabenelemente als von der Altersstruktur der Bevölkerung abhängig gelten, während dies in Wahrheit auch für andere Ausgaben und Einnahmen stimmt. Der gleiche Vorbehalt gilt für die Differenzen bei den Gesamtlebensbelastungen zwischen den Ländern sowie zwischen Männern und Frauen. Letztere hängen von einer manchmal eigenwilligen Verteilung der Zahlungen innerhalb der Haushalte ab. Deshalb haben wir beschlossen, die Lebensnettosteuerzahlungen entweder für Frauen oder für Männer für ein bestimmtes Land zu zeigen. Der Vergleich der durch die verschiedenen budgetären Strategien generierten Lebensnettosteuerbelastung verschiedener Kohorten ist jedoch von größerer Bedeutung.

5.4.3 Referenzergebnisse und Sensitivitätsanalyse

Im Referenzszenario vergleichen wir die intergenerative Verteilung der Lebensnettosteuerzahlungen verschiedener Kohorten unter der Annahme, dass der Konsolidierungsbedarf – sowohl bei der „frühen“ wie auch bei der „schrittweisen“ Strategie – implementiert wird, indem der Primärbudgetsaldo mittels einer der nicht-alterungsbezogenen Kategorien gesteigert wird. Dies impliziert, dass die Konsolidierungslast gleichmäßig über alle Altersklassen verteilt ist.

---

ständige Gleichheit erreicht ist, und des Maximin-Kriteriums von Rawls (1971), das den Nutzen der Person mit dem geringsten Nutzen maximiert. Die Annahmen, unter denen diese Ergebnisse abgeleitet werden, sind jedoch manchmal fraglich und es ist nicht immer klar, wie diese Definitionen in einem intertemporalen / intergenerativen Rahmen zu interpretieren sind. In Bezug auf letzteren und entgegen unserem Ansatz wurde in der Literatur manchmal ein im Lauf der Zeit steigender Nettosteuersatz vorgeschlagen, um von (reicheren) künftigen Generation zu (ärmeren) aktuell lebenden Generationen umzuverteilen im Sinn einer intertemporalen Variante einer progressiven Einkommensbesteuerung.

25 Barros Theorem gilt jedoch nur unter bestimmten Annahmen und bezieht sich darüber hinaus auf den (Grenz-)Steuersatz, während wir uns hier auf die Nettosteuern (Steuern abzüglich Transfers) beziehen.

26 Siehe Haveman (1994), Raffelhüschen (1999) oder Manzke (2002).

Abbildung 5.5: Lebensnettosteuerbelastung von in verschiedenen Jahren geborenen Kohorten (Referenzszenario)

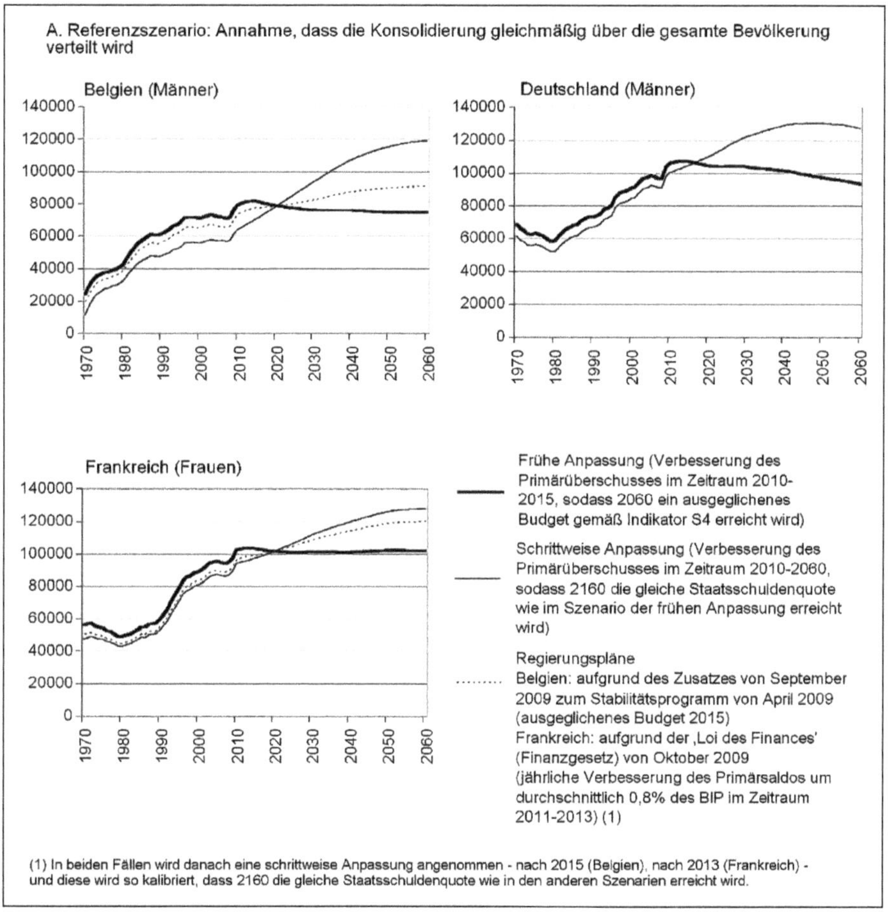

Das sich ergebende Bild ist für die drei betrachteten Länder ziemlich ähnlich. Früher geborene Kohorten, die bereits das erwerbsfähige Alter erreicht haben, trifft die geringste Belastung, während später geborene Generationen wesentlich höhere Nettosteuern zahlen müssen. Die Zunahme der Belastung ist zwischen den Kohorten von 1980 und 2005 sehr steil (1970 und 1995 für Belgien). Bei der Strategie der frühen Anpassung bleibt die Belastung weitgehend konstant bzw. sinkt sogar leicht für die ab 2010 geborenen Kohorten, während sie sich bei der Strategie der schrittweisen Anpassung laufend signifikant erhöht.

Die genaue Betrachtung von Abbildung 5.5 zeigt bereits, dass die Strategie der frühen Anpassung zu gleichmäßigeren Ergebnissen führt als die schrittweise Anpassung. In allen drei betrachteten Ländern impliziert sie eine geringere

Steigerung der Belastung für junge und künftige Generationen als die Strategie der schrittweisen Anpassung, indem eine höhere Nettosteuer bei den früher geborenen Kohorten eingehoben wird.[27] Das Überschreiten der zwei Linien, die eine geringere Belastung bei früher Anpassung für alle später geborenen Kohorten bedeutet, wird für Deutschland 2017 und um 2020 für Belgien und Frankreich erreicht, während die höchste Belastung bei der frühen Anpassung von den um 2013/2014 geborenen Kohorten in allen drei Fällen zu tragen ist. Bei der schrittweisen Anpassung wird die höchste Nettosteuerbelastung in Deutschland für die Mitte des aktuellen Jahrhunderts geborenen Kohorten und in Frankreich und Belgien für die am Ende der betrachteten Periode (2060) geborenen Kohorten erreicht.

Für Frankreich und Belgien können die intergenerativen Auswirkungen der *tatsächlichen* Regierungspläne auch anhand des *Projet de Loi des Finances*[28] (Oktober 2009) bzw. der Zwischenrevision von September 2009 des belgischen Stabilitätsprogramms bewertet werden.[29] Ersteres kündigt jährliche fiskalpolitische Konsolidierungen von knapp über 0,8 % des BIP im Schnitt über den Zeitraum 2011–2013 an (die das Defizit über dem Schwellwert von 3 % des BIP für übermäßige Defizite im Stabilitäts- und Wachstumspakt über die gesamte Periode halten würden), während letzteres sich einem Budgetpfad in Richtung eines ausgeglichenen Budgets 2015 verpflichtet. Wie in Abbildung 5.5 gezeigt, liegen die Pläne der französischen Regierung sehr nahe an der Latte der schrittweisen Anpassung, während die Pläne der belgischen Regierung näher bei den Werten der frühen Anpassung liegen. In beiden Fällen, aber insbesondere für Frankreich, gibt es noch Spielraum, um die intergenerative Verteilung der Nettosteuerbelastung weiter zu verflachen, indem in den kommenden Jahren eine ehrgeizigere fiskalpolitische Konsolidierung umgesetzt wird.

Die Schlussfolgerung, dass die Strategie der frühen Anpassung zu einer weniger ungleichen intergenerativen Verteilung führt, wird durch die in Tabelle 5.1 aufgelisteten Indikatoren bestätigt. Die Differenz zwischen der Höchst- und der Mindestbelastung, die Standardabweichung, der Variationskoeffizient sowie die Höchstbelastung deuten alle auf ein deutlich „gerechteres" Ergebnis bei früher Anpassung.

---

27 Jedoch verschiebt nicht einmal die frühe Anpassung die Belastung von den jüngeren zu den älteren Generationen in einem ausreichenden Ausmaß, um eine (wesentlich) höhere Nettosteuerbelastung für erstere zu verhindern.

28 Rapport économique, social et financier, 'Fiche 8 – La programmation pluriannuelle des finances publiques 2011–2013'.

29 Zum Zeitpunkt der Fertigstellung dieser Arbeit (vor Einreichung der Stabilitätsprogrammrevision im Jänner 2010) war für Deutschland kein spezifisches staatliches Szenario verfügbar.

Wir prüfen die Robustheit dieser Schlussfolgerung unter der alternativen Annahme, dass die Anpassung nur durch die im erwerbsfähigen Alter befindliche Bevölkerung getragen wird (z. B. über eine Erhöhung der Lohnsteuer) anstelle der gesamten Bevölkerung wie im Referenzszenario. Insbesondere wenn die fiskalpolitische Anpassung einnahmenseitig erfolgt, ist diese alternative Annahme möglicherweise sogar noch realistischer.

Tabelle 5.1: Intergenerative Verteilungsindikatoren (Referenzszenario)

	Höchstbelastung minus Mindestbelastung (Euro)		Standardabweichung (Euro)		Variationskoeffizient (Prozent)		Höchstbelastung (Euro)	
	frühe Anpassung	schrittweise Anpassung	frühe Anpassung	schrittweise Anpassung	frühe Anpassung	schrittweise Anpassung	frühe Anpassung	schrittweise Anpassung
BEL								
Frauen	56610	107651	12823	30082	20,1	42.7	76242	114565
Männer	57495	107277	13958	30902	20,4	41.7	81947	119144
DEU								
Frauen	52726	79473	16253	28019	15.6	24.8	122646	143428
Männer	49119	78346	15732	28013	17.3	28.3	107345	130226
FRA								
Frauen	54925	85031	20103	29643	23.0	32.6	103597	127884
Männer	45648	72400	16323	25567	24.0	36.0	82832	103562

Abbildung 5.6 ist weitgehend ähnlich wie Abbildung 5.5, zeigt aber, dass das Geburtsjahr, ab dem die frühe Anpassung günstiger als die schrittweise Strategie ist, für alle drei Länder etwa ein Jahrzehnt früher fällt. Darüber hinaus erhöht sich die Differenz zwischen den beiden Strategien für die früher geborenen Kohorten. Die grundsätzliche Schlussfolgerung, dass eine frühere fiskalpolitische Anpassung eine flachere Verteilung der Nettosteuerbelastung über die Generationen hinweg hervorruft, gilt jedoch nach wie vor, was auch durch die Indikatoren der intergenerativen Verteilung in Tabelle 5.2 bestätigt wird. Die aktuellen Pläne der Regierung Frankreichs liegen noch immer sehr nahe an den Werten der schrittweisen Anpassung und die intergenerative Gerechtigkeit könnte durch ehrgeizigere fiskalpolitische Konsolidierungspläne in den kommenden Jahren erhöht werden. Im Fall Belgiens jedoch scheinen die Pläne der Regierung nicht zu einer weniger gleichmäßigen intergenerativen Verteilung zu führen als die Referenzergebnisse der frühen Anpassung; das deutet darauf hin, dass im speziellen Fall einer Verteilung der Anpassungsbelastung nur auf die Bevölkerung im erwerbsfähigen Alter die intergenera-

tive Gerechtigkeit durch eine schnellere fiskalpolitische Konsolidierung nicht weiter verbessert werden kann, da dies die im letzten Jahrzehnt des 20. Jahrhunderts geborenen Generationen stärker belasten würde als jüngere und künftige Generationen.

Abbildung 5.6: Lebensnettosteuerbelastung von in verschiedenen Jahren geborenen Kohorten (alternatives Szenario)

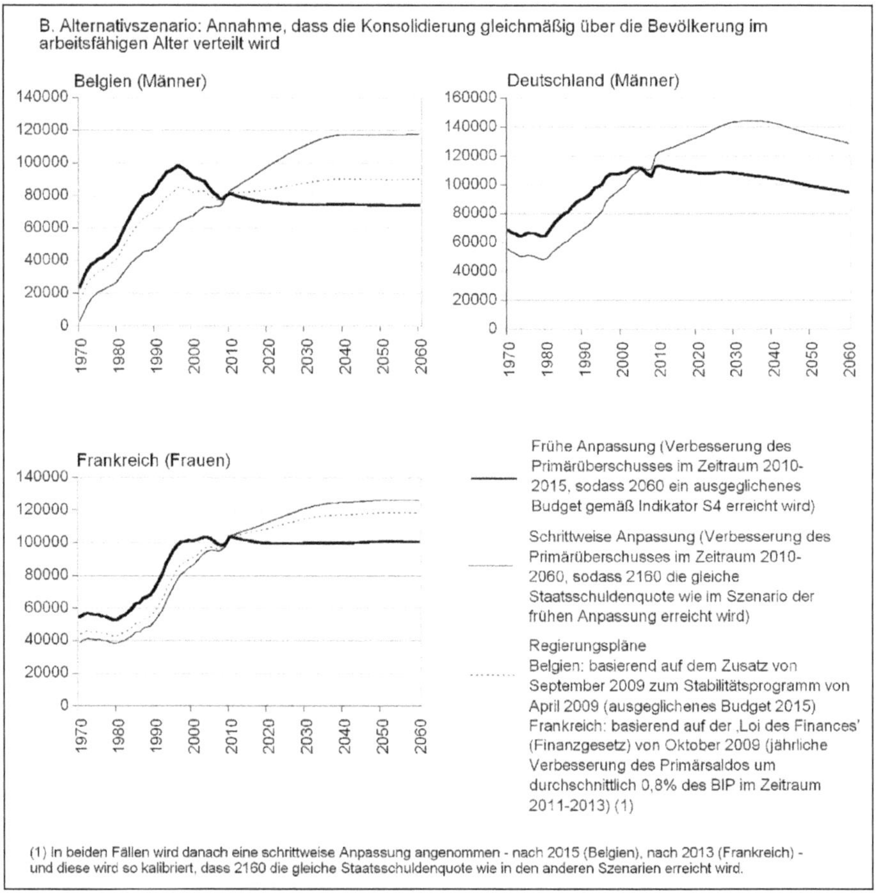

Balassone et al. (2009) zeigen, dass die grundsätzliche Schlussfolgerung – frühe Anpassungsmaßnahmen führen zu einer weniger ungleichmäßigen intergenerativen Verteilung der Nettosteuerbelastung als schrittweise Anpassungsstrategien – auch unter einer ganzen Reihe anderer, technischerer Sensitivitätsanalysen weiterhin gilt. Letztere beinhalten eine andere Annahme hinsichtlich Abzinsungsfaktor, ein Szenario basierend auf einer expliziten Prognose für die Bevölkerung nach 2060, die Verwendung von Lebensnettosteuersätzen anstelle der Nettosteuerbelastung sowie ein Szenario, bei dem die Belastung durch alle von der AWG nicht explizit als altersabhängig betrachteten Budgetkategorien gleichmäßig über die Bevölkerung über 20 Jahren verteilt wird (als erster Schritt in Richtung einer ausgewogeneren Generationenbilanzierung, wobei für alle Haupteinnahmen- und Ausgabenelemente nicht-flache Altersprofile betrachtet werden). Unsere Ergebnisse sind jedoch mit Vorsicht zu interpretieren. Einschränkungen bei den verfügbaren Daten haben uns nur einen Vergleich von Kohorten ab dem Geburtsjahr 1970 erlaubt. Somit konnte ein beträchtlicher Teil der aktuell lebenden Bevölkerung in der Analyse nicht berücksichtigt werden.[30] Darüber hinaus sind sogar die dieser Periode zugrunde liegenden Daten teilweise von schlechter Qualität bzw. mussten geschätzt werden.

Tabelle 5.2: Intergenerative Verteilungsindikatoren (Anpassungsbelastung auf Bevölkerung in erwerbsfähigem Alter)

	Höchstbelastung minus Mindestbelastung (Euro)		Standardabweichung (Euro)		Variationskoeffizient (Prozent)		Höchstbelastung (Euro)	
	frühe Anpassung	schrittweise Anpassung	frühe Anpassung	schrittweise Anpassung	frühe Anpassung	schrittweise Anpassung	frühe Anpassung	schrittweise Anpassung
BEL								
Frauen	76223	116731	14563	34489	21.4	44.9	94068	112319
Männer	74654	114663	14860	34987	20.3	42.9	98328	117608
DEU								
Frauen	53478	98204	15908	34967	14.5	28.7	128126	156511
Männer	49172	95935	15009	34472	15.4	31.6	113249	144023
FRA								
Frauen	51348	87979	17904	33087	19.9	35.1	103753	126145
Männer	43566	77679	14507	29154	20.1	38.1	85133	104429

5.5 Schlussfolgerungen

Im vorliegenden Kapitel analysieren wir (budgetpolitische Reaktionen auf Probleme in Bezug auf) fiskalpolitische Nachhaltigkeit vor dem Hintergrund der Bevölkerungsalterung. Hinsichtlich der budgetären Kosten der Alterung

30 Man könnte erwarten, dass diese Kohorten von den budgetären Auswirkungen der Alterung weniger betroffen sind. Eine Erweiterung auf seit 1960 geborene Kohorten für Frankreich hatte kaum Auswirkungen auf die Ergebnisse.

können die von der im Rahmen des Wirtschaftspolitischen Komitees der EU eingerichteten AWG durchgeführten Prognosen als wichtiger Bezugspunkt betrachtet werden. In ihrem Bericht von 2009 (EPC und EC 2009) schätzt die AWG, dass alterungsbedingte Veränderungen in fünf spezifischen Ausgabenkategorien – Pensionen, Gesundheit, Langzeitpflege, Arbeitslosigkeit und Bildung – zu einer Erhöhung der Ausgabenquote um bis zu 5 % des BIP im Euroraum im Zeitraum 2010–2060 führen können. Derartig langfristige Prognosen sind jedoch typischerweise mit einem hohen Grad an Unsicherheit verbunden.

Wir veranschaulichen die Risiken nach oben der wesentlichsten Prognosen der AWG mittels eines harmonisierten mechanischen Szenarios, das in erster Linie auf den Sensitivitätsanalysen im AWG-Bericht beruht. Diese Übung zeigt, dass plausible alternative Annahmen bei Schlüsselparametern (z. B. eine höhere Einkommenselastizität von Gesundheitsausgaben und eine größere Bedeutung formaler Pflege für ältere Personen) in den Prognosen die AWG-Schätzungen altersbedingter Steigerungen der Staatsausgaben für die Periode 2010–2060 deutlich erhöhen könnten. Darüber hinaus unterschätzt dieses Szenario möglicherweise noch immer die Risiken nach oben für Gesundheits- und Langzeitpflegeausgaben und deckt nicht die mit einem ungünstigeren gesamtwirtschaftlichen oder demografischen Umfeld oder einer großzügigeren Sozialpolitik verbundenen Risiken.

Wir betrachten zwei verschiedene quantitative Indikatoren, um die Nachhaltigkeit der Staatsfinanzen in Euroraumländern vor dem Hintergrund der Bevölkerungsalterung zu bewerten: den Indikator S2, der von der Europäischen Kommission verwendet wird (und eine stabile Schuldenquote ab 2060 verlangt), und einen alternativen Indikator, der ein ausgeglichenes Budget ab 2060 vorschreibt. Diese Indikatoren zeigen, dass die Staatsfinanzen in allen Euroraumländern nicht nachhaltig sind und Nachhaltigkeitslücken zwischen 2 % des BIP in Italien und über 15 % des BIP in Irland aufweisen. Das genaue Ausmaß der Nachhaltigkeitslücke hängt vom gewählten Indikator ab, die Reihung der Länder ist jedoch ziemlich robust. Wir zeigen auch, dass mit Ausnahme von Luxemburg die Nachhaltigkeitslücken sowohl auf künftige alterungsbedingte Kosten als auch auf aktuelle strukturelle Defizite zurückzuführen sind.

Quantitative Nachhaltigkeitsindikatoren wie die hier betrachteten messen typischerweise die Größe relativ „früher" Konsolidierungsversuche, die auf die Schließung der Nachhaltigkeitslücke ausgerichtet sind. Dies sollte jedoch nicht als wirtschaftspolitische Empfehlung verstanden werden: Die Indikatoren implizieren nichts hinsichtlich der Eignung einer derartigen frühen Anpassung, um fiskalpolitische Nachhaltigkeit herzustellen, verglichen mit z. B. einem Ansatz schrittweiser Anpassung. In diesem Zusammenhang ist hervorzuheben, dass für viele Länder die Umsetzung einer derartigen frühen

Konsolidierung zu hohen Überschüssen in den kommenden Jahren und einem schnellen Abbau der Staatsschuldenquoten führen würde (und in manchen Fällen zum Aufbau von Nettofinanzvermögenspositionen).

Die Eignung jeglicher budgetärer Strategie muss auf der Grundlage vordefinierter Kriterien beurteilt werden. Wird intergenerative Gerechtigkeit als relevantes Kriterium in diesem Zusammenhang betrachtet, können Generationenkonten oder genauer Gesamtlebenszeitbeiträge von in verschiedenen Jahren geborenen Generationen zum staatlichen Primärsaldo einen wichtigen Indikator darstellen, um die relativen Vorteile verschiedener budgetärer Strategien zu beurteilen. In diesem Zusammenhang vergleichen wir die intergenerativen Auswirkungen einer Strategie der „frühen" Anpassung (eine Verbesserung des Primärsaldos bis 2015, die ausreicht, um die altersbedingten Kosten zu absorbieren und dennoch zu einem ausgeglichenen Budget ab 2060 führt) mit jenen eines entsprechenden „schrittweisen" Ansatzes (der die fiskalpolitische Anpassung über die gesamte Periode 2008–2060 verteilt) für drei Euroraumländer (Belgien, Frankreich und Deutschland).

Aus der Entwicklung der gesamten Lebenszeitbelastung kann eine Reihe von vorsichtigen Schlussfolgerungen aus dieser empirischen Untersuchung gezogen werden. Erstens ist eine schrittweise Anpassung typischerweise günstiger für ältere Generationen als für nach einem bestimmten Datum geborenen Generationen. Zweitens fällt dieses Datum später, d. h. Generationen, die unter der schrittweisen Strategie schlechter dastehen, liegen weiter in der Zukunft, wenn alle Generationen zur fiskalpolitischen Anpassung beitragen, als wenn es nur die Generationen im erwerbsfähigen Alter tun. Drittens und am wichtigsten führt die „frühe" Anpassungsstrategie, die bedeutende Konsolidierungsanstrengungen in den kommenden Jahren für die drei betrachteten Ländern darstellt, im Allgemeinen zu flacheren Zeitprofilen der gesamten Lebenszeitbelastung – und kann daher als gerechter betrachtet werden – als die „schrittweise" fiskalpolitische Anpassung. Im Fall Frankreichs liegen die tatsächlichen Pläne der Regierung näher an unserem Referenzszenario der schrittwiesen Anpassung, während im Fall Belgiens die Pläne der Regierung näher an der frühen Anpassung liegen. In beiden Fällen würde eine ehrgeizigere fiskalpolitische Konsolidierung in den kommenden Jahren zu einer gerechteren intergenerativen Verteilung führen, Letzteres ist für Belgien jedoch nicht mehr notwendigerweise wahr, wenn angenommen wird, dass die Konsolidierung nur von der Bevölkerung im erwerbsfähigen Alter getragen wird und nicht von der Bevölkerung insgesamt wie in unserem Referenzszenario.

Während diese Ergebnisse nicht zuletzt aufgrund der Einschränkungen bei den Daten mit Vorsicht zu interpretieren sind, sind sie besonders relevant für die Debatte über das für die Fiskalpolitik geeignete Ausmaß mittelfristiger Ziele im Kontext des Stabilitäts- und Wachstumspakts. Wird intergenerative Gerechtigkeit als wichtiges Leitbild in diesem Zusammenhang betrachtet, könnte dies wie oben vorgeschlagen operationalisiert werden. Würden unsere vorsichtigen Ergebnisse bestätigt, z. B. mit vollständigeren Daten, und keine weiteren kostensenkende Reformen bei den Pensions- und Pflegesystemen umgesetzt, könnte eine Revision nach oben für diese mittelfristigen Ziele zu signifikanten Überschüssen für viele EU-Mitgliedstaaten gerechtfertigt sein.

5.6 Literaturverzeichnis

Alesina, A.; Drazen, A. (1991): Why Are Stabilizations Delayed? American Economic Review 81(5), 1170–1188.

Auerbach, H.; Gokhale, J.; Kotlikoff, L. J. (1994): Generational Accounting: A Meaningful Way to Evaluate Fiscal Policy, Journal of Economic Perspectives 8(1), 73–94.

Auerbach, H.; Gokhale, J.; Kotlikoff, L. J. (1995): Restoring Generational Balance in US Fiscal Policy: What Will It Take? Federal Reserve Bank of Cleveland Economic Review 31(1), 2–12.

Balassone, F.; Cunha, J.; Langenus, G.; Manzke, B.; Pavot, J.; Prammer, D.; Tommasino, P. (2009): Fiscal Sustainability and Policy Implications for the Euro Area, ECB Working Paper Series, Nr. 994.

Balassone, F.; Franco, D. (2000): Assessing Fiscal Sustainability: A Review of Methods with a View to EMU, in: Banca d'Italia, Fiscal Sustainability, Aufsätze vorgetragen beim Banca d'Italia Workshop in Perugia, 20.–22. Januar 2000, Perugia, Italien.

Barro, R. (1979): On the Determination of the Public Debt, Journal of Political Economy 87(5), 940–971.

Blanchard, O.; Chouraqui, J. C.; Hagemann, R. P.; Sartor, N. (1990): The Sustainability of Fiscal Policy: New Answers to an Old Question, OECD Economic Studies 15, 7–36.

Bonin, H. (2001): Generational Accounting, Theory and Application, Berlin.

Bouthevillain, C.; Caruana, J.; Checherita, C.; Cunha, J.; Gordo, E.; Haroutunian, S.; Langenus, G.; Hubic, A.; Manzke, B.; Pérez, J. J.; Tommasino, P. (2009): Pros and Cons of Various Fiscal Measures to Stimulate the Economy, Economic Bulletin, Banco de España, Juli.

Buiter, W. H. (1985): A Guide to Public Sector Debt and Deficits, Economic Policy 1(1), 13–79.

Delbecque, B.; Bogaert, H. (1994): L'incidence de la dette publique et du vieillissement démographique sur la conduite de la politique budgétaire: une étude théorique appliquée au cas de la Belgique, Bureau du Plan, Planning Paper, Nr. 70, November.

Domar, E. D. (1944): The Burden of the Debt and the National Income, American Economic Review 34(4), 798–827.

Dormont, B.; Oliveira Martins, J.; Pelgrin, F.; Suhrcke, M. (2007): Health Expenditures, Longevity and Growth. Paper vorgetragen bei der IX FRDB European Conference on "Health Longevity and Productivity", 26. Mai 2007, Limone sul Garda, Italien.

European Commission (2006): The Long-term Sustainability of Public Finances in the European Union, European Economy 4, Oktober.

Europäische Kommission (2007): Public Finances in EMU – 2007, European Economy 3, Juni.

Europäische Kommission (2008): Public Finances in EMU – 2008, European Economy 4, Juni.

Europäische Kommission (2009a): Economic Forecast – Spring 2009, European Economy 3.

Europäische Kommission (2009b): Sustainability Report – 2009, European Economy 9.

EC und EPC (Europäische Kommission und the Economic Policy Committee) (2006): The Impact of Ageing on Public Expenditure: Projections for the EU25 Member States on Pensions, Health Care, Long-term Care, Education, and Unemployment Transfers, European Economy – Special Report Nr. 1.

EC und EPC (Europäische Kommission und the Economic Policy Committee) (2009): 2009 Ageing Report: Economic and Budgetary Projections for the EU-27 Member States (2008–2060), European Economy 2.

Franco, D.; Munzi, T. (1997): Ageing and Fiscal Policies in the European Union, European Economy – Reports and Studies, Nr. 4.

Hauner, D.; Leigh, D.; Skaarup, M. (2007): Ensuring Fiscal Sustainability in G-7 Countries, IMF Working Paper 07/187.

Haveman, R. (1994): Should Generational Accounts Replace Public Budgets and Deficits? Journal of Economic Perspectives 8(1), 95–111.

Heller, P. S.; Hemming, R.; Kohnert, P. (1986): Ageing and Social Expenditures in the Major Industrialised Countries, 1980–2025, IMF Occasional Paper, Nr. 47.

Hoge Raad van Financiën (2009): Jaarlijks verslag – Studiecommissie voor de vergrijzing, Brüssel.

Human Mortality Database, University of California, Berkeley (USA), and Max Planck Institute for Demographic Research (Germany), verfügbar unter www.mortality.org

Keynes, J. M. (1923): Social Consequences of Changes in the Value of Money, in: Keynes, J. M. (1931), Essays in Persuasion, London, Kapitel 2.

Langenus, G. (2006): Fiscal Sustainability Indicators and Policy Design in the Face of Ageing, Working Paper, Research Series, National Bank of Belgium, Nr. 102.

Langenus, G.; Eugène, B. (2005): Fiscal Policy Setting in a Forward-looking Environment: The Case of Belgium, in: Les finances publiques: défis à moyen et long termes, Paper vorgetragen beim 16è Congrès des Economistes belges de Langue française, CIFOP, Mons, Belgien.

Leibfritz, W.; Roseveare, D.; Fore, D.; Wurzel, E. (1995): Ageing Populations, Pension Systems and Government Budgets: How Do They Affect Saving? OECD Working Paper, Nr. 156.

Manzke, B. (2002): The Long-term Sustainability of Public Finance in Germany – An Analysis Based on Generational Accounting, Forschungszentrum der Deutschen Bundesbank, Discussion Paper 10/02.

Oliveira Martins, J.; de la Maisonneuve, C. (2006): The Drivers of Public Expenditure on Health and Long-term Care: An Integrated Approach, OECD Economic Studies 43(2), 115–154.

Raffelhüschen, B. (1999): Generational Accounting: Method, Data and Limitations, in: Europäische Kommission (Hrsg.), Generational Accounting in Europe, European Economy – Reports and Studies, Nr. 6.

Rawls, J. (1971): A Theory of Justice, Oxford.

Rosen, H. S. (1999): Public Finance, 5. Aufl., Boston.

Spaventa, L. (1987): The Growth of Public Debt: Sustainability, Fiscal Rules, and Monetary Rules, IMF Staff Papers 34(2), 374–399.

Henning Bohn

Kapitel 6
Die Nachhaltigkeit der Fiskalpolitik in den USA

6.1 Einleitung

Der US-Budgetsaldo war in den letzten Jahren durch sehr starke Schwankungen charakterisiert. Hohe Budgetdefizite in den 1980er und frühen 1990er Jahren haben eine umfangreiche Literatur ausgelöst, die die Nachhaltigkeit der US-Budgetdefizite unter die Lupe nimmt. Die Sorgen um die US-Budgetdefizite lösten sich in den späten 1990er Jahren auf, als sich die Defizite in Rekordüberschüsse wandelten und jede Menge unstimmiger theoretischer und empirischer Ergebnisse hinterließen. Da der US-Budgetsaldo seit 2001 stark negativ wurde, ist die Nachhaltigkeit der US-Fiskalpolitik neuerlich zu einer drängenden Angelegenheit geworden.

Die vorliegende Arbeit nimmt eine kritische Prüfung der konzeptuellen Fragen vor und liefert neue Evidenz unter Heranziehung der Zeitreihen der US-Fiskalpolitik von 1792 bis 2003. Abschnitt 6.2 präsentiert eine Übersicht und fasst die US-Daten unter Hervorhebung der Rolle des Wirtschaftswachstums zusammen. Die Abschnitte 6.3 und 6.4 untersuchen weithin verwendete Ad-hoc-Versionen der intertemporalen Budgetbeschränkung der Regierung (IBB) und testen die implizierten Stationaritätsbeschränkungen. Die Abschnitte 6.5 bis 6.7 leiten die IBB im Rahmen eines allgemeinen Gleichgewichtsansatzes ab und untersuchen ihre theoretischen und empirischen Implikationen. Es zeigt sich, dass US-Primärüberschüsse positiv auf Schwankungen der Staatsschulden reagieren. Diese Reaktion erfüllt eine hinreichende Bedingung für Nachhaltigkeit. Abschnitt 6.8 fasst zusammen.

6.2 US-Fiskaldaten und Wirtschaftswachstum

Ausgangspunkt für die Analyse der Staatsbudgets ist die Budgetidentität, die das Defizit zu den Einnahmen, Ausgaben und Staatsschulden in Verhältnis setzt. Das Defizit ist die Differenz zwischen Ausgaben und Einnahmen. Es ist auch gleich der Veränderung der Staatsverschuldung. Algebraisch ausgedrückt sei DEF_t das Nettodefizit (inklusive Zinsen) im Jahr t, T_t die Gesamteinnahmen, G_t die Ausgaben exklusive Zinsen, D_{t-1} die Staatsschulden am Ende von Jahr t–1 (alle in nominellen Dollar) und i_t der Zinssatz. Die Budgetidentitäten sind dann

$$DEF_t = G_t - T_t + i_t \cdot D_{t-1} \qquad (1)$$

und

$$D_t = D_{t-1} + DEF_t. \qquad (2a)$$

Die meisten wirtschaftspolitischen Debatten über das US-Budgetdefizit konzentrieren sich auf das nominelle Nettodefizit und den daraus entstehenden Schuldenaufbau. Die Daten für Einnahmen und Ausgaben werden wie üblich vom konsolidierten Budget genommen, das auch die Sozialversicherung und andere Parafiskenkonten sowie die Notenbanktransfers an das Finanzministerium enthält.[1]

Abbildung 6.1 zeigt die US-Staatsschulden für den Zeitraum 1900–2003. Die nominellen Schulden sind bis in die 1940er Jahre kaum sichtbar und verlaufen dann flach bis in die 1970er Jahre. Das Schuldenwachstum nach den 1970er Jahren zeigt hohe Defizite in den 1980er Jahren und in der Periode nach 2001. Nach 1970 hat die US-Regierung jedes Jahr außer 1998–2001 Budgetdefizite eingefahren. Die Inflationsbereinigung vergrößert die historischen Schuldenwerte im Vergleich zu den jüngeren Werten. Bei den Realwerten werden die Schulden vom Ersten Weltkrieg erkennbar, wohingegen die Werte vor 1916 im Vergleich zum aktuellen Schuldenstand vernachlässigbar sind. Die Reihe der Realwerte zeigt, dass das Schuldenwachstum von 1950 bis 1980 gänzlich nominell war, während das Schuldenwachstum nach 1980 real war.

Abbildung 6.1: Die US-Staatsverschuldung, nominell (durchgehende Linie) und real (gepunktete Linie), 1900–2003

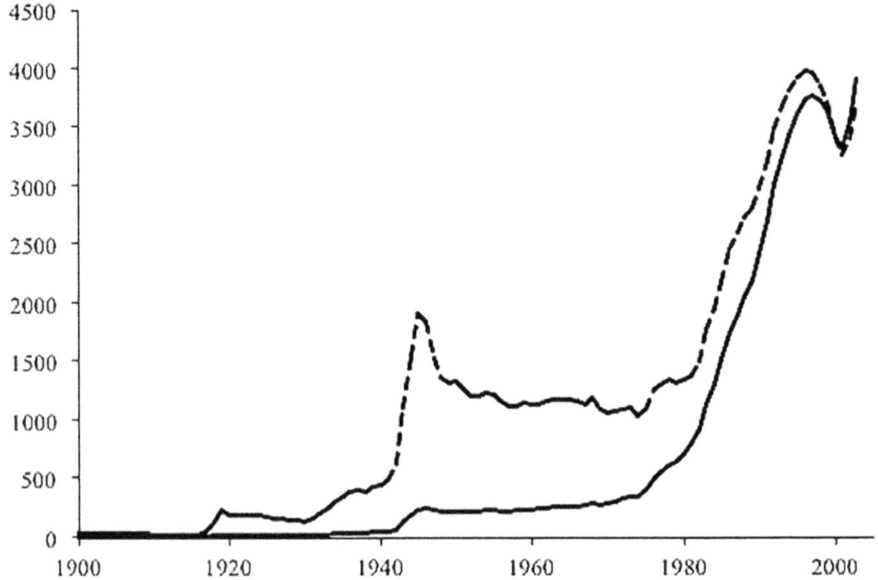

Anmerkung: Schulden in Mrd. US$. Reale Schulden zu Preisen des Jahres 2000.

1 Die Staatsschulden sind nicht zu verwechseln mit den Bruttobundesschulden, die öfters in den Medien diskutiert werden. Letztere übersteigen die Staatsschulden

Abbildung 6.2 zeigt das Verhältnis der US-Staatsschulden zur Größe der Wirtschaft (BIP) für den Zeitraum 1791–2003. Skaliert man die Schulden auf die Größe der Wirtschaft, verringern sich die jüngeren Schuldenwerte weiter im Vergleich zu früheren Zeiten, und zwar so weit, dass die Darstellung der gesamten Geschichte der US-Staatsschulden aufschlussreich wird. Die Schulden-BIP-Quote legt eine großzügigere Betrachtung der US-Fiskalpolitik als die Nominal- und Realwerte nahe. Die 36 %-Schulden-BIP-Quote im Jahr 2003 ist vergleichbar zum Anfangswert 1791 (ca. 40 %). Mit Ausnahme des Zweiten Weltkriegs liegt die US-Zeitreihe unter 60 %, jenem Wert, den die europäischen Politiker als „Gütesiegel“ für eine verantwortungsvolle Fiskalpolitik zu betrachten scheinen.

Abbildung 6.2: Die US-Staatsverschuldung in Prozent des BIP, 1791–2003

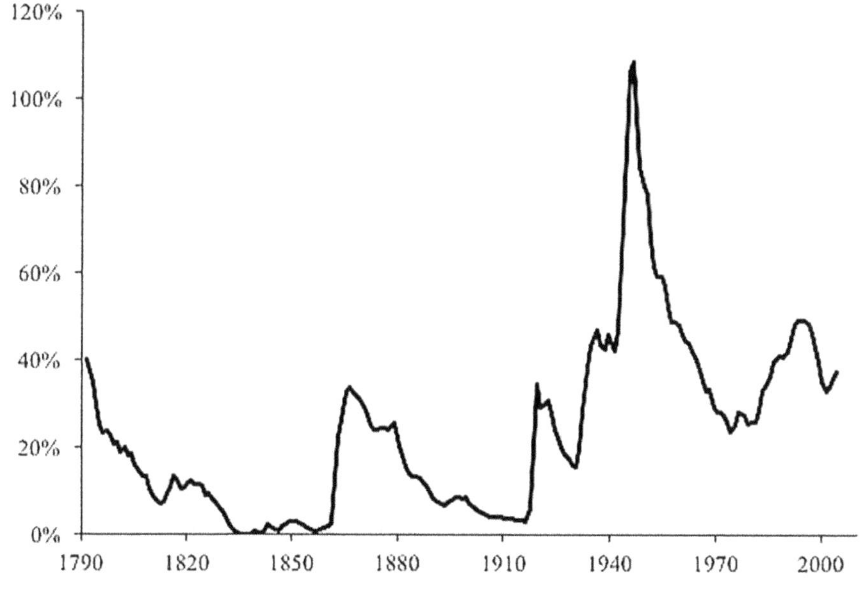

bei weitem (US$ 7.355 Mrd. vs. US$ 4.296 Mrd. per September 2004), da sie innerstaatliche Verbindlichkeiten an die Sozialversicherung und andere Parafisken enthalten, die sich im konsolidierten Budget aufheben. Ich folge hier der Nachhaltigkeitsliteratur und lasse das US-Staatseigentum an Real- und Finanzvermögen außer Acht, was auf die Frage, ob die US-Fiskalpolitik ohne Vermögensverkäufe nachhaltig ist, hinaus läuft. Ansonsten müsste (2a) modifiziert werden, um das Defizit gleich der Veränderung der Staatsverbindlichkeiten abzüglich der Vermögensveränderungen zu setzen. Die Barbestände des Finanzministeriums müssten ebenfalls von den Staatsschulden abgezogen werden; sie sind jedoch gering genug, um vernachlässigt werden zu können.

Abbildungen 6.1 und 6.2 heben auch die zentrale Rolle von Kriegen beim Schuldenaufbau hervor. Fünf große Kriege – der Unabhängigkeitskrieg, der Spanisch-Amerikanische Krieg, der Bürgerkrieg, der Erste und der Zweite Weltkrieg – wurden weitgehend defizitfinanziert. Das erklärt die hohe Schulden-BIP-Quote 1791 und die starken Anstiege 1812–1816, 1861–1866, 1916–1919 und 1941–1946. Die Schulden-BIP-Quote ist im Allgemeinen in Friedenszeiten gesunken, mit Ausnahme der Großen Depression und New Deal-Ära (1929–1939), der 1980er Jahre und der Periode nach 2001. Man könnte sogar die 1980er Jahre als die heiße Phase des Kalten Kriegs und die Periode nach 2001 als den Krieg gegen den Terror interpretieren, womit nur die Große Depression als einzige Episode von Steigerungen der Schulden-BIP-Quote in Friedenszeiten verbleibt.

Abbildung 6.3 zeigt die Defizit-BIP-Quote, d. h. das Verhältnis der nominellen konsolidierten Defizite zum BIP. Die Defizit-BIP-Quote veranschaulicht das außerordentliche Ausmaß der Defizite zu Kriegszeiten, die anhaltend hohen Defizite nach 1980 und die Überschüsse der späten 1990er Jahre. Man beachte, dass die Budgetüberschüsse in Friedenszeiten nicht annähernd so groß wie die Defizite in Kriegszeiten sind, weder im jährlichen Vergleich noch als Integral über die Zeit.

Abbildung 6.3: Das US-Defizit in Prozent des BIP, 1792–2003

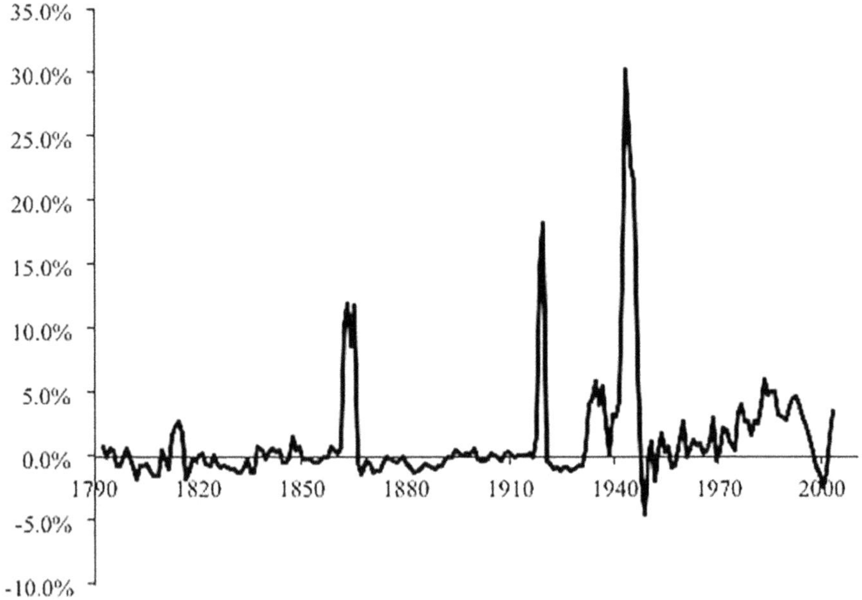

Der Gegensatz zwischen dem flachen Verlauf in Abbildung 6.2 und den positiven Defiziten in Abbildung 6.3 veranschaulicht einen wesentlichen Punkt:

Die allgemeine Intuition, Defizite gleich Schuldenanstiegen zu setzen, gilt weder für Realwerte noch für BIP-Quoten. Während $DEF = \Delta D$ nominell, wie in (2a) gezeigt, gilt, weichen Veränderungen der Realschulden vom Realwert des Defizits durch einen Inflationsterm ab,

$$\Delta(D/P)_t = \frac{D_t}{P_t} - \frac{D_{t-1}}{P_{t-1}} = \frac{DEF_t}{P_t} - \frac{D_{t-1}}{P_{t-1}} \frac{\pi_t}{1+\pi_t}, \tag{2b}$$

wobei P_t das Preisniveau (empirisch: der BIP-Deflator) und $\pi = P_t / P_{t-1} - 1$ die Inflationsrate ist. Ähnlich weichen Veränderungen der Schulden-BIP-Quote von der Defizit-BIP-Quote durch einen nominellen Wachstumsterm ab,

$$\Delta(D/Y)_t = \frac{D_t}{Y_t} - \frac{D_{t-1}}{Y_{t-1}} = \frac{DEF_t}{Y_t} - \frac{D_{t-1}}{Y_{t-1}} \frac{\gamma_t}{1+\gamma_t}, \tag{2c}$$

wobei Y_t das nominelle BIP und $\gamma = Y_t / Y_{t-1}$ das nominelle BIP-Wachstum ist. Der nominelle Wachstumsterm – eine „Wachstumsdividende" – könnte in einen Inflationsterm (wie in (2b)) und einen realen Wachstumseffekt aufgespaltet werden. Ich lasse hier die Aufspaltung weg, um hervorzuheben, dass BIP-Quoten Quoten aus nominellen Dollarwerten sind und daher nicht den Kontroversen über die Messung der Inflation unterliegen. Aufgrund der Inflations- und Wachstumseffekte überbewertet die Zinsbelastung $i_t \cdot D_{t-1}$ im Defizit systematisch die Auswirkung der Ausgangsschulden auf die reale Schuldenakkumulation und auf die Schulden-BIP-Quote. Dies erklärt den Unterschied zwischen den Abbildungen 6.2 und 6.3.

Das Primärdefizit, $DEF_t^0 = G_t - T_t$, ist in diesem Kontext praktisch, sowohl um den Schuldenstand von den Ausgaben- und Einnahmenströmen zu trennen, als auch um eine skalenunabhängige Darstellung der Schuldendynamik zu bekommen. Ausgehend von (1) und (2a) kann die nominelle Budgetgleichung geschrieben werden als

$$D_t = G_t - T_t + (1+i_t) \cdot D_{t-1} = DEF_t^o + (1+i_t) \cdot D_{t-1}. \tag{3}$$

Die entsprechenden Real- und BIP-Quotenversionen,

$$\frac{D_t}{P_t} = \frac{DEF_t^0}{P_t} + \left(\frac{1+i_t}{1+\pi_t}\right) \cdot \frac{D_{t-1}}{P_{t-1}} \text{ und } \frac{D_t}{Y_t} = \frac{DEF_t^0}{Y_t} + \left(\frac{1+i_t}{1+\gamma_t}\right) \cdot \frac{D_{t-1}}{Y_{t-1}},$$

sind insofern ähnlich, als sie Schulden der Periode t als Summe einer Stromvariable – des Primärdefizits – und der Schulden der Vorperiode multipliziert mit einem Übertragungsfaktor ausdrücken. d_t kennzeichnet eine generische skalierte Version der Schulden (z. B. D_t oder D_t/P_t oder D_t/Y_t, je nach Bedarf), s_t die entsprechende Version des Primärüberschusses (d. h. $-DEF_t^o$ bzw. $-DEF_t^o/P_t$ bzw. $-DEF_t^o/Y_t$) und r_t die passende Version des „Ertrags" der Schulden

(d. h. $r_t = i_t$ bzw. $r_t = (1+i_t)/(1+\pi)-1 \approx i_t - \pi_t$ bzw. $r_t = (1+i_t)/(1+g_t)-1 \approx i_t - \gamma_t$. Dann kann die Staatsschuldendynamik kompakt geschrieben werden als

$$d_t = (1+r_t) \cdot d_{t-1} - s_t. \quad (4)$$

Gleichung (4) veranschaulicht, dass die Budgetrechnung skaleninvariant ist, wenn man den geeigneten Übertragungsfaktor verwendet. Gleichung (4) zeigt auch auf, dass alternative Steuer- und Ausgabenmaßnahmen nur in dem Ausmaß auf die Schuldenakkumulation wirken, in dem sie S_t und r_t beeinflussen.

Tabelle 6.1 dokumentiert die quantitative Bedeutung des Wirtschaftswachstums für die Dynamik der US-Schulden. Spalte (1) zeigt die durchschnittlichen Nettodefizite in Prozent des BIP. Spalten 2–4 zeigen die entsprechenden Werte für das Primärdefizit, die nominelle Zinsbelastung und die Wachstumsdividende von Gleichung (2c), alle in Prozent des BIP. In den Spalten (5)–(6) wird die Wachstumsdividende aufgeteilt in reales Wachstum und Inflationseffekt nach Gleichung (2b). Spalte (7) zeigt die durchschnittliche Wachstumsrate der Schulden-BIP-Quote.

Tabelle 6.1: US-Budgetdefizite versus Veränderungen der Schulden-BIP-Quote

Periode von	bis	Gesamtdefizit	Primärdefizit	Zinsbelastung	Nomineller Wachstumseffekt	Realer Wachstumseffekt	Inflationseffekt	Veränderung von Schulden zu BIP
		(1)	(2)	(3)	(4)	(5)	(6)	(7)
1792	**2003**	**1,2 %**	0,3 %	0,9 %	**1,3 %**	0,8 %	0,5 %	0,0 %
1792	1868	0,4 %	–0,1 %	0,5 %	0,6 %	0,5 %	0,1 %	–0,1 %
1869	2003	1,7 %	0,5 %	1,2 %	1,7 %	1,0 %	0,7 %	0,0 %
1792	1914	0,1 %	–0,4 %	0,5 %	0,5 %	0,5 %	0,0 %	–0,3 %
1915	2003	2,8 %	1,2 %	1,6 %	2,4 %	1,2 %	1,2 %	0,4 %

Anmerkung: Die Teilung der Zeitreihe bei 1914 begründet sich durch den Ersten Weltkrieg und das 16. Amendment (Beginn der Einkommensbesteuerung), die Teilung bei 1868 durch den Bürgerkrieg. Die Zinsbelastung bezieht sich auf die Differenz zwischen Netto- und Primärdefizit. Die Wachstumseffekte beziehen sich auf die Verringerung der nominellen/realen Schulden-BIP-Quote aufgrund von BIP-Wachstum.

Über die gesamte Zeitreihe von 1792 bis 2003 (oberste Zeile) fuhr die US-Regierung Nettodefizite von durchschnittlich 1,2 % des BIP ein (Spalte (1)). Exklusive Zinsen betrugen die Defizite der USA im Schnitt sogar nur 0,3 %

des BIP (Spalte (2)). Die Schulden-BIP-Quote hingegen blieb weitgehend konstant (Spalte (7)), was nahe legt, dass $(1+i_t)/(1+\gamma)-1$ im Schnitt negativ gewesen sein muss. Spalte (4) bestätigt, dass die Wachstumsdividende ausreichte, um die durchschnittlichen Zinsveränderungen und Primärdefizite abzudecken. Das Wirtschaftswachstum hat stärker als die Primärüberschüsse die Schulden-BIP-Quote niedrig gehalten.

Die Rolle des Wirtschaftswachstums ist robust, wenn man die Datenreihe unterteilt. Variationen zwischen den Untergruppen entstehen hauptsächlich, weil sich die Inflationsraten in den Perioden vor und nach dem Goldstandard unterscheiden und weil die Untergruppen eine über- oder unterdurchschnittliche Anzahl an Kriegsjahren enthalten. Nimmt man eine Unterteilung 1914 vor, weist die Periode 1792–1914 ein geringeres Nettodefizit, eine abnehmende Schulden-BIP-Quote und einen Primärüberschuss auf, während die Periode 1915–2003 durch höhere Netto- und Primärdefizite sowie eine zunehmende Schulden-BIP-Quote gekennzeichnet ist. Das BIP-Wachstum war 1792–1914 nicht inflationär, wohingegen die Inflation 1915–2003 ein wesentlicher Bestandteil des Nominalwachstums war. Die Steigerung der Inflationskomponente (von –0,02 % auf 1,17 %) wurde fast eins zu eins von einer erhöhten nominellen Zinsbelastung (von 0,49 % auf 1,57 %) begleitet. Dies legt nahe, dass der Fisher-Effekt einigermaßen die langfristigen Daten annähert, d. h. das Verhältnis zwischen Zinsbelastung und Wachstumsdividende ist nicht auf unerwartete Inflation zurückzuführen. Ähnliche Ergebnisse entstehen bei einer Unterteilung beim Jahr 1868.

Tabelle 6.2 zeigt durchschnittliche Wachstumsraten, Inflationsraten und Zinssätze für die US-Schulden für dieselben Zeitreihen wie in Tabelle 6.1. Spalten (1)–(4) liefern weitgehend die gleichen Informationen wie Spalten (3)–(6) in Tabelle 6.1, jedoch als einfache Durchschnitte (und nicht als mit Schulden-BIP-Quoten gewichtete Durchschnitte wie in Tabelle 6.1). Tabelle 6.2 bestätigt, dass das durchschnittliche Wirtschaftswachstum in der Regel die durchschnittliche Zinsbelastung der Staatsschulden überschritten hat.[2]

Man beachte, dass Tabelle 6.2 keine Rückschlüsse auf die dynamische Effizienz der US-Wirtschaft zulässt. Wie von Abel et al. (1989) gezeigt, hängt

2 Spalte (1) verwendet das Verhältnis Nettozinszahlungen zu Staatsschulden als Maß der Zinssätze. Da die Daten über die Nettozinszahlungen nach 1930 durch Zinseinnahmen von US-Finanzvermögen „verunreinigt" sind, habe ich die durchschnittlichen Zinssätze auch als Bruttozinsen zu Bruttoschulden berechnet. Daraus ergibt sich ein Durchschnittszinssatz von 4,66 Prozent für 1916–2003 im Vergleich zu den 4,4 % in Tabelle 6.2. Die Abweichungen für andere Zeitreihen sind noch geringer.

die dynamische Effizienz vom Verhältnis zwischen Kapitalanteil und Investitionsanteil am BIP ab (bzw. annähernd der Rendite auf reales Kapital und der Wachstumsrate). Abel et al. zeigen, dass der US-Kapitalanteil durchwegs den Investitionsanteil überstieg, was Ausdruck für dynamische Effizienz ist. Die Tabellen 6.1 und 6.2 deuten darauf hin, dass die US-Regierung die Lücke zwischen Kapitalrendite und Anleihenrendite genutzt hat, um bei ihrem Schuldendienst zu sparen.

Tabelle 6.2: Zinssätze auf Staatsschulden versus Wachstumsraten

Periode von	bis	Zinssatz*	Nominelles Wachstum	Reales Wachstum	Inflation	Zinsen – Wachstum
		(1)	(2)	(3)	(4)	(5)
1792	**2003**	**4,5 %**	**5,2 %**	**3,8 %**	**1,4 %**	**–0,6 %**
1792	1868	4,8 %	4,9 %	4,2 %	0,6 %	–0,1 %
1869	2003	4,4 %	5,3 %	3,5 %	1,8 %	–1,0 %
1792	1914	4,6 %	4,3 %	4,1 %	0,2 %	0,4 %
1915	2003	4,4 %	6,4 %	3,4 %	3,1 %	–2,1 %

Anmerkung: *Der Zinssatz auf Staatsschulden wird berechnet als Verhältnis der Zinszahlungen zu den durchschnittlich offenen Schulden zu Beginn und am Ende eines jeden Jahres.

Insgesamt konnte sich die US-Regierung in den letzten 200+ Jahren darauf verlassen, dass das Wirtschaftswachstum die Schulden-BIP-Quote am Ansteigen hindert. Die meiste Zeit bestand für die USA keine Notwendigkeit, Primärüberschüsse zu erwirtschaften, und sie taten es im Schnitt auch nicht. Der Großteil der Nachhaltigkeitsliteratur hingegen geht von der Prämisse aus, dass Primärüberschüsse notwendig sind, um ein exponentielles Wachsen der Staatsschulden zu verhindern.

6.3 Ad-hoc-Nachhaltigkeit

Der folgende Abschnitt untersucht den US-Fiskaldatensatz aus angewandter Sicht und bespricht die üblicherweise in der Literatur verwendeten Nachhaltigkeitsbedingungen. Im Prinzip beinhaltet Nachhaltigkeit zwei Fragen: Welche Fiskalpolitiken sind nachhaltig? Und was kann über die Nachhaltigkeit bestimmter in der Praxis anzutreffender Politiken gesagt werden?

Ein Großteil der Nachhaltigkeitsliteratur überspringt die erste Frage und konzentriert sich auf die empirischen Implikationen einer einfachen Ad-hoc-Definition von Nachhaltigkeit:

Definition [Ad-hoc-Nachhaltigkeit]: *Eine Fiskalpolitik ist ad-hoc-nachhaltig, wenn sie sich derart auf einem Zeitpfad bewegt, dass der erwartete Gegenwartswert künftiger Primärüberschüsse gleich den Ausgangsschulden ist.*

Diese Definition ist – wie ich zeigen werde – fehlerhaft, aber eine Untersuchung wert, z. T. weil sie empirische Standardtests begründet, z. T. um ihre Mängel hervorzuheben.

Ausgehend von Gleichung (4) kann man leicht die durch beliebige Sequenzen von Primärüberschüssen und Zinsbelastungen implizierten Staatsschuldenpfade berechnen,

$$d_{t+n} = \left(\prod_{k=0}^{n} (1 + r_{t+k}) \right) \cdot d_{t-1} - \sum_{j=0}^{n} \left(\prod_{k=j+1}^{n} (1 + r_{t+k}) \right) \cdot s_{t+j}. \quad (5)$$

Bedingungen für Ad-hoc-Nachhaltigkeit werden aus Gleichung (5) in drei Schritten gewonnen, wobei alle nominell, real und für BIP-Quoten gelten. Zuerst ersetze man die Renditen in (5) durch einen festen Wert r und nehme bedingte Erwartungen,

$$E_t[d_{t+n}] = (1+r)^n \cdot d_t^* - \sum_{j=0}^{n} (1+r)^{n-j} \cdot E_t[s_{t+j}],$$

wobei $d_t^*=(1+r_t) \cdot d_{t-1}$ den Schuldenstand zu *Beginn* von Periode t und $E_t[\cdot]$ die bedingten Erwartungen kennzeichnet. Dann wird durch $(1+r)^n$ dividiert und umgestellt, um

$$d_t^* = \sum_{j=0}^{n} \frac{1}{(1+r)^j} E_t[s_{t+j}] + \frac{1}{(1+r)^n} E_t[d_{t+n}] \quad (6)$$

zu erhalten. Schließlich wird angenommen, dass die abgezinste Summe konvergiert, und der Grenzwert $n \rightarrow \infty$ genommen; dann ist

$$d_t^* = \sum_{j=0}^{\infty} \frac{1}{(1+r)^j} E_t[s_{t+j}] + \lim_{n\rightarrow\infty} \frac{1}{(1+r)^n} E_t[d_{t+n}]. \quad (7)$$

Gleichung (7) zeigt, dass die Anfangsschulden dann und nur dann gleich dem erwarteten Gegenwartswert der künftigen Primärüberschüsse sind, wenn die abgezinsten künftigen Schulden zu null konvergieren. Das heißt,

$$d_t^* = \sum_{j=0}^{\infty} \frac{1}{(1+r)^j} E_t[s_{t+j}] \qquad \text{[Ad-hoc-IBB]} \quad (8)$$

ist äquivalent mit

$$\lim_{n\rightarrow\infty} \frac{1}{(1+r)^n} E_t[d_{t+n}] = 0. \qquad \text{[Ad-hoc-TB]} \quad (9)$$

Gleichung (8) ist gemeinhin als Intertemporale Budgetbeschränkung (IBB) und (9) als Transversalitätsbedingung (TB) bekannt.

Die Ableitung hebt die Beliebigkeit des Abzinsungsfaktors r sowie das Fehlen eines ökonomischen Arguments, warum potentielle Käufer von Staatsanleihen sich über die IBB oder TB Gedanken machen sollten, hervor. Die Nachhaltigkeitsliteratur interpretiert r in der Regel als erwartete Rendite von Staatsanleihen, dargestellt durch einen historischen Durchschnittswert. Da (7) eine Identität für jedes beliebige r ist, hat (8) nur insofern einen ökonomischen Gehalt, als behauptet wird, dass für den bestimmten vom Autoren gewählten r-Wert (9) die Transversalitätsbedingung der Anleiheninhaber beschreibt. Dies würde (9) zu einer notwendigen Bedingung für Subjekte, Staatsanleihen zu halten, machen und (8) und (9) als wahre Beschränkungen der Staatspolitik rechtfertigen.

Der Großteil der empirischen Untersuchungen von (8)–(9) konzentriert sich darauf, (8) zu testen, indem die Einheitswurzel- und Kointegrationseigenschaften der Fiskaldaten untersucht werden.[3] In einer maßgeblichen Veröffentlichung zeigen Trehan und Walsh (1988), dass ein stationäres Nettodefizit für (8)–(9) ausreicht, wenn die realen Einnahmen, realen Ausgaben und realen Schulden Einheitswurzeln aufweisen. Äquivalente Feststellungen (mit Berufung auf die Budgetidentität mit festem r) sind, dass Primärüberschuss und Schulden mit dem Kointegrationsvektor $(1, -r)$ kointegriert sind; oder dass Einnahmen, Ausgaben ohne Zinsendienst und Schulden mit dem Vektor $(1, -1, -r)$ kointegriert sind. Trehan und Walsh (1991) verallgemeinern dieses Ergebnis in zweierlei Hinsicht: Bei variablen Abzinsungsfaktoren gilt die IBB, wenn die Schulden in den ersten Differenzen stationär sind und der Abzinsungsfaktor strikt positiv und von null weg beschränkt ist. Alternativ dazu gilt die IBB im Fall nichtstationärer Nettodefizite, wenn eine Quasidifferenz $d_t - \lambda d_{t-1}$ der Schulden für $0 \leq \lambda < 1+r$ stationär ist und wenn die Schulden und die Primärüberschüsse kointegriert sind.

Zwei einfache Beobachtungen liefern eine Einsicht für diese Einheitswurzel- und Kointegrationsergebnisse. Erstens ist es eine mathematische Tatsache, dass exponentielle Abnahme polynomisches Wachstum dominiert. Wenn die Schulden mit einem endlichen Mittel δ differenzstationär sind, sind die erwarteten Schulden in n Perioden in etwa $E_t[d_{t+n}] \approx \bar{d}_t + n \cdot \delta$,

3 Beachtenswerte Ausnahmen sind Hamilton und Flavin (1986) sowie die abgezinsten Schuldenbedingungen in Wilcox (1989) und Uctum und Wickens (2000). Hamilton und Flavin (1986) testen (9) gegen die Alternative einer „Spekulationsblase" mittels Regression einer Zeitreihe der US-Realschulden gegen einen Exponentialterm der Ordnung $(1+r)^n$ und untersuchen die Signifikanz der Exponentialfunktion. Sie finden keine Blase in den US-Schulden für den Zeitraum 1960–84. Abschnitt 6.5 enthält einen Kommentar zu Wilcox und Uctum und Wickens.

eine lineare Funktion von n, wobei $\bar{d}_t$ die permanente Komponente von d_t (wie von Beveridge und Nelson (1981) definiert) kennzeichnet. Da (9) diesen Ausdruck durch die Exponentialfunktion $(1+r)^n$ teilt, impliziert die Dominanz der Exponentialabnahme über das lineare Wachstum eine Nullgrenze für jedes $r > 0$. Dies erklärt Trehan und Walshs (1988) Ergebnis und das Differenzstationaritätsergebnis in Trehan und Walsh (1991). Trehan und Walshs (1991) Kointegrationsergebnis leitet sich von einer zweiten Beobachtung ab: Das exponentielle Schuldenwachstum ist mit (9) konsistent, wenn die Wachstumsrate strikt kleiner als r ist (McCallum 1984). Wenn $d_t - \lambda d_{t-1}$, wie von Trehan und Walsh angenommen, stationär ist, ist die asymptotische Schuldenwachstumsrate λ–1, somit ist $\lambda < 1+r$ hinreichend für (8a,b).

Trehan und Walshs (1991) Kointegrationsergebnisse haben eine beachtenswerte zusätzliche Implikation. Kointegration zwischen Überschuss und Schulden bedeutet, dass eine lineare Kombination $s_t - \alpha \cdot d_{t-1} = u_t$ stationär ist, wobei α eine Konstante und u_t ein stationärer Prozess ist. Die Schulden der Folgeperiode können dann geschrieben werden als $d_{t+1} = (1+r) \cdot d_t - s_{t+1} = (1+r-\alpha) \cdot d_t + u_{t+1}$, sodass $\lambda = 1+r-\alpha$ und daher $\alpha = 1+r-\lambda > 0$. Trehan und Walshs (1991) Annahmen implizieren daher einen *strikt positiven* Zusammenhang zwischen Überschuss und Schulden ($\alpha > 0$).[4]

Aus volkswirtschaftlicher Sicht wäre zu überlegen, welche Art von Wirtschaftspolitik dazu führen würde, dass (8)–(9) erfüllt oder verletzt werden. Dazu eignen sich zwei entgegengesetzte Szenarien. Die erste Annahme ist, dass Politiker Staatsschulden ignorieren und exogene Entscheidungen über Steuern und Ausgaben ohne Zinsendienst treffen. Dann werden die Bedingungen (8)–(9) nur zufällig erfüllt, wenn die die Steuern- und Ausgabenentscheidungen beschreibenden stochastischen Prozesse die Eigenschaft aufweisen, dass defiziterhöhende Schocks in einer Periode in Gegenwartswerten exakt durch defizitsenkende Schocks in darauffolgenden Perioden ausgeglichen werden (siehe Hansen et al. 1991). Die zweite Annahme ist, dass Politiker vielmehr auf Staatsschulden reagieren. Sie gehen bezüglich Steuersenkungen und Ausgabenwachstum vorsichtiger vor, wenn sich die Schulden erhöht haben, und sind eher bereit, Steuern zu senken und die Ausgaben zu erhöhen, wenn die Schulden gesunken sind. Derartige Reaktionen auf die Schulden würden einen Fehlerkorrekturmechanismus implementieren, der die Schulden stabilisieren oder zumindest eine Kointegration zwischen Schulden und Primärüberschüssen erzeugen könnte. Die empirische Frage zur Nach-

4 Gleich vorweg, dieser Zusammenhang stimmt mit der nachstehend untersuchten wirtschaftspolitischen Reaktionsfunktion überein. Wickens und Uctum (1993) haben ähnliche Zusammenhänge zwischen externen Schulden und Leistungsbilanz abgeleitet.

haltigkeit ist, welches dieser Szenarien besser den politischen Prozess eines Landes charakterisiert.

Ein beunruhigendes Merkmal der Ad-hoc-Nachhaltigkeit ist die anscheinende Losgelöstheit von der wirtschaftspolitischen Praxis. Während politische Debatten über Nachhaltigkeit sich mit Begrenzungen der Schulden-BIP- und/oder Defizit-BIP-Quoten befassen, hat sich der Großteil der akademischen Literatur auf reale fiskalpolitische Zeitreihen konzentriert und behandelt nichtstationäre Schulden-BIP-Quoten als unproblematisch.

6.4 Empirische Analyse: Einheitswurzeln versus Stationarität

Der vorliegende Abschnitt ist eine kritische Untersuchung der Zeitreiheneigenschaften von US-Fiskalvariablen mit Schwerpunkt auf Einheitswurzeltests für Ad-hoc-Nachhaltigkeit. Kointegration wird nicht untersucht, um Platz zu sparen und weil die Stationarität eines Defizitmaßes und die Kointegration von dessen nichtstationären Elementen konzeptuell äquivalent sind.[5]

Tabelle 6.3 präsentiert Einheitswurzeltests für reale Variablen – für die Staatsschulden, das Nettodefizit, das Primärdefizit, die Einnahmen, die Ausgaben ohne Zinsendienst sowie eine Zerlegung der Ausgaben ohne Zinsendienst in militärische und nichtmilitärische Ausgaben. Der Phillips-Perron-Test (PP) und der Augmented Dickey-Fuller-Test (ADF) prüfen die Nullhypothese einer Einheitswurzel gegen eine trendstationäre Alternative; siehe Hamilton (1994) für technische Details. Der KPSS-Test prüft die Nullhypothese auf Trend-Stationarität; siehe Kwiatkowski et al. (1992). PP ist robust hinsichtlich Heteroskedastizität, ignoriert jedoch eine Autokorrelation über ein endliches Verzögerungsfenster hinaus. ADF beinhaltet eine autoregressive Korrektur, ignoriert jedoch die Heteroskedastizität. Um kurzfristigen Abhängigkeiten Rechnung zu tragen, werden alle Ergebnisse für einen AR(4) im ADF und für 12 Verzögerungen im PP und im KPSS angeführt. Alle Tests berücksichtigen einen deterministischen Zeittrend in der Stationaritätsalternative.

5 Konzeptuell äquivalente Einheitswurzel- und Kointegrationstests können dennoch unterschiedliche Ergebnisse liefern, weil unterschiedliche Methoden zur Unterscheidung von kurz- und langfristigen Verhältnissen in den Daten verwendet werden und weil die Äquivalenz nur dann exakt ist, wenn die Schuldenrendite konstant ist und alle Variablen konsistent gemessen werden. Eine Untersuchung derart feiner Unterschiede sprengt den Rahmen dieser Arbeit und würde von den wichtigeren Aspekten ablenken. Siehe Bohn (1991a) für Kointegrationsergebnisse der US-Fiskalpolitik.

Tabelle 6.3: Einheitswurzeltests für reale Fiskalvariablen, 1792–2003

Variable		PP(12)	ADF(4)	KPSS(12)	Urteil
Staatsschulden		–0,289	–0,174	0,325**	Einheitswurzel
Defizit, primär		–3,787*	–5,814**	0,076	Stationär
Defizit $(-s+r\cdot d)$		–4,143**	–5,658**	0,058	Stationär
Defizit *DEF/P*		–3,578*	–4,757**	0,134	Stationär
Einnahmen gesamt		+1,614	+2,284	0,370**	Einheitswurzel
Ausgaben: ohne Zinsendienst		+2,799	+1,692	0,380**	Einheitswurzel
Ausgaben: militärisch		–2,577	–2,804	0,349**	Einheitswurzel
Ausgaben: nicht-militärisch		+7,144	+4,558	0,331**	Einheitswurzel
Kritische Werte:	5 %	–3,432	–3,432	0,146	
	1 %	–4,004	–4,004	0,216	

Anmerkung: */** = signifikant bei 5 %/1 %. PP(12) = Phillips-Perron-Test mit 12-Jahres-Autokorrelationsfenster; ADF(4) = Augmented Dickey-Fuller-Test mit Autokorrelation der 4. Ordnung; KPSS(12) = Kwiatkowski et al. (1992)-Test mit 12-Jahres-Autokorrelationsfenster. Urteil = Einheitswurzel, wenn KPSS verwirft und PP/ADF nicht; stationär, wenn ADF oder PP verwirft und KPSS nicht.

Die Testergebnisse in Tabelle 6.3 sind statistisch gesehen eindeutig. Alle Defizitmaße scheinen stationär zu sein. ADF und PP verwerfen eine Einheitswurzel, während KPSS Stationarität nicht verwirft. Alle anderen Variablen haben anscheinend Einheitswurzeln: KPSS verwirft Trend-Stationarität, während ADF und PP Einheitswurzeln nicht verwerfen. Auffällig ist, dass sich ein stationäres Nettodefizit im Rahmen von nicht-stationären Einnahmen, Ausgaben und Schulden befindet – eine Konfiguration, die die Nachhaltigkeitsbedingung von Trehan und Walsh (1988) erfüllt.

Die defizitbezogenen Ergebnisse sind jedoch logisch inkonsistent. Das Nettodefizit ist eine lineare Funktion von Primärdefizit und Schulden. Bei gegebenen nicht-stationären Schulden können das Nettodefizit und das Primärdefizit nicht beide stationär sein. Es scheint, dass die Schulden ein derart geringes Gewicht im Nettodefizit haben, dass die Tests nicht leistungsfähig genug sind, um Stationarität von $(-s_t)$ von Stationarität von $(-s_t) + r_t \cdot d_{t-1}$ zu unterscheiden. Es ist daher unklar, welches der Defizitmaße stationär ist, d. h. ob die Bedingung von Trehan und Walsh erfüllt ist.

Die realen Zeitreihen leiden außerdem an einer enormen Nichtstationarität in den Varianzen. Zur Veranschaulichung zeigt Tabelle 6.4 die Standardabweichungen der Primärdefizite und der Staatsschulden für ausgewählte Teil-Zeitreihen. Die Standardabweichung der realen Defizite nach 1900 überschreitet den Wert für vor 1900 um das 64-fache. Sogar für die Daten nach dem Zweiten Weltkrieg (üblicherweise in der Literatur verwendet) steigen die Standardabweichungen im Lauf der Zeit, wie aus der Teilreihe 1960–2003 ersichtlich. Daraus entstanden Zweifel an den Einheitswurzel-Ergebnisse, die darauf hinweisen, dass die „stationären" realen Reihen in Tabelle 6.3 nicht wirklich kovarianzstationär sind.[6] Tabelle 6.4 dokumentiert außerdem, dass die Standardabweichungen der BIP-Quoten ein wesentlich geringeres Wachstum im Lauf der Zeit aufweisen, was darauf hindeutet, dass die zunehmenden Varianzen der realen Defizite und der realen Schulden weitgehend auf eine wachsende Wirtschaft zurückzuführen sind.

Tabelle 6.4: Standardabweichungen von Fiskalvariablen

Gesamtperiode	1792–2003			1960–2003		
Teilreihen	1792–1899	1900–2003	Verhältnis	1960–1980	1981–2003	Verhältnis
	(1)	(2)	(3)	(4)	(5)	(6)
Reale Variablen						
Primärdefizit	1,8	114,7	64,0	48,2	184,5	3,8
Staatsschulden	11,9	1174,3	98,3	95,2	832,4	8,7
BIP-Quoten						
Primärdefizit/BIP	2,29 %	5,12 %	2,2	1,15 %	2,20 %	1,9
Staatsschulden/BIP	9,96 %	22,44 %	2,3	7,22 %	6,82 %	0,9

Anmerkung: Die Einträge in den Spalten (1)–(2) und (4)–(5) sind Standardabweichungen. Spalte (3) zeigt das Verhältnis von Spalte (2) zu (1); Spalte (6) das Verhältnis von Spalte (5) zu (4).

Tabelle 6.5 zeigt die Einheitswurzeltests für die BIP-Quoten der gleichen Variablen wie in Tabelle 6.3. Für die Defizite, Einnahmen und nicht-militärischen Ausgaben haben die BIP-Quoten ähnliche Eigenschaften wie die realen Reihen. Alle Defizit-BIP-Reihen scheinen stationär zu sein. Die Einnahmen und nicht-militärischen Ausgaben scheinen Einheitswurzeln zu haben. Abweichende Ergebnisse ergeben sich jedoch für die Schulden-BIP-,

6 Die stark ungleichen Varianzen implizieren, dass die den Einheitswurzeltests zugrunde liegenden OLS-Schätzungen weitgehend den Großteil der Zeitreihe ignorieren – abgesehen von den jüngsten, am stärksten fluktuierenden Beobachtungen. Phillips-Perrons Heteroskedastizitätskorrektur basiert auf einer geringen Anzahl von Autokorrelationen; ihre Fähigkeit, diese trendartige Heteroskedastizität zu korrigieren, ist unklar.

die Ausgaben-BIP- und die Militärausgaben-BIP-Quoten. Für die Schulden-BIP-Quote werden weder Stationarität noch Nichtstationarität verworfen; für die Ausgaben-BIP-Quote werden sowohl Stationarität als auch Nichtstationarität verworfen; und die Militärausgaben-BIP-Quote scheint stationär zu sein.

Tabelle 6.5: Einheitswurzeltests für BIP-Quoten, 1792–2003

Variable	PP(12)	ADF(4)	KPSS(12)	Urteil
Staatsschulden	–2,834	–2,861	0,118	Nichts verworfen
Defizit, primär	–5,076**	–5,587**	0,073	Stationär
Defizit ($-s+r \cdot d$)	–6,354**	–6,617**	0,075	Stationär
Defizit *DEF/Y*	–5,106**	–5,594**	0,047	Stationär
Einnahmen gesamt	–2,058	–1,971	0,328**	Einheitswurzel
Ausgaben: ohne Zinsendienst	–3,882*	–3,766*	0,236**	Alle verworfen
Ausgaben: militärisch	–3,593*	–3,610*	0,102	Stationär
Ausgaben: nicht-militärisch	–2,145	–1,913	0,334**	Einheitswurzel
Kritische Werte: 5 %	–3,432	–3,432	0,146	
1 %	–4,004	–4,004	0,216	

Anmerkung: Siehe Tabelle 6.3.

Die Skalierung nach dem BIP kann Fragen bezüglich der Stationarität des US-BIP selbst aufwerfen, was auch Thema einer alten Kontroverse ist (Christiano und Eichenbaum 1990). In der vorliegenden Real-BIP-Reihe wird Trend-Stationarität für 1790–2003 verworfen (KPSS = 0,347), nicht jedoch für 1868–2003 (KPSS = 0,069). Eine Einheitswurzel wird für keine der beiden Zeitreihen verworfen (PP = –2,16 für 1790–2003, PP = –2,67 für 1869–2003). Die Evidenz gegen ein stationäres BIP ist jedoch schwach, da die BIP-Daten vor 1869 von geringerer Qualität sein könnten als das jüngere Datenmaterial. Eine Einheitswurzel im realen BIP ist auch mit der Beobachtung konsistent, dass einige stationäre BIP-Quoten in Tabelle 6.5 nichtstationär werden, wenn sie mit dem BIP multipliziert werden (insbesondere die Staatsschulden, siehe Tabelle 6.3). Die Einheitswurzeln in Tabelle 6.3 spiegeln möglicherweise einfach ein ausgeglichenes Wachstum wider, ohne viel über die Fiskalpolitik auszusagen.

Tabelle 6.6 spricht direkt die Möglichkeit an, dass die Zeitreiheneigenschaften des realen BIP die Ergebnisse in Tabelle 6.5 auf unzulässige Weise beeinflussen. In Tabelle 6.6 werden die realen Variablen durch einen gemeinsamen exponentiellen Trend dividiert, der das Durchschnittswachstum des BIP für 1869–2003 einfängt (3,48 Prozent). Die Ergebnisse sind jenen in Tabelle 6.5 sehr ähnlich und dokumentieren somit, dass Unterschiede zwischen den realen Reihen und den BIP-Quoten weitgehend auf eine verringerte Heteroskedastizität zurückzuführen sind und nicht durch die Zeitreiheneigenschaften des BIP hervorgerufen werden.

Tabelle 6.6: Einheitswurzeltests für trendbereinigte reale Zeitreihen, 1792–2003 (skaliert durch gemeinsamen exponentiellen Trend für BIP)

Variable	PP(12)	ADF(4)	KPSS(12)	Urteil
Staatsschulden	–2,770	–3,017	0,100	Nichts verworfen
Defizit, primär	–4,942**	–5,579**	0,049	Stationär
Defizit ($-s+r \cdot d$)	–5,702**	–6,135**	0,047	Stationär
Defizit *DEF/Y*	–4,943**	–5,568**	0,068	Stationär
Einnahmen gesamt	–2,321	–2,251	0,295**	Einheitswurzel
Ausgaben: ohne Zinsendienst	–3,916*	–4,074*	0,208*	Alles verworfen
Ausgaben: militärisch	–3,661*	–3,877*	0,098	Stationär
Ausgaben: nicht-militärisch	–2,227	–1,813	0,330**	Einheitswurzel
Kritische Werte: 5 %	–3,432	–3,432	0,146	
1 %	–4,004	–4,004	0,216	

Anmerkung: Siehe Tabelle 6.3. Im Gegensatz zu Tabelle 6.3 wurden alle Variablen durch einen exponentiellen Trend mit einer Wachstumsrate von 3,48 % dividiert, der durchschnittlichen Wachstumsrate des realen Log-BIP für 1869–2003.

Die Verwendung von Logarithmen ist eine verbreitete Methode, um Wachstum in den Varianzen von strikt positiven Variablen (z. B. Schulden, Einnahmen und Ausgaben, nicht jedoch Defizite) zu entfernen. Die Logarithmen liefern hier jedoch keine volkswirtschaftlich relevanten Erkenntnisse, weil das Logarithmieren die Fluktuationen einer Zeitreihe in der Nähe von Null vergrößert, während die Nachhaltigkeit primär darüber Auskunft gibt, wie sich die Fiskalpolitik von hohen Schulden- und Ausgabenwerten erholt. Zur Veranschaulichung dieses Punkts zeigt Abbildung 6.4 Logarithmen der realen US-Schulden und des realen BIP; die Lücke ist die Log-Schulden-BIP-Quote. Die Log-Schulden werden offensichtlich durch den Rückgang auf nahezu Null in den 1830er Jahren und die darauffolgende Rückkehr zu normaleren Werten dominiert, d. h. durch eine Periode, die bezüglich der Nachhaltigkeit nicht aussagekräftig ist. Sowohl PP- wie KPSS-Test für die realen Log-Schulden sind nicht signifikant

(PP = –3,08, KPSS = 0,098), somit liefern die Log-Schulden keineswegs bessere Einblicke als die BIP-Quote.

Abbildung 6.4: Logarithmen der realen Schulden und des realen BIP

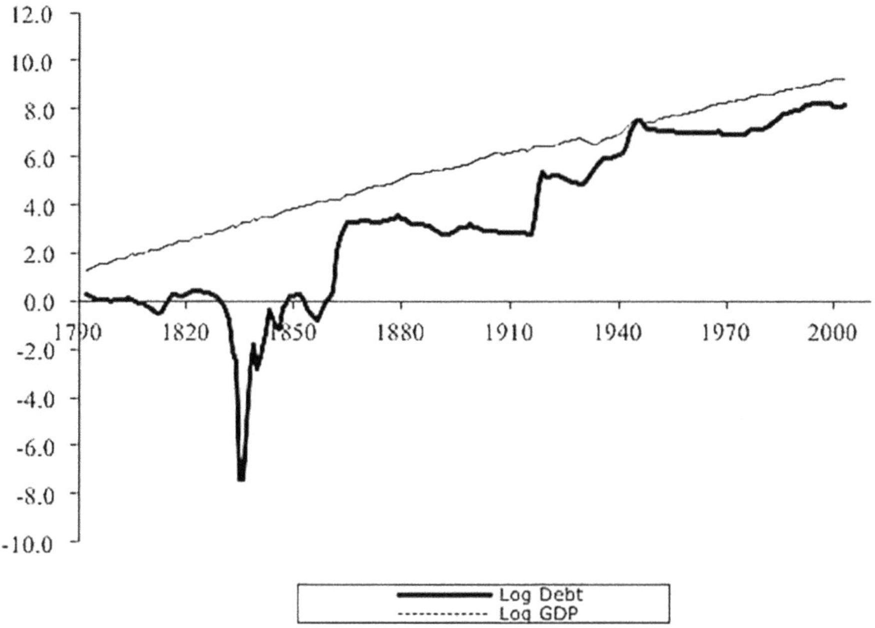

Insgesamt liefert die ökonometrische Analyse drei wesentliche Schlussfolgerungen. Erstens liefern BIP-Quoten und ähnlich skalierte Zeitreihen glaubwürdigere Informationen über die Fiskalreihe als Rohdaten. Zweitens gibt es keine überzeugende Evidenz, dass das Verhältnis zwischen Schulden und Defiziten mit einer Einheitswurzel behaftet ist. Alle Defizit-BIP-Quoten sind eindeutig stationär und Stationarität kann für die Schulden-BIP-Quote nicht verworfen werden. Die Unmöglichkeit, eine Einheitswurzel für die Schulden-BIP-Quote zu verwerfen, beweist nicht die Existenz einer Einheitswurzel. Drittens haben bestimmte andere BIP-Quoten Einheitswurzeln. Die Einnahmen-BIP- und Nichtmilitärausgaben-BIP-Quoten sind eindeutig nichtstationär. Die Einheitswurzeltests für die Gesamtausgaben ohne Zinsendienst sind widersprüchlich, die Nichtstationarität der nichtmilitärischen Komponente deutet jedoch darauf hin, dass die Datenreihe für die Ausgaben-ohne-Zinsendienst-BIP-Quote am besten als nichtstationär zu behandeln ist. Da sich die Primärdefizit-BIP-Quote als stationär erweist, kann daraus geschlossen werden, dass Einnahmen und Ausgaben mit dem Vektor (1,–1) kointegriert sind.

6.5 Modellbasierte Nachhaltigkeit

Der nun folgende Abschnitt kehrt zur ersten konzeptuellen Frage über Nachhaltigkeit zurück: Welche Fiskalpolitik ist nachhaltig? Die grundlegende volkswirtschaftliche Antwort ist, dass die Fähigkeit eines Subjekts, Geld aufzunehmen, durch die Bereitschaft anderer Subjekte, Geld zu geben, beschränkt ist. Die Frage, welche Politik denn nun nachhaltig ist, ist daher eine Frage des allgemeinen Gleichgewichts, die Frage, wer die potentiellen Geldgeber eines Staates sind und was ihr Verhalten bestimmt. Unterschiedliche Annahmen über Geldgeber führen zu unterschiedlichen Schlussfolgerungen über die möglichen nachhaltigen fiskalpolitischen Maßnahmen.

Man erhält Beschränkungen, die oberflächlich den Ad-hoc-TC und -IBB ähneln, wenn man annimmt, dass potentielle Geldgeber ewig lebende optimierende Subjekte und die Finanzmärkte vollkommen sind. Die Vermögensakkumulation derartiger Subjekte erfüllt notwendigerweise eine Transversalitätsbedingung. Vollkommene Märkte implizieren, dass die Wirtschaftssubjekte einen gemeinsamen Preiskern anwenden, um Finanzvermögen zu bewerten, sodass die Transversalitätsbedingungen aggregieren. Auf die Staatsschulden angewandt ist die Transversalitätsbedingung der Geldgeber

$$\liminf_{n\to\infty} E_t[u_{t,n} \cdot d_{t+n}] \leq 0, \text{ [allgemeine Nicht-Ponzi-Bedingung]} \qquad (10)$$

wobei $u_{t,n}$ der Preiskern der Volkswirtschaft für Eventualforderungen für Periode $t+n$ ist (siehe Bohn 1995).

Eine Verletzung dieser Bedingung (ein streng positiver lim inf) würde bedeuten, dass ein Teil des ursprünglichen Werts der Schulden niemals zurückgezahlt würde, d. h. ein Ponzi-System. Rationale Geldgeber würden keine derartigen Schuldverschreibungen kaufen. Bedingung (10) ist daher eine Beschränkung der Fiskalpolitik, allgemein bekannt als *Nicht-Ponzi-Bedingung*. Während (10) weder eine Schuldenpolitik ohne geeigneten Grenzwert noch Politiken, die große, zu negativen Grenzwerten führende Überschüsse implizieren, ausschließt, würden derartige „abweichende" Politiken hier nur ablenken. Um den Umfang der Analyse einzuschränken, scheint es vernünftig anzunehmen, dass die Schulden nicht negativ sind und dass der Grenzwert in (10) existiert. Dann spezialisiert sich (10) in

$$\lim_{n\to\infty} E_t[u_{t,n} \cdot d_{t+n}] = 0. \text{ [einfache Nicht-Ponzi-Bedingung]} \qquad (11)$$

Aus (11) erhält man die Intertemporale Budgetbeschränkung

$$d_t^* = \sum_{n=0}^{\infty} E_t[u_{t,n} \cdot s_{t+n}] \qquad (12)$$

durch Kombination der Euler-Gleichung

$$E_t[u_{t,n} \cdot \prod_{k=0}^{n-1} (1 + r_{t+k})] = 1 \, \forall (t, n) \tag{13}$$

mit der Schuldendynamik in (5). Die Gleichungen (10)–(13) gelten für reale Variablen, nominelle Variablen oder BIP-Quoten, wenn $u_{t,n}$ entsprechend wachstumsbereinigt ist. Die Intertemporale Budgetbeschränkung (12) und die Nicht-Ponzi-Bedingung (11) (auch Transversalitätsbedingung genannt) sind aufgrund ihrer Konstruktion mit dem Optimierungsverhalten der Geldgeber konsistent. Sie weichen von den Ad-hoc-Bedingungen (8)–(9) immer dann ab, wenn der Preiskern stochastisch ist; dann ergibt (13) keinen skalaren Wert für $u_{t,n}$, der in (11)–(12) verwendet werden könnte.

Diese Unterschiede spiegeln eine ökonomische Einsicht wider, die für das Verständnis von Budgetbeschränkungen bei Unsicherheit von fundamentaler Bedeutung ist. Der wesentliche Punkt dabei ist die Unterscheidung zwischen Unsicherheit hinsichtlich bestimmter Schuldverschreibungen und Unsicherheit hinsichtlich eines künftigen Pfades der gesamten Staatsschulden. Da Staatsanleihen typischerweise weitgehend sichere Renditen versprechen, impliziert (13) relativ niedrige Zinssätze. Die Schulden d_{t+n} in einer Transversalitätsbedingung hingegen sind die offenen Schulden in verschiedenen Ausprägungen. Diese beinhalten aufgrund von Budgetdefiziten und für die Refinanzierung von Schulden entlang eines bestimmten Zeitpfades (wie in (5) beschrieben) begebene Anleihen. Der sich daraus ergebende Schuldenstand kann ziemlich variabel sein und ist oft mit bedeutenden Quellen systematischen Risikos korreliert, wie z. B. BIP-Wachstum und Militärausgaben. Die Gesamtschulden in (11), die Überschüsse in (12) und die Anleihenrenditen in (13) folgen stark unterschiedlichen stochastischen Prozessen. Eine wichtige Folgerung daraus ist, dass sich Anleihenrenditen als Abzinsungsfaktoren nicht eignen – sie sind nicht nur technisch falsch, sondern auch irreführend bezüglich der ökonomischen Interpretation von Transversalitätsbedingungen und IBBen.

Die Auswirkungen der Nachhaltigkeitsbedingungen (11)–(12) im Vergleich zu den Ad-hoc-Bedingungen (8)–(9) lassen sich am besten anhand von Beispielen veranschaulichen.

Beispiel 1 [Risikoneutralität]: Angenommen, die Geldgeber sind risikoneutral und haben eine konstante Zeitpräferenzrate r=1/(β–1). Dann reduziert sich der Preiskern auf den deterministischen Abzinsungsfaktor $u_{t,n} = \beta^n = 1/(1+r)^n$ und (11)–(12) reduzieren sich auf (8)–(9) mit der Zeitpräferenz als Abzinsungsfaktor. Die Zeitpräferenz kann aus Durchschnittsrenditen geschätzt werden, weil (12) $E[r_t] = r$ impliziert.

Die Ad-hoc-Bedingungen (8)–(9) können somit als Sonderfälle von (11)–(12) interpretiert werden. Nun sollen stochastische Preiskerne betrachtet werden.

Beispiel 2 [motiviert durch Ahmed und Rogers (1995)]: Angenommen, $u_{t,n} = \beta^n \cdot \mu(c_t/c_{t+n})$ ist das Produkt eines Zeitpräferenzfaktors β^n und einer Grenzrate der Substitution $\mu(c_t/c_{t+n})$, wobei $\mu' > 0$ (homothetische Präferenzen mit abnehmendem Grenznutzen). Angenommen $E_t[\mu(c_t/c_{t+n})]=1$ für alle t; und angenommen, die Grenzraten der Substitution haben zeitinvariante bedingte Kovarianzen mit (für reales s_{t+n}) $cov_t(\mu(c_t/c_{t+n}), s_{t+n})=\sigma_n$ $\forall t$. Dann kann $\beta^n = E_t[u_{t,n}]=1/(1+r)^n$ als sicherer Abzinsungsfaktor interpretiert werden und

$$E_t[u_{t,n} \cdot s_{t+n}] = E_t[u_{t,n}] \cdot E_t[s_{t+n}] + \beta^n \cdot \sigma_n = (E_t[s_{t+n}]) + \sigma_n)/(1+r)^n$$

ist ein Erwartungswert plus einem Kovarianzterm. Wenn $\sigma = \Sigma_{n\geq 0} \beta^n \sigma_n$ endlich ist (z.B. für beschränkte σ_n und $\beta<1$), reduziert sich (12) auf

$$d_t^* = \sum_{n=0}^{\infty} \frac{1}{(1+r)^n} \cdot E_t[s_{t+n}] + \sigma, \qquad (8^*)$$

was äquivalent ist zu (8) plus einer Konstante.

Beispiel 2 zeigt, warum die Ad-hoc-Bedingung (8) keine glaubwürdigen Informationen über Nachhaltigkeit liefert. Wenn (8*) mit σ nicht gleich null erfüllt ist, würde ein Forscher, der (8) „testet", natürlich zu dem Schluss kommen, dass die Staatsschulden eine „Blase" in der Größenordnung von σ beinhaltet. Umgekehrt liefert eine Bestätigung oder Verletzung von (8) durch empirische Daten keine Informationen über (12), es sei denn, die Kovarianzen zwischen Überschüssen und Abzinsungsfaktoren können verlässlich geschätzt werden.

Beispiel 2 wird durch Ahmed und Rogers (1995) motiviert, die Nachhaltigkeit in einem dem Beispiel 2 ähnlichen Rahmen untersuchen, nämlich mit der Konstante $cov_t(u_{t,n}, s_{t+n})$ für alle t und n. Ahmed und Rogers argumentieren, dass ein stationäres reales Nettodefizit notwendig und hinreichend für (12) ist, wodurch Stationaritätsbeschränkungen wichtig werden. Beispiel 2 soll jedoch das Gegenteil demonstrieren. Ahmed und Rogers' Notwendigkeitsbeweis folgend kann einfach gezeigt werden, dass sowohl (8) als auch (8*) ein stationäres Nettodefizit implizieren. (Die Konstante in (8*) wirkt sich nicht auf Einheitswurzel-Überlegungen aus.) Ahmed und Rogers' Notwendigkeitsbeweis erlegt dem stochastischen Prozess der Schulden verschiedene Nebenannahmen auf. Beispiel 2 deutet darauf hin, dass diese Annahmen übermäßig restriktiv sind.[7] Weil Stationaritätsbedingungen über Kovarianzen nicht aussagekräftig sind, sind sie nicht geeignet, modellbasierte Bedingungen wie (10)–(12) zu testen.

---

7 Insbesondere nehmen sie an, dass die Schulden eine absolut summierbare MA-Darstellung haben, und nehmen Differenzen von verschiedenen unendlichen Summen von Innovationen. Im Kontext von Beispiel 2 würde Ahmed und Rogers' Annahme der konstanten Kovarianz $\sigma = \infty$ implizieren, was die Summierbarkeit zu einer fraglichen Annahme macht.

Man beachte, dass (8*) das Schuldenmanagement nicht einschränkt, d.h. sie lässt Anleihen mit stochastischen realen Renditen zu. Wenn die Anleihenrenditen mit $\mu(c_t/c_{t+n})$ korreliert sind, enthalten sie Risikoprämien und können nicht stellvertretend für r in (8*) eingesetzt werden. Dies veranschaulicht die allgemeine Einsicht, dass Risikoprämien in Anleihenrenditen (in (13)) nicht mit Risikoprämien in Verbindung mit unsicheren künftigen Überschüssen (in (12), hier σ_n) zusammenhängen.

In welchem Ausmaß sind die Unterschiede zwischen (8) und (8*) quantitativ bedeutend? In Tabelle 6.1 waren, zur Erinnerung, die US-Primärdefizite im Schnitt positiv für 1792–2003. Wenn der Defizitprozess ergodisch ist, muss daraus geschlossen werden, dass die unbedingte Erwartung der US-Primärdefizite negativ ist und somit einen Null- oder Negativbeitrag zur rechten Seite von (8*) leistet. Tabelle 6.1 legt daher nahe, dass die US-Staatsschulden zur Gänze durch die Kovarianzkomponenten in (8*) und (12) gestützt werden. Das nächste Beispiel bietet eine Interpretation.

Beispiel 3 [stochastisches Wachstum, adaptiert von Bohn (1995)]: Für den gleichen Preiskern wie in Beispiel 2 wird angenommen, dass der Konsum und die Staatsausgaben feste Anteile des BIP sind ($c_t/Y_t = \bar{c}$, $G_t/Y_t = \bar{G}$), das reale BIP-Wachstum γ_t unabhängig und identisch mit dem Mittelwert γ verteilt ist, die Staatsschulden aus sicheren Wertpapieren mit einer Rendite r bestehen, die Steuereinnahmen mit dem BIP-Wachstum variieren, um eine konstante Schulden-BIP-Quote zum Periodenende $d_t/Y_t = \bar{d}$ aufrecht zu erhalten. Darüber hinaus wird eine Nullinflation angenommen, um Unterscheidungen zwischen nominell und real zu umgehen.

Eine konstante Schulden-BIP-Quote erfordert reale Primärüberschüsse, die mit dem BIP-Wachstum negativ korreliert sind,

$$s_{t+n} = T_{t+n} - \bar{G} \cdot Y_{t+n} = (1+r) \cdot d_{t+n-1} - \bar{d} \cdot Y_{t+n} = \bar{d}Y_{t+n-1} \cdot (1+r-\gamma_{t+n}) . \tag{14}$$

Da $\mu(c_{t+n-1}/c_{t+n}) = \mu[1/(1+\gamma_{t+n})]$ und s_{t+n} beide in γ_{t+n} abnehmen, weist diese Politik eine positive Kovarianz zwischen dem Preiskern und dem Primärüberschuss auf. Genauer gesagt, die realen Schulden in der Nicht-Ponzi-Bedingung müssen mit dem Abzinsungsfaktor für BIP-indexierte Forderungen abgezinst werden,

$$E_t[u_{t,n} \cdot d_{t+n}] = \bar{d} \cdot E_t[u_{t,n} \cdot Y_{t+n}] = \bar{d}\frac{(1+\gamma)^n}{(1+R)^n}Y_t = \frac{(1+\gamma)^n}{(1+R)^n},$$

wobei $1/(1+R) \equiv E_t[u_{t,1} \cdot (1+\gamma_{t+1})]/(1+\gamma)$. Dynamische Effizienz impliziert $R>\gamma$ und stellt sicher, dass die abgezinsten realen Schulden zu Null konvergieren, wodurch aufgezeigt wird, dass eine Politik mit konstanter Schulden-BIP-Quote (11)–(12) erfüllt.

Nichts im o.a. Argument hängt von der Beziehung zwischen Wachstumsrate γ und Zinssatz r ab. Da $u_{t,1}$ und γ_{t+1} negativ korreliert sind, liegt der sichere Zinssatz eindeutig unter dem Abzinsungsfaktor auf BIP-indexierte Forderungen, $r<R$, und er kann auch unter γ liegen. Wenn $E[(1+r)/(1+\gamma_t)]<1$, dann ist $E_t[s_{t+n}]<0$ für alle (t,n). Trotz negativer erwarteter Überschüsse ist die Politik nachhaltig.

Die Anregung für Beispiel 3 besteht darin, dass Schulden-BIP- und Überschuss-BIP-Quoten in Volkswirtschaften mit ausgeglichenem Wachstum stationär sind. Auf lange Sicht müssen die Schulden und Überschüsse daher ebenso viel systematisches Risiko beinhalten wie das BIP und werden daher wie BIP-indexierte Forderungen abgezinst. Das Beispiel macht die Verbindung zwischen Schulden und BIP unmittelbar.

Im Vergleich zu Beispiel 2 und Ahmed und Rogers (1995) weist Beispiel 3 eine positive Kovarianz zwischen Primärdefizit und Preiskern auf und entspricht somit den Annahmen von Beispiel 2. (8*) ist jedoch für $E[(1+r)/(1+\gamma_t)]<1$ nicht gut definiert, weil der Primärüberschussterm in (8*) zu minus unendlich divergiert, während der Kovarianzterm zu plus unendlich divergiert. Dies zeigt die Bedeutung von Risikoprämien und der Unterscheidung zwischen dem Abzinsungsfaktor der Gesamtschulden R und der Rendite spezifischer Anleihen (r).

$E[(1+r)/(1+\gamma_t)]<1$ erfordert im Wesentlichen einen sicheren Zinssatz unter der durchschnittlichen Wachstumsrate (abgesehen von einem Term aufgrund der Jensenschen Ungleichung). Tabelle 6.2 deutet darauf hin, dass die US-Daten diese Bedingung erfüllen und dass somit Risikoanpassungen in der Praxis wichtig sind.

Beispiel 3 veranschaulicht auch die Interaktion zwischen Schuldenmanagement und Primärüberschüssen. In diesem Beispiel wird die Sicherheit von Staatsanleihen von Investoren so hoch eingeschätzt, dass der Staat im Durchschnitt negative Überschüsse einfahren kann, vorausgesetzt, er verspricht positive Auszahlungen in „schlechten" Zeiten, d. h. Zeiten, in denen die Ex-Post-Realisierung des BIP-Wachstums niedrig genug ist, dass $(1+r)/(1+\gamma_t)]>1$. Wenn der Staat z. B. BIP-indexierte Anleihen begeben würde, würde Beispiel 3 im Schnitt positive Primärüberschüsse benötigen. Oder wenn die Risikoaversion sinken würde, hätten die Staatsanleihen höhere Renditen und Politik (14) würde höhere Überschüsse erforderlich machen. Um die gesamte Menge der nachhaltigen staatlichen fiskalpolitischen Maßnahmen (notwendig und hinreichend) zu bestimmen, müsste man die Fiskalpolitik umfassender definieren, einschließlich einer Spezifikation von Schuldenmanagement und zustandsabhängigen Variationen der Primärüberschüsse, und die Ergebnisse würden wesentlich von Vermögensbewertungsannahmen abhängen.

Die Finanzierungstheorie verfügt leider über kein empirisch erfolgreiches Modell für die Abzinsung von sicheren und riskanten Zahlungsflüssen. Die führende Vermögensbewertungstheorie – Konsum-CAPM (capital asset pricing model) – ist ein kläglicher Misserfolg, wenn es darum geht, empirische Risikoprämien zu erklären (Mehra und Prescott 1985). Eine empirisch glaubwürdige vollständige Charakterisierung nachhaltiger Politiken ist daher eine unmögliche Aufgabe. Ein lohnenderes Ziel besteht darin, hinreichende Bedingungen anzustreben, die in Bezug auf Vermögensbewertung und Schuldenmanagement robust sind.

Schließlich ist zu beachten, dass die hier angeführte Kritik von (8)–(9) auch für allgemeinere Ad-hoc-Bedingungen gilt, z. B. die Bedingungen abgezinster Schulden in Wilcox (1989) und in Uctum und Wickens (2000). Wilcox und Uctum und Wickens verwenden Anleihenrenditen, um Abzinsungsfaktoren $\delta_{t,n} = 1/[\Sigma_{k=1}^{n}(1+r_{t+k})]$ zu definieren, und zeigen, dass eine Bedingung des Typs IBB $d_t^* = \Sigma_{j=0}^{\infty} E_t[\delta_{t,j} s_{t+j}]$ dann und nur dann gilt, wenn $\lim_{n\to\infty} E_t[\delta_{t,n} d_{t+n}]=0$. Wie (8)–(9) haben diese Bedingungen ökonomischen Gehalt nur aufgrund der Behauptung, dass ein Null-Grenzwert für mittels $\delta_{t,n}$ abgezinste Schulden die Transversalitätsbedingung von Anleiheninhabern darstellt. Die Abzinsung mit $\delta_{t,n}$ ist jedoch allgemein inkonsistent mit den Bedingungen (11) und (13).[8] Die Verwendung von anleihengebundenen Abzinsungsfaktoren wie $\delta_{t,n}$ ist auch unglücklich, weil sie die fehlerhafte ökonomische Sicht verstärkt, die Unsicherheit über künftige Verschuldung und Unsicherheit über die Renditen von Schuldverschreibungen durcheinander bringt. Wie oben angeführt und in den Beispielen hervorgehoben, bezieht sich die relevante Unsicherheit in der Transversalitätsbedingung auf das Niveau künftiger Schulden und nicht darauf, wie risikobehaftet bestimmte Schuldverschreibungen sind.

6.6 Test modellbasierter Nachhaltigkeit

Die zweite Hauptfrage über Nachhaltigkeit ist, wie zu testen ist, ob sich eine beobachtete Politik auf einem mit (11)–(12) konsistenten Pfad befindet.

Da das Testen eine klar definierte alternative Hypothese erfordert, lautet die erste Folgefrage, was von Politiken zu halten ist, die (10)–(12) verletzen. Es gibt mindestens drei relevante Interpretationen. Erstens, Fiskalpolitik kann in einer Volkswirtschaft agieren, in der (10) nicht gilt. In einer Volkswirtschaft mit überlappenden Generationen z. B. haben die Geldgeber endliche Planungshorizonte und erlegen keine Transversalitätsbedingungen auf. Sind die Zinssätze hinreichend niedrig, erfüllen vernünftige Politiken nicht

---

8 Um zu dokumentieren, dass sich $E_t[\delta_{t,n} d_{t+n}]$ von (11) unterscheidet und ein Null-Grenzwert keine notwendige Bedingung für Nachhaltigkeit ist, betrachte man die Vorgaben von Beispiel 3, wo die abgezinsten Schulden (wie in Uctum und Wickens (2000) mit dem BIP skaliert) gleich $E_t[\delta_{t,n} d_{t+n}] = \overline{d} \cdot (1+\gamma)^n/(1+r)^n$ ist. Sie divergieren gegen unendlich, wann immer der Zinssatz unter der durchschnittlichen Wachstumsrate liegt, auch wenn (11) gilt.

(10)–(12). Diese Bedingungen können auch in Volkswirtschaften mit unvollständigen Märkten nicht gelten, in denen Liquiditätsargumente in die Preisbestimmung von Staatsanleihen einfließen. Bohn (1999) bringt ein Beispiel, in dem Staatsanleihen niedrigere Transaktionskosten haben als private Darlehen; bei geringen Staatsschuldenniveaus liegt die Staatsanleihenverzinsung unter der BIP-Wachstumsrate, was zu einer Verletzung von (10) in einer dynamisch effizienten Volkswirtschaft mit rationalen ewig lebenden Subjekten führt. Es ist daher eine empirische Frage, ob (10) eine Beschränkung für die Fiskalpolitik des Staates darstellt.

Zweitens könnte Fiskalpolitik durch (10) beschränkt sein, eine Fortsetzung der in der Zeitperiode beobachteten Politik würde aber (11) hinsichtlich zu geringer Überschüsse verletzen. Das könnte man als empirische Verletzung von Nachhaltigkeitsbedingungen bezeichnen, oder präziser, als nicht nachhaltige Politik. Wenn rationale Anleger dennoch Staatsanleihen erwerben, müssen sie eine Politikverschiebung erwarten, die die Schulden stützt. Eine empirische Verletzung der Nachhaltigkeit kann also als Signal für einen Politikwechsel interpretiert werden. Dieser Wechsel kann eine Steuererhöhung, eine Ausgabensenkung, oder – weil Einnahmen Transfers von der US-Zentralbank beinhalten – eine erhöhte Inanspruchnahme von Seignorage sein.[9]

Drittens kann eine empirische Verletzung von (10)–(11) in Richtung zu geringer Überschüsse signalisieren, dass der Staat letztendlich seine Schulden nicht bezahlen wird. Wenn Staatsanleihen gehandelt werden, wirft dieses Szenario Fragen über die Rationalität von Anlegererwartungen auf. Rationale Investoren sollten niemals Staatsschulden um einen Preis, der höher ist als die rechte Seite von (12), kaufen, und sie sollten niemals neue Staatsanleihen kaufen oder fällig werdende Staatsanleihen refinanzieren, außer wenn der Staat glaubwürdig versichern kann, dass (10) erfüllt ist.[10] Ob-

9 Siehe Bohn (1991) für Steuer- und Ausgabenreaktionen auf Defizite. Siehe Abschnitt 6.7 für einen Beleg, dass Monetisierung unbedeutend ist. Man beachte, dass eine Verletzung von (11)–(12) in Richtung zu hoher Überschüsse mit (10) konsistent ist und nicht ausgeschlossen werden kann.

10 Dieser Punkt wird von der Fiskaltheorie des Preisniveaus (FTPN) vernachlässigt. Die FTPN behandelt Gleichungen wie (8) und (12) eher als Gleichgewichtsbedingungen denn als Beschränkungen (z.B. Cochrane 1988). Die FTPN nimmt leider bereits bestehende Nominalschulden als Ausgangspunkt und ignoriert die Bedingungen, unter denen Schulden begeben werden können. Sind Schulden einmal ausständig, hat der Staat offensichtliche Anreize, sie nicht zu bezahlen, und zwar nicht nur Nominalschulden durch Inflation, sondern auch jede andere Art von Staatsschulden. Die Nicht-Ponzi-Bedingung (10) ist genau jene Verpflichtung, die eine Regierung eingehen muss, damit rationale Geldgeber Staatsanleihen kaufen, d.h. sie ist eine Beschränkung zum Zeitpunkt der Begebung. (Eine fehlende Verpflichtung würde bedeuten, dass der Staat sein

wohl Nichterfüllungsüberlegungen kleinere Verletzungen von (12) erklären können, wenn die Schulden zum Nennwert bewertet werden, erscheint ein Szenario, das irrationale Investoren voraussetzt, nicht plausibel. Insgesamt werden empirische Verletzungen der Nachhaltigkeit am besten als Indikatoren für einen künftigen Politikwechsel oder für volkswirtschaftliche Rahmenbedingungen, in denen die Politik nicht durch (10) beschränkt wird, interpretiert.

Bei der Suche nach robusten Nachhaltigkeitsbedingungen ist eine wichtige Erkenntnis, dass die Euler-Gleichungen (13) in jeder Volkswirtschaft mit gut definiertem Preiskern gelten. Kombiniert man sie mit (11) und (5), kann man sehen, dass eine Fiskalpolitik mit *null* Primärüberschüssen immer einen Grenzwert für die Schulden gleich den Ausgangsschulden ergibt. Das heißt, wenn $s_{t+k} \equiv 0 \ \forall \ k$, dann ist

$$\lim_{n \to \infty} E_t[u_{t,n} \cdot d_{t+n}] = d_t^* .$$

Der Punkt hier ist nicht, dass ein Ponzi-Schema die Nicht-Ponzi-Bedingung verletzt – eine beruhigende Tatsache –, sondern dass der Grenzwert berechnet werden kann, auch wenn man den eigentlichen Preiskern nicht kennt oder nicht weiß, wie spezifische stochastische Forderungen abzuzinsen sind. Da die Euler-Gleichungen für alle Finanzvermögenswerte einschließlich Staatsverbindlichkeiten jeglicher Art – lang- und kurzfristig, nominell und inflationsbereinigt – gelten, legen sie dem Schuldenmanagement keine Beschränkungen auf. Wird der Ponzi-Schema-Grenzwert als Referenzpunkt verwendet, kann mittels analoger Argumentation die Nachhaltigkeit von Politiken mit systematisch geringerer Schuldenakkumulation bewiesen werden.

Eine zweite wichtige Erkenntnis ist, dass Robustheit hinsichtlich des Schuldenmanagements eine Rückkoppelungsregel für den Primärüberschuss erfordert – eine Regel, durch die Überschüsse zu einer Funktion der Ausgangsschulden werden. Zur Veranschaulichung wird angenommen, dass die Primärüberschüsse nicht auf die Ausgangsschulden reagieren, und eine leichte Variation im Schuldenmanagement betrachtet. War die Politik vorher nachhaltig, wird eine Änderung beim Schuldenmanagement, die die Schuldenrendite (gemäß der Euler-Gleichung) in einem Zustand erhöht und in einem anderen senkt, die Ausgangsschulden im Hochrenditezustand erhöhen. Ohne fiskalpolitische Reaktion würden die Zusatzschulden nicht durch künftige Überschüsse gedeckt und somit die Nicht-Ponzi-Bedingung verletzt.

Budget pro Periode ausgleichen muss.) Indem die FTPN diese Beschränkung bestreitet, erlaubt sie es dem Staat implizit, zeitinkonsistente Politik zu betreiben.

Die einfachste Rückkoppelungsregel, die Nachhaltigkeit gewährleistet, ist eine lineare Regel:

Theorem 1 [Bohn (1991, 1998)]: Angenommen, die Primärdefizit-BIP-Quote ist eine steigende lineare Funktion der Ausgangsschulden-BIP-Quote

$$s_t = \rho \cdot d_t^* + \mu_t \tag{15}$$

für alle t, wobei $\rho>0$ eine Konstante und μ_t eine Zusammenfassung anderer Einflussgrößen ist. Wenn μ_t als BIP-Quote beschränkt ist und wenn der Gegenwartswert des BIP endlich ist, dann erfüllt die Fiskalpolitik (11)–(12).

Theorem 1 deutet an, dass Nachhaltigkeit durch Schätzung einer fiskalpolitischen Regel (oder Reaktionsfunktion) für die Primärüberschuss-BIP-Quote getestet werden kann. Die Idee des Beweises ist, dass das Schuldenwachstum durch $(1-\rho)^n$ gemäß einem Ponzi-Schema reduziert wird, wobei die Schulden in n Perioden durch einen ungefähren Faktor $(1-\rho)^n$ verringert werden. Für jedes (kleine) $\rho>0$ impliziert dies $E_t[u_{t,n} \cdot d_{t+n}] \approx (1-\rho)^n \cdot d_t^* \rightarrow 0$; der μ_t-Teil erweist sich als asymptotisch irrelevant.[11]

Die Annahmen von Theorem 1 können auf verschiedene Weisen abgeschwächt werden, indem z. B. Nichtlinearitätskoeffizienten und zeitvariable Koeffizienten zugelassen werden. Eine nichtlineare Rückkoppelungsregel gewährleistet Nachhaltigkeit, wenn der Koeffizient bei hohen Schulden-BIP-Quoten von null weg beschränkt ist. Das heißt, wenn es einen endlichen Wert $\hat{d}$ und eine Funktion $f(d)$ gibt, sodass $f(d) \geq \rho \cdot (d-\hat{d})\ \forall\ d \geq \hat{d}$, dann ist die fiskalpolitische Regel $s_t = \rho \cdot f(d_t^*)+\mu_t$ ebenfalls nachhaltig (Bohn 1998). Eine zeitvariable fiskalpolitische Regel $s_t = \rho_t \cdot d_t^*+\mu_t$ sichert Nachhaltigkeit, wenn $\rho_t \geq 0, \forall t$ und wenn $\rho_t > 0$ unendlich oft gilt (Canzoneri et al. 2001). Nichtlinearitäten und Zeitvariation können jedoch Fragen hinsichtlich der Stabilität der Politik aufwerfen und somit auch der Plausibilität einer Extrapolation in die Zukunft. Theorem 1 kann auch durch Ausschluss der Seignoragegewinne von s_t verstärkt werden, um sicherzustellen, dass Nachhaltigkeit nicht durch Monetisierung erreicht wird.

Bevor (15) geschätzt wird, sollten einige konzeptuelle Aspekte von fiskalpolitischen Funktionen festgehalten werden.

11 Theorem 1 wird in Bohn (1998) bestätigt. Die formale Feststellung und der Beweis dazu wurden auf Wunsch des Herausgebers in einen unveröffentlichten Anhang gestellt (verfügbar unter http://econ.ucsb.edu/~bohn). Canzoneri et al. (2001) präsentieren einen erstaunlich ähnlichen Nachhaltigkeitssatz, der in jeder Hinsicht Theorem 1 äquivalent ist, mit der Ausnahme, dass ρ durch einen zeitvariablen Koeffizienten ersetzt wird (siehe unten). Theorem 1 und dessen Beweis wurden zuerst in Bohn (1991) in Umlauf gebracht und an der Georgetown University im Jänner 1992 vorgestellt.

Fiskalpolitische Funktionen nehmen implizit Stationarität und Ergodizität an. Stationarität wird weitgehend in der angewandten Volkswirtschaftstheorie angenommen, ist aber hier ungewöhnlich wichtig, weil Nachhaltigkeit nur durch Extrapolation der aktuellen fiskalpolitischen Maßnahmen in die unendliche Zukunft bewertet werden kann. Praktisch gesehen weist die gesamt Geschichte der US-Fiskalpolitik nicht mehr als drei bis fünf große Bewegungen in der Schulden-BIP-Quote auf, was nahelegt, dass sogar ganze Jahrzehnte von Daten möglicherweise nicht repräsentativ sind oder von einem einzigen Ereignis dominiert werden. Aus diesem Grund basieren die nachstehenden Schätzungen auf der längsten verfügbaren Zeitreihe, nämlich 1792–2003.

Ergodizität ist kritisch, weil man nur eine einzige Realisierung der Geschichte beobachtet, aus der geschlossen werden muss, wie Politik auf Störungen reagiert und wie sie unter verschiedenen Nebenbedingungen reagieren würde. Das kann durchaus unmöglich sein. Eine nichtlineare Regel kann z. B. keine Evidenz einer Rückkoppelung von Schulden auf Primärüberschüsse zeigen, wenn die Schulden zufälligerweise in der gesamten Zeitreihe unter $\hat{d}$ liegen; oder im Fall einer zeitvariablen Regel können alle ρ_t-Werte innerhalb der Zeitreihe gleich Null sein. Das Ergodizitätsproblem verstärkt die Auffassung, dass Theorem 1 hinreichend, aber nicht notwendig ist. Eine stabile positive Rückkopplung von den Schulden zu den Überschüssen würde es rechtfertigen, die Fiskalpolitik als nachhaltig zu bezeichnen, während eine fehlende oder scheinbar instabile Rückkopplung entweder einer nicht nachhaltigen Politik oder einem für eine Identifikation nicht ausreichenden Datensatz entsprechen würde. Die impliziten Stationaritäts- und Ergodizitätsannahmen gelten analog für die Einheitswurzel-, Kointegrations- und VAR-basierten Tests. Sie scheinen unvermeidbar, weil Nachhaltigkeitsbeschränkungen von Natur aus zukunftsorientiert sind.

Fiskalpolitische Funktionen bringen auch das Thema Einheitswurzel auf. Erstens, wenn die Schulden-BIP-Quote in (15) ein Einheitswurzel hätte und μ_t stationär wäre, würde $\rho > 0$ Kointegration zwischen Schulden und Primärüberschuss implizieren. Gleichung (15) würde dann Trehan und Walshs Nachhaltigkeitsbedingungen erfüllen. Tabelle 6.5 zeigt jedoch einen stationären Primärüberschuss, wodurch der Fall der Kointegration ausgeschlossen wird. Zweitens könnte eine stationäre Primärüberschuss-BIP-Quote kombiniert mit einer Einheitswurzel bei den Schulden als Evidenz gegen $\rho > 0$ betrachtet werden. Es ist daher wichtig, dass es keine glaubwürdige Evidenz für eine Einheitswurzel in der US-Schulden-BIP-Quote gibt. Drittens bedürfen Einheitswurzeln besonderer Aufmerksamkeit, weil deren (mutmaßliche) Präsenz als praktische Ausrede dienen kann, stationäre Regressoren wegzulassen – hier, um μ_t nicht modellieren zu müssen. Da die Schulden-

Überschuss-Beziehung jedoch mit stationären Variablen verknüpft zu sein scheint, kann μ_t nicht ignoriert werden, ohne Probleme mit ausgelassenen Variablen hervorzurufen.

Fiskalpolitische Funktionen wie (15) sind auch in Volkswirtschaften, in denen (10)–(12) nicht gelten, von Interesse. Meine Erkenntnis für derartige Volkswirtschaften ist, dass ein Fehlschlagen der Konvergenz in (10)–(12) ein ineffizient niedriges Staatsschuldenniveau signalisiert. Diese Intuition gilt klar für dynamisch ineffiziente Volkswirtschaften mit überlappenden Generationen. Höhere Staatsschulden würden die Zinssätze heben und die Wohlfahrt erhöhen. In solchen Volkswirtschaften würde – wenn die Staatsschulden aufgrund einer etwaigen Störung zurückgegangen wären – eine positive Reaktion von Überschüssen (wie in (15)) dazu beitragen, ein effizienteres Schuldenniveau wieder herzustellen. Die gleiche Intuition gilt für Modelle mit Transaktionskosten, in denen Staatsschulden wegen ihrer Liquidität geschätzt werden (z. B. Bohn 1999). Wenn die öffentliche Nachfrage nach Liquidität so hoch ist, dass der Staat Ponzi-Schemata auf niedrigen Schuldenniveaus fahren kann, wäre eine Erhöhung der Staatsschulden eine Pareto-Verbesserung. Eine positive Reaktion von Überschüssen auf Schulden sollte wieder helfen, ineffizient niedrige Staatsschulden zu vermeiden.

Fiskalpolitische Funktionen sind in Volkswirtschaften, in denen die Fiskalpolitik zusätzlichen, strengeren Beschränkungen als (10)–(12) unterliegt, von Interesse. Zusätzliche Beschränkungen können gelten, weil die Regierung z. B. nur beschränkt Steuern einheben kann bzw. aus anderen praktischen oder wirtschaftspolitischen Gründen. Eine Rückkoppelungsregel wie (15) ist in diesem Kontext recht vielversprechend, weil sie die Schulden-BIP-Quote auf natürliche Weise stabilisiert. Wenn μ_t und r_{t+1} stationär sind, fluktuiert die Schulden-BIP-Quote um einen Mittelwert von $E[d_t^*] \approx -\bar{\mu}/[\rho - \bar{r}(1-\rho)]$ herum. Die Rückkoppelungsregel ist somit mit zusätzlichen Beschränkungen, die Schuldenhöchstgrenzen implizieren, nicht unvereinbar.[12]

12 Weitere Nebenbedingungen wie Beschränktheit werden hier nicht untersucht, weil eine gründliche Analyse eine umfangreiche Ausarbeitung verlangen würde, die von der schwerpunktmäßigen Ausrichtung dieses Beitrags auf die IBB ablenken würde. Siehe Blanchard (1984), Uctum und Wickens (2000) sowie Polito und Wickens (2005) für aufschlussreiche Analysen von kurzfristigen Beschränkungen der Schuldenpolitik. Eine stationäre Schulden-BIP-Quote ist keine notwendige Bedingung für die IBB, weil (wie von McCallum (1984) gezeigt) die Nicht-Ponzi-Bedingung durch Politiken erfüllt werden kann, die die Schulden-BIP-Quote und die Steuereinnahmen-BIP-Quote mit einer Rate knapp unter dem Abzinsungsfaktor exponentiell wachsen lassen.

6.7 Schätzung der Bestimmungsfaktoren des Primärüberschusses

In diesem Abschnitt werden fiskalpolitische Funktionen für die US-Daten von 1792–2003 geschätzt. Dieser Ansatz ähnelt jenem von Bohn (1998), wird aber auf eine längere Datenreihe angewandt. Eine Anleitung für die Regressionsspezifikation ist den Steuerglättungstheorien für optimale Besteuerung zu entnehmen. Steuerglättung deutet an, dass temporäre Staatsausgaben und temporäre Einnahmenrückgänge (z. B. beim Steueraufkommen) höhere Budgetdefizite als normal auslösen. Dies legt eine empirische Spezifikation für den Primärüberschuss der nachfolgenden Form nahe:

$$s_t = \rho \cdot d_t^* + \beta_0 + \beta_g \cdot \tilde{g}_t + \beta_y \cdot \tilde{y}_t + \varepsilon_t, \qquad (16)$$

wobei $\tilde{g}_t$ ein Maß der temporären Ausgaben ist, $\tilde{y}_t$ das temporäre BIP misst, ε_t ein Fehlerterm mit Mittelwert Null ist und $(\rho, \beta_0, \beta_g, \beta_y)$ Regressionskoeffizienten sind.

Empirische Näherungswerte für $\tilde{y}_t$ und $\tilde{g}_t$ für eine lange Zeitreihe zu finden, ist eine Herausforderung, jedoch wichtig, um den Grenzeffekt von Staatsschulden zu identifizieren. Die zu einer bestimmten Zeit lebenden Individuen verfügten vermutlich über bessere Informationen über Konjunkturbedingungen, als ein Forscher historischen Daten entnehmen kann. Bezüglich der wirtschaftlichen Schwankungen wird einfach angenommen, dass Individuen in der Lage waren, Trends von Zyklen in Echtzeit zu unterscheiden, genau so wie es ein Wirtschaftswissenschafter rückblickend unter Verwendung eines HP-Filters zur Extraktion der Trendkomponente vom Log-Real-BIP tun kann. Der Abstand zwischen tatsächlichem Wert und Trend wird als Näherungswert für $\tilde{y}_t$ verwendet (wobei positive Werte einen Output über dem Trend kennzeichnen). Schwankungen in den Staatsausgaben werden von Militärausgaben in Kriegszeiten beherrscht. Da ein HP-Filter ein unplausibles Ausmaß an Voraussicht über Beginn, Ende und Intensität von Kriegen unterstellen würde, wird die permanente Komponente der Militärausgaben-BIP-Quote mittels AR(2)-Schätzverfahren berechnet.[13] Die nicht militärischen Ausgaben können sehr gut mittels Random Walk angenähert werden, d. h. sie haben keine signifikante temporäre Komponente. Die Differenz zwischen tatsächlichen und geschätzten permanenten Militärausgaben wird als Näherungswert für $\tilde{g}_t$ verwendet.

---

13 Das AR(2)-Schätzverfahren ist $g_t^{mil} = 0.59\% + 1.28 g_{t-1}^{mil} - 0.43 g_{t-2}^{mil}$ plus Fehlerterm. Die permanente Komponente wird mit einem Abzinsungsfaktor von 2 Prozent ermittelt.

Tabelle 6.7: Bestimmungsgrößen der Primärüberschuss-BIP-Quote, 1793–2003 (abhängige Variable: s_t in Prozent des BIP)

Modell	**Grund-modell**	**Mit Schulden quadriert**	**Mit Zeit-trend**	**Mit AR(1) für Aus-gaben**	**Mit Über-schuss exkl. Seignorage**
Spalte	**(1)**	(2)	(3)	(4)	(5)
Ausgangs schulden d_t^*	**0,121** (**11,3; 5,6**)	0,094 (11,6; 4,7)	0,116 (10,1; 5,5)	0,117 (11,3; 5,7)	0,119 (11,3; 5,6)
Konstante	**–0,030** (**–10,6; –5,6**)	–0,030 (–10,4; –5,8)	–0,033 (–8,7; –5,4)	0,0003 (0,1; 0,1)	–0,031 (–10,9; –5,8)
Temporäres BIP $\tilde{y}_t$	**0,088** (**2,2; 1,1**)	0,087 (2,1; 1,1)	0,091 (2,2; 1,2)	0,085 (2,1; 1,1)	0,090 (2,2; 1,2)
Temporäre Ausgaben $\tilde{g}_t$	**–0,815** (**–19,6; –7,0**)	–0,817 (–19,6; –7,0)	–0,823 (–19,5; –7,2)	–0,742 (–20,0; –7,2)	–0,818 (–19,9; –7,2)
Quadrierte Schulden $(d_t^* - \bar{d})^2$		0,020 (0,8; 0,5)			
Zeittrend			$3 * 10^{-5}$ (1,0; 0,8)		
R^2	0,689	0,691	0,691	0,690	0,697
DW	0,39	0,39	0,39	0,37	0,40

Anmerkung: Schätzungen von Gleichung (16). Die Einträge sind Koeffizientenschätzer. Die Einträge in Klammern sind gewöhnliche bzw. robuste t-Statistiken. Die robusten t-Statistiken erkennen die Autokorrelation in Residuen, indem 2 Leads/Lags in der Autokovarianzmatrix zugelassen werden. Die temporären Ausgaben werden als Differenz zwischen tatsächlichen Militärausgaben und der permanenten Komponente gemäß AR(2)-Verfahren berechnet, außer in Spalte (4), wo die tatsächlichen Militärausgaben als Regressor verwendet werden, wie im Text erklärt.

Tabelle 6.7 zeigt die Schätzung der wichtigsten fiskalpolitischen Funktion in Spalte (1) sowie mehrere Alternativen in den Spalten (2)–(5). Alle Schätzungen sind OLS-Schätzungen. Um allfällige Heteroskedastizität und Autokorrelation in den Residuen zu berücksichtigen, sind sowohl die gewöhnlichen als auch die robusten t-Statistiken angeführt (beide in Klammern).[14] Spalte (1) zeigt

14 Die Residuen weisen bedeutende Heteroskedastizität in Verbindung mit Kriegsperioden und einen gewissen Grad an Autokorrelation auf. Die OLS-Werte werden angeführt, weil die Ausreißer aufgrund von Kriegszeiten zu idiosynkratisch sind, um mittels WLS- oder anderer Standardmethoden überzeugend korrigiert

Schätzungen der Spezifikation (16). Der Koeffizient für die Ausgangsschulden ist signifikant positiv, der Nachhaltigkeit entsprechend. Die Koeffizienten für temporäres BIP und temporäre Ausgaben sind positiv bzw. negativ, entsprechend der Steuerglättung. Ermittelt man die Zeitreihenmittelwerte der Regressoren, implizieren alle fünf Regressionen eine stationäre Schulden-BIP-Quote mit einem Mittelwert von ca. 25 %, weit unter dem historischen Spitzenwert von über 100 %, was auf eine bedeutende Sicherheitsspanne gegen unerwartete Schocks deutet.

Zur Untersuchung der Robustheit wird in Spalte (2) ein Zeittrend hinzugefügt, jedoch ohne besondere Auswirkungen. Spalte (3) fügt die quadrierte Abweichung der Staatsschulden von ihrem Mittelwert hinzu, um potentielle Nichtlinearität im Verhältnis Überschuss zu Schulden zu untersuchen, jedoch auch hier ohne signifikante Auswirkungen. Spalte (4) ersetzt $\tilde{g}_t$ durch die tatsächlichen Militärausgaben, um zu dokumentieren, dass die Referenzergebnisse nicht auf alternative Spezifikationen von $\tilde{g}_t$ reagieren. Als Motivation ist zu beachten, dass für jeden Markovprozess die temporären und permanenten Komponenten im laufenden Wert linear sind. Daher ergibt Spalte (4) konsistente Schätzungen für ρ für jede Markov-Spezifikation der Militärausgaben. Spalte (5) ersetzt den Primärüberschuss durch den Primärüberschuss exklusive Seignoragegewinn (Transfers von der Notenbank zum Finanzministerium). Die Koeffizienten sind praktisch unverändert und dokumentieren, dass die Rückkoppelung der Schulden an den Überschuss nicht auf Monetisierung zurückzuführen ist.

Ganz andere Ergebnisse erhält man, wenn man die Näherungswerte für $\tilde{y}_t$ und $\tilde{g}_t$ weglässt. Dies ist in Tabelle 6.8 dokumentiert. Spalte (1) zeigt eine VAR-Schätzung des Überschuss-Schulden-Verhältnisses im Sinn von Canzoneri et al. (2001). Die Ausgangsschulden haben nach wie vor positive Auswirkungen auf den Überschuss, jedoch sind sie kleiner und weniger signifikant. In Spalte (2), die eine einfache bivariate Regression zeigt, ist der Koeffizient der Schulden nahe Null und nicht signifikant. Die kleinen Koeffizienten in den Spalten (1)–(2) deuten auf eine Verzerrung aufgrund von ausgelassenen Variablen hin. Zur Verstärkung dieses Punkts kehrt Spalte (3) zu Spezifikation (16) zurück, jedoch mit verzögertem Primärüberschuss und verzögerten Schulden als zusätzlichen Regressoren. Obwohl der verzögerte Überschuss signifikant ist, sind die Schätzungen ähnlich wie in Tabelle 6.7 und der Koeffizient für die Schulden liegt über 0,10.

---

zu werden. (Ich habe eine Reihe von einfachen Anpassungen durchprobiert, z. B. verschiedene Arten von Gewichten der Kriegsjahre, AR-Korrekturen und Kombinationen davon. Die Ergebnisse waren im Wesentlichen die gleichen wie bei OLS; vor allem aber blieb ρ signifikant positiv.)

Tabelle 6.8: Die Implikationen ausgelassener Variablen (abhängige Variable: s_t in Prozent des BIP)

Modell	Regression des Typs VAR	Bivariate Regression	Gleichung (16) & Regressoren des Typs VAR
Spalte	(1)	(2)	(3)
Ausgangs-schulden d_t^*	0,028 (2,8; 2,5)	–0,018 (–1,3; –0,5)	0,104 (10,8; 4,5)
Verzögerter Über-schuss s_{t-1}	0,957 (10,0; 3,0)		0,366 (4,2;2,0)
Veränderung der Schulden $d_t^* - d_{t-1}^*$	0,217 (2,3; 0,9)		–0,007 (–0,1; –0,5)
Konstante	–0,007 (–2,3; –2,2)	0,001 (0,3; 0,2)	–0,026 (–9,8; –4,3)
Temporäres BIP $\tilde{y}_t$			0,099 (2,8; 1,8)
Temporäre Ausgaben $\tilde{g}_t$			–0,600 (–12,9; –4,1)
R^2	0,568	0,008	0,763
DW	1,71	0,54	1,04

Anmerkung: Spezifikationen wie in Tabelle 6.7, außer wenn anders angeführt. Die Regressionen des Typs VAR zeigen die Veränderung der Schulden $d_t^* - d_{t-1}^*$ als Regressor anstelle der verzögerten Schulden d_{t-1}^*, um die permanenten Auswirkungen der Schulden hervorzuheben und Kollinearität zu vermeiden. Wenn d_{t-1}^* statt $d_t^* - d_{t-1}^*$ in den Spalten (1) und (3) angegeben würde, wäre keines davon für sich signifikant, die Summe wäre jedoch genauso signifikant positiv wie die Koeffizienten der Ausgangsschulden oben.

Ein Problem ausgelassener Variablen kann auch erklären, warum es nicht möglich war, ein Einheitswurzel für die Schulden-BIP-Quote in Tabelle 6.5 verwerfen. Schließt man $\tilde{y}_t$ und $\tilde{g}_t$ in einer ADF-Regression für die Schulden-BIP-Quote mit ein (in der Tabelle nicht dargestellt), springt die t-Statistik für die verzögerten Schulden auf –4,0 in einer ansonsten identischen Spezifikation (gegen –2,86 in Tabelle 6.5). Letzteres zeigt eine signifikante Rückkehr zum Mittelwert sogar bei kritischen Werten nach Dickey-Fuller. Die Auswirkungen von $\tilde{y}_t$ und $\tilde{g}_t$ deuten auf eine Verzerrung durch ausgelassene Variablen in den Standard-ADF-Regressionen hin – nicht unter der Einheitswurzel-Null, aber unter der Alternative, was zu einem Mangel an Aussagekraft führt.

Alle Spezifikationen mit $\tilde{y}_t$ und $\tilde{g}_t$ ergeben Schätzungen für ρ im Bereich 0,10 bis 0,12. Das liegt deutlich über meinen früheren Schätzungen für 1916–1995 von ca. 0,05 (Bohn 1998). Eine nähere Betrachtung der Zeitreihe deutet darauf hin, dass die höheren Koeffizienten hier auf die Interaktion von Staatsschulden und Militärausgaben während des Kalten Krieges (im engeren Sinn 1954–1964; im weiteren 1954–1989) zurückzuführen sind. Da die Datenreihen für das 20. Jahrhundert durch diese Periode dominiert werden, hilft die längere Datenreihe, diese ins rechte Licht zu rücken.

Die Ära des Kalten Kriegs ist empirisch gesehen wichtig, weil sie sowohl einen bedeutenden Rückgang der Schulden-BIP-Quote – das Schlüsselphänomen für Nachhaltigkeit – wie ein anhaltend überdurchschnittlich hohes Niveau der Militärausgaben aufweist. Die Militärausgaben betrugen 1951–1964 mehr als 10 % des BIP und blieben bis 1989 über 6 %, weit über dem Mittelwert der Zeitreihe von 4 %. Diese anhaltend überdurchschnittlichen Ausgaben setzen sich stark von den schnellen Rückgängen der Militärausgaben nach früheren Kriegen ab.

In ihren klassischen Artikeln über Steuerglättung folgen Barro (1986, 1986a) und Sahasakul (1986) Barros (1981) Modellierung von Militärausgaben als nichtstationär. Unter Verwendung von Daten von 1932–1978 regressierte Barro (1981) die erste Differenz von Militärausgaben auf die Verlustrate in großen Kriegen und auf Militärkapital. Die implizierte Reihe für permanente Militärausgaben liegt in der Periode nach 1953 den tatsächlichen Ausgaben ziemlich nahe. Das heißt, die Militärausgaben im Kalten Krieg werden als permanente und nicht als temporäre Ausgaben, die Budgetdefizite rechtfertigen würden, behandelt. Die überdurchschnittlichen Überschüsse im Zeitraum 1955–1964 werden dann als milde Antwort auf die stark überdurchschnittlich hohe Schulden-BIP-Quote interpretiert, entsprechend $\rho \sim 0.05$.

In Tabelle 6.7 hingegen beruhen die temporären Ausgaben auf einem stationären Modell für die Militärausgaben-BIP-Quote gemäß den Einheitswurzeltests in Tabelle 6.5.[15] Die geschätzte Rückkehr zum Mittelwert ist schnell genug, dass überdurchschnittliche Ausgaben als weitgehend temporär interpretiert werden. Wenn als temporär interpretiert, hätten die hohen Ausgaben während des Kalten Kriegs unterdurchschnittliche Überschüsse auslösen müssen. Dann können die beobachteten überdurchschnittlichen Überschüsse nur als starke Reaktion auf die hohen Schulden-BIP-Quoten nach dem Zweiten Weltkrieg interpretiert werden, entsprechend $\rho \sim 0.12$.

---

15 Abgesehen von der Stationaritätsfrage wird Barros (1981) Spezifikation für Militärausgaben undurchführbar, wenn sie auf Zeitreihen mit Einschluss des Bürgerkriegs angewandt wird. Die Verlustrate im Bürgerkrieg war so hoch, dass Barros Regressionskoeffizienten negative Ausgaben vorhersagen würden, bzw. würden bei Beschränkung der Koeffizienten, um Negativwerte zu vermeiden, die Verlustraten für andere Perioden irrelevant werden.

Tabelle 6.9 dokumentiert die Implikationen von verschiedenen Maßen für $\tilde{g}_t$. Spalte (1) verwendet Barros Maß für 1916–1995 (eine durch Datenverfügbarkeit beschränkte Datenreihe). Zum Vergleich: Spalte (2) zeigt die Ergebnisse für meine auf die gleiche Datenreihe beschränkte Referenzspezifikation. Die Spezifikation des Typs Barro ergibt eine wesentlich geringere Reaktion auf die Ausgangsschulden, $\rho \sim 7$ % in Spalte (1) gegen $\rho \sim 14$ % in Spalte (2).

Tabelle 6.9: Verschiedene Maße temporärer Ausgaben (abhängige Variable: s_t in Prozent des BIP)

Modell	**Barros $\tilde{g}_t$ 1916–1995**	**AR(2) für $\tilde{g}_t$ 1916–2003**	**Verbundenes $\tilde{g}_t$ 1793–2003**
Spalte	**(1)**	**(2)**	**(3)**
Ausgangsschulden d_t^*	0,072	0,147	0,069
	(5,8; 3,8)	(6,2; 3,8)	(11,7; 7,3)
Konstante	–0,032	–0,041	–0,027
	(–6,3; 4,0)	(–4,8; –2,8)	(–15,2; –13,1)
Temporäres BIP $\tilde{y}_t$	0,122	0,120	0,112
	(2,5; 2,6)	(1,4; 0)	(4,2; 3,6)
Temporäre Ausgaben $\tilde{g}_t$	–0,875	–0,830	–0,900
	(–19,6; –17,1)	(–10,4; –5,2)	(–33,7; –19,5)
R^2	0,873	0,654	0,863
DW	1,45	0,34	1,25

Anmerkung: Schätzungen von Gleichung (16) im Text. Die Einträge sind Koeffizientenschätzungen. Die Einträge in Klammern sind die gewöhnlichen bzw. robusten t-Statistiken. Regressoren wie in Tabelle 6.7. Spalte (1) verwendet Barros (1986) *GVAR*-Variable für temporäre Ausgaben, wie in Bohn (1998) aktualisiert. Spalte (2) verwendet die gleiche Spezifikation wie Tabelle 6.7, Spalte (1) für eine kürzere Schätzperiode. Spalte (3) kombiniert Barros (1986) *GVAR*-Variable für 1916–1995 mit der AR(2)-Schätzung aus Tabelle 6.7 für die anderen Jahre.

Es ist eine offene Frage, ob die stationäre Darstellung oder Barros Maß besser die öffentlichen Wahrnehmungen der Ausgaben für den Kalten Krieg wiedergeben. Wenn der Kalte Krieg als Regimewechsel wahrgenommen wurde, könnte es angebracht sein, verschiedene Schätzungen für $\tilde{g}_t$ für verschiedene Teilreihen zu verwenden. In diesem Sinn verwendet Spalte (3) Barros $\tilde{g}_t$-Maß für 1916–1995 und mein AR(2)-Maß für alle anderen Jahre. Daraus ergibt sich eine Schätzung von ρ für die gesamte Datenreihe von 6,9 %. (Bei Verwendung von Barros Maß nur für 1946–1965 erhält man einen ähnlichen Wert, 7,2 %.)

Insgesamt reichen vernünftige Schätzungen für die Überschuss-Schulden-Reaktion je nach Interpretation der Ausgaben des Kalten Krieges von 6,9 %

bis 12,1 % (unter Verwendung von Tabelle 6.9, Spalte (3) und Tabelle 6.7, Spalte (1)). Diese Interpretation des Kalten Krieges ist jedoch nur eine quantitative Frage. Nachhaltigkeit ist für beide Interpretationen gegeben, weil alle Schätzungen für ρ signifikant positiv sind.

6.8 Schlussbemerkungen

Dieses Kapitel untersucht die Nachhaltigkeit der US-Fiskalpolitik und findet eine beachtliche Evidenz zu deren Gunsten. Zuerst werden die US-Fiskaldaten von 1792–2003 dargestellt und gezeigt, dass Wachstumseffekte historisch die gesamte Zinsbelastung der US-Staatsschulden abgedeckt haben. Dann werden die Nachhaltigkeitsbedingungen besprochen, die auf Budgetbeschränkungen in Erwartungswerten beruhen, und eine vereinheitlichte Darstellung der implizierten Einheitswurzeltests geliefert. Ich komme zu dem Schluss, dass nicht nach dem BIP skalierte Fiskalreihen im Kontext der Einheitswurzeltests irreführend sind und dass es keine glaubwürdige Evidenz für Einheitswurzeln in den US-Schulden-BIP- und -Defizit-BIP-Quoten gibt. Die Hauptevidenz zugunsten der Nachhaltigkeit ist die Feststellung einer robusten positiven Reaktion der Primärüberschüsse auf Veränderungen der Ausgangsschulden. Die fiskalpolitischen Funktionen für Primärüberschüsse sind ähnlich wie in Bohn (1998), aber die längere Datenreihe von 1793–2003 legt weniger Gewicht auf den Zweiten Weltkrieg und den Kalten Krieg.

6.9 Literaturverzeichnis

Abel, A.; Mankiw, G.; Summers, L.; Zeckhauser, R. (1989): Assessing Dynamic Efficiency: Theory and Evidence, Review of Economic Studies 56, 1–20.

Ahmed, S.; Rogers, J. (1995): Government Budget Deficits and Trade Deficits: Are Present Value Constraints Satisfied in Long-term Data? Journal of Monetary Economics 36, 351–374.

Barro, R. J. (1981): Output Effects of Government Purchases, Journal of Political Economy 89, 1086–1121.

Barro, R. J. (1986): U.S. Deficits since World War I, Scandinavian Journal of Economics 88, 195–222.

Barro, R. J. (1986a): The Behavior of United States Deficits, in: R. Gordon (Hrsg.): The American Business Cycle: Continuity and Change, Chicago, Ill.

Beveridge, S.; Nelson, C. (1981): A New Approach to Decomposition of Economic Time Series into Permanent and Transitory Components with Particular Attention to Measurement of the Business Cycle, Journal of Monetary Economics 7, 151–174.

Blanchard, O. (1984): Current and Anticipated Deficits, Interest Rates and Economic Activity, European Economic Review 25, 7–27.

Bohn, H. (1991): Testing the Sustainability of Budget Deficits in a Stochastic Economy, unveröffentlichtes Manuskript, University of Pennsylvania.

Bohn, H. (1991a): Budget Balance through Revenue or Spending Adjustments? Some Historical Evidence for the United States, Journal of Monetary Economics 27, 333–359.

Bohn, H. (1995): The Sustainability of Budget Deficits in a Stochastic Economy, Journal of Money, Credit, and Banking 27, 257–271.

Bohn, H. (1998): The Behavior of U.S. Public Debt and Deficits, Quarterly Journal of Economics 113, 949–963.

Bohn, H. (1999): Fiscal Policy and the Mehra-Prescott Puzzle: On the Welfare Implications of Budget Deficits when Real Interest Rates are Low, Journal of Money, Credit, and Banking 31, 1–13.

Canzoneri, M.; Cumby, R.; Diba, B. (2001): Is the Price Level Determined by the Needs of Fiscal Solvency? American Economic Review 91, 1221–1238.

Christiano, L.; Eichenbaum, M. (1990): Unit Roots in Real GNP: Do We Know, and Do We Care? Carnegie-Rochester Conference Series on Public Policy 32, 7–62.

Cochrane, J. (1988): A Frictionless View of U.S. Inflation, in: Bernanke, B.; Rotemberg, J. (Hrsg.), NBER Macroeconomics Annual, 323–384.

Hamilton, J. (1994): Time Series Analysis, Princeton.

Hamilton, J.; Flavin, M. (1986): On the Limitations of Government Borrowing: A Framework for Empirical Testing, American Economic Review 76, 808–819.

Hansen, L., Roberds, W.; Sargent, T. (1991): Time Series Implications of Present Value Budget Balance and of Martingale Models of Consumption and Taxes, in: Hansen, L.; Sargent, T. (Hrsg.): Rational Expectations Econometrics, Boulder.

Kwiatkowski, D.; Phillips, P.; Schmidt, P.; Shin, Y. (1992): Testing the Null Hypothesis of Stationarity against the Alternative of a Unit Root, Journal of Econometrics 54, 159–178.

McCallum, B. (1984): Are Bond-financed Deficits Inflationary? A Ricardian Analysis, Journal of Political Economy 92, 125–135.

Mehra, R.; Prescott, E. (1985): The Equity-Premium: A Puzzle, Journal of Monetary Economics 15, 145–162.

Polito, V.; Wickens, M. (2005): Measuring Fiscal Sustainability, unveröffentlichtes Manuskript, University of York.

Sahasakul, C. (1986): The U.S.-Evidence of Optimal Taxation over Time, Journal of Monetary Economics 18, 251–275.

Trehan, B.; Walsh, C. (1988): Common Trends, the Government Budget Constraint, and Revenue Smoothing, Journal of Economic Dynamics and Control 12, 425–444.

Trehan, B.; Walsh, C. (1991): Testing Intertemporal Budget Constraints: Theory and Applications to U.S. Federal Budget and Current Account Deficits, Journal of Money, Credit, and Banking 23, 210–223.

Uctum, M.; Wickens, M. R. (2000): Debt and Deficit Ceilings, and Sustainability of Fiscal Policy: An Intertemporal Analysis, Oxford Bulletin of Economics and Statistics 62, 197–222.

Wickens, M. R.; Uctum, M. (1993): The Sustainability of Current Account Deficits, Journal of Economic Dynamics and Control 17, 423–441.

Wilcox, D. W. (1989): The Sustainability of Government Deficit: Implications of the Present-value Borrowing Constraint, Journal of Money, Credit, and Banking 21, 291–306.

Alfred Greiner, Uwe Köller und Willi Semmler

Kapitel 7
Nachhaltigkeit der deutschen Fiskalpolitik: Evidenz für den Zeitraum 1960–2003

7.1 Einleitung

Das Thema Staatsschulden ist seit den 1990er Jahren zu einer zentralen Frage sowohl für Ökonomen als auch für Politiker im Euroraum geworden. Die meisten OECD-Länder weisen seit Mitte der 1970er Jahre chronische Staatsdefizite auf, die zu einer Steigerung der Schulden-BIP-Quoten geführt haben. Betrachtet man die Zeitreihendaten, scheint die Hauptursache des Staatsschuldenanstiegs in den 1970er Jahre mit den beiden Ölkrisen verbunden zu sein. In späteren Perioden mit moderaten oder geringen Wachstumsraten sowie langfristig steigenden Arbeitslosenraten in den Euroraumländern scheinen die staatlichen Wohlfahrtsausgaben die hohen Defizitniveaus und steigenden Staatsschulden bis Mitte der 1990er Jahre verursacht zu haben.[1] Dennoch haben die Bemühungen, die Staatsschulden in Vorbereitung des Starts der Europäischen Wirtschafts- und Währungsunion (EWWU) im Jahr 1999 zu reduzieren, zu sinkenden staatlichen Defiziten geführt. In der Rezession 2001–2003 sind die Defizite einiger Länder, insbesondere Deutschlands und Frankreichs, neuerlich gestiegen.

In der akademischen Debatte über Defizite und Schulden der Euroraumländer wurde argumentiert, dass die Fiskalpolitik Gefahr läuft, nicht mehr nachhaltig zu sein, und nicht mehr als Instrument geeignet und wirksam zur Stabilisierung der Gesamtwirtschaft ist. Der vorliegende Beitrag befasst sich mit formalen ökonometrischen Verfahren, die es ermöglichen, die Fiskalpolitik auf Nachhaltigkeit zu testen. Womit wir uns hier beschäftigen, ist also nicht die kurzfristige Verletzung des Stabilitäts- und Wachstumspakts (SWP) der EWWU, sondern die langfristige Nachhaltigkeit der Fiskalpolitik der Mitgliedstaaten. Es wird insbesondere ein Land – nämlich Deutschland – untersucht; der verwendete Test kann jedoch auf andere Länder des Euroraums genauso angewandt werden.

Aus theoretischer Sicht wird die Frage, wie groß die Schulden eines privaten Subjekts werden können, üblicherweise wie folgt beantwortet: Private Haushalte unterliegen der Kreditbeschränkung, was bedeutet, dass – wenn es keine Anfangsschulden gibt – der erwartete Gegenwartswert der Ausgaben (exklusive Zinszah-

1 In Deutschland war es insbesondere die Wiedervereinigung von Ost- und Westdeutschland, die einen Anstieg der Schulden-BIP-Quote von ca. 44 % (1990) auf etwa 58 % (1995) verursacht hat.

lungen) den erwarteten Gegenwartswert der Einnahmen nicht übersteigen darf, die bekannte Nicht-Ponzi-Spiel-Bedingung. Diese Bedingung impliziert, dass ein privater Haushalt nicht fort-dauernd Kredite aufnehmen und die Zinsen durch weitere Kreditaufnahmen bezahlen kann. Es gibt Grenzen für die Kreditaufnahmekapazität von Wirtschaftssubjekten, die üblicherweise durch die intertemporalen Budgetbeschränkungen der Wirtschaftssubjekte bestimmt werden.[2]

Für die Staatsschulden ist diese Frage nach wie vor aus theoretischer Sicht nicht ganz geklärt. Wenn ein Staat Kredite aufnehmen und die Zinsen durch weitere Kreditaufnahmen bezahlen könnte, wäre jede Fiskalpolitik nachhaltig, und in einigen Modellen ist dies tatsächlich auch möglich.[3] Diese Möglichkeit ist jedoch nicht mehr gegeben, wenn die Wirtschaft dynamisch effizient ist.[4] Dann ist der Staat mit einer Gegenwartswert-Kreditbeschränkung konfrontiert, die besagt, dass der Gegenwartswert der Staatsschulden gleich der abgezinsten Summe der künftigen Überschüsse exklusive Zinszahlungen sein muss.[5] Bohn (1995) hat bewiesen, dass der Staat in einer Tauschwirtschaft mit ewig lebenden Wirtschaftssubjekten immer die Nicht-Ponzi-Spiel-Bedingung erfüllen muss. In einer Reihe von Veröffentlichungen liefert Bohn (1995, 1998) nicht nur eine theoretische Weiterentwicklung der Untersuchung der Nachhaltigkeit von Staatsschulden, sondern auch einen neuen ökonometrischen Ansatz zur Schätzung der Nachhaltigkeit von Staatsschulden.

Empirische Studien, die helfen, aufzuklären, ob Staaten die intertemporale Budgetbeschränkung einhalten oder nicht, sind tatsächlich wünschenswert. Für die USA gibt es zahlreiche Studien, angefangen mit der Arbeit von Hamilton und Flavin (1986). In dieser Arbeit schlagen sie ein System für die Analyse vor, ob Staaten ein Ponzi-Programm verfolgen können oder nicht, und wenden den Test auf US-Zeitreihendaten an. Dabei stellen sie Nachhaltigkeit der Fiskalpolitik in den USA fest. Darauf folgten andere Arbeiten, die ebenso dieser Frage für die USA und andere Länder nachgegangen sind, teilweise jedoch zu unterschiedlichen Schlussfolgerungen gelangten (siehe z.B. Kremers 1988, Wilcox 1989, Trehan und Walsh 1991, Greiner und Semmler 1999). Diese Tests wurden jedoch von Bohn (1995, 1998) kritisiert,

2 Ein Modell für die Nachhaltigkeit privater Schulden wird in Grüne et al. (2004) entwickelt und untersucht.

3 In Modellen überlappender Generationen z.B., die dynamisch ineffizient sind, kann ein Staat Kredite aufnehmen, um Zinsen auf offene Schulden zu bezahlen (siehe Diamond 1965), d.h. er kann einen Ponzi-Plan verfolgen.

4 Für eine empirische Analyse, ob die US-Wirtschaft dynamisch effizient ist, siehe Abel et al. (1989).

5 McCallum (1984) hat eine Version des Wettbewerbsgleichgewichtsmodells von Sidrauski (1967) mit vollkommener Voraussicht untersucht und bewiesen, dass permanente Primärdefizite nicht möglich sind, wenn das Defizit exklusive Zinszahlungen definiert ist.

weil sie Annahmen über Abzinsungsfaktoren sowie künftige Zustände der Natur treffen. Letztere sind ausgehend von einem einzigen Satz beobachteter Zeitreihendaten schwer zu schätzen. In einer jüngeren Arbeit schlägt Bohn (1998) einen neuen Test vor, der nicht dieser Kritik unterliegt.

In der vorliegenden Arbeit wird Bohns Ansatz erweitert, indem ein zeitvariables Koeffizientenmodell bei der Anwendung auf deutsche Zeitreihendaten verwendet wird. Andere Zeitreihenmethoden wurden auf die deutsche Wirtschaft in Greiner und Semmler (1999) angewandt. Letzterer Beitrag griff auf die von Hamilton und Flavin (1986), Trehan und Walsh (1991) sowie Wilcox (1989) vorgeschlagenen Tests zurück. Es zeigte sich, dass die Ergebnisse zum Teil nicht robust sind, was eine Motivation war, den von Bohn (1998) vorgeschlagenen Test hier anzuwenden. So ist z. B. die Anzahl der Verzögerungen wesentlich für die Frage, ob der Budgetüberschuss eine stationäre Zeitreihe ist oder nicht.

Der Rest ist wie folgt organisiert. Abschnitt 7.2 führt einige theoretische Überlegungen bezüglich der intertemporalen Budgetbeschränkungen aus und erörtert die relevante Literatur. Abschnitt 7.3 präsentiert die Schätzergebnisse für Deutschland. Abschnitt 7.4 schließt die Arbeit ab.

7.2 Einige theoretische Überlegungen

Üblicherweise wird vorausgesetzt, dass Staaten ebenfalls eine intertemporale Budgetbeschränkung einhalten müssen. Ökonomisch ausgedrückt besagt diese Beschränkung, dass die (Netto-)Staatsschulden zum Zeitpunkt null gleich dem erwarteten Gegenwartswert der künftigen Primärüberschüsse sein müssen. Diese Voraussetzung wird oft auch als Nicht-Ponzi-Spiel-Bedingung bezeichnet. Lässt man stochastische Effekte außer Acht und nimmt einen konstanten Zinssatz an, kann die intertemporale Budgetbeschränkung geschrieben werden als

$$B(0) = \int_0^\infty e^{-r\tau} S^p(\tau) d\tau, \tag{1}$$

wobei r der konstante Zinssatz, $B(0)$ die Staatsschulden zum Zeitpunkt null und S^p der Primärüberschuss sind.[6] Nachstehende Gleichung entspricht Gleichung (1):

$$\lim_{t\to\infty} e^{-rt} B(t) = 0, \tag{2}$$

wobei $B(t)$ die Staatsschulden zum Zeitpunkt t sind. Sie besagt, dass der Gegenwartswert der Staatsschulden für $t \to \infty$ zu null konvergiert.

In der wirtschaftswissenschaftlichen Literatur gibt es zahlreiche Studien, die untersuchen, ob (1) und (2) in Realwirtschaften gelten (siehe z. B. Hamilton und Flavin 1986, Kremers 1988, Wilcox 1989, Trehan und Walsh 1991). Ha-

6 Für eine Ableitung siehe z. B. Blanchard und Fischer (1989), Kap. 2.

milton und Flavin (1986) empfehlen z. B., auf das Vorhandensein einer Blase in der Zeitreihe der Nettostaatsschulden zu testen, die darauf hinweisen würde, dass eine gegebene Fiskalpolitik nicht nachhaltig ist. Trehan und Walsh (1991) schlugen vor zu testen, ob das Budgetdefizit stationär ist oder ob die Primärbudgetdefizit- und Staatsschuldenzeitreihen kointegriert sind und $(1-\lambda L)S_t^p$ stationär ist, wobei $0 \leq \lambda < 1+r_t$. Ein weiterer, von Wilcox (1989) vorgeschlagener Test prüft, ob die Zeitreihe der nichtabgezinsten Schulden einen unbedingten Mittelwert von null aufweist. Ist dies der Fall, wird die intertemporale Staatsbeschränkung erfüllt, weil die intertemporale Budgetbeschränkung verlangt, dass die abgezinsten Schulden zu null konvergieren.[7]

Ein Aspekt dieser Tests, der zu Kritik geführt hat, ist, dass sie sehr starke Annahmen brauchen, weil die Transversalitätsbedingung Erwartungen bezüglich künftiger Zustände verlangt, die schwer aus einem einzigen Satz Zeitreihendaten zu bekommen sind, und weil Annahmen über den Abzinsungsfaktor getroffen werden müssen (siehe z. B. Bohn 1995, 1998).

Ein Testverfahren, das dieses Problem umgeht, besteht darin, die Zeitreihe der Schuldenquote, d. h. das Verhältnis Staatsschulden zu BIP, zu untersuchen. Ist diese Reihe konstant, dann wird die intertemporale Budgetbeschränkung für dynamisch effiziente Volkswirtschaften erfüllt. Zu diesem Zweck sei $B/Y=c_1$ die konstante Schuldenquote, wobei Y das BIP und c_1 eine positive Konstante ist. Setzt man $B/Y=c_1$ in (2) ein, erhält man

$$\lim_{t \to \infty} c_1 Y_0 e^{(\gamma - r)t} = 0 \tag{3}$$

für $\gamma < r$, wobei $\gamma > 0$ die konstante Wachstumsrate des BIP ist. Die Bedingung $\gamma < r$ kennzeichnet eine dynamisch effiziente Volkswirtschaft und gilt auch mit hoher Wahrscheinlichkeit für Realwirtschaften. In EU-Ländern scheint dies z. B. erfüllt zu sein, wenn man die Zinssätze mit den BIP-Wachstumsraten vergleicht. Aber sogar die USA, wo die Wachstumsraten die Zinssätze auf sichere Staatsanleihen übersteigen, sind eine dynamisch effiziente Volkswirtschaft (für Details siehe Abel et al. 1989). In weiterer Folge sollen hier daher die Überlegungen auf den Fall dynamisch effizienter Volkswirtschaften beschränkt werden und angenommen werden, dass der Abzinsungsfaktor der Staatsschulden die BIP-Wachstumsrate übersteigt.[8]

Der Test auf Stationarität der Schuldenquote ist jedoch auch mit einigen Mängeln behaftet. So ist es z. B. schwierig, zwischen einer Zeitreihe, die um einen positiven Abschnitt herum stationär ist, und einer, die einen Trend auf-

7 Bezüglich einer Anwendung dieser Tests auf Deutschland siehe Greiner und Semmler (1999).

8 In dynamisch ineffizienten Volkswirtschaften ist die staatliche Budgetbeschränkung irrelevant, weil der Staat in diesem Fall ein Ponzi-Spiel spielen kann.

weist, zu unterscheiden. Dies gilt, weil Standard-Einheitswurzel-Regressionen gegenüber Autoregressions-Alternativen schwach ausfallen, wenn der AR-Koeffizient nahe bei eins liegt. Infolgedessen wurde die Hypothese, dass eine gegebene Fiskalpolitik nachhaltig ist, zu schnell verworfen.

Bohn (1998) schlägt daher vor, zu testen, ob die Primärdefizit-BIP-Quote eine positive lineare Funktion der Schulden-BIP-Quote ist. Ist dies der Fall, ist eine gegebene Fiskalpolitik nachhaltig. Die intuitive Begründung hinter diesem Argument ist wie folgt: Wenn ein Staat bei steigender Staatsschuldenquote den Primärüberschuss steigert, trifft er Korrekturmaßnahmen, die die Schuldenquote stabilisieren und die Staatsschulden nachhaltig machen. Bevor empirische Tests, die dieses Konzept anwenden, vorgenommen werden, sollen einige theoretische Überlegungen über die Relevanz dieses Tests erfolgen, wobei die Überlegungen auf deterministische Volkswirtschaften beschränkt werden.

Unter der Annahme, dass die Primärüberschuss-BIP-Quote von einer Konstante und linear von der Schulden-BIP-Quote abhängt, kann diese Variable geschrieben werden als

$$\frac{S^{p}(t)}{Y(t)} = \frac{T(t)-G(t)}{Y(t)} = \alpha + \rho\left(\frac{B(t)}{Y(t)}\right), \tag{4}$$

wobei $T(t)$ die Steuereinnahmen zum Zeitpunkt t, $G(t)$ die Staatsausgaben zum Zeitpunkt t und α und ρ Konstanten sind, die entweder negativ oder positiv sein können. α ist eine systematische Komponente, die bestimmt, wie das Niveau des Primärdefizits auf Veränderungen des BIP reagiert. α kann auch als Gesamtheit anderer (konstanter) ökonomischer Variablen, die die Primärüberschussquote beeinflussen, interpretiert werden.

Der Koeffizient ρ kann als Reaktionskoeffizient bezeichnet werden, da er die Reaktion der Primärüberschussquote auf eine Erhöhung der Schuldenquote anzeigt. Fügt man (4) in die Differenzengleichung ein, die die Entwicklung der Staatsschulden beschreibt, wird letztere Gleichung gegeben durch

$$\dot{B}(t) = rB(t) + G(t) - T(t) = (r-\rho)B(t) - \alpha Y(t)\,. \tag{5}$$

Durch Lösung dieser Gleichung erhält man

$$B(t) = \left(\frac{\alpha}{r-\gamma-\rho}\right)Y(0)e^{\gamma t} + e^{(r-\rho)t}C_1 \tag{6}$$

wobei $B(0) > 0$ die Schulden zum Zeitpunkt t=0, die als strikt positiv angenommen werden, und C_1 eine Konstante C_1=$B(0)$–$Y(0)\ \alpha/(r\text{–}\gamma\text{–}\rho)$ sind. Multipliziert man beide Seiten von (4) mit e^{-rt}, erhält man

$$e^{-rt}B(t) = \left(\frac{\alpha}{r-\gamma-\rho}\right)Y(0)e^{(\gamma-r)t} + e^{-\rho t}C_1 \tag{7}$$

Der erste Term auf der rechten Seite in (7) konvergiert in dynamisch effizienten Volkswirtschaften zu null, der zweite Term konvergiert für $\rho > 0$ und divergiert für $\rho < 0$. Diese Überlegungen zeigen, dass $\rho > 0$ garantiert, dass die intertemporale Budgetbeschränkung des Staates hält.

Es muss außerdem darauf hingewiesen werden, dass in einer stochastischen Volkswirtschaft dynamische Effizienz nicht notwendigerweise impliziert, dass der Zinssatz auf Staatsschulden die Wachstumsrate der Volkswirtschaft übersteigt, d. h. $\gamma > r$ kann auftreten. Dies gilt, weil bei Risikovermögen der Zinssatz auf sichere Staatsanleihen geringer als das Grenzprodukt von Kapital sein kann. Wenn die stochastische Volkswirtschaft dynamisch effizient ist und die Wachstumsrate den Zinssatz auf Staatsanleihen übersteigt, ist ein positives ρ nichtsdestotrotz ebenfalls ausreichend für die Erfüllung der intertemporalen Budgetbeschränkung, wenn $\alpha = 0$ gilt, was direkt aus (7) ersichtlich ist.

Für Deutschland war die durchschnittliche Differenz zwischen BIP-Wachstumsrate und Zinssatz negativ, was impliziert, dass der erste Term in (7) zu null konvergiert. In diesem Fall ist das Vorzeichen von α irrelevant. Im Durchschnitt lag die Differenz zwischen BIP-Wachstumsrate und Zinssatz in Deutschland für die Periode 1960–2003 bei –1,02 Prozent. Daher würde ein positives Vorzeichen für ρ für Nachhaltigkeit in Deutschland ausreichen.

Mit Gleichung (4) entwickelt sich die Schulden-BIP-Quote darüber hinaus gemäß

$$\dot{b} = b\left(\frac{\dot{B}}{B} - \frac{\dot{Y}}{Y}\right) = b(r - \rho - \gamma) - \alpha . \tag{8}$$

Durch Lösung dieser Differenzialgleichung erhält man die Schulden-BIP-Quote b als

$$b(t) = \left(\frac{\alpha}{r - \gamma - \rho}\right) Y(0) e^{(r-\gamma-\rho)t} C_2, \tag{9}$$

wobei C_2 eine Konstante $C_2 = b(0) - \alpha/(r - \rho - \gamma)$ und $b(0) = B(0)/Y(0)$ die Schulden-BIP-Quote zum Zeitpunkt $t=0$ ist.

Gleichung (9) zeigt, dass die Schulden-BIP-Quote beschränkt bleibt, wenn $r-\gamma-\rho < 0$ gilt. Das zeigt, dass ein positives ρ keine Begrenzung der Schulden-BIP-Quote garantiert, obwohl die intertemporale Budgetbeschränkung des Staates in diesem Fall erfüllt ist. Nur wenn ρ größer als die Differenz zwischen Zinssatz und BIP-Wachstumsrate ist, bleibt die Schulden-BIP-Quote begrenzt. Diese Überlegungen zeigen, dass Nachhaltigkeit bei den Staatsschulden gegeben sein kann, auch wenn die Schulden-BIP-Quote im Lauf der Zeit steigt, eine Situation, die für Deutschland zu gelten scheint.

Im nächsten Abschnitt werden einige empirische Tests, die auf den theoretischen Überlegungen dieses Abschnitts basieren, durchgeführt, um Evidenz für die Nachhaltigkeit der deutschen Fiskalpolitik zu erhalten.

7.3 Empirische Evidenz für Deutschland

Der vorherige Abschnitt hat eine alternative Schätzstrategie für die Überprüfung der Nachhaltigkeit von Fiskalpolitik hervorgehoben. Im Folgenden wird dieser Test für Deutschland angewandt und eine empirische Analyse durchgeführt, wie der Primärüberschuss auf die Schulden-BIP-Quote reagiert, um zu sehen, ob eine gegebene Fiskalpolitik nachhaltig ist, wobei die Periode 1960–2003 dafür herangezogen wird.

Wie oben angeführt, besteht die Hauptidee bei der Überprüfung auf Nachhaltigkeit darin, folgende Gleichung zu schätzen:

$$ps_t = \rho b_t + \alpha^T Z_t + \varepsilon_t\,, \tag{10}$$

wobei ps_t bzw. b_t die Primärüberschuss- bzw. Schuldenquote sind, $\boldsymbol{Z}_t$ ist ein Vektor, der aus der Zahl 1 sowie anderen den Primärüberschuss beeinflussenden Faktoren besteht, und ε_t ist ein Fehlerterm, der i.i.d. $N(0,\sigma^2)$ ist.

Bezüglich der anderen in $\boldsymbol{Z}_t$ enthaltenen Variablen, die annahmengemäß den Primärüberschuss beeinflussen, wird eine Variable verwendet, die den Konjunkturzyklus widerspiegelt (*YVAR*), sowie die Sozial(versicherungs)überschussquote (*Soc*). *YVAR* wird durch Anwendung des HP-Filters auf die BIP-Reihe berechnet. Darüber hinaus wird in einer Version von (10) die Sozialüberschussquote (*Soc*) von der Primärüberschussquote abgezogen und als exogen betrachtet, um mögliche Auswirkungen von Transfers zwischen dem Sozialversicherungssystem und der Regierung zu erfassen.[9] In der zweiten zu schätzenden Gleichung ist die Sozialüberschussquote in der Primärüberschussquote enthalten.

Außerdem wurde die verzögerte (b_{t-1}) anstelle der momentanen (b_t) Schuldenquote verwendet. Der Grund ist, dass staatliche Budgetpläne normalerweise ein Jahr im Voraus erstellt werden. Wenn also die Schuldenquote in Periode t steigt, sollte eine nachhaltige Fiskalpolitik durch eine Steigerung der Primärüberschussquote in t+1 gekennzeichnet sein.

Zusammenfassend sehen die zu schätzenden Gleichungen wie folgt aus:

$$ps_t = \alpha_0 + \rho b_{t-1} + \alpha_1 YVAR_t + \alpha_2 Soc_t + \varepsilon_t\,, \tag{11}$$

$$ps_t^{soc} = \alpha_0 + \rho b_{t-1} + \alpha_1 YVAR_t + \varepsilon_t\,, \tag{12}$$

wobei ps_t die Primärüberschussquote exklusive und ps_t^{soc} die Primärüberschussquote inklusive Sozialüberschuss ist.

Wie angeführt, wird Gleichung (10) mit dem Primärüberschuss exklusive wie inklusive Sozialüberschuss geschätzt. Die Exklusiv-Version wird verwendet, weil das Sozialdefizit die Staatsschulden nicht beeinflusst, wenn das De-

---

9 Soc_t wird durch Abzug der vom Staat gezahlten Sozialleistungen von den vom Staat erhaltenen Sozialversicherungsbeiträgen berechnet.

fizit durch mögliche Überschüsse früherer Perioden finanziert wird. Darüber hinaus kann die Sozialversicherung kein Geld auf den Kapitalmärkten aufnehmen. Die staatliche Krankenversicherung in Deutschland darf z. B. keine Defizite schreiben. Wenn sie doch Defizite schreibt, steigen die Staatsschulden, die Schulden müssen jedoch in der Folgeperiode zurückbezahlt werden, sodass der Anstieg der Schulden nur transitorischer Natur ist. Wenn der Staat Sozialversicherungen subventioniert, sind diese Zahlungen Transfers, die jedoch auch im Primärüberschuss exklusive Sozialüberschuss aufscheinen.

Unserer Ansicht nach ist daher der Primärüberschuss exklusive Sozialüberschuss die relevante Variable bei der Untersuchung von Nachhaltigkeitsfragen. Nichtsdestotrotz werden auch Schätzungen mit dem Primärüberschuss inklusive Sozialüberschuss vorgenommen, um zu sehen, ob diese andere Ergebnisse liefern.

Bevor die Gleichungen (11)–(12) geschätzt werden, soll noch ein Blick auf die in Abbildung 7.1 dargestellte Entwicklung der Schulden-BIP-Quote sowie der Primärüberschussquote geworfen werden.

Abbildung 7.1: Schulden-BIP-Quote und Primärüberschussquote, exklusive Sozialüberschuss (Surplus) *und inklusive Sozialüberschuss* (Surplus+Soc)

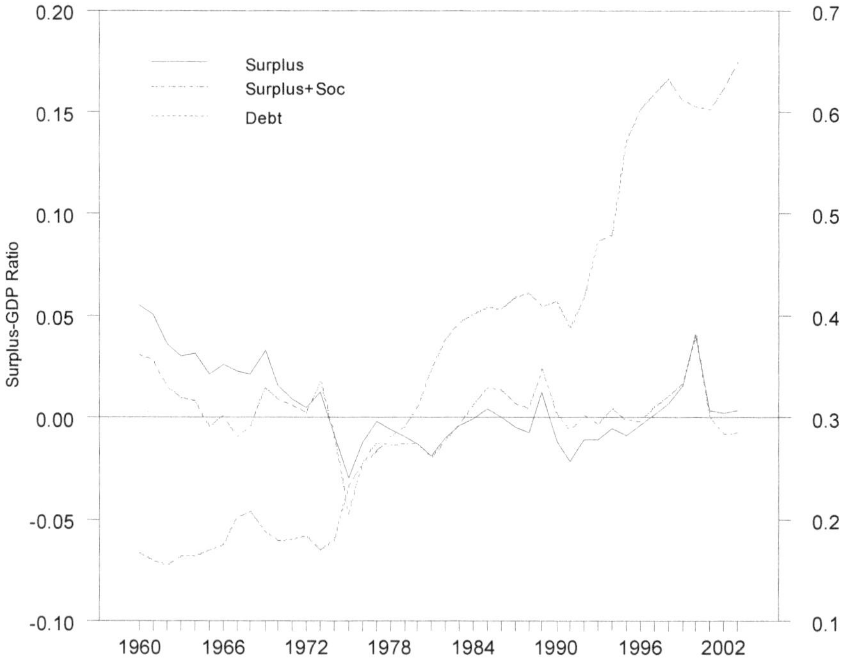

Wie aus Abbildung 7.1 ersichtlich, war die deutsche Regierung Mitte der 1970er Jahre mit schnell ansteigenden Schuldenquoten, verbunden mit permanenten Primärdefiziten, konfrontiert. Darüber hinaus kann man zwei Episoden mit einem starken Anstieg der Wachstumsrate der Staatsschulden beobachten, gefolgt von Perioden mit budgetärer Disziplin und geringer zunehmenden Schuldenquoten. Mitte der 1970er Jahre steigt die Schuldenquote aufgrund des Ölschocks, der auch eine Rezession mit steigender Arbeitslosenquote verursachte, sehr schnell an. Diese Tatsache wird in Abbildung 7.1 durch die gepunktete Linie für die Schulden-BIP-Quote sowie die durchgehende bzw. strichlierte Linie für den Primärüberschuss exklusive bzw. inklusive Sozialüberschuss hervorgehoben. Der zweite scharfe Anstieg der Schuldenquote wurde durch die deutsche Wiedervereinigung verursacht und begann Anfang der 1990er Jahre, als die BIP-Wachstumsrate sich verlangsamte.

Zudem zeigt Abbildung 7.1, dass es möglicherweise Strukturbrüche in der Zeitreihe der Schuldenquote geben könnte. Der erste Ölpreisschock 1974 ist einer davon. Zweitens gibt es einen Bruchpunkt bei einem Schuldenniveau von ca. 40 %, das etwa um 1980 erreicht wurde. Zuletzt führte die deutsche Wiedervereinigung 1990 zu einem starken Anstieg der staatlichen Verschuldung.

Die folgende Tabelle zeigt die Ergebnisse des Chow-Strukturbruch-Tests sowie des F-Tests auf Gleichheit zweier Varianzen.

Tabelle 7.1: Strukturbruchtests

Jahr	Schuldenquote	Chow-Test (p-Wert)	Varianzverhältnis-Test (p-Wert)
1974	0,180	7,286 (0,000)	4,053 (0,017)
1980	0,311	7,896 (0,000)	2,746 (0,027)
1989	0,409	4,035 (0,004)	1,999 (0,085)

Für 1980 erhält man die höchste Chow-F-Test-Statistik, und die Hypothese eines fehlenden Strukturbruchs muss abgelehnt werden. Der Varianzverhältnis-Test zeigt an, dass die Varianzen beider Teilmengen signifikant unterschiedlich sind. Dasselbe gilt für den Bruchpunkt im Jahr 1974. Nur für 1989 kann die Nullhypothese gleicher Varianzen auf dem 5 %-Niveau nicht verworfen werden. Zusammenfassend ist zu sagen, dass es mehr als einen Strukturbruch in den Daten gibt.

Diese Ergebnisse legen nahe, dass die Reaktion der Primärüberschussquote auf höhere Schuldenquoten nicht konstant war, sondern im Lauf der Zeit variiert hat. Daher werden nun die Gleichungen (11)–(12) unter Annahme eines zeitabhängigen Koeffizienten r_t geschätzt.

7.3.1 Schätzung des Koeffizienten r_t

In diesem Abschnitt wird der Koeffizient r_t geschätzt, der über die Zeit variieren kann. Im Allgemeinen ist das Regressionsmodell mit l variierenden Koeffizienten gegeben durch

$$y_i = x_{1i}\beta(t_{1i}) + x_{2i}\beta(t_{2i}) + \ldots + x_{li}\beta(t_{li}) + \varepsilon_i, \tag{13}$$

wobei die Elemente der Mengen der n Beobachtungen für die Reaktionsvariable Y, für die Prädiktorvariable X_j und für die zusätzliche Variable T_j jeweils durch y_i, x_{ij} bzw. t_{ij} gekennzeichnet wurde. Das Problem in dem Modell mit variablen Koeffizienten (13) besteht nun darin, die Daten durch Lösung des folgenden Kleinste-Quadrate-Kriteriums mit integriertem Strafterm anzupassen (siehe Ryan 1997):

$$\min_{\beta_k} \sum_{i=1}^{n} \left(y_i - \sum_{j=1}^{l} x_{ij}\beta_j(t_j) \right)^2 + \sum_{j=1}^{l} \lambda_j \int_a^b \left(\frac{d^2\beta_j(t_j)}{dt_j^2} \right)^2 dt_j \tag{14}$$

wobei die vereinfachende Annahme $\alpha < x_{j1} < \ldots < x_{jn} < b$ getroffen werden kann. l ist der Glättungsparameter, und die Wahl dieses Parameters spielt eine wichtige Rolle. Kleine λ-Werte reduzieren die Varianz der Anpassung, erhöhen jedoch die Verzerrung, so dass man von einem Verzerrung-Varianz-Zielkonflikt sprechen kann (siehe Hastie und Tibshirani 1990).

Eine Möglichkeit, den Parameter λ zu bestimmen, ist mittels verallgemeinerten Vergleichsprüfungskriteriums (Generalized Cross Validation – GCV, siehe z.B. Hastie und Tibshirani 1990, Kap. 3). Gemäß diesem Kriterium wird l so gewählt, dass

$$GCV(\lambda) = \frac{1}{n} \sum_{1}^{n} \left(\frac{y_i - \hat{\beta}_\lambda(x_i)}{1 - tr(S)/n} \right)^2 \tag{15}$$

minimiert wird, wobei S die Glättungsmatrix ist und $\hat{\beta}_\lambda(x_i)$ die Anpassung bei x_i kennzeichnet. GCV ist dem gewöhnlichen Vergleichskriterium (Ordinary Cross Validation – OCV) ähnlich, das wie folgt funktioniert: Das Modell wird an die Daten angepasst, wobei eine Beobachtung ausgelassen wird. Dann wird die quadrierte Differenz zwischen dem fehlenden Datenpunkt und der Schätzung des Modells für diese fehlende Beobachtung gemessen. Dieses Verfahren wird für jeden Datenpunkt wiederholt und die Standardabweichung zwischen den Modellen (angepasst an alle Daten außer dem einen fehlenden Datenpunkt) und den fehlenden Daten berechnet. Diese Abweichung ist ein zu minimierendes Ziel. Die Idee dahinter ist, dass ein zu glattes Modell keine gute Vorhersage für die im Modellanpassungsprozess ausgelassene Beobachtung liefert. Dasselbe gilt für ein Modell, das zu wackelig ist und zu stark angepasst ist. Der Unterschied zwischen OCV und GCV ist, dass GCV die Diagonalelemente der Glättungsmatrix durch ihren Durchschnittswert $tr(S)/n$, der leichter zu berechnen ist, ersetzt.

In Vorschätzungen wurde (11) unter der Annahme, dass der Parameter ρ konstant ist, geschätzt. Diese Schätzungen ergaben einen nicht signifikanten Wert für ρ von $\rho = 0{,}012$ (t-Statistik: 0,76). Außerdem ist die Durbin-Watson-Statistik DW=0,99, d. h. dass die Residuen stark korreliert sind. Die Beifügung eines allgemeinen Zeittrends auf der rechten Seite von (11) ergab $\rho = 0{,}23$ (t-Statistik: 4,95) mit einem negativen Trend, wobei der mit dem Trend verbundene Koeffizient den Wert -0,003 (t-Statistik: 4,87) annimmt. Die Durbin-Watson-Statistik wird DW=1,29, d. h. dass die Autokorrelation der Residuen geringer, aber noch existent ist.

Unter der Annahme, dass der Reaktionsparameter ρ_t zeitabhängig ist, wird Gleichung (11) in diesem Ansatz zu

$$ps_t = \alpha_0 + (\bar{\rho} + s(t))b_{t-1} + \alpha_1 YVAR_t + \alpha_2 Soc_t + \varepsilon_t \,. \tag{16}$$

$\bar{\rho}$ in Gleichung (16) gibt den Mittelwert dieses Koeffizienten über die gesamte Periode an und $s(t)$ die zeitabhängige Abweichung von diesem Mittelwert. Die Schätzung von (16) für Deutschland gibt folgende Ergebnisse:[10]

Tabelle 7.2: Schätzung für Gleichung (16)

	Koeffizient	**Std.-Fehler (t-Stat.)**	**Pr (>|t|)**
Konstante	–0,07	0,012 (–4,77)	$3{,}4 * 10^{-5}$
b_{t-1}	0,297	0,053 (5,59)	$2{,}9 * 10^{-6}$
$YVAR_t$	–0,043	0,101 (–0,44)	0,67
Soc_t	0,644	0,235 (2,74)	0,01
$s(t)$	GFG: 4,722	Chi²: 83,979	p-Wert: $5{,}4 * 10^{-7}$
Erklärte Abweichung: 84.5 %			$R^2(ang.)$: 0,81
GCV-Wert: $7{,}7 * 10^{-5}$			DW: 2,14

Tabelle 7.2 zeigt, dass der Mittelwert des Reaktionskoeffizienten $\bar{\rho}$ positiv und hochgradig signifikant ist. Das heißt, dass die Hypothese einer nachhaltigen Fiskalpolitik in Deutschland im Durchschnitt durch die Daten bestätigt wird. Die Konjunkturzyklusvariable *YVAR* ist jedoch nicht statistisch signifikant. Andererseits hat der Sozialüberschuss einen signifikant positiven Effekt auf den Primärüberschuss (exklusive Sozialüberschuss). Darüber hinaus deutet die Durbin-Watson-Statistik nicht darauf hin, dass die Residuen seriell korreliert sind. GFG bezeichnet die geschätzten Freiheitsgrade des Terms $s(t)$, die die Anzahl der angepassten Parameter für den Glättungsterm angeben.

10 Alle Schätzungen wurden mittels des mgcv-Pakets (Vers. 1.2–3) in R (Vers. 2.1.0) (siehe Wood 2001) durchgeführt.

Je höher die GFG sind, desto stärker die Nichtlinearität, und ein GFG-Wert von 1 zeigt, dass diese Variable in die Gleichung linear eingeht.
Darüber hinaus zeigt Tabelle 7.2 auch, dass der zeitvariable Glättungsterm $s(t)$ signifikant ist. Abbildung 7.2 zeigt eine Grafik des geschätzten $s(t)$.

Abbildung 7.2 zeigt, dass der Reaktionskoeffizient $\rho_t = \bar{\rho} + s(t)$ im Lauf der Zeit sank. Das bedeutet, dass der Staat im Lauf der Zeit weniger Spielraum für seine Ausgaben hatte und dazu veranlasst wurde, der Frage der Nachhaltigkeit der Staatsschulden weniger Bedeutung beizumessen. Gründe hierfür können Defizite bei den staatlichen Sozialversicherungen sein. So muss der Staat einerseits die Defizite der staatlichen Sozialversicherungen finanzieren, andererseits kann er eventuell frühere Überschüsse nicht nutzen. Nichtsdestotrotz ist festzustellen, dass ρ_t über den gesamten Zeitraum strikt positiv bleibt. Außerdem scheint der negative Trend Mitte der 1990er Jahre gestoppt worden zu sein, obwohl dies mit Vorsicht zu behandeln ist, da zusätzliche Beobachtungen erforderlich sind, um mehr über die letzten Perioden zu erfahren.

Abbildung 7.2: Zeitvariable Komponente ***s(t)****, die die Abweichung vom Mittelwert $\bar{\rho}$ in Gleichung (16) angibt*

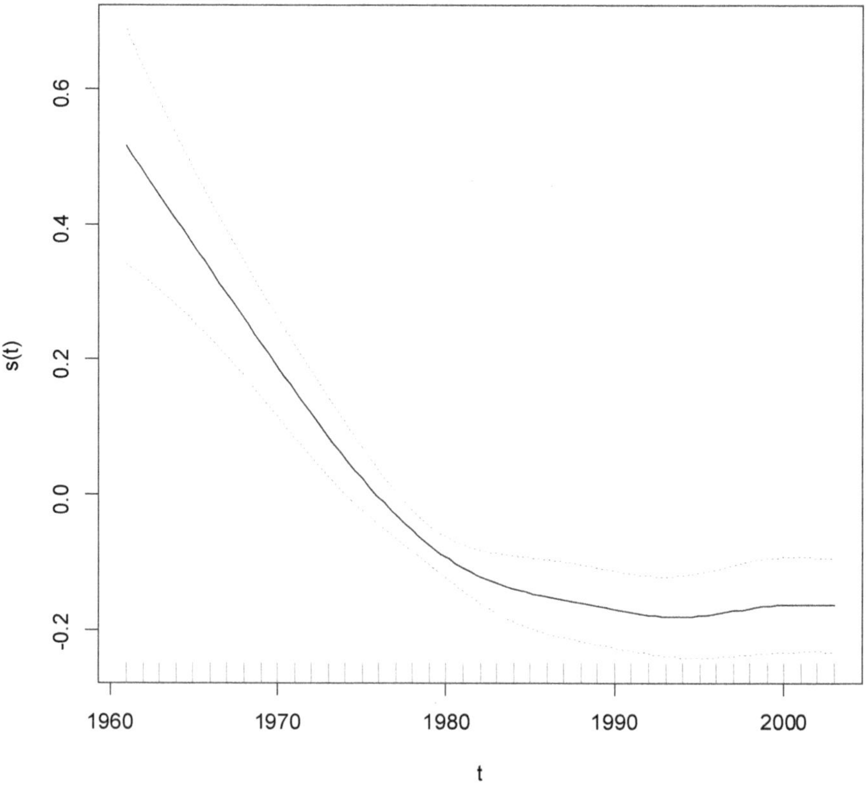

Die Ergebnisse in Tabelle 7.2 sind ziemlich robust. Werden die Variablen *YVAR* oder *Soc* herausgenommen, verändert sich das Resultat nicht. Insbesondere ist die Annahme eines zeitvariablen Koeffizienten ρ_t nach wie vor statistisch signifikant und ρ_t wird wie in Abbildung 7.2 im Lauf der Zeit kleiner.[11] Die Ergebnisse der Schätzung ohne *YVAR* und *Soc* sind in den Tabellen 7.3 bzw. 7.4 angeführt.

Tabelle 7.3: Schätzung für Gleichung (16) mit b_{t-1} *und* Soc_t *als unabhängigen Variablen*

	Koeffizient	**Std. Fehler (t-Stat.)**	**Pr (>|t|)**
Konstante	–0,07	0,014 (–4,86)	$2{,}5 * 10^{-5}$
b_{t-1}	0,297	0,052 (5,67)	$2{,}1 * 10^{-6}$
Soc_t	0,624	0,231 (2,7)	0,01
$s(t)$	GFG: 5,161	Chi²: 111,89	p-Wert: $1{,}6 * 10^{-8}$
Erklärte Abweichung: 84,3 %			R^2(*ang.*): 0,81
GCV-Wert: $7{,}6 * 10^{-5}$			DW: 2,11

Tabelle 7.4: Schätzung für Gleichung (16) mit b_{t-1} *und* $YVAR_t$ *als unabhängigen Variablen*

	Koeffizient	**Std. Fehler (t-Stat.)**	**Pr (>|t|)**
Konstante	–0,06	0,017 (–3,39)	0,002
b_{t-1}	0,242	0,062 (3,92)	$4{,}1 * 10^{-4}$
$YVAR_t$	0,074	0,123 (0,6)	0,55
$s(t)$	GFG: 5,84	Chi²: 100,54	p- Wert: $6{,}9 * 10^{-8}$
Erklärte Abweichung: 82,8 %			R^2(*ang.*): 0,79
GCV- Wert: $8{,}6 * 10^{-5}$			DW: 2,04

Wird ein zeitvariabler Koeffizient ρ_t in der Gleichung mit dem Primärüberschuss inklusive Sozialüberschuss als abhängige Variable zugelassen, kann Gleichung (12) wie folgt umgeschrieben werden:

$$ps_t^{soc} = \alpha_0 + (\bar{\rho} + s(t))b_{t-1} + \alpha_1 YVAR_t + \varepsilon_t \,. \qquad (17)$$

Tabelle 7.5 zeigt das Ergebnis dieser Schätzung.

11 Die Grafiken werden nicht gezeigt, da sie im Wesentlichen jenen in Abbildung 7.2 entsprechen.

Tabelle 7.5: Schätzung für Gleichung (17)

	Koeffizient	**Std. Fehler (t-Stat.)**	**Pr (>|*t*|)**
Konstante	–0,04	0,026 (–1,57)	0,13
b_{t-1}	0,142	0,094 (1,52)	0,14
$YVAR_t$	0,537	0,209 (2,57)	0,01
$s(t)$	GFG: 7,345	Chi²: 38,641	p-Wert: $9{,}6 * 10^{-4}$
Erklärte Abweichung: 62,6 %			$R^2(ang.)$: 0,52
GCV-Wert: $1{,}4 * 10^{-4}$			DW: 1,89

Tabelle 7.5 zeigt, dass der Durchschnitt des Koeffizienten ρ_t, $\bar{\rho}$, positiv, aber nicht mehr statistisch signifikant ist. Bei der Schlussfolgerung bezüglich der Signifikanz des Koeffizienten ρ_t sollte man jedoch vorsichtig sein, weil Letzterer aus dem Durchschnittswert plus der zeitabhängigen Komponente besteht. Darüber hinaus kann die Annahme, dass ρ_t konstant ist, erneut klar verworfen werden. Die statistische Signifikanz des Durchschnitts des Koeffizienten ρ_t steigt, wenn beide Koeffizienten, wie in Tabelle 7.6 gezeigt, zeitvariabel sein dürfen. Tabelle 7.6 liefert bessere Ergebnisse als Tabelle 7.5, wodurch impliziert wird, dass die Schätzung, bei der beide Koeffizienten zeitabhängig sind, das Verhalten des deutschen Staates definitiv besser widerspiegelt. So erhöhen sich sowohl $R^2(ang.)$ wie die erklärte Abweichung, während der GCV-Wert um etwa 7 Prozent sinkt. Der Mittelwert des Reaktionskoeffizienten, $\bar{\rho}$, ist positiv und statistisch signifikant auf dem 3-Prozent-Niveau. Die Annahme der Zeitabhängigkeit dieses Koeffizienten ist ebenfalls statistisch signifikant.

Tabelle 7.6: Schätzung für Gleichung (17) mit beiden Koeffizienten zeitabhängig

	Koeffizient	**Std. Fehler (t-Stat.)**	**Pr (>|*t*|)**
Konstante	–0,068	0,03 (–2,27)	0,03
b_{t-1}	0,265	0,11 (2,32)	0,027
$YVAR_t$	4,085	1,71 (2,39)	0,023
$s(t)$: b_{t-1}	GFG: 7,851	Chi²: 47,137	p-Wert: $2{,}3 * 10^{-4}$
$s(t)$: $YVAR_t$	GFG: 1	Chi²: 4,54	p- Wert: 0,04
Erklärte Abweichung: 68,6 %			$R^2(ang.)$: 0,58
GCV-Wert: $1{,}3 * 10^{-4}$			DW: 2,01

Der Zeitpfad der Abweichung von ρ_t von dessen Mittelwert ist in Abbildung 7.3 dargestellt.

Abbildung 7.3: Zeitvariable Komponente ***s(t)****, die die Abweichung vom Mittelwert $\bar{\rho}$ in Gleichung (17) zeigt, wobei die Koeffizienten von* $\boldsymbol{b}_{t-1}$ *und* $\boldsymbol{YVAR}_t$ *zeitabhängig sind*

Der Sozialüberschuss scheint eine wichtige, wenn auch nicht die einzige Rolle bei der Bestimmung der Abweichung von ρ_t von seinem Mittelwert zu spielen. So hat das Defizit der Sozialversicherungen im Verhältnis zum BIP bis Mitte der späten 1960er Jahre monoton abgenommen, bis es um 1972 zu einem Überschuss wurde (siehe Abbildung 7.1). Dies hatte eine positive Auswirkung auf ρ_t und ließ diesen Koeffizienten steigen, da der Staat keine Defizite der staatlichen Sozialversicherung mehr finanzieren musste. Seit den späten 1980er Jahren und insbesondere durch die deutsche Wiedervereinigung 1990 scheinen die Nachhaltigkeitsbestrebungen geringer geworden zu sein, was zu einer starken Abnahme des Reaktionskoeffizienten ρ_t geführt hat. Erst seit Mitte bzw. Ende der 1990er Jahre ist ρ_t wieder angestiegen.

Aber wie bei den Schätzungen mit dem Primärüberschuss exklusive Sozialüberschuss bleibt der Reaktionskoeffizient über den gesamten Zeitraum, eventuell mit Ausnahme Mitte der 1990er Jahre, positiv. Darüber hinaus scheint der Reaktionskoeffizient im Gegensatz zu den vorherigen Schätzungen, bei denen der Primärüberschuss exklusive Sozialüberschuss die unabhängige Variable war, eine klare Tendenz aufzuweisen, seit Mitte bzw. Ende der 1990er Jahre zu steigen.

7.4 Schlussfolgerungen

In der vorliegenden Arbeit wurde geschätzt, wie die Primärüberschussquote auf Veränderungen der Schuldenquote reagiert, wie in Bohn (1998) vorgeschlagen, wodurch die Frage, ob die Staatsschulden in Deutschland nachhaltig sind, untersucht werden konnte. Für die Zeitreihenstudie wurde die Datenperiode 1960–2003 verwendet. Die Schätzung eines semi-parametrischen Modells mit zeitvariablen Reaktionskoeffizienten hat gezeigt, dass die Primärüberschuss-BIP-Quote positiv auf höhere Schuldenquoten reagiert, was darauf hinweist, dass die Staatsschulden nachhaltig sind. Diese Ergebnisse bestätigen somit die in Greiner et al. (2007) mit OLS-Schätzungen erhaltenen Resultate. Es wurde jedoch auch gezeigt, dass es einen negativen Trend bei diesem Koeffizienten gibt, der nur Mitte bzw. Ende der 1990er Jahre nicht sank.

7.5 Anhang: Daten

Quelle: OECD Economic Outlook Statistics and Projections.

Es wurde eine Datenreihe, die der in der Juni 2003-Ausgabe des OECD Economic Outlook veröffentlichten entspricht, verwendet. Insbesondere wurde die komplette Datenreihe für den Staatssektor sowie die Reihe für das Bruttoinlandsprodukt zu Marktpreisen (BIP) herangezogen.

7.6 Literaturverzeichnis

Abel, A. B.; Mankiw, G. N.; Summers L. H.; Zeckhauser, R. J. (1989): Assessing Dynamic Efficiency: Theory and Evidence, Review of Economic Studies 56, 1–19.

Blanchard, O. J.; Fischer, S. (1989): Lectures on Macroeconomics, Cambridge, MA.

Bohn, H. (1995): The Sustainability of Budget Deficits in a Stochastic Economy, Journal of Money, Credit and Banking 27(1), 257–271.

Bohn, H. (1998): The Behavior of U.S. Public Debt and Deficits, Quarterly Journal of Economics 113, 949–963.

Diamond, P. A. (1965): National Debt in a Neo-classical Growth Model, American Economic Review 55, 1126–1150.

Greiner, A.; Semmler, W. (1999): An Inquiry into the Sustainability of German Fiscal Policy: Some Time Series Tests, Public Finance Review 27, 221–237.

Greiner, A.; Köller, U.; Semmler, W. (2007): Debt Sustainability in the European Monetary Union: Theory and Empirical Evidence for Selected Countries, Oxford Economic Papers 59(2), 194–218.

Grüne, L.; Semmler, W.; Sieveking, M. (2004): Creditworthiness and Thresholds in a Credit Market Model with Multiple Equilibria, Economic Theory 25(2), 287–315.

Hamilton, J. D.; Flavin, M. (1986): On the Limitations of Government Borrowing: A Framework for Empirical Testing, American Economic Review 76, 808–819.

Hastie, T. J.; Tibshirani, R. J. (1990): Generalized Additive Models, London.

Kremers, J. M. (1988): US Federal Indebtedness and the Conduct of Fiscal Policy, Journal of Monetary Economics 23, 219–238.

McCallum, B. T. (1984): Are Bond-financed Deficits Inflationary? A Ricardian Analysis, Journal of Political Economy 92(1), 123–135.

Ryan, T. P. (1997): Modern Regression Methods, New York.

Sidrauski, M. (1967): Rational Choice and Patterns of Growth in a Monetary Economy, American Economic Review, Papers and Proceedings 57, 534–544.

Trehan, B.; Walsh, C. E. (1991): Testing Intertemporal Budget Constraints: Theory and Applications to US Federal Budget and Current Account Deficits, Journal of Money, Credit and Banking 23, 206–223.

Wilcox, D. W. (1989): The Sustainability of Government Deficits: Implications of the Present-value Borrowing Constraint, Journal of Money, Credit, and Banking 21, 291–306.

Wood, S. N. (2001): mgcv: GAM's and Generalized Ridge Regression for R, R News 1(2), 20–25.

Emma Galli und Fabio Padovano

Kapitel 8
Nachhaltigkeit und Bestimmungsgrößen der italienischen Staatsdefizite vor und nach Maastricht

8.1 Einleitung

Artikel 1 der italienischen Verfassung besagt: „Italien ist eine demokratische, auf Arbeit gegründete Republik". Eine präzisere Beschreibung der Fiskalgeschichte dieses Landes wäre wohl: „Italien ist eine demokratische, auf Staatsschulden gegründete Republik". In seiner 150 Jahre langen Geschichte seit der Vereinigung hat Italien nur 30 Jahre erlebt, in denen seine Schulden-BIP-Quote unter der 60 %-Grenze geblieben ist.

1861 war eine der ersten fiskalpolitischen Entscheidungen des neu proklamierten Königreichs von Italien, die Staatsschulden der alten Staaten vor der Vereinigung zu übernehmen. Das Königreich begann somit sein Finanzleben mit einer Schulden-BIP-Quote, die bereits 1871 auf über 100 % hochstieg und bis zum Ersten Weltkrieg in der Bandbreite zwischen 100 und 150 % fluktuierte. Zu Beginn des faschistischen Regimes (1922) betrug die Quote 128 %, erreichte 1928 einen Tiefstand von 80 %, nur um bis 1938, dem letzten Friedensjahr, auf saftige 122 % anzusteigen. Als 1948 die republikanische Verfassung promulgiert wurde, betrugen die Staatsschulden nur 39 % des BIP, in erster Linie aufgrund der nachkriegszeitlichen Hyperinflation, und blieben bis 1974 unter 60 %. Danach stiegen die Schulden durchwegs schneller als das BIP an und erreichten 1990 erneut eine Quote von 1 zu 1 und 1994 schließlich den Höchstwert von 126 %. Der Maastricht-Vertrag brachte danach etwas Disziplin, die Quote von 1 zu 1 wurde jedoch nicht gebrochen.[1]

Eine derart turbulente Finanzgeschichte zusammen mit den internationalen Verpflichtungen, die Italien durch die Ratifizierung des Maastricht-Vertrags eingegangen ist, ruft nach einer Überprüfung der Nachhaltigkeit der italienischen Staatsfinanzen. Wir führen daher zuerst einen Nachhaltigkeitstest der italienischen Staatsfinanzen in der Nachkriegszeit nach Trehan und Walsh (1988, 1991) durch. Diese Tests können jedoch nur das Vorhandensein bzw. die Abwesenheit von „Kräften" aufweisen,

1 Daten über die Schulden-BIP-Quote stammen aus Fratianni und Spinelli (1991).

die letztendlich das langfristige Gleichgewicht bei den fiskalpolitischen Entscheidungen eines Landes wieder herstellen; sie können jedoch nicht feststellen, welche Faktoren schlussendlich die Dynamik und Nachhaltigkeit der Fiskalpolitik verursachen. Der vorliegende Beitrag analysiert daher zweitens die Bestimmungsgrößen der Entwicklung der italienischen Staatsdefizite, um hervorzuheben, welche am wichtigsten sind. Die theoretische Literatur liefert mehrere alternative Erklärungen dafür, weshalb Schulden gegenüber Steuern zur Finanzierung von Staatsausgaben bevorzugt werden, und überlässt es, wie dies meist der Fall bei allgemeinen Theorien ist, der empirischen Analyse, die Spezifizierung der geeigneten Dynamik dieses Verhältnisses aufzuzeigen. Darüber hinaus zeigen die beachtlichen Unterschiede zwischen den Ländern beim Schuldenaufbau, dass bestimmte Erklärungen für einige Länder sehr und für andere Länder weniger relevant sind und dass verschiedene Länder auf Veränderungen bei den Bestimmungsgrößen der Schuldenbildung unterschiedlich schnell reagieren.

Es wird ein Kointegrations-Fehlerkorrektur-Modell der Bestimmungsgrößen der italienischen Staatsschulden in der Periode nach dem Zweiten Weltkrieg geschätzt. Diese Schätztechnik hat drei Vorteile: Erstens verbindet sie die für die verschiedenen Theorien relevanten Variablen in einer einzigen Gleichung, wodurch eine Beurteilung möglich wird, welche Theorien den größten Erklärungsgrad für den gegebenen Datensatz liefern. Zweitens basiert die Bewertung der geeigneten dynamischen Spezifikation der Kointegrations-Fehlerkorrektur auf der gleichen Nichtstationaritätsanalyse des Nachhaltigkeitstests nach Trehan und Walsh (1988, 1991). Drittens liefert die Schätzung dieses Modells für zwei Perioden – „prä-Maastricht" (1950–1990) und „post-Maastricht" (1950–2002) – eine Vorab-Evidenz, ob die vom Maastricht-Vertrag auferlegten Beschränkungen sowohl das Schuldenniveau als auch dessen Bestimmungsgrößen beeinflusst haben. Frühere Untersuchungen der Autoren (Galli und Padovano 2002, 2004) zeigen doch, dass 1991 – das Unterschriftsjahr des Maastricht-Vertrages – eine wichtige Bruchstelle in den Daten ist. Eine Reihe Chow-Prognosetests (auf Anfrage verfügbar) zeigen, dass die Nullhypothese fehlender struktureller Veränderungen in der Zeitreihe für 7 aufeinanderfolgende Jahre im Zeitraum 1988–1994 verworfen wird.[2] Ein CUSUM-Quadrat-Test liefert ähnliche Ergebnisse, wobei er auf Parameter- oder Varianzinstabilität für einen etwas längeren Zeitraum (1981–1998) deutet. Da 1991 in der Mitte dieser beiden Intervalle liegt und der Maastricht-Vertrag sich für die Wahl dieses Jahres als Strukturbruch anbietet, soll das Kointegrations-

---

2 Belegt ist ein weiterer, für die vorliegenden Zwecke weniger bedeutender Strukturbruch Mitte der 1970er Jahre um den ersten Ölpreisschock herum.

Fehlerkorrektur-Modell für einen „Prä-Maastricht"- und einen „Post-Maastricht"-Datensatz geschätzt werden. Die hier erhaltenen Ergebnisse werden dann im dritten Schritt der Analyse als Basis für die Spezifikation eines Modells mit Dummy-Variablen verwendet, das die Identifikation der relevantesten Bestimmungsgrößen der Schuldenbildung in Italien nutzt. Genauer gesagt, zerlegt das „Dummy-Variablen-Modell" die in der Kointegrations-Fehlerkorrektur verwendeten multivariaten qualitativen Variablen zur Verfeinerung des Verständnisses darüber, wie institutionelle Veränderungen die Dynamik des Defizits in Italien beeinflussen.

Aus dieser Analyse ergeben sich zwei wesentliche Schlussfolgerungen. Erstens – wie erwartet – bestehen die italienischen Staatsfinanzen in der betrachteten Periode nicht die Nachhaltigkeitstests. Zweitens reagiert die Schuldenbildung im Vergleich zur Periode vor 1991 wesentlich empfindlicher auf externe Beschränkungen, hauptsächlich die vom Maastricht-Vertrag selbst auferlegten numerischen Regeln, sowie auf institutionelle Faktoren wie die Budgetgenehmigungsregeln und die relative politische Macht des Wirtschaftsministers über die ausgabenkompetenten Minister. Andere ökonomische und politische Faktoren scheinen eine geringere Rolle zu spielen.

Der restliche Beitrag ist wie folgt organisiert. Abschnitt 8.2 zeigt die Entwicklung der fiskalpolitischen Variablen im Untersuchungszeitraum 1950–2002, stellt den Nachhaltigkeitstest dieser Variablen vor und diskutiert die Ergebnisse. Abschnitt 8.3 enthält die Analyse der Bestimmungsgrößen der fiskalpolitischen Variablen in Italien, insbesondere des Staatsdefizits, während Abschnitt 8.4 eine Übersicht über die zu testenden und zu vergleichenden konkurrierenden Theorien der Schuldenbildung gibt. Abschnitt 8.5 beschreibt die Spezifikation des Kointegrations-Fehlerkorrektur-Modells und diskutiert die Ergebnisse der Schätzungen der „Prä-Maastricht" (1950–1990) und „Post-Maastricht" (1952–2002) Datensätze. In Abschnitt 8.6 werden die wesentlichsten Veränderungen bei den Bestimmungsgrößen des italienischen Staatsdefizits hervorgehoben, die sich aus der Schätzung des Fehlerkorrektur-Modells für die beiden Datenreihen ergeben, und das Dummy-Variablen-Modell wird geschätzt. Abschnitt 8.7 fasst die wichtigsten Erkenntnisse der Analyse zusammen und schlägt Überlegungen zur (institutionellen) Fiskalpolitik vor.

8.2 Entwicklung und Nachhaltigkeit von Fiskalvariablen

Die Abbildungen 8.1 und 8.2 zeigen die Entwicklung der BIP-Quoten der wichtigsten fiskalpolitischen Indikatoren (Gesamt- und Primärüberschuss, Staatsschulden und Gesamtzinsendienst), Abbildung 8.3 die der gesamtstaatlichen realen Staatsausgaben und -einnahmen von 1951 bis 2003. Alle

Variablen sind bis Anfang der 1960er Jahre auf moderatem Niveau stabil; Mitte der 1960er Jahre war der Beginn einer Periode zunehmender fiskalpolitischer Ungleichgewichte, die um 1994 mit der Annäherung an die Frist für den Beitritt zur Europäischen Währungsunion (Mai 1997) allmählich aufhörten.

Ein Vergleich von Abbildung 8.3 mit den Abbildungen 8.1 und 8.2 (sowie den Originalzeitreihen) zeigt, dass fiskalpolitische Ungleichgewichte nicht das Produkt der BIP-Dynamik sind. Wenn überhaupt, sind die Nominalschulden größer als die Realschulden und deren BIP-Quote, da die 1970er und 1980er Jahre durch zunehmende und hohe Inflationsniveaus gekennzeichnet waren, während die Inflation der 1990er und 2000er Jahre stetig abnahm und nun unter dem EU-Durchschnitt liegt. Die Entwicklung der italienischen Staatsfinanzen liefert daher eine ziemlich interessante Datenreihe für eine Nachhaltigkeitsanalyse.

Abbildung 8.1: Gesamt- und Primärüberschuss (1951–2003)

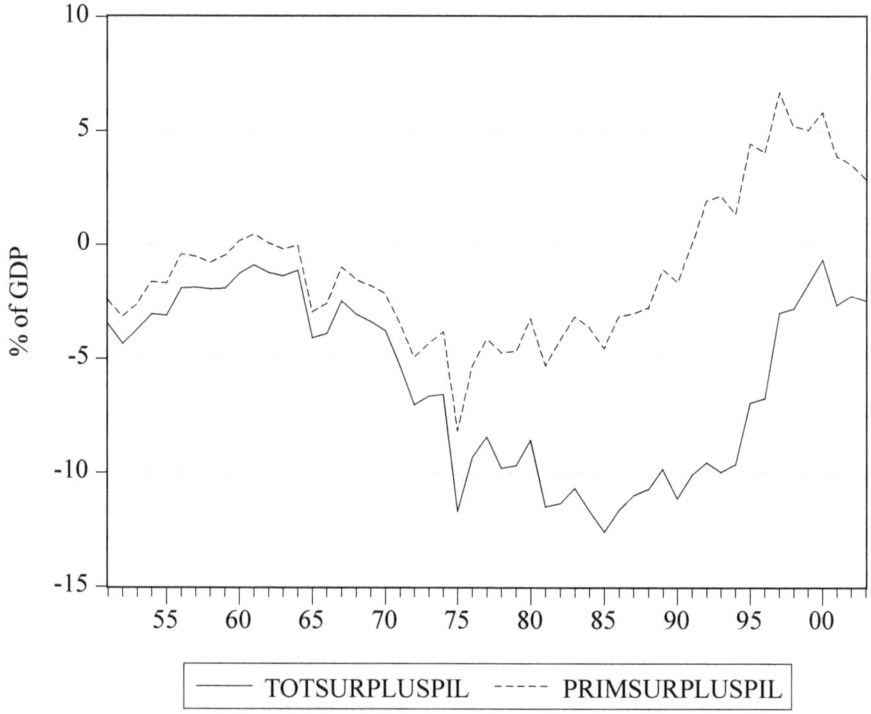

Abbildung 8.2: Staatsschulden und Zinsendienst (1951–2003)

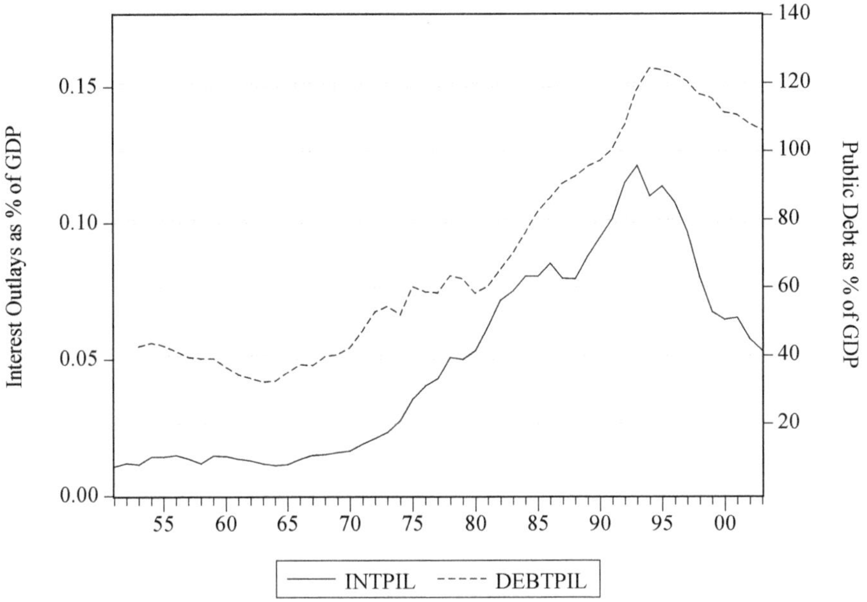

Abbildung 8.3: Gesamtstaatliche reale Gesamtausgaben und -einnahmen (1951–2003)

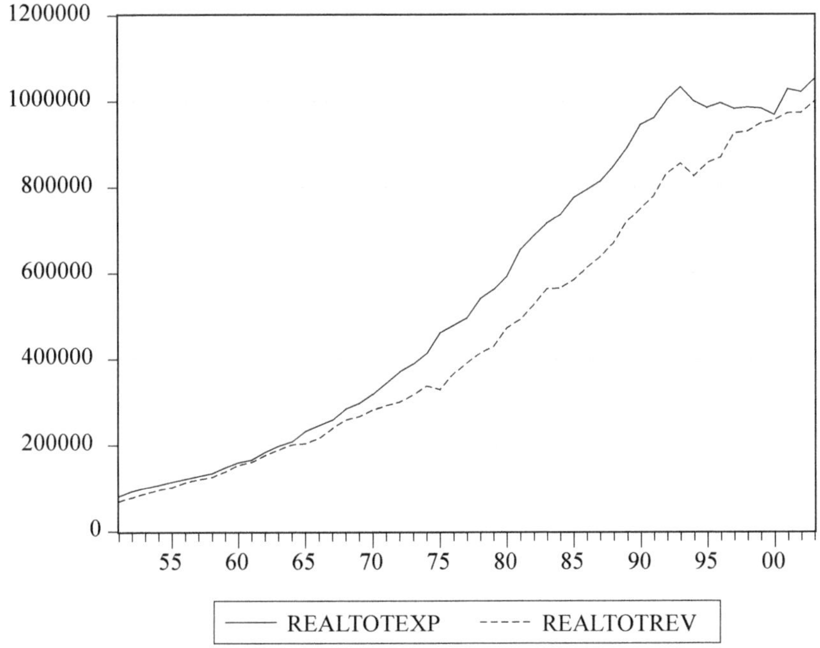

Zu diesem Zweck wird der von Trehan und Walsh (1988, 1991) entwickelten und von Bohn (2008) beschriebenen Methodologie, die auf der Idee einer „Ad-hoc-Nachhaltigkeit“ beruht, gefolgt. Dieser Ansatz beurteilt die Nachhaltigkeit bestimmter fiskalpolitischer Maßnahmen durch Überprüfung, ob sie sich auf einem Pfad befinden, auf dem der erwartete Gegenwartswert der künftigen Primärüberschüsse gleich den Ausgangsschulden ist. Die Untersuchung der Einheitswurzeln bzw. der Kointegrationseigenschaften der Fiskaldaten kann die Erfüllung der durch diese Bedingung implizierten intertemporalen Budgetbeschränkung testen. Insbesondere zeigen Trehan und Walsh (1988), dass dann, wenn die realen Einnahmen, Ausgaben und Schulden des Staates Einheitswurzeln aufweisen, ein stationäres Budgetdefizit (inklusive Zinszahlungen) hinreicht, um die Ad-hoc-Nachhaltigkeitsbedingung zu erfüllen. Äquivalente Bedingungen (wie von Bohn (2008) gezeigt), die auf Budgetidentitäten mit fixem Zinssatz r beruhen, sind, dass Primärüberschuss und Schulden mit einem Kointegrationsvektor $(1, -r)$ kointegriert sind; oder dass Einnahmen, Ausgaben exklusive Zinsen und Schulden mit einem Vektor $(1, -1, -r)$ kointegriert sind. Es wird die ursprüngliche Methodologie von Trehan und Walsh (1988) herangezogen, da die Untersuchung der stochastischen Eigenschaften der Zeitreihen auch für die Kointegrations-Fehlerkorrektur-Analyse der Bestimmungsgrößen von fiskalpolitischen Entscheidungen erforderlich ist.

Tabelle 8.1 zeigt die Ergebnisse der Augmented-Dickey-Fuller (ADF)- und Phillips-Perron (PP)-Tests der Nullhypothese einer Einheitswurzel gegen die trend-stationäre Alternative sowie die Ergebnisse des KPSS-Tests der (umgekehrten) Nullhypothese der Trend-Stationarität gegen die Alternative einer Einheitswurzel. Die getesteten Variablen sind Staatsschulden, Primärdefizit, Gesamteinnahmen, Gesamtausgaben, Ausgaben exkl. Zinsen und Zinsendienst. Alle Zeitreihen einschließlich Primärdefizit weisen eine Einheitswurzel auf; dies impliziert, dass die Nachhaltigkeitsbedingung nach Trehan und Walsh (1988) im Fall Italiens nicht erfüllt ist.[3] Interessanterweise sind die Ergebnisse auch logisch konsistent, da das Nettodefizit, das eine lineare Funktion des Primärdefizits und der Staatsschulden ist, nicht stationär ist – genau wie seine Komponenten. Dies ist eine weitere Bedingung des Trehan-Walsh-Tests, die wie im Fall der US-Daten (Bohn 2008) oft verletzt wird.

3 Die Ergebnisse für Staatsausgaben und Steuereinnahmen entsprechen den früheren von Ricciuti (2004) durchgeführten Nachhaltigkeitstests für den Zeitraum 1861–1998.

Tabelle 8.1: Einheitswurzeltests für reale Fiskalvariablen

Schätzperiode		**1951–2002**		
Variable	**ADF**	**PP**	**KPSS**	**Urteil**
Staatsschulden	–2,478**	–1,708**	2,5020**	Einheitswurzel
Primärüberschuss	–2,442**	–1,543**	0,9566**	Einheitswurzel
Gesamtüberschuss	–2,263**	–0,954**	1,3504**	Einheitswurzel
Gesamteinnahmen	–2,074**	–2,045**	2,5945**	Einheitswurzel
Gesamtausgaben	–2,513**	–2,011**	2,6218**	Einheitswurzel
Ausgaben exkl. Zinsen	–2,724**	–2,293**	2,6394**	Einheitswurzel
Zinsendienst	–2,153**	–1,575**	2,3114**	Einheitswurzel
Kritische Werte 1 %	–4,158	–4,142	0,463	
Kritische Werte 5 %	–3,504	–3,496	0,739	
Schätzperiode		**1951–1975**		
Variable	**ADF**	**PP**	**KPSS**	**Urteil**
Staatsschulden	0,213**	–0,440**	1,1188**	Einheitswurzel
Primärüberschuss	1,236**	3,219**	0,9185**	Einheitswurzel
Gesamtüberschuss	2,141**	3,065**	0,9506**	Einheitswurzel
Gesamteinnahmen	–2,308**	–2,303**	1,2836**	Einheitswurzel
Gesamtausgaben	1,739**	3,499*	1,2406**	Einheitswurzel
Ausgaben exkl. Zinsen	–0,690**	1,929**	1,2533**	Einheitswurzel
Zinsendienst	3,106**	7,145	*0,9703***	*Konflikt*
Kritische Werte 1 %	–4,158	–4,394	0,463	
Kritische Werte 5 %	–3,659	–3,612	0,739	
Schätzperiode		**1976–2003**		
Variable	**ADF**	**PP**	**KPSS**	**Urteil**
Staatsschulden	–1,892**	–0,757**	1,3902**	Einheitswurzel
Primärüberschuss	–1,608**	–1,933**	1,2689**	Einheitswurzel
Gesamtüberschuss	–1,116**	–1,357**	0,7278*	Einheitswurzel
Gesamteinnahmen	–1,085**	–1,349**	1,4223**	Einheitswurzel
Gesamtausgaben	–0,738**	–0,870**	1,3038**	Einheitswurzel
Ausgaben exkl. Zinsen	–1,397**	–1,638**	1,3617**	Einheitswurzel
Zinsendienst	–0,290	0,023	0,7881**	Einheitswurzel
Kritische Werte 1 %	–4,322	–4,394	0,463	
Kritische Werte 5 %	–3,579	–3,612	0,739	

Anmerkungen: */**=signifikant bei 5 %/1 %. ADF = Augmented Dickey-Fuller-Test mit Autokorrelation der 4. Ordnung; PP=Phillips-Perron-Test mit 2-Jahres-Autokorrelationsfenster; KPSS-Test mit Verzögerungsstruktur von 2 Perioden. Urteil: Einheitswurzel, wenn ADF und PP nicht verwerfen und KPSS verwirft; stationär, wenn ADF oder PP verwerfen und KPSS nicht verwirft.

Die realen Zeitreihen leiden jedoch an einer merkbaren Nichtstationarität bei den Varianzen. Tabelle 8.2 zeigt das Problem durch Darstellung der Standardabweichungen von Primärdefizit, Gesamtdefizit und Staatsschulden für die Teilreihen 1951–1975 und 1976–2003. Die Standardabweichungen der Variablen von 1976–2003 überschreiten jene von 1951–1975 mit einem Faktor, der zwischen 2 und 13 variiert. Derart ungleichmäßige Varianzen werfen Zweifel bezüglich der Einheitswurzel-Ergebnisse auf, da sie implizieren, dass die den Einheitswurzel-Tests zugrunde liegenden OLS-Schätzungen im Wesentlichen den Großteil der Datenreihe ignorieren, und zwar alle außer den jüngsten und, in unserem Fall, unstetigeren Beobachtungen.

Tabelle 8.2: Standardabweichungen der Fiskalvariablen

Variable	**1951–75**	**1976–2003**	**Verhältnis**
BIP-Quoten			
Primärüberschuss	7,38	23,45	3,17
Gesamtüberschuss	3584,15	46292,78	12,91
Staatsschulden	7,39	23,45	3,17
Reale Variablen			
Primärüberschuss	21866,54	68629,64	3,14
Gesamtüberschuss	30481,03	54968,44	1,80
Staatsschulden	174821,77	627490,78	3,59

Tabelle 8.2 dokumentiert auch, dass die Standardabweichungen der BIP-Quoten im Lauf der Zeit stärker wachsen als die realen Variablen, was darauf hindeutet, dass die steigenden Varianzen der realen Fiskalvariablen weitgehend auf eine Verlangsamung des Wirtschaftswachstums zurückzuführen sind.

Um diese Zweifel zu beleuchten, wird der Trehan-Walsh-Nachhaltigkeitstest mit denselben Variablen von Tabelle 8.1 BIP-normalisiert wiederholt; die Ergebnisse sind in Tabelle 8.3 dargestellt.

Tabelle 8.3: Einheitswurzel-Tests für BIP-Quoten

Schätzperiode			**1951–2002**	
Variable	**ADF**	**PP**	**KPSS**	**Urteil**
Staatsschulden	–2,595**	–2,083**	1,6402**	Einheitswurzel
Primärüberschuss	–1,969**	–1,753**	0,9792**	Einheitswurzel
Gesamtüberschuss	–1,632**	–1,105**	0,9141**	Einheitswurzel
Gesamteinnahmen	–2,241**	–1,987**	1,7086**	Einheitswurzel
Gesamtausgaben	–1,932**	–1,119**	1,6363**	Einheitswurzel
Ausgaben exkl. Zinsen	–1,308**	–2,026**	1,6722**	Einheitswurzel
Zinsendienst	–1,943**	–1,178**	1,4507**	Einheitswurzel
Kritische Werte 1 %	–4,158	–4,142	0,739	
Kritische Werte 5 %	–3,504	–3,496	0,463	
Schätzperiode			**1951–1975**	
Variable	**ADF**	**PP**	**KPSS**	**Urteil**
Staatsschulden	0,125**	1,570**	0,66*	Einheitswurzel
Primärüberschuss	–0,566**	0,860**	0,8013**	Einheitswurzel
Gesamtüberschuss	0,380**	1,039**	0,8339**	Einheitswurzel
Gesamteinnahmen	0,323**	–2,060**	1,0998**	Einheitswurzel
Gesamtausgaben	–0,924**	–2,636**	1,2060**	Einheitswurzel
Ausgaben exkl. Zinsen	–2,023**	–3,450**	1,225**	Einheitswurzel
Zinsendienst	2,225**	2,828**	0,7868	Einheitswurzel
Kritische Werte 1 %	–4,158	–4,394	0,739	
Kritische Werte 5 %	–3,659	–3,612	0,463	

Anmerkungen: */**=signifikant bei 5 %/1 %. ADF = Augmented Dickey-Fuller-Test mit Autokorrelation der 4. Ordnung; PP=Phillips-Perron-Test mit 2-Jahres-Autokorrelationsfenster; KPSS-Test mit Verzögerungsstruktur von 2 Perioden. Urteil: Einheitswurzel, wenn ADF und PP nicht verwerfen und KPSS verwirft; stationär, wenn ADF oder PP verwerfen und KPSS nicht verwirft.

Tabelle 8.3: Einheitswurzel-Tests für BIP-Quoten (Forts.)

Schätzperiode		**1976–2003**		
Variable	**ADF**	**PP**	**KPSS**	**Urteil**
Staatsschulden	–1,193**	–0,623**	1,2488**	Einheitswurzel
Primärüberschuss	–1,146**	–1,186**	1,3009**	Einheitswurzel
Gesamtüberschuss	–1,206**	–1,526**	1,0238**	Einheitswurzel
Gesamteinnahmen	–1,039**	–0,604**	1,2803**	Einheitswurzel
Gesamtausgaben	–0,811**	0,610**	0,5442*	Einheitswurzel
Ausgaben exkl. Zinsen	–1,288**	–1,573**	0,571*	Einheitswurzel
Zinsendienst	–0,523**	–0,256**	0,4377*	Einheitswurzel
Kritische Werte 1 %	–4,322	–4,394	0,739	
Kritische Werte 5 %	–3,579	–3,612	0,463	

Anmerkungen: */**=signifikant bei 5 %/1 %. ADF = Augmented Dickey-Fuller-Test mit Autokorrelation der 4. Ordnung; PP=Phillips-Perron-Test mit 2-Jahres-Autokorrelationsfenster; KPSS-Test mit Verzögerungsstruktur von 2 Perioden. Urteil: Einheitswurzel, wenn ADF und PP nicht verwerfen und KPSS verwirft; stationär, wenn ADF oder PP verwerfen und KPSS nicht verwirft.

Auch hier kann für keine Zeitreihe die Nichtstationarität verworfen werden; dies bekräftigt die von den stochastischen Eigenschaften der realen Variablen abgeleitete Interpretation fehlender Nachhaltigkeit der italienischen Fiskalpolitik.[4]

Insgesamt liefern die Trehan-Walsh-Tests drei Hauptergebnisse. Erstens liefern die realen Rohdaten glaubwürdigere Informationen über Fiskalreihen als die BIP-Quoten. Zweitens ist belegt, dass das Verhältnis zwischen Schulden und Defiziten eine Einheitswurzel beinhaltet. Drittens kann weder bei Realwerten noch bei der Skalierung nach dem BIP geschlossen werden, dass die Einnahmen und Ausgaben mit dem Vektor (1, –1) kointegriert sind, da das Primärdefizit nicht stationär ist. Die italienische Fiskalpolitik ist daher in der betrachteten Datenreihe nicht ad hoc nachhaltig.

4 Das Skalieren mit dem BIP kann Fragen über die Stationarität des BIP selbst aufwerfen. In der betrachteten italienischen Datenreihe wird die Einheitswurzel auf dem 1 %-Niveau nicht verworfen, weder über den gesamten Zeitraum noch in den Teilreihen 1951–1975 und 1976–2003.

8.3 Übersicht über die Entwicklung der Hauptbestimmungsgrößen des italienischen Staatsdefizits

Das Verwerfen der fiskalpolitischen Nachhaltigkeit führt naturgemäß zur Hinterfragung, was die Bestimmungsgrößen der Entwicklung der italienischen Fiskalvariablen sind und warum diese Bestimmungsgrößen die Fiskalpolitik auf einen nicht nachhaltigen Pfad setzen.

Die theoretische Literatur über Schuldenbildung verweist auf Faktoren wie das Abweichen von Wirtschaftsindikatoren (wie Output, Staatsausgaben und Arbeitslosenniveaus) von deren üblicher Dynamik, den internen Zusammenhalt von Regierungen angesichts negativer Fiskalschocks, die Kämpfe zwischen den für Ausgaben zuständigen Ministern und den Finanzministern im Kabinett, die bindende Kraft von Budgetgenehmigungsverfahren, die Forderungen nach intra- und intergenerationeller Umverteilung infolge demografischer Entwicklungen sowie die Mitgliedschaft in internationalen Abkommen, die der Geld- und Fiskalpolitik des Landes Einschränkungen auferlegen (Alesina und Perotti 1999).

In Italien erlebten all diese Faktoren dramatische Veränderungen in den Jahren nach Maastricht. Das reale BIP-Wachstum kam in den 1990er Jahren praktisch zum Stillstand, während die Arbeitslosigkeit in der zweiten Hälfte der 1990er Jahre einen Höhepunkt erreichte und dann zum ersten Mal seit vielen Jahren zu sinken begann. Politische und institutionelle Gleichgewichte, die seit Ende des Zweiten Weltkriegs mehr oder weniger unverändert geblieben waren, wurden durch die kombinierten Auswirkungen einer Veränderung des Wahlsystems von der Verhältniswahl zur Mehrheitsregel und der gerichtlichen Untersuchungen, die zur Auflösung alter Parteien und der Geburt neuer Parteien führten, durcheinander gebracht. Diese neuen (bzw. erneuerten) Parteien wieder finden sich langsam zu zwei Koalitionen zusammen, die einander zum ersten Mal in der Geschichte Italiens in der Regierung abwechseln. In jüngerer Zeit haben eine Reihe institutioneller Reformen die Anzahl der für Ausgaben zuständigen Minister (von 25 auf 10) mehr als halbiert und die Finanzentscheidungen der Regierung in den Händen eines „Superministers“ für Wirtschaft konzentriert. Die Budgetregeln wurden nach der verfassungsrechtlichen Verankerung der fiskalpolitischen Bestimmungen des Maastricht-Vertrags und der Einführung einer Budgetreform, die die Möglichkeiten der Gesetzgebung, Regierungsvorschläge zu ändern, einschränkt.

Andererseits sind die Forderungen nach Einkommensumverteilung und höheren Staatsausgaben wegen der demografischen Entwicklung der italienischen Bevölkerung wohl lauter geworden, nachdem die kombinierten Auswirkungen eines negativen Saldos zwischen Geburten und Todesfällen sowie des Ausgleichs der sozialen Folgen von Unternehmensumstrukturierungen durch Frühpensionierungsprogramme den Teil der Bevölkerung, der von den

Einkommen produzierenden Personen abhängt, erhöht haben. Schließlich hat der Maastricht-Vertrag selbst die externe Beschränkung, die historisch gesehen alle wichtigen fiskalpolitischen Entscheidungen Italiens in den letzten Jahrzehnten bestimmt hat, verstärkt.

Diese historischen Entwicklungen rechtfertigen eine empirische Analyse „vor und nach Maastricht", um beurteilen zu können, ob der Stabilitäts- und Wachstumspakt nicht nur die Defizitniveaus (Abbildung 8.1), sondern auch die Verfahren, die die italienischen fiskalpolitischen Entscheidungen bestimmen, beeinflusst. Somit wird ein Modell der Bestimmungsgrößen der Staatsdefizite geschätzt – zuerst für eine Datenreihe von 1950 bis 1990, einem Jahr vor Unterzeichnung des Maastricht-Vertrags, und dann für eine Datenreihe von 1950 bis 2002, dem letzten Jahr, für das zum Zeitpunkt dieser Untersuchung vollständige Datensätze verfügbar sind. Durch Vergleich der Ergebnisse sollen Strukturveränderungen in den Verfahren der Schuldenerzeugung, die mit dem Konvergenzerfordernis zu den Maastricht-Kriterien verbunden sind, hervorgehoben werden.

Es ist wichtig hervorzuheben, dass sich das Konvergenzverfahren auf die fiskalpolitische Leistung sowohl *direkt*, durch die Einführung restriktiver Maßnahmen, als auch *indirekt*, z. B. durch die zwangsweise Einführung institutioneller Reformen und durch eine Konditionierung der Wahlergebnisse und politischen Gleichgewichte, die wieder die fiskalpolitischen Entscheidungen beeinflussen, auswirkt. Diese indirekten Auswirkungen erfordern, dass das ökonometrische Modell eine umfangreiche Berücksichtigung der verschiedenen Bestimmungsgrößen von Staatsdefiziten ermöglicht; daher die Wahl eines Kointegrations-Fehlerkorrektur-Modells. Diese Schätztechnik erlegt den Daten die geringste Struktur auf, da sie die Dynamik der Beziehungen aus den stochastischen Eigenschaften der Daten selbst hervortreten lässt. Als abhängige Variable wird das Gesamtnettodefizit gegenüber dem Primärdefizit bevorzugt gewählt, weil sich die formale Definition des Primärdefizits im betrachteten Zeitraum öfter veränderte, während jene des Gesamtdefizits weitgehend gleich blieb. Darüber hinaus wird hier der Blick eher auf Defizite als auf Schulden gerichtet, da sich Veränderungen im Schuldenstand aus Veränderungen in den Strömen der Defizite ableiten. Schließlich wird bei der Buchführung auf den Gesamtstaat statt auf den Zentralstaat abgestellt, da Italien durchwegs ein stark zentralisierter Staat war.

Frühere empirische Analysen der Entwicklung der italienischen Staatsdefizite können in zwei Schienen unterteilt werden. Eine umfangreiche Literatur folgt einem historischen Ansatz, basierend in erster Linie auf deskriptiver Statistik. Die *Storia Monetaria d'Italia* (Geldpolitische Geschichte Italiens) von Fratianni und Spinelli (1991) ist eine der herausragenden Arbeiten auf dieser Linie; Brunila, Buti und Franco (2001) sowie Giudice und Montanino (2003) sind Beiträge mit Augenmerk auf dem Stabilitäts- und Wachstumspakt. Der zweite Ansatz basiert auf ökonometrischen Schätzungen der Bestimmungsgrößen der italienischen Staatsdefizite (Balassone und Giordano 2001, Padovano und Venturi 2001, Galli und Padovano 2002). Balassone und Giordano (2001) zeigen, dass Kompromisse zwischen verschiedenen ideologischen Motivationen innerhalb von Mehrparteienregierungen zu einer Tendenz führen, Budgetdefizite einzufahren, auch wenn alle Parteien innerhalb der Koalition ausgeglichene Budgets bevorzugen. Padovano und Venturi (2001) zeigen hingegen, dass Maßnahmen ideologischer Polarisierung ihre erklärende Kraft verlieren, sobald sie zusammen mit Indikatoren politischer Fragmentierung von Regierungskoalitionen geschätzt werden. Dies deutet darauf hin, dass italienische Parteien als Mitglieder von Regierungskoalitionen dazu tendieren, sich eher opportunistisch als ideologisch zu verhalten. Schließlich öffnen Galli und Padovano (2002) die Analyse für einen Vergleich einer größeren Menge an ökonomischen, demografischen und politisch-institutionellen Theorien der Bestimmungsgrößen der italienischen Staatsdefizite. Mit einer Datenreihe für den Zeitraum 1950–1998 stellen sie fest, dass Defizite auf die Präferenzen von Interessengruppen (insbesondere der Älteren), Regierungsfragmentierung, Veränderungen im Ausmaß der Strenge von Budgetregeln sowie externe ökonomische Beschränkungen reagieren. Die Daten liefern hingegen kaum oder keine Belege für die Hypothesen, dass Defizite auf Wirtschaftswachstum und Wahlereignisse reagieren. Im vorliegenden Beitrag wird die Verfügbarkeit einer längeren Zeitreihe nach dem Maastricht-Vertrag genützt, um die Analyse dieser früheren Arbeiten neu zu betrachten und zu erweitern.

8.4 Kurzer Überblick über die untersuchten Theorien

8.4.1 Keynesianische Ansätze zur Fiskalpolitik

Während international die Tendenz besteht, die keynesianische Makroökonomik als falsifizierte und überholte Theorie zu betrachten, bildet sie zumindest in Italien nach wie vor *den* kulturellen Hintergrund der Wirtschaftspolitiker. Darüber hinaus lieferte der Keynesianismus – als er noch allgemeine wissenschaftliche Überzeugung war – die theoretische Rechtfertigung für Defizitfinanzierung, wie Buchanan und Wagner (1977) hervorheben. Was auch immer ihr aktueller Stellenwert in der Volkswirtschaftslehre sein mag, die keynesianische makroökonomische Politik stellt ein Erklärungspotenzial sowohl für vergangene als auch für aktuelle italienische fiskalpolitische Entscheidungen dar.

Die keynesianische makroökonomische Politik betrachtet Defizite als Instrument der antizyklischen Politik. Die neuen keynesianischen Theorien betonen die Bedeutung nomineller und realer Starrheiten als Kanal für wirtschaftspolitisch induzierte Veränderungen von nominellen Variablen zum Hervorrufen realer Effekte. Abweichungen von Indikatoren der Arbeitslosigkeit und Produktionsniveaus von ihren langfristigen Trends scheinen die geeignetsten empirischen Variablen für diese theoretischen Modelle zu sein, da sich Preise und Löhne nur langsam auf Veränderungen der wirtschaftlichen Bedingungen anpassen (Romer 1993). Die empirischen Tests der alten keynesianischen Makroökonomik waren oft weniger raffiniert, da die Arbeitslosigkeitsniveaus oder sogar die BIP-Wachstumsrate als relevante Maße für den Zustand der Wirtschaft betrachtet wurden (Schlitzer 1994, Goff und Tollison 2002).

Da die hier durchgeführte Analyse Perioden deckt, in denen wirtschaftspolitische Entscheidungen sowohl nach den alten als auch den neuen keynesianischen Auffassungen über die Volkswirtschaft getroffen wurden (Fratianni und Spinelli 1991), wird eine ganze Reihe von Zustandsvariablen der Volkswirtschaft gewählt und mittels der Daten aufgezeigt, welche am geeignetsten sind:

(1) Die Abweichungen der Arbeitslosenquote um einen zeitvariablen Trend, als Hodrick-Prescott-Filter der Jahresreihen genähert. Diese Variable (*TRU*) entspricht der neueren keynesianischen Phillipskurven-Interpretation der Arbeitslosigkeit, welche impliziert, dass Politiker nur auf ihre zyklische Komponente reagieren.

(2) Die Arbeitslosenquote (*U*). Diese Spezifikation setzt voraus, dass Wirtschaftspolitiker versuchen, die durch hohe Arbeitslosigkeit verursachten sozialen und politischen Probleme zu reduzieren, und zwar unabhängig von der jeweiligen volkswirtschaftlichen Position im Zyklus oder von der strukturellen Komponente der Arbeitslosigkeit über die zyklische Komponente hinaus.

(3) Die Abweichungen des BIP-Niveaus um einen zeitvariablen Trend, wieder als Hodrick-Prescott-Filter angenähert. Für sich genommen entspricht diese Variable (*TRY*) der neuen keynesianischen Konjunkturtheorie. Zusammen mit den Abweichungen der Staatsausgaben von deren Trend bietet sie, wie man sehen wird, eine Verbundhypothese der Theorie der optimalen Finanzwissenschaft.

(4) Schließlich die Wachstumsrate des realen BIP (*GY*), berechnet als die ersten Differenzen der Logarithmen des realen Bruttoinlandprodukts. Geringere Wachstumsniveaus werden als Abwärtsposition in Bezug auf den Expansionspfad der Wirtschaft betrachtet und umgekehrt. Ein signifikanter Koeffizient bei dieser Variable deutet darauf hin, dass die Fiskalpolitik in erster Linie darauf ausgerichtet ist, den Output zu stimulieren (Schlitzer 1994). Die Existenz von BIP-Maßen unter den unabhängigen Variablen ist ein weiterer Grund, die abhängigen Variablen eher als reale Größen denn als BIP-Quoten zu spezifizieren.

8.4.2 Theorie der optimalen öffentlichen Finanzen

Der grundlegende Unterschied zwischen dem keynesianischen und dem Ansatz der optimalen öffentlichen Finanzen zu den Staatsschulden liegt darin, dass die Akteure im neo-ricardianischen Rahmen Staatsanleihen nicht als Nettovermögen betrachten. Barro (1974, 1979) behauptet, dass, wann immer der Staat beschließt, ein gegebenes Ausgabenniveau über Defizite zu finanzieren, die Wirtschaftssubjekte das Äquivalent der begebenen Schulden (und deren Renditen) sparen, um die zur Zahlung der Zinsen und letztendlich zur Tilgung des Kapitals eingehobenen Steuern begleichen zu können. Da Anleihenemissionen dann keine Auswirkungen auf den gesamtwirtschaftlichen Konsum haben, sind Defizite kein nützliches Mittel mehr, um Rezessionen zu entschärfen. Dennoch können Defizite dazu verwendet werden, um Steuersätze im Lauf der Zeit trotz Schwankungen bei Staatsausgaben und BIP (Steuerbasis) zu glätten. Ein konstanter fiskalpolitischer Druck verlangt Budgetdefizite, wenn die Staatsausgaben über ihrem Trendwert (wie zu Kriegszeiten) liegen, und Budgetüberschüsse, wenn sie darunter liegen (in Friedenszeiten). Ebenso verlangen konjunkturbedingte Schwankungen der Steuerbasis Defizite bei Rezessionen und Überschüsse bei Aufschwüngen, um Steuersätze und Staatsausgaben konstant zu halten.

Es werden die Abweichungen der Staatsausgaben von deren Normalniveau (*TREXP*) und des Einkommens von dessen Normalniveau (*TRY*) gemessen als Verhältnis des aktuellen Werts zum (Hodrick-Prescott-gefilterten) Trendwert zum Zeitpunkt t. Während ein signifikanter (negativer) Koeffizient bei *TRY* allein stabilisierender Fiskalpolitik im Sinn des Neo-Keynesianismus entsprechen mag, betont Barro (1979), dass Tests für die Theorie der optimalen öffentlichen Finanzen eine gleichzeitige Signifikanz von *TREXP* und *TRY* erfordern.

8.4.3 Erklärung anhand spezieller Interessengruppen

Eine Kategorie von Public-Choice-Modellen erklärt Entscheidungen, Staatsausgaben eher mittels Schulden als mittels Steuern zu finanzieren, durch den politischen Einfluss von Interessengruppen, die von einer Defizitfinanzierung profitieren (Rowley, Shughart und Tollison 1988). Während eine gewisse Kontroverse darüber besteht, welche Gruppe dieser Charakterisierung entspricht, stimmen u. a. Cukierman und Meltzer (1989), Rowley, Shughart und Tollison (1988) sowie Goff (1993) überein, dass ältere Personen, die künftigen Generationen nichts hinterlassen, die offensichtlichsten Kandidaten dafür sind. Der politische Einfluss dieser Gruppe steigt annahmegemäß mit ihrem Anteil an der Gesamtbevölkerung. Diese „Theorie der speziellen Interessengruppen" sagt eine positive Korrelation zwischen dem prozentuellen Anteil älterer Personen an der Bevölkerung und den Defizitniveaus vorher. Die Assoziation zwischen älteren Personen und besonderen Interessengruppen ist für Italien ziemlich gut geeignet, wo mehr als 50 % der Gewerkschaftsmitglieder Pensionisten sind (im Gegensatz zu 20 % in Frankreich und Deutschland) und das Medianmitglied 44 Jahre alt ist, 4 Jahre über dem europäischen Durchschnitt (Boeri, Brugiavini und Calmfors 2001).

Die Theorie der speziellen Interessengruppen ist im Übrigen Tullocks (1982) Erklärung der „übel wollenden Eltern“ für Schuldenbildung beobachtungsmäßig äquivalent und konzeptuell ähnlich. Die gleiche Variable kann also zur Prüfung beider Theorien herangezogen werden.

8.4.4 Zermürbungskriege

Eine Forschungsrichtung (Alesina und Drazen 1991, Kontopoulos und Perotti 1999) identifiziert Koalitionen bzw. gespaltene Regierungen als Erklärung für die Bildung und Erhaltung von fiskalpolitischen Ungleichgewichten. Nach einem exogenen fiskalpolitischen Schock tendieren Koalitionen dazu, die Stabilisierung zu verzögern und Schulden aufzubauen, da jedes Koalitionsmitglied die politischen Anpassungskosten auf den/die anderen übertragen will. Padovano und Venturi (2001) argumentieren, dass es wichtig ist, auch die Spaltung der Oppositionskoalition zu testen, da diese die Kosten für die Regierungskoalition, die fiskalpolitische Stabilisierung zu verzögern, und dadurch das Gleichgewichtsschuldenniveau beeinflussen kann. Eine Regierungskoalition aus z. B. drei Parteien hat es leichter, das Budget zu stabilisieren, wenn sie die Opposition mehrerer schlecht koordinierter politischer Kräfte überwinden muss, als eine monolithische Partei.

Mehrere Machtindizes messen die politische Fragmentierung (Huber, Kocher und Sutter 2003); es gibt jedoch keinen klaren Grund, den einen oder anderen vorzuziehen. Hier wird der Standard-Herfindahl-Index verwendet, weil er die größere Variabilität bei Anwendung auf die Daten der italienischen Regierung aufweist. Andererseits erscheinen Maße der ideologischen Polarisierung nicht überzeugend; Padovano und Venturi (2001) zeigen, dass es aufgrund der Unmöglichkeit für die Kommunistische Partei sowie der extrem rechts gelagerten Parteien, in die Regierung zu gelangen (zumindest bis in die 1990er Jahre), für die anderen Parteien rational wurde, sich eher opportunistisch als ideologisch zu verhalten.

Es wird der Herfindahl-Index der Mandate jener Parteien gemessen, die in der ersten Vertrauensdebatte nicht gegen die Regierung gestimmt haben, und die Variable *GOVFRAG* genannt. Analog dazu wird die Konzentration der Oppositionskoalition (*OPFRAG*) geschätzt als Herfindahl-Index der Mandate jener Parteien, die in der ersten Vertrauensdebatte gegen die Regierung gestimmt haben. Diese Indizes sind im Intervall (0, 1] verteilt: Sie sind gleich 1, wenn es nur eine Partei in der Koalition gibt (Minimalfragmentierung), während sie sich 0 nähern, wenn die Anzahl der Parteien gegen unendlich tendiert (Maximalfragmentierung). Nach der Logik von Zermürbungsmodellen tendieren stärker fragmentierte Koalitionen dazu, Stabilisierungsmaßnahmen stärker zu verzögern; *GOVFRAG* sollte mit Budgetdefiziten daher negativ korrelieren. Da umgekehrt stärker fragmentierte Oppositionskoalitionen leichter eingesetzt werden können, um Kämpfe innerhalb der Regierungsmehrheit zu lösen, ist eine positive partielle Korrelation zwischen *OPFRAG* und der abhängigen Variable zu erwarten.

Eine Variante dieses Modells deutet darauf hin, dass Schulden als Nebenprodukt eines Zermürbungskriegs innerhalb der Regierung entstehen (Alesina und Perotti 1999). Finanzminister und für Ausgaben zuständige Minister haben entgegengesetzte Zielfunktionen und opponieren zunehmend, wenn die Wirtschaft stabilisiert werden muss. Das Verhältnis von für Ausgaben zuständigen Ministern zu Finanzministern (*SPENDMIN*) zeigt die Intensität dieser Art von Zermürbungskrieg innerhalb der Regierung.

8.4.5 Politische Konjunkturzyklen

Die Literatur über rationale politische Konjunkturzyklen argumentiert, dass expansive Fiskalpolitik vor Wahlen, insofern sie Wirtschaftswachstum herbeiführt, die Wahrscheinlichkeit für die amtierende Regierungsmehrheit, die Wahlen zu gewinnen, erhöht, weil die Wähler das Wachstum als Zeichen für Kompetenz ansehen und entsprechend belohnen (Rogoff 1990, Alesina, Roubini und Cohen 1997). Es wird eine Dummy-Variable verwendet, um die Hypothese zu testen, dass Regierungen die Fiskalpolitik vor Wahlen manipulieren, um die Wahrscheinlichkeit der Wiederwahl zu maximieren. Die Standardspezifikation in der Literatur (Alesina, Roubini und Cohen 1997) ist eine Variable (*ELE*), die 1 ist im Wahljahr, wenn die Wahlen in der zweiten Jahreshälfte stattfinden; 1 im Wahljahr und im Jahr *vor* der Wahl, wenn der Wahltag in der ersten Jahreshälfte liegt; ansonsten 0.

Alternativ dazu wird eine Variable (*ELC*) konstruiert, die den Wert 1 im Wahljahr annimmt, wenn die Wahlen in der ersten Jahreshälfte stattfinden, den Wert 1 im Wahljahr und im Jahr *nach* den Wahlen, wenn der Wahltag in der 2. Jahreshälfte liegt, ansonsten 0. Diese Variable berücksichtigt den Zeitraum (in etwa ein Jahr), den die italienischen Budgetregeln zwischen dem Moment öffnen, in dem Mittel für eine bestimmte Ausgabe zugewiesen werden („*bilancio di competenza*"), und jenem Moment, in dem sie tatsächlich ausgegeben werden („*bilancio di cassa*"). Die Wählerschaft reagiert eher auf die Zuweisung von Mitteln (erster Moment), während die Daten über Defizite erst registriert werden, nachdem Ausgaben getätigt und Einnahmen lukriert worden sind (zweiter Moment).

8.4.6 Budgetverfahren

Jüngere Beiträge zur Literatur über die Bestimmungsgrößen von Staatsdefiziten konzentrieren sich auf die Verfahren, die die Genehmigung des Haushaltsentwurfs bestimmen, um die bedeutenden Unterschiede hinsichtlich der fiskalpolitischen Leistung zwischen Ländern mit stark zusammenhängenden und ähnlich entwickelten Volkswirtschaften zu erklären (Alesina und Perotti 1999). Die Grundidee ist, dass demokratische Institutionen es Wirtschaftspolitikern ermöglichen, die politischen Kosten ihrer Ausgabenentscheidungen mit dem darauffolgenden Defizit zu internalisieren. Verschiedene Budgetverfahren stellen jedoch ähnlich defizitgeneigte Entscheidungsträger unter verschiedene Beschränkungen. Die Budgetergebnisse verändern sich daher, je nachdem, wie streng diese Beschränkungen sind (von Hagen 1992, von Hagen und Harden 1995).

In der betrachteten Periode hat Italien seine Budgetregeln zweimal reformiert. Erstens 1978, wobei die Einführung der *Legge Finanziaria* (des Finanzgesetzes) effektiv die in Artikel 81 der Verfassung festgehaltene ursprüngliche Bestimmung eines auf Jahresbasis ausgeglichenen Budgets umging. Zweitens führte das Gesetz Nr. 362/1988 im Jahr 1988 zwei Korrekturen ein, um die durch die *Legge Finanziaria* ausgelöste Defizittendenz zu begrenzen. Erstens wurden die Bestimmungen der ursprünglichen *Finanziaria* in eine Vielzahl von Finanzgesetzen aufgeteilt, die zu verschiedenen Zeitpunkten im Jahr zu genehmigen sind, wodurch die Möglichkeiten des Kuhhandels und der damit verbundenen Tendenzen in Richtung defizitfinanzierter Ausgaben, die die umfassende Struktur der *Finanziaria* ermöglicht, eingeschränkt werden. Zweitens wurde dadurch eine Abstimmungspflicht über die Budgetgesamtsummen zu Beginn des Budgetgenehmigungsverfahrens statt am Ende, wie in der ursprünglichen *Legge Finanziaria* vorgesehen, auferlegt. Dadurch wird das Defizit zu Beginn festgelegt und kann nicht durch die parlamentarischen Debatten, die in der Budgetsitzung stattfinden, erhöht werden. Die Literatur (da Empoli, de Ioanna und Vegas 2000) ist sich einig darüber, die Reform von 1978 als wesentliche Verringerung der Strenge der italienischen Budgetregeln zu interpretieren, während die Reform von 1988 als Teilkorrektur bewertet wird, die es jedoch nicht schaffte, die einschränkende Kraft der Verfahren von vor 1978 wieder herzustellen. Im Kointegrations-Fehlerkorrektur-Modell werden die verschiedenen bindenden Kräfte der italienischen Budgetregeln mittels einer qualitativen Variable (*BUDRULE*) erfasst, die den Wert 2 zwischen 1950 und 1977, den Wert 0 zwischen 1978 und 1987 und den Wert 1 zwischen 1988 und 2002 annimmt. Im Dummy-Variablen-Modell wird diese Variable weiter zerlegt.

8.4.7 Wirtschaftliche Beschränkungen

Veränderungen der wirtschaftlichen Bedingungen können der Tendenz fiskalpolitischer Entscheidungsträger zu Defiziten mehr oder weniger bindende

Beschränkungen auferlegen. Es werden zwei verschiedene Regressoren verwendet, um die Auswirkungen des Zustands der Wirtschaft auf die Zermürbungskriege zu erklären: (1) die Budgetkosten hoher Zinssätze; (2) die den diskretionären fiskalpolitischen Maßnahmen auferlegten externen Beschränkungen.

(1) In einem stark verschuldeten Land wie Italien implizieren Zinssatzschocks, auch wenn von relativ geringem Ausmaß, einen bedeutenden Anstieg der Kosten für den Schuldendienst. Es wurde beobachtet, dass Wirtschaftspolitiker beschließen können, diese höheren Kosten für den Schuldendienst eher über neue Schulden als über Steuern zu finanzieren (Alesina 1988). Unerwartet hohe Zinssatzniveaus sollten daher positiv mit Defiziten korrelieren. Gemäß Alesina, Roubini und Cohen (1997) werden hier die Budgetkosten für höhere Zinssätze als Schulden-BIP-Quote mal Veränderung des Differentials zwischen realen Zinssätzen und BIP-Wachstumsraten gemessen. Diese Variable wird mit *COSTDEBT* bezeichnet. Da die Wirtschaftspolitiker das Defizit an die Budgetkosten infolge höherer Zinssätze nach einem Jahr anpassen könnten, wird *COSTDEBT* in den Schätzungen einmal verzögert.

(2) Multilaterale Wechselkursvereinbarungen können Regierungen dazu zwingen, die Wirtschaft zu stabilisieren, um die Budgetkosten und Verdrängungseffekte hoher Zinssätze zu vermeiden. Die Bestimmungen des Maastricht-Vertrags sind ein gutes Beispiel dafür. Die Auswirkungen dieser externen Beschränkungen auf die fiskalpolitischen Wahlmöglichkeiten der Regierung werden mittels einer qualitativen Variable, *EXTCONST*, dargestellt. Je höher das Potenzial der externen Beschränkung, den diskretionären Spielraum in der Fiskalpolitik einzuschränken, desto höher ist der Wert dieser Variable (Obstfeld 1997). Hier nimmt *EXTCONST* den Wert 0 in den Jahren an, in denen der Wechselkurs der Lira vollständig flexibel ist (1972–1973), den Wert 1, wenn die Währung einem etwas lockereren Wechselkursregime folgt (wie der „Währungsschlange" von 1973 bis 1979), den Wert 2, wenn das Wechselkurssystem ein gut ausgeprägtes Regelwerk hat (wie Bretton Woods bis 1971 und das Europäische Währungssystem von 1980 bis 1990), und den Wert 3, wenn das Regime ausdrückliche Grenzen für Defizite und Schuldenniveaus für die Bildung einer gemeinsamen Währung festlegt wie im Maastricht-Vertrag (seit 1991)[5]. Das erwartete Vorzeichen ist negativ. Auch diese Variable wird im Dummy-Variablen-Modell weiter aufgelöst.

---

5 Die alternative Spezifizierung einer Dummy-Variable, die den Wert 1 ab 1991 und sonst 0 annimmt, hat keine signifikant abweichenden Ergebnisse gebracht. Da Anfang der 1990er Jahre jedoch viele Ereignisse in Italien stattfanden (Änderungen

Im Anhang sind die Definitionen sämtlicher in den Schätzungen verwendeten Variablen angeführt.

8.5 Kointegration und Fehlerkorrekturanalyse

8.5.1 Nichtstationaritätstests

Die Analyse der stochastischen Eigenschaften der Zeitreihe ermöglicht die Feststellung, ob das Defizit und die einzelnen erklärenden Variablen eine langfristige oder eine kurzfristige Beziehung aufweisen, und die Identifizierung der geeigneten Verzögerungsstruktur für jede Variable. Diese Information führt zur Spezifizierung eines strukturellen Modells der Bestimmungsgrößen von öffentlichen Defiziten frei von störenden Regressionsproblemen. Tabelle 8.4 zeigt die Ergebnisse der Augmented Dickey-Fuller- (ADF) und Phillips-Perron- (PP) Nichtstationaritätstests für normalverteilte Zeitreihen. Eine signifikante Teststatistik verwirft die Nullhypothese der Nichtstationarität in der Zeitreihe auf dem entsprechenden Niveau. Die Testspezifikation weist eine Konstante, einen Trend und eine Konstante oder keines der beiden auf, je nach Eignung für die jeweilige Zeitreihe. Schließlich wird der Test für die Zeiträume 1950–1990 und 1950–2002 durchgeführt, um die geeignete Spezifikation für die Prä- und Post-Maastricht-Modelle zu finden.

Nichtstationarität kann in beiden Perioden für *TRU, GY, TREXP, TRY* auf dem 1 %-Niveau verworfen werden, wie von Wachstumsraten und Zeitreihen, die Abweichungen von einem Trend erfassen, zu erwarten ist. Auch für *GOVFRAG* und *OPFRAG* kann Nichtstationarität entsprechend der Sprunghaftigkeit italienischer Regierungskoalitionen verworfen werden. Bezüglich *COSTDEBT* kann Nichtstationarität nur für die Periode 1950–1990 verworfen werden, nicht jedoch für die Zeitreihe, die auch die Maastricht-Jahre enthält. Dies ist ein erster Beweis dafür, dass der Beitritt zur EWWU sowohl die Zinssatz- als auch die BIP-Wachstumsratenkomponente der Variable stabilisierte. Für alle anderen Zeitreihen – einschließlich der abhängigen Variable – kann die Nullhypothese der Nichtstationarität in keiner Periode auf dem 1 %-Niveau verworfen werden.

der Wahlregeln, politische Skandale), wurde hier das indirektere Verfahren einer multivariaten qualitativen Variable in den Fehlerkorrekturmodellen und einer einfachen qualitativen Variable im Dummy-Variablen-Modell bevorzugt. Dadurch können die wichtigsten strukturellen Veränderungen in der Zeitreihe besser identifiziert und deren Auswirkungen auf die Defizite besser auseinanderdividiert werden.

Tabelle 8.4: Nichtstationaritätstests der Reihen

Schätzperiode	1950–1990			1950–2002		
Variable	ADF(4)	Phillips-Perron(12)	Testspezifikation	ADF(4)	Phillips-Perron(12)	Testspezifikation
DEF	–0,099	–0,10	Trend und Konstante	–0,616	–0,910	Keine
d(DEF)	–4,25***	–6,54***	Trend und Konstante	–3,695***	–8,488***	Keine
POP65	–3,15	–3,32*	Trend und Konstante	–0,518	–0,687	Trend und Konstante
d(POP65)	–4,183***	–6,08***	Trend und Konstante	–3,132*	–4,427***	Trend und Konstante
U	–1,71	–1,597	Keine	–2,3406	–2,283	Trend und Konstante
d(U)	–3,07***	–4,4***	Keine	–3,710***	–4,618***	Trend und Konstante
TRU	–3,403***	–3,185***	Keine	–4,308***	–3,344***	Keine
GY	–4,759***	–6,665***	Trend und Konstante	–5,232***	–7,04***	Trend und Konstante
TREXP	–2,924***	–2,518**	Keine	–4,022***	–3,594***	Keine
TRY	–3,682***	–3,122***	Keine	–4,785***	–4,009***	Keine
GOVFRAG	–4,527***	–7,17***	Trend und Konstante	–3,910**	–5,361*	Trend und Konstante
OPFRAG	–3,12***	–4,704***	Trend und Konstante	–2,595*	–4,748***	Keine
d(OPFRAG)	–	–	Trend und Konstante	–6,915***	–12,265***	Keine
COSTDEBT	–1,728*	2,134**	Keine	–2,240**	–4,741***	Keine
d(COSTDEBT)	–5,45***	–7,11***	Keine	–	–	–

8.5.2 Kointegrationstests

Da die abhängige Variable auf ihren Niveaus nicht stationär ist, besteht der nächste Schritt darin, die Dynamik ihrer Beziehung mit jeder nichtstationären Variable zu untersuchen: *POP65*, *U*, *SPENDMIN* und *COSTDEBT* für die Periode 1950–1990 und die ersten drei für die Periode 1950–2002. Tabelle

8.5 zeigt die Ergebnisse der Johansen-Kointegrationstests. Die Nullhypothese ist, dass es keine Kointegration gibt, und zwar dass die zwei Zeitreihen keine Gleichgewichtsbedingung aufweisen, die sie langfristig proportional zueinander hält. Die Lag-Struktur der Zeitreihen und die Annahme über die Existenz einer Konstante bzw. eines deterministischen Trends in der Kointegrationsgleichung entsprechen der Dynamik der Zeitreihen.

Tabelle 8.5: Johansen-Kointegrationstests

Schätzperiode			1950–1990		
Variable	Lags	Eigenwert	Likelihood Ratio	Kritischer Wert p=5 %	Kritischer Wert p=1 %
POP65	1	0,327	26,323	25,32	30,45
U	1	0,235	16,677	25,32	30,45
COSTDEBT	1	0,302	23,819	25,32	30,45
Schätzperiode			**1950–2002**		
Variable	**Lags**	**Eigenwert**	**Likelihood Ratio**	**Kritischer Wert p=5 %**	**Kritischer Wert p=1 %**
POP65	1	0,4652	34,016	19,96	24,6
U	1	0,2443	16,95	25,32	30,45

Die Teststatistik Likelihood Ratio kennzeichnet eine Kointegrationsbeziehung zwischen den Schulden und der Größe der älteren Bevölkerung mit einem 95 %-igen Konfidenzniveau. Dieses Ergebnis ist angesichts der langfristigen Implikationen demografischer Phänomene plausibel. Wie erwartet, erweisen sich *U, SPENDMIN* und *COSTDEBT* nicht als kointegriert mit den Staatsschulden, entsprechend der kurzfristigen Dynamik der keynesianischen, Zermürbungskriegs- bzw. Beschränkungsmodelle.

8.5.3 Fehlerkorrekturmodell

Die Bewertung der stochastischen Eigenschaften und die Identifizierung einer kointegrierenden Gleichung zwischen Schulden und älterer Bevölkerung ermöglicht die Spezifizierung und Schätzung eines Fehlerkorrekturmodells. Es wird die erste Differenz der endogenen Variable *DEF* auf eine Verzögerung von einer Periode der kointegrierenden Gleichung und auf alle anderen unabhängigen Variablen regressiert.

Es wird folgendes Gleichungssystem geschätzt:

$$DEF_{t-1} = \alpha_0 POP65_{t-1} + \eta_{t-1}$$

$$d(DEF)_t = \beta_1 ECTPOP65_{t-1} + \beta_2 TRY_t + \beta_3 TREXP_t + \beta_4 EXTCONST_t + + \beta_5 BUDRULE_t + \beta_6 ELE_t + \beta_7 SPENDMIN_t + \beta_8 d(U)_t + + \beta_9 COSTDEBT_{t-1} + \upsilon_t \quad (1)$$

Tabelle 8.6: Fehlerkorrekturmodelle

Schätzperiode	1950–1990		1950–2002	
	Kointegrierende Gleichung		Kointegrierende Gleichung	
Abhängige Variable	DEF_{t-1}		DEF_{t-1}	
Variable	*Koeffizient*	*t-Stat.*	*Koeffizient*	*t-Stat.*
$POP65_{t-1}$	$5{,}92^{-06}$	8,44	$6{,}11^{-06}$	5,53
	Vektorfehlerkorrektur		Vektorfehlerkorrektur	
Abhängige Variable	$d(DEF_t)$		$d(DEF_t)$	
Variable	Koeffizient	Wahrsch.	Koeffizient	Wahrsch.
$ECTPOP65_{t-1}$	–0,348	0,03	–0,873	0,00
$TREXP_t$	0,0003	0,02	0,0004	0,00
TRY_t	–0,0001	0,04	–0,0001	0,3
$EXTCONST_t$	–0,439	0,8	–4,126	0,05
ELE_t	–1,302	0,5	3,641	0,4
$BUDRULE_t$	–13,634	0,00	–16,25	0,00
$SPENDMIN_t$	0,605	0,00	0,834	0,00
$d(U)_t$	–1,04	0,58	–1,317	0,7
$COSTDEBT_{t-1}$	–173,41	0,00	–142,93	0,00
Adj. R^2	0,44		0,51	
S.E. der Regression	5,47		14,79	
Breusch-Godfrey-LM-Test F-Stat.	0,871		0,182	
Breusch-Godfrey-LM-Test $N \cdot R^2$	2,192		0,498	
Log-Likelihood	–110,0		–196,56	
Schwarz-Kriterium	6,837		8,737	
Anz. Beob.	40		52	

Anmerkung: Der Operator *d* kennzeichnet erste Differenzen.

Tabelle 8.6 zeigt die Schätzungen des Fehlerkorrekturmodells, wobei die passendsten Modelle (schrittweise auf Basis des Schwarz-Kriteriums bewertet) für die Prä-Maastricht-Zeitreihe 1950–1990 und für die Post-Maastricht-Zeitreihe 1950–2002 geschätzt werden.

Das erste zu beachtende Ergebnis ist der Koeffizient *EXTCONST*. Während er in der Zeitreihe 1950–1990 nicht signifikant ist, wird er dies – mit dem erwarteten negativen Vorzeichen – in der Zeitreihe 1950–2002. Diese Entwicklung erfasst den direkten Effekt des Maastrichtvertrages auf das Defizit. Frühere Wechselkursabkommen waren nicht so bindend für die fiskalpolitischen Entscheidungen des Landes wie die Maastrichtkriterien.

Andere indirekte Auswirkungen des Maastrichtvertrages werden von der Entwicklung der Koeffizienten von *BUDRULE* und *SPENDMIN* erfasst. Während dieser Koeffizient in beiden Zeitreihen signifikant ist und das erwartete negative Vorzeichen aufweist, ist der Koeffizient von *BUDRULE* in der Gesamtreihe größer. Das Inkrafttreten des Maastrichtvertrages könnte zu einem größeren Respekt seitens der Entscheidungsträger gegenüber den Budgetgenehmigungsverfahren geführt haben.

In ähnlicher Weise hat das größere politische Gewicht des Wirtschaftsministers im Vergleich zu den für Ausgaben zuständigen Ministern infolge der Verringerung ihrer Anzahl eindeutige Auswirkungen auf fiskalpolitische Ungleichgewichte: Die Größe des Koeffizienten von *SPENDMIN* steigt um 25 %. Dieser Regressor erweist sich als multikollinear mit *GOVFRAG* und *OPFRAG*, hat jedoch einen größeren Erklärungswert als die letzteren zwei Variablen, die daher aus der endgültigen Spezifikation des Regressionsmodells ausgeschlossen wurden.

Daraus wird abgeleitet, dass der relevante Ort der Zermürbungskriege innerhalb der italienischen Regierungskoalitionen eher die Regierung als das Parlament ist. Die Wiedervereinigung der vormaligen drei finanzbezogenen Ministerien (Schatzamt, Finanzministerium und Budgetministerium) in ein Wirtschaftsministerium impliziert, dass nur eine Partei ein derartiges Ministerium innehat und dass konsequenterweise die anderen Regierungskoalitionsmitglieder Ressorts innehaben, die für Ausgaben zuständig sind. Der Ministerrat ist somit der Ort, wo die Parteien bezüglich fiskalpolitischer Entscheidungen streiten und Absprachen treffen.

Nur eine der vier keynesianischen Variablen erweist sich als signifikant, nämlich *TRY*, und dies nur in der Prä-Maastricht-Zeitreihe. Weder die Wachstumsrate des realen BIP noch die verschiedenen Spezifikationen der Arbeitslosigkeit sind statistisch verschieden von null. Eine mögliche Interpretation für den negativen und signifikanten Koeffizienten auf *TRY* bis 1990 ist, dass die von Maastricht auferlegte externe Beschränkung die italienischen Politiker dazu gezwungen hat, ihre Versuche, Fiskalpolitik aktiv über den Konjunkturzyklus hinweg einzusetzen, einzudämmen. Bezüglich der fehlenden Signifikanz bei den Arbeitslosigkeitsmaßen in beiden Zeitreihen wäre es überzogen, daraus abzuleiten, dass die italienischen fiskalpolitischen Institutionen diese niemals als Ziel genommen haben; hingegen scheinen sie es nicht auf die in der funktionellen Finanztheorie postulierte antizyklische Art und Weise getan zu haben. Die politischen Annehmlichkeiten defizitfinanzierter Ausgaben überwogen die Wohlfahrts-maximierungslogik der keynesianischen Fiskalpolitik, wie von Buchanan und Wagner (1977) aufgezeigt.

Hinsichtlich der optimalen Finanzvariablen weist *TREXP* in allen Regressionen das richtige Vorzeichen auf und ist hochgradig signifikant, während der Koeffizient von *TRY* nur in der Prä-Maastricht-Zeitreihe signifikant ist. Die großen Abweichungen der italienischen Staatsausgaben vom Trend hängen hauptsächlich vom großen Anteil von Anwartschaften in den Budgetausgaben ab. Ein negativer fiskalpolitischer Schock wird automatisch auf die Staatsausgaben übertragen und die Defizite müssen erhöht werden, um den fiskalpolitischen Druck konstant zu halten; dies könnte die dauernde Signifikanz von *TREXP* erklären. Umgekehrt könnte der Signifikanzverlust von *TRY*, wenn die Jahre 1990–2002 auch berücksichtigt werden, auf den geringeren verzerrenden Effekt des italienischen Steuersystems in den 1990er Jahren im Vergleich zu den früheren Jahren zurückgeführt werden. Dies macht die grundlegende Hypothese des Modells von Barro (1979) wieder weniger plausibel für die Gesamtzeitreihe. In den 1970er und 1980er Jahren gab es einen dramatischen Anstieg der Wohlfahrtskosten der Besteuerung aufgrund von Reformen, die die effektive Progressivität des Systems anhoben, und der finanzpolitischen Bremswirkung infolge der hohen Inflationsraten. In den 1990er Jahren hingegen gab es einerseits Steuerreformen, die die Sätze langsam proportionaler machten, und andererseits einen starken Rückgang der Inflation mit einem geringeren Fiscal-Drag-Effekt. In diesem Szenario wirken sich Schocks an der Steuerbasis weniger auf die Zusatzlast der Besteuerung aus, somit ergibt sich eine geringere Notwendigkeit, mittels Neuverschuldung zu intervenieren.

Wahlen scheinen in keiner der Perioden direkte Auswirkungen auf die Dynamik der Budgetdefizite zu haben, obwohl der Koeffizient das richtige Vorzeichen aufweist und nahezu signifikant wird, sobald die jüngere Zeit, in der zwei Koalitionen einander in der Regierung abwechselten, berücksichtigt wird. Nichtsdestotrotz ist die fehlende Aussagekraft des *ELE*-Regressors (sowie von *ELC*, obwohl die Ergebnisse für diese Variable nicht angegeben wurden) weitgehend auf die Tatsache zurückzuführen, dass die Wahlen nicht in regelmäßigen, vorhersagbaren Intervallen stattfanden. Dies reduziert die Möglichkeit, eine Ausdehnung des Budgets vor bzw. eine Kontraktion nach den Urnengängen zu organisieren.

Der verzögerte Wert von *COSTDEBT*, das die Budgetkosten hoher Zinssätze misst, ist immer signifikant und weist das erwartete negative Vorzeichen auf. Die Größe des Koeffizienten ist geringer für die Gesamtperiode, ein Zeichen dafür, dass die Stabilisierung des Zinssatzes für die italienischen Staatsschulden nach dem Beitritt zur EWWU die Staatsdefizite weniger empfindlich auf die finanziellen Kosten des Schuldendienstes reagieren lässt.

Schließlich weist der Anteil der älteren Personen an der Gesamtbevölkerung das erwartete positive Vorzeichen auf und ist immer signifikant. Der Koeffizient wächst in der Gesamtperiode entsprechend dem größeren und zunehmenden Anteil an Ausgaben für Pensionen und Sozialversicherung im italienischen Budget. Dieses Ergebnis entspricht Galasso und Profetas (2004) Erklärung der nachkriegszeitlichen Dynamik der Sozialversicherungsausgaben in Italien, wo die Alterung der Wählerschaft und der Gewerkschaftsmitglieder dazu geführt hat, dass regierungswillige Politiker für Pensionsausgaben empfänglicher waren. Andererseits ist es durchaus möglich, dass die zunehmenden Kosten für die Steigerung der Einnahmen und die Schwächung der intergenerationellen Bindungen die Präferenzen bei der Finanzierung dieser Ausgaben weg von Steuern hin zu Defiziten gedrückt haben. Der Fehlerkorrekturterm ist negativ und signifikant und kehrt schneller zu den Normalwerten zurück, sobald die 1990er Jahre einbezogen werden, vermutlich aufgrund der Auswirkungen der 1993, 1995 und 1997 eingeführten Pensionsreformen.

Insgesamt erklären die Modelle ca. 44 % (1950–1990) bzw. 51 % (1950–2002) der Gesamtvariation der abhängigen Variable – mit beachtlicher Präzision, wie die Log-Likelihood-Funktionen zeigen. In beiden Zeitreihen kann die Breusch-Pagan-LM-Teststatistik nicht die Nullhypothese fehlender serieller Korrelation in den Residuen verwerfen.

8.6 Dummy-Variablen-Modell

Die in Tabelle 8.6 zusammengefassten Ergebnisse der Fehlerkorrekturmodelle zeigen, dass jene Variablen, die ihre Erklärungskraft am meisten zwischen der „Prä-Maastricht"- und der "Post-Maastricht"-Zeitreihe verändern, folgende sind: die bindende Kraft der externen Beschränkungen und der Budgetgenehmigungsregeln; der Zermürbungskrieg innerhalb der Regierung; die Kosten hoher Schuldenniveaus und die Forderungen nach einer Schuldenfinanzierung aufgrund des zunehmenden Anteils an älteren Personen in der Gesamtbevölkerung. Eine Reihe von t-Tests (siehe Tabelle 8.7) bestätigt diese Schlussfolgerung. Abbildung 8.4 veranschaulicht die prozentuellen Veränderungen der geschätzten Koeffizienten. Die Ergebnisse des Fehlerkorrekturmodells legen eine Fokussierung der Analyse auf diese vier der ursprünglich sieben betrachteten Theorien nahe.

Um das Verständnis für die Auswirkungen dieser Faktoren auf die Entwicklung der italienischen Staatsdefizite zu vertiefen, wurde nachstehendes Modell für die gesamte Zeitreihe 1950–2002 geschätzt:

$$d(DEF)_t = \beta_1 ECTPOP65_{t-1} + \beta_2 EXTCONST_t + \beta_3 BUDRULE_t + \\ + \beta_4 COSTDEBT_{t-1} + \beta_5 SPENDMIN_t + \upsilon_t \quad (2)$$

Tabelle 8.7: t-Tests der geschätzten Koeffizienten der Fehlerkorrekturmodelle

$$H_0 : \hat{\beta}_{1950-2002} = \hat{\beta}_{1950-1990}$$

Variable	t-Test
$POP65_{t-1}$	0,118
$ECTPOP65_{t-1}$	–3,343***
$TREXP_t$	0,793
TRY_t	0,372
$EXTCONST_t$	–2,23***
ELE_t	1,118
$BUDRULE_t$	–8,099***
$SPENDMIN_t$	1,74*
$d(U)_t$	0,579
$COSTDEBT_{t-1}$	6,13***
Kritischer Wert p=1 %	2,704
Kritischer Wert p=5 %	2,021
Kritischer Wert p=10 %	1,68

Anm.: Kritische Werte der t-Tests zweiseitig, 41 Freiheitsgrade

Abbildung 8.4: Prozentuelle Veränderung der geschätzten Koeffizienten

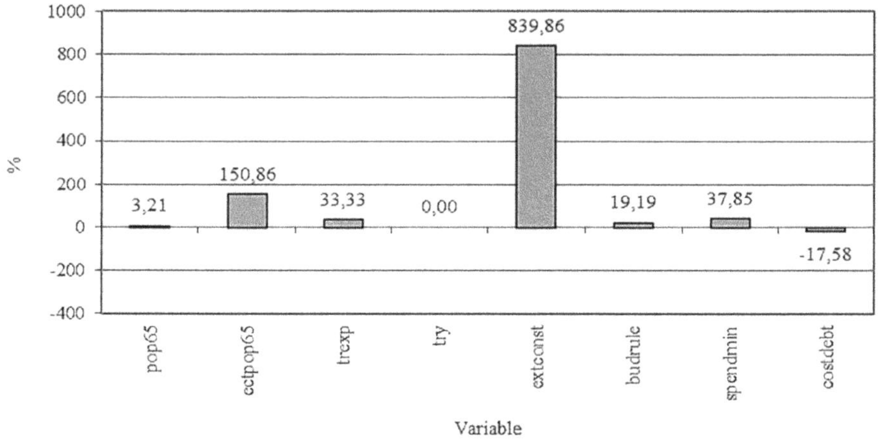

Aufgrund seiner „sparsameren" Struktur ermöglicht dieses Modell eine Zerlegung der im Fehlerkorrekturmodell verwendeten qualitativen multivariaten Variablen *EXTCONST* und *BUDRULE* in ihre einzelnen Bestandteile mittels einer Reihe von Dummy-Variablen, nämlich, *dummyBRETTON-WOODS*, *dummySNAKETUNNEL*, *dummyEMS* und *dummyMAASTRICHT* anstelle von *EXTCONST*; sowie *dummyFINANZIARIA* und *dummy1988REFORM* anstelle von *BUDRULE*. Jede Variable ist gleich 0 in den Jahren, wenn die Ausprägung fehlt, und 1 in den Jahren, wenn sie vorhanden ist. Diese Zerlegung ermöglicht es aufzuzeigen, welche dieser besonderen institutionellen Veränderungen die Dynamik des Defizits am stärksten beeinflusst haben.

Tabelle 8.8 zeigt die beste Schätzung von Gleichung (2), mit allen stetigen Variablen und den Dummy-Variablen mit signifikanten Koeffizienten, d.h. *dummyMAASTRICHT* und *dummyFINANZIARIA*, auf dem 5 %- bzw. 1 %-Niveau. Die Schuldenbildung erscheint: (a) negativ korreliert mit der vom Maastricht-Vertrag auferlegten Beschränkung, was eine Verschiebung nach unten der Funktion impliziert; (b) positiv korreliert mit der Einführung der *Legge Finanziaria* im Budgetgenehmigungsverfahren zugunsten einer Schuldenfinanzierung der Staatsausgaben, was eine Verschiebung nach oben der Funktion bestimmt; (c) positiv korreliert mit dem Druck vonseiten der älteren Bevölkerung, bei steigenden Ausgaben ein Defizit zu tätigen, allerdings mit einer eingebauten Umkehr zum Mittelwert; (d) positiv korreliert mit der politischen Macht der für Ausgaben zuständigen Minister im Verhältnis zum/zu den Finanzminister(n) innerhalb der Regierung.

Tabelle 8.8: Dummy-Variablen-Modell (1950–2002)

Abhängige Variable	DEF_t	
Variable	**Koeffizient**	**Wahrsch.**
$ECTPOP65_{t-1}$	–0,613	0,02
$dummyMAASTRICHT_t$	–24,041	0,05
$dummyFINANZIARIA_t$	13,218	0,007
$COSTDEBT_{t-1}$	–84,878	0,42
$SPENDMIN_t$	0,024	0,06
Adj. R^2	0,30	
S.E. der Regression	18,40	
Log-Likelihood	–209,613	
Schwarz-Kriterium	8,952	
Anz. Beob.	49	

Interessanterweise haben andere institutionelle Faktoren, die durch die in den Fehlerkorrekturmodellen verwendeten multivariaten Variablen *EXTCONST* und *BUDRULE* ausgedrückt werden, wie die Wechselkursregimes vor Maastricht oder die Budgetreform von 1988 keine statistisch nennenswerte Erklärungskraft. Darüber hinaus scheinen die italienischen Staatsdefizite weniger empfindlich auf traditionelle Nachhaltigkeitskriterien zu reagieren, wie das in der Variable *BUDRULE* erfasste Differential zwischen BIP-Wachstumsraten und Zinssätzen, das statistisch nicht signifikant ist.

Die Schätzungen von Gleichung (2) deuten darauf hin, dass die Aussicht auf eine (künftige) Nachhaltigkeit der italienischen Staatsfinanzen in erster Linie an die Elastizität dieser institutionellen Beschränkungen gebunden ist. Wenn die Verfahren zur Genehmigung des Budgets gelockert und der Stabilitäts- und Wachstumspakt abgeschwächt werden, wie es anscheinend nach dem EU-Gipfel im März 2005 der Fall war, steigen die italienischen Defizite schneller und stärker an als im Fall einer Zinssatzsteigerung, die die Kosten des Schuldendienstes erhöht. Wenn hingegen diese institutionellen Reformen von einer Reihe von wechselnden Koalitionen angewandt und von der öffentlichen Meinung mitgetragen und neue Reformen in dieser Richtung eingeführt würden, könnte Italien langsam kein finanzielles Sorgenkind für seine europäischen Partner mehr sein.[6]

8.7 Schlussbemerkungen

Die hier beschriebene Analyse zeigt, dass die Bestimmungsgrößen der italienischen Staatsdefizite vor und nach Maastricht im Wesentlich die gleichen sind und waren, wohingegen sich die Art, in der die Fiskalpolitik auf die jeweiligen Determinanten reagiert, nach der Unterzeichnung des Vertrags beträchtlich verändert hat. Institutionelle Beschränkungen, ob intern wie die Budgetgenehmigungsregeln oder extern wie der Maastricht-Vertrag, waren immer die Hauptbedingung für das Gleichgewicht der Staatsfinanzen Italiens. Die Analyse zeigt auch, dass die Empfindlichkeit der italienischen Budgetdefizite für diese institutionellen Beschränkungen seit 1991 zugenommen hat. Die Schwächung des Wachstums- und Stabilitätspaktes ist daher schlecht für die Nachhaltigkeit der italienischen Staatsfinanzen.

6 Da die Analyse auf Dummy-Variablen bzw. multivariaten qualitativen Variablen basiert, ermöglicht sie keine Beurteilung der wahrscheinlichen Auswirkungen von Reformen des Maastricht-Vertrages auf die Nachhaltigkeit der italienischen Staatsfinanzen. Ein derartiger Einblick könnte im Lauf der Zeit durch eine Bewertung davon, wie diese Revisionen die Bandbreiten und Niveaus der Zinssätze in der Eurozone und somit die Kosten der italienischen Schuldenbedienung beeinflussen, gewonnen werden. Siehe Faini (2004) für eine frühe Behandlung dieser Fragen.

Diese Ergebnisse sind ziemlich ähnlich und untermauern daher die Erkenntnisse früherer Analysen, die auf ähnlichen Erklärungsverfahren beruhten, jedoch über kürzere Zeitspannen erfolgten, in denen die Auswirkungen des Maastricht-Vertrages noch nicht so richtig augenscheinlich waren. Die Maastricht-Jahre haben eine Fülle an neuen Fakten über die ökonomische, politische und fiskalpolitische Geschichte des Landes geliefert, die treibenden Kräfte hinter Italiens Staatsdefiziten bleiben jedoch weitgehend dieselben. Das deutet darauf hin, dass die Untersuchung der Bestimmungsgrößen der italienischen Staatsdefizite vermutlich komplett und das Potenzial des in dieser Arbeit verfolgten Erklärungsansatzes erschöpft ist.

Die Haupteinschränkung dieses analytischen Ansatzes liegt darin, dass er (nur) die Dynamik der fiskalpolitischen *Gesamtsummen* erklären kann. Budgetdefizite sind jedoch die Differenz zwischen Gesamtausgaben und Gesamteinnahmen, und diese zwei Gesamtsummen ergeben sich oft aus einem Bottom-up-Verfahren der Aggregation von einzelnen Ausgabenprogrammen und Besteuerungsinstrumenten. Fortschritte bei der Erklärung (und Kontrolle) der Dynamik der fiskalpolitischen Leistung eines Landes wären somit mittels Untersuchung der Bestimmungsgrößen der *Zusammensetzung* von Staatsausgaben und Steuern zu erzielen, d.h. mittels stärker disaggregierter Analysen auf der Grundlage von wirtschaftspolitischen Modellen der staatlichen Ausgaben und der Besteuerung.

8.8 Anhang: Definitionen der Variablen

Variable	Definition
BUDRULE	Budgetdisziplinvariable: gleich 2 zwischen 1950 und 1977; 0 zwischen 1978 und 1987; 1 zwischen 1988 und 2002
COSTDEBT	Budgetkosten der Zinssätze: gleich der Schulden-BIP-Quote mal der Veränderung der Differentiale zwischen realem Zinssatz und realer BIP-Wachstumsrate
DEF	Gesamtstaatsdefizit inkl. Zinsen zum Nennwert
Dummy1988REFORM	Komponente von *BUDRULE*. 0 zwischen 1950 und 1987, danach 1
dummyBRETTONWOODS	Komponente von *EXTCONST*. 1 zwischen 1950 und 1971, danach 0
dummyEMS	Komponente von *EXTCONST*. 1 zwischen 1980 und 1991, sonst 0
dummyFINANZIARIA	Komponente von *BUDRULE*. 0 zwischen 1950 und 1978, danach 1

Variable	Definition
dummyMAASTRICHT	Komponente von *EXTCONST*. 1 zwischen 1992 und 2002, sonst 0
dummySNAKETUNNEL	Komponente von *EXTCONST*. 1 zwischen 1973 und 1979, sonst 0
ECTPOP	Fehlerkorrekturmechanismus
ELC	Dummy für politischen Konjunkturzyklus: 1 im Wahljahr bei Wahl in erstem Halbjahr; 1 im Wahljahr und im Jahr danach bei Wahl im zweiten Halbjahr; sonst 0
ELE	Dummy für politischen Konjunkturzyklus: 1 im Wahljahr bei Wahl in zweitem Halbjahr; 1 im Wahljahr und im Jahr davor bei Wahl im ersten Halbjahr; sonst 0
EXTCONST	Externe Beschränkung von fiskalpolitischen Wahlmöglichkeiten der Regierung: gleich 0 zwischen 1972 und 1973, 1 zwischen 1974 und 1979, 2 zwischen 1950 und 1971 sowie zwischen 1980 und 1991, 3 ab 1992.
GOVFRAG	Fragmentierung der Regierungskoalition: Herfindahl-Index der Mandate der Parteien, die in der ersten Vertrauensdebatte nicht gegen die Regierung gestimmt haben
GY	Wachstumsrate des realen BIP
OPFRAG	Fragmentierung der Oppositionskoalition: Herfindahl-Index der Mandate der Parteien, die in der ersten Vertrauensdebatte gegen die Regierung gestimmt haben
POP65	% der Bevölkerung ab 65 Jahren
SPENDMIN	Verhältnis der Anzahl der für Ausgaben zuständigen Minister zur Anzahl der Finanzminister
TREXP	Abweichung der Gesamtausgabenquote (inkl. Zinsen) vom zeitvariablen Trend (Hodrick-Prescott-Filter)
TRU	Abweichung der Arbeitslosenquote vom zeitvariablen Trend (Hodrick-Prescott-Filter)
TRY	Abweichung des BIP vom zeitvariablen Trend (Hodrick-Prescott-Filter)
U	% Arbeitslosenquote
Y	Reales BIP

8.9 Literaturverzeichnis

Alesina, A. (1988): The End of Large Public Debts, in: Giavazzi, F.; Spaventa, L. (Hrsg.): High Public Debt: The Italian Experience, Cambridge, 34–79.

Alesina, A.; Drazen, A. (1991): Why Are Stabilizations Delayed? American Economic Review 81, 1170–1188.

Alesina, A.; Perotti, R. (1999): Budget Deficits and Budget Institutions, in: Poterba, J. M.; von Hagen, J.: Fiscal Institutions and Fiscal Performance, Chicago.

Alesina, A.; Roubini, N.; Cohen, G. D. (1997): Political Cycles and the Macroeconomy, Cambridge, MA.

Balassone, F.; Giordano, R. (2001): Budget Deficits and Coalition Governments, Public Choice 106, 327–349.

Barro, R. J. (1974): Are Government Bonds Net Wealth? Journal of Political Economy 82, 1095–1117.

Barro, R. J. (1979): On the Determination of the Public Debt, Journal of Political Economy 87, 941–971.

Boeri, T.; Brugiavini, A.; Calmfors, L. (Hrsg.) (2001): The Role of the Unions in the XXIth Century, Oxford.

Bohn, H. (2008): The Sustainability of Fiscal Policy in the United States, in: Neck, R.; Sturm, J.-E. (Hrsg.), Sustainability of Public Debt, Cambridge, MA, 15–49; deutsch: Die Nachhaltigkeit der Fiskalpolitik in den USA, Kapitel 6 in diesem Band.

Brunila, A.; Buti, M.; Franco, D. (Hrsg.) (2001): The Stability and Growth Pact. The Architecture of Fiscal Policy in EMU, Basingstoke.

Buchanan, J. M.; Wagner, R. E. (1977): Democracy in Deficit, New York.

Camera dei Deputati della Repubblica Italiana (2001): Notiziario della Camera dei Deputati. Compendio Statistico dalla I[a] alla XIII[a] Legislatura. Dati Statistici e Quantitativi, Rom.

Cukierman, A.; Meltzer A. H. (1989): A Political Theory of Government Debt and Deficits in a Neo-Ricardian Framework, American Economic Review 79, 713–732.

da Empoli, D.; de Ioanna, P.; Vegas G. (2000): Il bilancio dello Stato. La Finanza Pubblica tra Governo e Parlamento, Mailand.

Faini, R. (2004): Fiscal Policy and Interest Rates in Europe, in: Banca d'Italia: Public Debt, Rom, 481–511.

Fratianni, M.; Spinelli, F. (1991): La Storia Monetaria d'Italia: 1860–1980, Mailand.

Galasso, V.; Profeta, P. (2004): Lessons for an Ageing Society: the Political Sustainability of Social Security Systems, Economic Policy 19, 63–115.

Galli, E.; Padovano, F. (2002): A Comparative Test of Alternative Theories of the Determinants of Public Deficits, Public Choice 113, 37–58.

Galli, E.; Padovano, F. (2004): The Determinants of Italian Public Deficits before and after Maastricht, Working Paper, SIEP.

Giudice, G.; Montanino, A. (2003): Il Patto di Stabilità e Crescita, Rivista di Politica Economica 7–8, 185–273.

Goff, B. L. (1993): Evaluating Alternative Explanations of Postwar Federal Deficits, Public Choice 75, 247–261.

Goff, B. L.; Tollison, R. D. (2002): Explaining U.S. Federal Deficits, 1889–1998, Economic Inquiry 40, 457–69.

Huber, G.; Kocher, M.; Sutter, M. (2003): Government Strength, Power Dispersion in Governments and Budget Deficits in OECD-Countries. A Voting Power Approach, Public Choice 116, 333–350.

Kontopoulos, J.; Perotti, R. (1999): Government Fragmentation and Fiscal Policy Outcomes, in: Poterba, J. M.; von Hagen, J. (Hrsg.): Fiscal Institutions and Fiscal Performance, Chicago, 81–102.

IMF (verschiedene Jahre): Government Financial Statistics, Washington, D.C.

ISTAT (verschiedene Ausgaben): Annuario Statistico Italiano, Rom.

Obstfeld, M. (1997): Destabilizing Effects of Exchange Rate Escape Clauses, Journal of International Economics 43, 61–77.

OECD (verschiedene Jahre): Economic Outlook, Paris.

OECD (verschiedene Jahre): Historical Statistics, Paris.

Padovano, F.; Venturi, L. (2001): Wars of Attrition in Government Coalitions and Fiscal Performance: A Test on Italian 1948–1994 Data, Public Choice 109, 15–54.

Ricciuti, R. (2004): A Non-Linear Characterisation of Fiscal Sustainability, Royal Holloway University of London Discussion Papers in Economics, Nr. 2004–06.

Rogoff, K. (1990): Political Budget Cycles, American Economic Review 80, 1–16.

Romer, D. (1993): The New Keynesian Synthesis, Journal of Economic Perspectives 7, 5–22.

Rowley, C. K.; Shughart, W. F.; Tollison, R. D. (1988): Interest Groups and Deficits, in: Buchanan, J. M.; Rowley C. K.; Tollison R. D. (Hrsg.): Deficits, London, 263–280.

Schlitzer, G. (1994): Nuovi strumenti per la valutazione e la previsione del ciclo economico in Italia, Rivista di Politica Economica 2, 3–34.

Senato della Repubblica Italiana (verschiedene Jahre): Atti Parlamentari, Rom.

Trehan, B.; Walsh, C. (1988): Common Trends, the Government Budget Constraint and Revenue Smoothing, Journal of Economic Dynamics and Control 12, 425–444.

Trehan, B.; Walsh, C. (1991): Testing Intertemporal Budget Constraints: Theory and Applications to U.S. Federal Budget and Current Accounts Deficits, Journal of Money, Credit, and Banking 23, 210–223.

Tullock, G. (1982): The Economics of Income Redistribution, Boston.

von Hagen, J. (1992): Budgeting Procedures and Fiscal Performance in the European Community, Commission of the European Communities, Economic Paper, Nr. 96.

von Hagen, J.; Harden, J. (1995): Budget Processes and Commitment to Fiscal Discipline, European Economic Review 39, 771–779.

Woldendorp, J.; Keman, H.; Budge, I. (1993): Political Data 1945–1990. Party Government in 20 Democracies, European Journal of Political Research 24, 1–119.

Woldendorp, J.; Keman, H.; Budge, I. (1998): Party Government in 20 Democracies: An Update (1990–1995), European Journal of Political Research 33, 1–119.

Reinhard Neck, Andrea Klinglmair und Gottfried Haber

Kapitel 9
Ist die Entwicklung der österreichischen Staatsschulden nachhaltig?

9.1 Einleitung

Die Finanz- und Wirtschaftskrise der Jahre 2007 bis 2010, die sogenannte Große Rezession, hat dazu geführt, dass die Staatsschulden in den meisten Industrieländern stark angestiegen sind, und zwar sowohl aufgrund von automatischen Stabilisatoren wie aufgrund von diskretionären Politikmaßnahmen, die das geringe Wirtschaftswachstum und die Arbeitslosigkeit bekämpfen sollten. In der Eurozone wurde diese Tendenz durch unterschiedliche Bedingungen im „Kern" und der „Peripherie" verschärft. Der Verlust des geldpolitischen Instruments zum Ausgleich dieser Unterschiede hat zusätzlich verschärfend gewirkt. Man kann argumentieren, dass dieses Problem einen der wichtigsten Gründe für die langsame Erholung der Länder der Eurozone nach der Großen Rezession darstellt. Das Beispiel Griechenland, das sich nahe der Zahlungsunfähigkeit des Staates befindet, zeigt, dass es notwendig ist, die Situation der Fiskalpolitik für jedes Land extra zu behandeln und nach dem Kriterium der Nachhaltigkeit der Staatsschuldenentwicklung zu beurteilen. In diesem Aufsatz behandeln wir diese Frage für Österreich, ein Land, das seit dem Beginn der Eurozone 1999 ihr Mitglied ist.

Der Aufsatz ist folgendermaßen aufgebaut: Zunächst beschreiben wir kurz die Situation des Bundesbudgets in Österreich und die historische Entwicklung der Bundesstaatsschulden. Sodann testen wir die Hypothese der Nachhaltigkeit der Staatsschuldenentwicklung für Österreich mit Hilfe der Methodologie von Bohn (1998). Darüber hinaus untersuchen wir einige mögliche politische Bestimmungsgrößen der österreichischen Budgetpolitik. Wir nehmen Tests in Hinblick auf den Einfluss der Arbeitslosigkeit, der politischen Parteien oder Ideologien, politischer Konjunkturzyklen und von Regierungsformen auf die Staatsschuldenentwicklung vor. Im letzten Abschnitt werden die Ergebnisse des Aufsatzes zusammengefasst. Der gegenwärtige Beitrag setzt Untersuchungen fort und aktualisiert sie, die in Neck und Getzner (2000, 2001), Getzner et al. (2001), Haber und Neck (2006), Neck und Haber (2008, 2012), Neck (2011) und Neck et al. (2015) dargestellt wurden.

9.2 Staatsschulden und Budgetdefizit in Österreich

Wie in den meisten Mitgliedsländern der Europäischen Wirtschafts- und Währungsunion (EWWU) ist das Verhältnis der Staatsschulden zum BIP in Österreich deutlich über dem EWWU-Ziel von 60 % für die allgemeinen Staatsschulden. Die Ursache dafür sind in erster Linie Zuwächse bei den Schulden des Zentralstaates, im Falle Österreichs des Bundes. Die Bundesländer und die Gemeinden sind nur für einen relativ kleinen Teil des öffentlichen Sektors verantwortlich und haben daher nur einen geringen Anteil an den Staatsschulden, wobei sie sogar in einigen Jahren in der jüngeren Vergangenheit Überschüsse erzielt haben. Die Konsolidierung des Bundesbudgets kann dagegen nicht als erfolgreich bezeichnet werden. Daher beschränken wir unsere Analyse auf diese Ebene des österreichischen öffentlichen Sektors. Dies macht auch aufgrund der Tatsache Sinn, dass explizite fiskalpolitische Entscheidungen nur auf der Ebene des Bundesstaates erwartet werden können.

Die deskriptive Literatur über die öffentlichen Finanzen in Österreich identifiziert (zumindest) drei verschiedene Perioden der Fiskalpolitik in der Vergangenheit:

(i) Vom Zweiten Weltkrieg bis in die Mitte der 1950er Jahre kann die Fiskalpolitik Großteils durch ausgeglichene Bundesbudgets charakterisiert werden.

(ii) Von 1958 bis 1974 haben Vorstellungen der keynesianischen Stabilisierungspolitik die fiskalpolitischen Entscheidungen in Österreich beeinflusst. Als Ergebnis wurde die Fiskalpolitik so konzipiert, dass sie Konjunkturzyklen ausgleichen sollte, wobei sie mittel- bis langfristig (über den Konjunkturzyklus) auf das Ziel eines ausgeglichenen Budgets ausgerichtet war. Dieses wurde auch Großteils erreicht, sodass das Verhältnis der Bundesschulden zum Output im Wesentlichen im Durchschnitt in diesen Jahren konstant geblieben ist.

(iii) Ab 1975 waren die Bundesbudgetdefizite deutlich höher. Es gab mehrere Versuche, das Bundesbudget zu konsolidieren, aber diese Anstrengungen waren nur vorübergehend erfolgreich, da sie nicht in einem Rückgang der Bundesschulden resultierten, sondern weitere Anstiege nur um einige wenige Jahre hinausschoben. Obwohl das (Netto-)Bundesbudgetdefizit (im Verhältnis zum BIP) in Österreich in den meisten Jahren vor der Finanz- und Wirtschaftskrise noch unter dem kritischen Wert von 3 % nach dem EU-Stabilitäts- und Wachstumspakt lag, war dies nicht ausreichend, um die Bundesschulden zu stabilisieren. Die Große Rezession brachte – wie auch in anderen Ländern – einen weiteren Schub zusätzlicher Staatsschulden mit sich.

Abbildung 9.1 zeigt die Entwicklung der Staatsschulden des Bundes in Österreich relativ zum österreichischen BIP. Man sieht deutlich den Aufwärtstrend dieser Variable seit 1975. Das Jahr 1975 scheint daher das Ursprungsjahr möglicher Nachhaltigkeitsprobleme der österreichischen Bundesschuld zu sein.

9.3 Bohns Nachhaltigkeitstest

Die geeignetste Methode zum Test der Nachhaltigkeit von Entwicklungen von Staatsschulden wurde von Bohn (1998) im Zusammenhang mit der Fiskalpolitik der USA entwickelt. Diese Methodologie hat den Vorzug, dass sie nicht auf Annahmen über den Diskontsatz zukünftiger Budgetüberschüsse bzw. Staatsschulden beruht. Stattdessen wird die folgende Gleichung geschätzt:

$$ps_t = \rho d_{t-1} + \alpha_0 + AZ_t + \varepsilon_t, \qquad (1)$$

Abbildung 9.1: Verhältnis der Schulden des Bundes zum BIP in Österreich

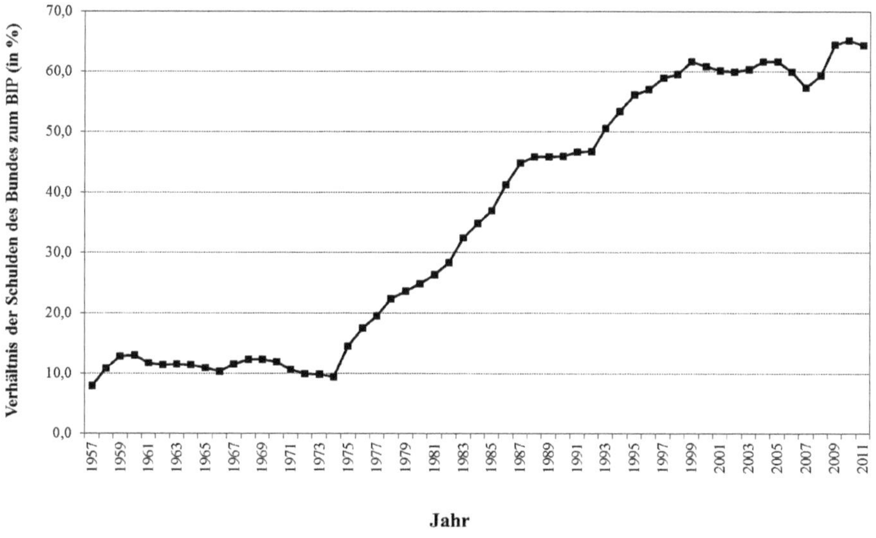

wobei ps_t den Primärüberschuss der Periode t, d_t den Bestand der (zentralstaatlichen) Staatsschulden in der Periode t und Z_t einen Vektor von zusätzlichen exogenen Variablen bezeichnet. Zu Letzteren gehören bei Bohn Abweichungen des BIP und der öffentlichen Ausgaben von ihrem Trend. Alle Variablen werden gemessen als Verhältniszahlen zum BIP (in Prozent). Bohn zeigte, dass die Fiskalpolitik genau dann nachhaltig ist, wenn Gleichung (1) einen Prozess darstellt, der zum Mittelwert zurückkehrt. Das kann man mit empirischen Daten dadurch testen, indem man untersucht, ob ρ signifikant positiv ist, was man dahingehend interpretieren kann, dass die budgetpolitischen Entscheidungsträger auf einen erhöhten Bestand von Schulden am Beginn der Periode t durch Erhöhung des Primärüberschusses (Verminderung des Primärdefizits) in der Periode t reagieren. Solch ein negativer (stabilisierender) Rückkopplungseffekt ist hinreichend für die Nachhaltigkeit der Staatsfinanzen. Tatsächlich muss die Zeitreihe des Staatsschulden-BIP-Verhältnisses nicht einmal stationär sein, da ihre Integration von beliebig hohem Grad hinreichend ist (Bohn 2007).

Die ökonometrische Schätzung von Gleichung (1) ist leicht durchführbar. Tabelle 9.1 zeigt verschiedene Spezifikationen für Österreich. Wir können die Hypothese einer Einheitswurzel in der Zeitreihe des Verhältnisses des Primärüberschusses zum BIP in einigen Spezifikationen nicht eindeutig falsifizieren; dennoch schätzen wir die Gleichung (1) mit Hilfe der gewöhnlichen Methode der kleinsten Quadrate (OLS). Bereits ein Blick auf die Zeitreihe und auch ein Chow-Test zeigen, dass es einen Strukturbruch zwischen 1974 und 1975 gibt. Bei der Schätzung (1) wird eine Scheinvariable (Dummy) *D75* in den Erklärungszusammenhang eingefügt, wobei *D75* = 1 für die Periode von 1975 bis 2011 ist. In dieser Schätzung weist der Koeffizient von ρ für die gesamte Periode Nachhaltigkeit (einen positiven Wert) auf, aber der Effekt scheint gering zu sein. Die Größe von ρ ist etwa 0,07, was bedeutet, dass eine Steigerung der Bundesschulden um EUR 100 *ceteris paribus* zu einer Steigerung des Primärüberschusses im darauf folgenden Jahr um etwa EUR 7 führt. Für Z_t versuchten wir zahlreiche Variablen, die von Bohn (1998, 2008) und in den Spezifikationen von Barro (1979) einbezogen wurden, konnten aber keinen signifikanten Einfluss einer von ihnen feststellen. Daher haben wir keine dieser exogenen Variablen in Tabelle 9.1 aufgenommen.

Tabelle 9.1: Bohns Nachhaltigkeitstest für Österreich (abhängige Variable: Primärüberschuss des Bundesbudgets, Verhältnis zum BIP)

	Sch. (1)	Sch. (2)	Sch. (3)	Sch. (4)	Sch. (5)
	Koeffizient (t-Statistik)	**Koeffizient (t-Statistik)**	**Koeffizient (t-Statistik)**	**Koeffizient (t-Statistik)**	**Koeffizient (t-Statistik)**
Konstante	–0,9995	–3,7624	–4,4837	–3,7448	–3,7560
	(–3,7138**)	(–8,3636**)	(–2,3796*)	(–7,3778**)	(–7,1364**)
d_{t-1}	0,0736	0,3159	0,3786	0,0732	0,3087
	(7,6849**)	(7,1055**)	(2,3035*)	(6,9453**)	(5,7935**)
D75 (=1 *nach* 1974)	–2,7644				
	(–6,3364**)				

	Sch. (1)	Sch. (2)	Sch. (3)	Sch. (4)	Sch. (5)
	Koeffizient (t-Statistik)	**Koeffizient (t-Statistik)**	**Koeffizient (t-Statistik)**	**Koeffizient (t-Statistik)**	**Koeffizient (t-Statistik)**
$d_{t-1} \cdot D75$		–0,2423			–0,2346
		(–6,5317**)			(–5,2249**)
AR(1)					0,6528
					(4,7318**)
AR(2)					–0,3606
					(–2,4963*)
$\bar{R}^2$	0,5317	0,5446	0,2352	0,5675	0,6844
F-Statistik	29,9572	31,4918	5,3061	48,2373	27,5692
Durbin-Watson-Statistik	1,0438	1,0397	1,5030	0,9781	1,9728
Anz. der Beobachtungen	52	52	15	37	50
Periode	1960–2011	1960–2011	1960–1974	1975–2011	1962–2011

OLS-Schätzung; ** p<0,01, * p<0,05, (*) p<0,1

Schätzung (2) zeigt, dass eine Multiplikation der Dummy-Variable für die Periode nach 1974 mit dem Koeffizienten des Verhältnisses der Schulden zum BIP d_{t-1} anstelle der Konstanten, also eine Aufsplitterung des Reaktionskoeffizienten anstelle der Konstante, die Erklärungskraft des Modells erhöht. Dieses Ergebnis kann man dahingehend interpretieren, dass die Reaktion der fiskalpolitischen Entscheidungsträger, die einem Anstieg der Staatsschulden durch höhere Primärüberschüsse entgegenwirkte, in der zweiten Periode geringer war als in der ersten. Bis 1974 führte demnach eine Erhöhung der Staatsschulden um EUR 100 *ceteris paribus* zu einem Anstieg des Primärüberschusses um etwa EUR 32. Ab 1974 betrug die entsprechende Reaktion im Durchschnitt nur etwa EUR 8. Wenn wir Gleichung (1) getrennt für die beiden Perioden schätzen, ist die Differenz der Schätzungen des Koeffizienten von d_{t-1} in den beiden Perioden sogar noch größer (über 0,3 statt 0,24; siehe die Schätzungen (3) und (4) in der Tabelle 9.1), aber beide sind noch immer signifikant.

Die bisher betrachteten Schätzungen weisen Probleme mit Autokorrelation der Residuen auf. Daher wurde das Modell mit dem Cochrane-Orcutt-Verfahren neu geschätzt, wobei zwei autoregressive Terme einbezogen wurden. Die entsprechende Schätzung (5) zeigt, dass die Koeffizienten von d_{t-1} und $d_{t-1} \cdot D75$ nur wenig kleiner sind als vorher. Die Vorzeichen und die

Größe der Koeffizienten zeigen auch hier, dass die Entwicklung des österreichischen Primärüberschusses eine klare Tendenz hat, die Zeitreihe zum Mittelwert zurück zu führen, und zwar deutlich stärker in der ersten Periode (1960–1974) als in der zweiten Periode (1975–2011). Es erhebt sich die Frage, welche Gründe für diese Entwicklung maßgeblich sind, insbesondere für die Jahre seit 1975. Theorien der Neuen Politischen Ökonomie können Erklärungen des entsprechenden Verhaltens der österreichischen Regierungen liefern.[1]

9.4 Politisch-ökonomische Hypothesen über das Wachstum der Staatsschulden

In Österreich waren die wirtschaftspolitischen Entscheidungen der 1970er und frühen 1980er Jahre bestimmt durch eine Konzeption, die als Austrokeynesianismus bezeichnet wurde. Unter den sozialdemokratischen Regierungen dieser Periode war Vollbeschäftigung das zentrale Ziel der österreichischen Wirtschaftspolitiker. Obwohl der Austrokeynesianismus immer auch andere (Großteils nicht keynesianische) Elemente beinhaltete, wie etwa die Hartwährungspolitik der Oesterreichischen Nationalbank, die die österreichische Währung strikt an die D-Mark anband, sowie eine sozialpartnerschaftlich ausgehandelte Politik maßvoller Lohn- und Preissteigerungen, diente eine expansive Fiskalpolitik der Verhinderung von Massenarbeitslosigkeit und war ein zentraler Pfeiler der austrokeynesianischen wirtschaftspolitischen Konzeption. Steigende Arbeitslosigkeit drohte insbesondere als Folge der Ölpreisschocks, deren erster Österreich 1974/1975 traf, und die entsprechende antizyklische Fiskalpolitik hat zweifellos dazu beigetragen, Budgetdefizite und Staatsschulden zu erhöhen.

Eine andere Erklärung für das Wachstum der Staatsschulden kann in der Ideologie der politischen Parteien gefunden werden, die jeweils die Regierung bilden. Es ist allgemein bekannt, dass „links“ orientierte politische Parteien im Durchschnitt eher bereit sind, Budgetdefizite zu akzeptieren, da sie sich mit keynesianischen Stabilisierungspolitiken mit dem Ziel der Verringerung der Arbeitslosigkeit stärker identifizieren als mit jenem des Ausgleichs des Budgets. „Rechts“ orientierte politische Parteien legen andererseits relativ mehr Gewicht auf Ziele wie Preisstabilität und ein ausgeglichenes Budget als auf die Verhinderung hoher Arbeitslosigkeit oder die Stabilisierung von Einkommen und Output über den Konjunkturzyklus (Frey und Schneider 1978).

Unterschiede in den Regierungsformen können eine weitere politisch-ökonomische Erklärung des Wachstums der Staatsschulden liefern. Im

1 Vgl. Alesina und Perotti (1995) für einen entsprechenden Literaturüberblick.

Allgemeinen versucht jede Partei, gegenüber ihren eigenen Wählern ihre Wahlversprechen zu erfüllen. In einer Koalitionsregierung wollen alle Parteien Konflikte innerhalb der Regierung vermeiden und tendieren daher zur Ausweitung der Staatsausgaben, um die Wähler der jeweils eigenen Anhängerschaft zu befriedigen, wobei dies auf Kosten einer erhöhten Staatsschuld geht (Kontopoulos und Perotti 1999). Anstelle solcher Konflikte kann es jedoch auch vorkommen, dass Koalitionsregierungen es leichter finden, das Budget zu konsolidieren, weil sie eine größere Mehrheit im Parlament haben. In einer Situation, in der nur eine Partei an der Regierung ist, kann eine starke Opposition die Wähler glauben machen, dass die regierende Partei allein für unpopuläre politische Maßnahmen der Budgetkonsolidierung verantwortlich ist. Die regierenden Parteien werden daher eher nur widerstrebend das Budget konsolidieren, während stärkere Koalitionsregierungen ohne starke Opposition im Parlament eher bereit sind, eine unpopuläre Politik der Konsolidierung der Staatsfinanzen durchzuführen.

Die Theorie des politischen Konjunkturzyklus ist ein weiterer Kandidat zur Erklärung der Tatsache, dass Regierungen starke Budgetdefizite verursachen. Nach dieser Theorie wird angenommen, dass die Wähler kurzsichtig sind und dass es einen Anreiz für Politiker gibt, einen Anstieg der Transferausgaben oder anderer populärer Staatsausgaben oder eine Senkung der Steuern kurz vor der Wahl zu versprechen oder tatsächlich durchzuführen. Der Zeitpunkt der nächsten Wahl oder der Abstand bis zur nächsten Wahl werden dann Bestimmungsgründe der Fiskalpolitik. Unpopuläre Budgetkonsolidierungen werden eher nach Wahlen als in Jahren vor den nächsten Wahlen stattfinden (Rogoff 1990).

9.5 Arbeitslosigkeit und Fiskalpolitik

Im Folgenden stellen wir die Ergebnisse von Tests der Hypothesen der Neuen Politischen Ökonomie über die Entwicklung der Staatsschulden für Österreich dar. Dies erfolgt durch Hinzufügung von Variablen, die nach diesen Theorien relevant erscheinen, zu der grundsätzlichen Spezifikation des Nachhaltigkeitstests von Bohn (Gleichung (1)), wobei wir von der Spezifikation der Schätzung (5) von Tabelle 9.1 ausgehen. Zunächst untersuchen wir, ob die Arbeitslosigkeit einen Einfluss auf die österreichische Fiskalpolitik hatte, wie es vom Konzept des Austrokeynesianismus nahegelegt wird. In der Tabelle 9.2 wird Bohns Nachhaltigkeitsmodell der Fiskalpolitik ergänzt, indem die Arbeitslosenquote *UR* als erklärende Variable zusätzlich aufgenommen wird (also als einziges Element des Vektors Z_t in Gleichung (1)). Die Schätzung (6) zeigt, dass der Schätzer des Koeffizienten der Arbeitslosenquote *UR* signifikant negativ ist, was den Erwartungen entspricht. Das Ergebnis dieser Schätzung kann dahingehend interpretiert werden, dass zwar eine signifikante Reaktion des Primärüberschusses auf die Staatsschulden des vergangenen Jahres erfolgt, aber zusätzlich eine Reaktion auf die Arbeitslosenquote stattfindet: Ein Anstieg der Arbeitslosenquote um einen Prozentpunkt führt *ceteris paribus* zu einer Verminderung des Verhältnisses des Primärüberschusses zum BIP um fast 0,9 Prozentpunkte. Die Wirkung der Arbeitslosigkeit auf das Verhalten der budgetpolitischen Entscheidungsträger ist stärker als die Verminderung der Reaktion aufgrund des erhöhten Schuldenstandes in der zweiten Periode (1975–2011).

Tabelle 9.2: Einfluss der Arbeitslosenquote auf die österreichische Budgetpolitik (abhängige Variable: Primärüberschuss des Bundesbudgets, Verhältnis zum BIP)

	Sch. (6)	**Sch. (7)**
	Koeffizient (t-Statistik)	**Koeffizient (t-Statistik)**
Konstante	–3,0830	–3,0329
	(–5,9724**)	(–6,3048**)
d_{t-1}	0,4393	0,2397
	(7,4604**)	(4,9145**)
$d_{t-1} \cdot D75$	–0,2743	–0,0583
	(–6,4476**)	(–1,0112)
UR	–0,8943	
	(–3,8512**)	
UR·D75		–1,0431
		(–4,1875**)
AR(1)	0,6925	0,7266
	(4,6495**)	(5,0527**)
AR(2)	–0,3688	–0,4311
	(–2,2742*)	(–2,7979**)
$\bar{R}^2$	0,7650	0,7759
F-Statistik	32,9057	34,9222
Anz. der Beobachtungen	50	50
Periode	1962–2011	1962–2011

OLS-Schätzung; ** p<0,01, * p<0,05, (*) p<0,1

Weitere Tests zeigen, dass die Reaktionen der fiskalpolitischen Entscheidungsträger auf steigende Arbeitslosigkeit in den beiden Perioden unterschiedlich sind. Die Schätzung (7) in Tabelle 9.3 stellt eine solche Evidenz der Reaktion der Fiskalpolitik auf die Arbeitslosenquote dar. Ein Anstieg der Arbeitslosenquote um einen Prozentpunkt in der zweiten Periode (1975–2011) führt *ceteris paribus* zu einer Abnahme des Verhältnisses des Primärüberschusses zum BIP um mehr als einen Prozentpunkt.

Wir folgern daraus, dass diese Schätzungen zwar immer noch eine Tendenz zur Rückkehr zum Mittelwert für die gesamte Periode beinhalten, diese jedoch in der zweiten Periode deutlich vermindert ist. Das bedeutet, dass der Primärüberschuss (im Verhältnis zum BIP) zwar noch signifikant auf Veränderungen des Schuldenstandes in der Vorperiode reagiert. Nach dem ersten Ölpreisschock ist diese Reaktion jedoch deutlich schwächer als vorher. Nach diesem Zeitpunkt spielte die Arbeitslosenquote eine wichtigere Rolle in Hinblick auf die antizyklische Orientierung der austrokeynesianischen Fiskalpolitik.

9.6 Politische Ideologie

Als nächstes untersuchen wir, ob Ideologie eine wichtige Rolle bei der Erklärung der Fiskalpolitik spielt. Die Hypothese lautet, dass linke politische Parteien, sofern sie in der Regierung entscheidend sind, ein größeres Gewicht auf die Verminderung der Arbeitslosigkeit und ein geringeres auf finanzielle Stabilität und fiskalische Nachhaltigkeit legen als rechts gerichtete Parteien. Im österreichischen politischen System können die Sozialdemokraten (SPÖ) im Wesentlichen als links orientierte Partei bezeichnet werden, während die konservative (christlich-demokratische) Österreichische Volkspartei (ÖVP) als rechts orientierte Partei beschrieben werden kann.

Als erstes beziehen wir eine Dummy-Variable *SP* für die Perioden 1960–1966, 1971–1999 und ab 2007 ein und bezeichnen damit die Teilnahme der Sozialdemokratischen Partei an der Regierung. Während der meisten dieser Jahre waren die Sozialdemokraten Mitglieder von Koalitionsregierungen. Nur in der Periode 1971–1983 hatten sie die alleinige Regierungsverantwortung mit einer absoluten Parlamentsmehrheit. Wir stellen die Hypothese auf, dass die Regierungsteilnahme der Sozialdemokraten tendenziell dazu führt, dass der Primärüberschuss verringert wird, und verwenden die Spezifikation, die die Arbeitslosigkeit als eine erklärende Variable einbezieht. Schätzung (8) in Tabelle 9.3 zeigt, dass der Koeffizient von *SP* ein negatives Vorzeichen hat, aber insignifikant ist.

Tabelle 9.3: Einfluss der Ideologie der politischen Parteien auf die österreichische Budgetpolitik (abhängige Variable: Primärüberschuss des Bundesbudgets, Verhältnis zum BIP)

	Sch. (8)	Sch. (9)	Sch. (10)	Sch. (11)
	Koeffizient (t-Statistik)	**Koeffizient (t-Statistik)**	**Koeffizient (t-Statistik)**	**Koeffizient (t-Statistik)**
Konstante	–2,7491	–2,3927	–2,2199	–1,7506
	(–4,6121**)	(–4,2303**)	(–2,6613*)	(-2,0028(*))
d_{t-1}	0,4212	0,3879	0,4097	0,3810
	(7,1084**)	(6,6234**)	(6,6048**)	(5,9330**)
$d_{t-1} \cdot D75$	–0,2649	–0,2331	–0,2439	–0,2190
	(–6,4639**)	(–5,4879**)	(–5,1182**)	(–4,3895**)
UR	–0,8305	–0,8410	–1,0346	–1,0658
	(–3,6822**)	(–4,0568**)	(–4,0815**)	(–4,3330**)
SP (=1 1960–1966, 1971–1999, 2007–2011)	–0,3545 (–1,0918)			
SPFC (=1 1971–1999, 2007– 2011)		–0,6402 (–2,1246*)		
SPA (=1 1971–1983)			–0,6188	
			(–1,3112)	
SPDOM (=1 1971–1986)				–0,8436 (–1,8652(*))
AR(1)	0,6409	0,6055	0,7122	0,7552
	(4,3498**)	(4,2122**)	(4,7774**)	(5,0860**)
AR(2)	–0,4132	–0,4519	–0,3895	–0,4423
	(–2,6201*)	(–2,9325**)	(–2,4008*)	(–2,7875**)
$\bar{R}^2$	0,7646	0,7778	0,7688	0,7766
F-Statistik	27,5309	29,5859	28,1595	29,3912
Anz. der Beobachtungen	50	50	50	50
Periode	1962–2011	1962–2011	1962–2011	1962–2011

OLS-Schätzung; ** p<0,01, * p<0,05, (*) p<0,1

Als nächstes versuchen wir eine Dummy-Variable *SPFC*, die die Perioden 1971–1999 und ab 2007 bezeichnet, in denen die Sozialdemokraten die stärkste Partei im Nationalrat waren und der österreichische Bundeskanzler ein Sozialdemokrat war. Schätzung (9) in Tabelle 9.3 zeigt, dass das Vorzeichen des entsprechenden Koeffizienten negativ und auf dem 5 %-Niveau signifikant ist. Das deutet darauf hin, dass es tatsächlich einen defiziterhöhenden Einfluss der Sozialdemokraten gegeben hat, wenn sie die Regierung geführt haben und dadurch die Fiskalpolitik geprägt wurde.

Wenn wir nur auf Perioden schauen, in denen die Sozialdemokraten die Alleinverantwortung mit einer absoluten Mehrheit im Parlament hatten (1971–1983), und diese durch die Dummy-Variable *SPA* bezeichnen, finden wir wieder ein negatives Vorzeichen des Koeffizienten, der jedoch nicht signifikant ist (Schätzung (10) in Tabelle 9.3). Für die Periode 1971–1986, als die Sozialdemokraten die Regierung bestimmten, wobei nach der Periode der Alleinverantwortung 1971–1983 die sogenannte Kleine Koalition der Sozialdemokraten und der (damals eher liberal orientierten) Freiheitlichen Partei (FPÖ) 1984 bis 1986 regierte, so ist der Koeffizient der entsprechenden Dummy-Variable *SPDOM* signifikant, aber nur auf dem 10 %-Niveau (Schätzung (11)). Insgesamt gibt es also eine gewisse, aber nicht starke Evidenz dafür, dass Regierungen, die von den Sozialdemokraten dominiert waren, höheres Wachstum der Bundesschulden in der Vergangenheit verursacht haben. Umgekehrt waren diese Perioden auch solche, in denen die Volkspartei nicht an der Macht war, sodass dieses Ergebnis auch dahingehend interpretiert werden kann, dass schwache Evidenz für einen höheren Primärüberschuss (geringere Budgetdefizite) infolge der Regierungsbeteiligung der konservativen Partei vorliegt.

9.7 Koalitionen und Regierungsformen

Als nächstes untersuchen wir die Regierungsform, insbesondere die Frage, ob Koalitionen von Parteien mit unterschiedlichen ideologischen Grundlagen einen Einfluss auf die Fiskalpolitik in Österreich hatten. Von 1960 bis 1966 und seit 1984 waren Koalitionsregierungen von zwei Parteien für die Budgetpolitik verantwortlich. Bis 1966, von 1987 bis 2000 und seit 2007 waren die Sozialdemokraten und die Volkspartei in einer Koalitionsregierung. Schätzung (12) in Tabelle 9.4 zeigt die Ergebnisse eines Tests des Einflusses dieser sogenannten Großen Koalition (Dummy-Variable *GC*). Hier und in dem allgemeineren Fall (Dummy-Variable *COAL* für irgendeine Koalition) zeigt sich, dass die Bildung einer Koalition dazu tendiert, den Primärüberschuss in Österreich zu erhöhen, allerdings nicht signifikant; vgl. Schätzung (13). Es gibt also schwache empirische Evidenz dafür, dass Regierungen in Österreich, die nur durch eine Partei dominiert werden, *ceteris paribus* höhere Budgetdefizite einfahren als solche, die durch Koalition gebildet werden. Dies gilt insbesondere für eine Koalition der beiden rechts orientierten Parteien (ÖVP und FPÖ, wobei sich letztere zu einer rechtspopulistischen Partei entwickelt hatte und während dieser Periode spaltete) in Österreich von 2000 bis 2006, die in ihrer ersten Legislaturperiode genau die gleiche Anzahl von Abgeordneten im Nationalrat hatten. Solche Regierungen finden es anscheinend einfacher, das Budget zu konsolidieren und die entsprechenden Popularitätsverluste zu verarbeiten.

Tabelle 9.4: Einfluss der Regierungsform auf die österreichische Budgetpolitik (abhängige Variable: Primärüberschuss des Bundesbudgets, Verhältnis zum BIP)

	Sch. (12)	**Sch. (13)**	**Sch. (14)**
	Koeffizient (t-Statistik)	**Koeffizient (t-Statistik)**	**Koeffizient (t-Statistik)**
Konstante	–2,9548	–2,7941	
	(–5,1025**)	(–5,0274**)	
d_{t-1}	0,4334	0,4166	0,3536
	(7,0274**)	(6,8311**)	(5,6628**)
$d_{t-1} \cdot D75$	–0,2655	–0,2543	–0,2143
	(–5,7172**)	(–5,6617**)	(–4,6032**)
UR	–0,9574	–1,0196	–0,9487
	(–3,6721**)	(–4,1926**)	(–3,7035**)
GC (=1 1960–1966, 1987–1999,	0,1695		–1,4772
2007–2011)	(0,5013)		(–1,6363)
COAL (=1 1960–1966, 1984–2011)		0,6660 (1,4827)	
SC (=1 1984–1986)			–2,2007
			(–2,7293**)
SPA (=1 1971–1983)			–2,4930
			(–4,9598**)
VPA (=1 1967–1970)			–1,9909
			(–2,2356**)
VKK (=1 2000–2006)			–0,6832
			(–0,6753)

	Sch. (12)	Sch. (13)	Sch. (14)
	Koeffizient (t-Statistik)	**Koeffizient (t-Statistik)**	**Koeffizient (t-Statistik)**
AR(1)	0,7320	0,7134	0,6273
	(4,6471**)	(4,7000**)	(4,0845**)
AR(2)	–0,3613	–0,3583	–0,4706
	(–2,1734*)	(–2,1671*)	(–2,9794**)
$\bar{R}^2$	0,7606	0,7713	0,7815
F-Statistik	26,9488	28,5403	
Anz. der Beobachtungen	50	50	50
Periode	1962–2011	1962–2011	1962–2011

OLS-Schätzung; ** p<0,01, * p<0,05, (*) p<0,1

Schließlich teilen wir die Konstante der Regressionsgleichung in die Perioden auf, in denen die Sozialdemokraten bzw. die Volkspartei die Alleinverantwortung für die Regierung hatten (*SPA* bzw. *VPA*), in der Österreich von der Kleinen Koalition (SPÖ-FPÖ) regiert wurde, in die Perioden der Großen Koalition (SPÖ-ÖVP oder umgekehrt) und die „Reformkoalition" 2000–2006 zwischen der Volkspartei und der Freiheitlichen Partei. Schätzung (14) in Tabelle 9.4 zeigt die Ergebnisse, die dazu dienen sollen, die *ceteris paribus*-Effekte der parteipolitischen Zusammensetzung der Regierung auf den Primärüberschuss des Budgets herauszuarbeiten, unter Berücksichtigung der budgetpolitischen Nachhaltigkeit, stabilisierungspolitischer Zielsetzungen und des strukturellen Bruches 1975. Den kleinsten Koeffizienten, also ceteris paribus das geringste Primärdefizit, finden wir in der Periode der „Reformkoalition", gefolgt von der Großen Koalition, wobei die Koeffizienten keinen statistisch signifikanten Einfluss auf den Primärüberschuss anzeigen. In Perioden, in denen die Sozialdemokraten eine starke Position in der Regierung hatten, war das Primärdefizit *ceteris paribus* größer als in anderen Perioden.

Wald-Tests für die Koeffizienten (Tabelle 9.5) zeigen, dass die Koeffizienten von *SC* (Kleine Koalition) und *VPA* (ÖVP-Alleinregierung) nicht signifikant von den anderen verschieden sind, während der Koeffizient von *VKK* (der „Reformkoalition") von allen anderen zumindest auf dem 10 %-Niveau unterschiedlich ist. Darüber hinaus ist der Koeffizient von *SPA* (Alleinregierung der Sozialdemokraten) von jenem der Großen Koalition (*GC*) auf dem 10 %-Signifikanzniveau verschieden. Abgesehen von diesem letzten Ergebnis scheint es, als ob die Ideologien oder die Regierungsformen nicht wirklich entscheidende Einflüsse auf die Budgetpolitik ausübten. Vielmehr dürften strukturelle Ursachen und der Paradigmenwechsel in der Budgetpolitik zur Mitte der 1970er Jahre die wichtigsten Bestimmungsgründe der Entwicklung der österreichischen Bundesschulden darstellen.

Tabelle 9.5: Signifikanz der Unterschiede der Budgetpolitik für verschiedene Regierungsformen (Wald-Tests)

	GC	*SC*	*SPA*	*VPA*
SC	–			
SPA	(*)	–		
VPA	–	–	–	
VKK	(*)	*	**	(*)

Wald-Test (H_0 = Koeffizienten sind gleich); ** p<0,01, * p<0,05, (*) p<0,1

9.8 Politische Konjunkturzyklen

Zuletzt testen wir einige Hypothesen, die aufgrund der Theorie des politischen Konjunkturzyklus nahegelegt werden. Nach dieser Theorie erwarten wir kleinere Primärüberschüsse in Jahren der Wahl (Dummy-Variable *ELECT*), oder Primärüberschüsse könnten zunehmend höher werden, je weiter die nächste Wahl entfernt ist (Variable *DIST*). Tabelle 9.6 zeigt die Ergebnisse dieser Schätzungen. Schätzung (15) stellt die Ergebnisse des Tests der Hypothese geringerer Primärüberschüsse in Wahljahren dar. Die Koeffizienten der Variablen, die vorher bereits untersucht wurden, haben die gleiche Größenordnung wie zuvor. Der Koeffizient für das Wahljahr (*ELECT*) ist nicht signifikant von null verschieden und entgegen der Hypothese sogar positiv. Auch bei einem Test des Einflusses des Abstands zur nächsten Wahl (Schätzung (16), Variable *DIST*) stellt sich heraus, dass die Schätzung keinen signifikanten Koeffizienten ergibt, weder für die ganze Periode noch für die Teilperioden. Daraus schließen wir, dass es keine Anzeichen für einen politischen Budgetzyklus in der Periode 1960 bis 2011 gibt. Insbesondere die Jahre der sogenannten „Reformkoalition" können überdies dazu führen, die einfachen Theorien des politischen Konjunkturzyklus für Österreich als nicht bestätigt anzusehen: Diese Koalition (genauer: die in ihr dominierende Volkspartei) war in der Wahl 2002 erfolgreich, nachdem sie das Budgetdefizit reduziert hatte, und sie verlor die Wahl 2006, nachdem das Budgetdefizit vor dieser Wahl wieder gestiegen war.

Tabelle 9.6: Politische Konjunkturzyklen in der österreichischen Budgetpolitik (abhängige Variable: Primärüberschuss des Bundesbudgets, Verhältnis zum BIP)

	Sch. (15)	Sch. (16)
	Koeffizient (t-Statistik)	**Koeffizient** (t-Statistik)
Konstante	–3,1050	–3,0161
	(–5,9010**)	(–6,0150**)
d_{t-1}	0,4406	0,4437
	(7,4160**)	(7,7503**)
$d_{t-1} \cdot D75$	–0,2755	–0,2792
	(–6,4212**)	(-6,7855**)
UR	–0,8937	–0,8786
	(–3,8140**)	(–3,8630**)
ELECT (=1 in Wahljahren)	0,0315	
	(0,1947)	
DIST (Abstand zur nächsten Wahl, in Jahren)		–0,0962 (–1,3207)
AR(1)	0,6908	0,6741
	(4,5144**)	(4,4171**)
AR(2)	–0,3716	–0,3692
	(–2,2482*)	(–2,2509*)
$\bar{R}^2$	0,7598	0,7693
F-Statistik	26,8288	28,2324
Anz. der Beobachtungen	50	50
Periode	1962–2011	1962–2011

OLS-Schätzung; ** p<0,01, * p<0,05, (*) p<0,1

9.9 Schlussfolgerungen

Die folgenden Schlussfolgerungen können aus diesen ökonometrischen Untersuchungen gezogen werden:

(i) Ein signifikanter Strukturbruch in der Mitte der 1970er Jahre in Hinblick auf die Ausrichtung der Fiskalpolitik kann festgestellt werden. Es finden sich Anzeichen dafür, dass nach dem ersten Ölpreisschock die budgetpolitischen Entscheidungsträger ihr Paradigma geändert haben: Während eine Stabilisierung der Staatsschulden (im Verhältnis zum BIP) in der ersten Periode ein wesentliches Ziel der Politik war, war das hauptsächliche politische Ziel in der zweiten Periode die Senkung bzw. Geringhaltung der Arbeitslosenquote, auch auf Kosten hoher Bundesbudgetdefizite, was zu rasch ansteigenden Bundesschulden geführt hat. Der entsprechende Ausspruch des Bundeskanzlers Kreisky über den Zielkonflikt zwischen Arbeitslosigkeit und Staatsschulden und seine Präferenz für die Bekämpfung der ersteren ist also gewissermaßen auch ökonometrisch nachweisbar.

(ii) Die Nachhaltigkeit der Fiskalpolitik wurde getestet, indem die Reaktionen der wirtschaftspolitischen Entscheidungsträger auf steigende Staatsverschuldung untersucht wurden. Wenn die Politiker den Primärüberschuss als Reaktion auf gestiegene Staatsschulden hinreichend erhöhen, ist die Fiskalpolitik nachhaltig. In der ersten Periode (bis 1974) ist eine klare und starke Tendenz zur Rückkehr der Staatsschulden zu ihrem Mittelwert festzustellen, während die Reaktion der wirtschaftspolitischen Entscheidungsträger auf steigende Staatsschulden in der zweiten Periode deutlich geringer, aber immer noch signifikant ist. Aus diesem Grund muss die Frage der Nachhaltigkeit der Staatsschuldenentwicklung des Bundes in Österreich für die gesamte untersuchte Periode vorsichtig positiv beurteilt werden.

(iii) Der primäre Bundesbudgetüberschuss (bzw. sein Verhältnis zum BIP) reagiert positiv auf ein steigendes Verhältnis der Bundesschulden zum BIP während der gesamten Periode, was auf den stabilisierenden Rückkopplungsmechanismus hinweist, der die Nachhaltigkeit der Staatsschuldenentwicklung sichert. Allerdings war nach dem ersten Ölpreisschock diese Reaktion deutlich geringer als vorher. Stattdessen spielte die Arbeitslosenquote eine bedeutende Rolle im Sinne einer antizyklischen Orientierung der austrokeynesianischen Budgetpolitik.

(iv) Es gibt gewisse empirische Anzeichen dafür, dass die Teilnahme der Sozialdemokraten in der Regierung *ceteris paribus* das Primärdefizit erhöht. Doch ist der Einfluss einer solchen Regierungsbeteiligung wesentlich geringer als jener der Veränderung des Paradigmas der Budgetpolitik in Richtung auf starke Reaktionen auf die Arbeitslosenquote. Daher scheint die Entwicklung der Staatsschulden in Österreich nicht in erster Linie durch Ideologien und Parteipolitik bestimmt zu werden, sondern durch strukturelle Änderungen und die Änderung im budgetpolitischen Paradigma.

(v) Wir finden empirische Evidenz dafür, dass Regierungen in Österreich, die nur durch eine einzige Partei dominiert wurden, höhere Defizite herbeigeführt haben als Koalitionsregierungen der beiden großen Parteien oder insbesondere der beiden rechts orientierten Parteien in Österreich. Es liegt Evidenz dafür vor, dass die Regierung, die aus den zwei rechts gerichteten Parteien ÖVP und FPÖ bestand, deutlich niedrigere Defizite herbeiführte als alle anderen österreichischen Regierungen.

(vi) Es gibt keine Anzeichen für einen politischen Budgetzyklus in Österreich in der untersuchten Periode, was mit anderen früheren empirischen Arbeiten über Österreich übereinstimmt.

9.10 Literaturverzeichnis

Alesina, A.; Perotti, R. (1995): The Political Economy of Budget Deficits, IMF Staff Papers 42(1), 1–31.

Barro, R. J. (1979): On the Determination of the Public Debt, Journal of Political Economy 87(5), 940–971.

Bohn, H. (1998): The Behavior of U.S. Public Debt and Deficits, Quarterly Journal of Economics 113(3), 949–963.

Bohn, H. (2007): Are Stationarity and Cointegration Restrictions Really Necessary for the Intertemporal Budget Constraint? Journal of Monetary Economics 54(7), 1837–1847.

Bohn, H. (2008): The Sustainability of Fiscal Policy in the United States, in: Neck, R.; Sturm, J.-E. (Hrsg.): Sustainability of Public Debt, Cambridge, MA, 15–49.

Frey, B. S.; Schneider, F. (1978): An Empirical Study of Politico-Economic Interaction in the United States, Review of Economics and Statistics 60(2), 174–183.

Getzner, M.; Glatzer, E.; Neck, R. (2001): On the Sustainability of Austrian Budgetary Policies, Empirica 28(1), 21–40.

Haber, G.; Neck, R. (2006), Sustainability of Austrian Public Debt: A Political Economy Perspective, Empirica 33(2), 141–154.

Kontopoulos, Y.; Perotti, R. (1999): Government Fragmentation and Fiscal Policy Outcomes: Evidence from OECD Countries, in: Poterba, J. M.; von Hagen, J. (Hrsg.): Fiscal Institutions and Fiscal Performance, Chicago, 81–102.

Neck, R. (2011): Nachhaltigkeit der Staatsverschuldung: Theorie und österreichische Empirie, in: Wickström, B.-A. (Hrsg.): Öffentliche Finanzen, Fiskalwettbewerb, Nachhaltigkeit und soziale Wohlfahrt, Berlin, 119–136.

Neck, R.; Getzner, M. (2000): Politisch-ökonomische Einflüsse auf das Staatsschuldenwachstum: eine Fallstudie für Österreich, in: Neck, R.; Holzmann, R.; Schneider, F. (Hrsg.), Staatsschulden am Ende? Ursachen, Wirkungen und Zukunftsperspektiven, Wien, 43–73.

Neck, R.; Getzner, M. (2001): Politico-Economic Determinants of Public Debt Growth: A Case Study for Austria, Public Choice 109(3–4), 243–268.

Neck, R.; Haber, G. (2008): The Long Shadow of "Austrokeynesianism"? Public Debt Sustainability in Austria, in: Neck, R.; Sturm, J.-E. (Hrsg.): Sustainability of Public Debt, Cambridge, MA, 107–130.

Neck, R.; Haber, G. (2012): Is the Austrian Public Debt Sustainable? International Journal of Sustainable Economy 4(1), 1–16.

Neck, R.; Haber, G.; Klinglmair, A. (2015). Austrian Public Debt Growth: A Public Choice Perspective, International Advances in Economic Research 21(3), 249–260.

Rogoff, K. (1990): Equilibrium Political Budget Cycles, American Economic Review 90(1), 21–36.

Andrew Hughes Hallett

Kapitel 10
Fiskalpolitische Strategien in Großbritannien nach der Ära Thatcher: eine Interpretation

10.1 Einleitung: die britische Fiskalpolitik bis 2004

Die britische Fiskalpolitik hat sich stark verändert seit den Tagen, in denen sie versuchte, die gesamtwirtschaftliche Nachfrage auf Mikroebene mit einer akkommodierenden Geldpolitik in den 1960er und 1970er Jahren zu steuern, und den 1980er Jahren, als sie zwar passiv, aber darauf ausgerichtet war, die angebotsseitigen Reaktionen der Volkswirtschaft zu stärken, während die Geldpolitik geringe Inflation und stabiles Wachstum aktiv als Ziele verfolgte.

Die 1990er Jahre waren durch eine aktivere Fiskalpolitik gekennzeichnet, wobei die Maßnahmen ausschließlich in Zusammenhang mit einer gleichermaßen aktiven, auf Inflationssteuerung und einer unabhängigen Zentralbank beruhenden Geldpolitik konzipiert wurden. Sie sind im Wesentlichen darauf ausgelegt, eine Reihe von mittel- bis langfristigen Zielen zu erfüllen – niedriger Schuldenstand, die Bereitstellung öffentlicher Dienstleistungen und Investitionen, soziale Gerechtigkeit und wirtschaftliche Effizienz. Die einkommensstabilisierenden Aspekte der Fiskalpolitik wurden daher passiv belassen, um über die automatischen Stabilisatoren, die Teil jedes fiskalpolitischen Systems sind, zu wirken, während der diskretionäre Teil (das Gros an wirtschaftspolitischen Maßnahmen) auf das Erreichen dieser langfristigen Ziele ausgerichtet ist – einschließlich ausgeglichenen Budgets (exklusive öffentlicher Investitionsprojekte) über den gesamten Konjunkturzyklus. Die Geldpolitik soll sich unterdessen allfälliger kurzfristiger Stabilisierung innerhalb der Konjunktur über das hinaus widmen, was die automatischen Stabilisatoren der Prognose nach auffangen sollten.[1]

---

1 Das Finanzministerium schätzt, dass die automatischen Stabilisatoren unter normalen Umständen 30 % der Konjunktur stabilisieren, während die restlichen 70 % der Geldpolitik überlassen werden (HM Treasury 2003). Die Option, diskretionär stabilisierend zu intervenieren, wird jedoch „für besondere Umstände" beibehalten. Nichtsdestoweniger ist die Notwendigkeit solch zusätzlicher Interventionen nahezu unwahrscheinlich: erstens wegen der Effizienz des von der britischen Zentralbank angenommenen vorausblickenden, symmetrischen und aktiven Inflationssteuerungsmechanismus; und zweitens, weil die längerfristigen Ausgaben- (und Steuer-)pläne bewusst nominell ausgelegt sind, sodass sie die stabilisierende Kraft der automatischen Stabilisatoren bei kräftigeren Konjunkturaufschwüngen oder -rückgängen verstärken.

Klar zwischen aktiv gesteuerten langfristigen wirtschaftspolitischen Maßnahmen und kurzfristigen auf die automatischen Stabilisatoren beschränkten Stabilisierungsversuchen zu unterscheiden ist natürlich das von Taylor (2000) empfohlene strategische Rezept der Wirtschaftspolitik. Kombiniert mit einer aktiven, auf zyklische Stabilisierung ausgerichteten Geldpolitik, jedoch basierend auf einer unabhängigen britischen Zentralbank und einem Geldpolitischen Komitee mit Instrument- (aber nicht Ziel-)unabhängigkeit, scheint dies das kennzeichnende britische Merkmal gewesen zu sein. Es impliziert eine führende Rolle für die Fiskalpolitik, die eine stärkere Koordinierung der geld- und fiskalpolitischen Maßnahmen ermöglicht, ohne dass jedoch eine dieser Instanzen ihre Fähigkeit, unabhängig zu agieren, verliert.[2]

Tabelle 10.1: Die fiskalpolitischen Ergebnisse des Vereinigten Königreichs von Großbritannien und Nordirland (UK) im Vergleich zu den EU-12

	HVPI Inflation (%)	**BIP-Wachstum** (%)	**Defizit-quote** (%)	**Schulden-quote** (%)	**Arbeits-losenquote** (%)
1999					
UK	1,3	3,6	+1,1	45,1	5,9
EU-12	1,1	2,8	–1,3	72,5	9,4
2000					
UK	1,0	3,5	+2,7	42,1	5,3
EU-12	2,1	3,5	+0,2	70,1	8,5
2001					
UK	0,8	2,3	+0,9	38,9	5,2
EU-12	2,3	1,6	–1,7	69,5	8,0
2002					
UK	1,2	1,8	–1,6	38,5	5,1
EU-12	2,3	0,9	–2,4	69,4	8,4
2003					
UK	1,3	2,2	–3,2	39,8	5,0
EU-12	2,1	0,5	–2,7	70,7	8,9
2004					
UK	1,3	3,5	–2,9	39,8	4,7
EU-12	2,3	2,0	–2,8	70,6	9,0

2 Für Details darüber, wie diese Zuordnung von Führung vs. Stabilisierung funktionieren soll, siehe HM Treasury (2003) und Abschnitt 10.3. Australien und Schweden haben ähnliche Regimes. Aber ihre Arrangements unterscheiden sich in einigen wichtigen technischen Details, die das sich ergebende Ausmaß an Koordination und somit die Ergebnisse und die Stärke der Verpflichtung gegenüber dem gegebenen Pfad und den Maßnahmen beeinflussen.

Kurz gesagt, Großbritannien hat eine Stackelberg-Lösung angenommen, die irgendwo zwischen der diskretionären (aber Pareto-superioren) kooperativen Lösung und der vollständig unabhängigen (aber nichtkooperativen) Lösung liegt. Nichtsdestoweniger belegt dieses Regime die Fiskalpolitik durch die Fokussierung auf langfristige Ziele, bis hin zum Ausschluss des kurzfristigen Aspekts, mit einem gewissen Maß an Vorabverpflichtung (und somit Potenzial für Bestrafung bei der Wahl), da Regierungen naturgemäß die führende Rolle übernehmen wollen. Das Regime bleibt jedoch nichtkooperativ, sodass es keinen Anreiz gibt, frühere Pläne bei fehlenden Informationsänderungen nicht einzuhalten. Die Maßnahmen und deren beabsichtigten Ergebnisse werden daher von der jeweiligen Regierung aufrechterhalten.[3]

Jedenfalls war die britische Fiskalpolitik unter diesem Regime relativ erfolgreich. Wie aus Tabelle 10.1 ersichtlich, war sie erfolgreicher als jene ihrer europäischen Partner, und wohl auch mindestens so erfolgreich wie jene in den USA, Kanada oder Australien. Es ist also nicht so, dass keine Fiskalpolitik betrieben wurde. Es scheint hingegen belegt, dass sie effizienter eingesetzt wurde, um einen niedrigeren Schuldenstand sowie stabilere Einkommens- und Beschäftigungswerte, jedoch ohne zusätzliche Inflation zu erzielen.

10.2 Die Hypothese

Die in dieser Arbeit vorgebrachte Hypothese lautet, dass die verbesserte Leistung Großbritanniens auf die Tatsache zurückzuführen ist, dass die Fiskalpolitik die führende Rolle vor einer unabhängigen Geldpolitik übernimmt. Diese Führungsrolle leitet sich daraus ab, dass Fiskalpolitik typischerweise langfristige Ziele (Nachhaltigkeit, niedriger Schuldenstand) verfolgt, nicht leicht umkehrbar ist (öffentliche Dienstleistungen, soziale Gerechtigkeit) und darüber hinaus nicht gut stabilisiert, wenn Effizienz aufrechterhalten werden soll. Nichtsdestoweniger gibt es auch automatische Stabilisatoren in jedem fiskalpolitischen Rahmen; dies impliziert, dass sich die Geldpolitik zu jeder Zeit nach der fiskalpolitischen Position richten muss. Dadurch wird die Geldpolitik in die Rolle des Nachfolgers gedrängt. Das schadet jedoch nicht, da es der Volkswirtschaft ermöglicht, die Vorteile einer unabhängigen Geldpolitik zu sichern, zugleich aber auch von einem gewissen Grad an Koordination zwischen den zwei Entscheidungsträgern

3 Stackelberg-Spiele mit fiskalpolitischer Führung erzeugen fiskalpolitische Verpflichtung, d. h. Teilspiel-Perfektion mit entweder starker oder schwacher Zeitkonsistenz (Başar 1989). In diesem Sinn haben wir „Regeln statt Diskretion". Die Verpflichtung zu Stabilisierungsmaßnahmen wird somit durch den unabhängigen geldpolitischen Entscheidungsträger gewährleistet.

zu profitieren – diskretionäre / automatische fiskalpolitische Maßnahmen einerseits und aktive Geldpolitik andererseits. Die zusätzliche Koordination ergibt sich in diesem Fall, weil die Beschränkungen einer vereinbarten Führung und die Reaktionen darauf die Externalitäten eines Verhaltens zur Verfolgung der eigenen Interessen, die unabhängige Subjekte ansonsten einander auferlegen, verringert. Dies ermöglicht eine Pareto-Verbesserung gegenüber der traditionellen nichtkooperativen Lösung (bei vollständiger Unabhängigkeit), ohne die Fähigkeit der Zentralbank, unabhängig zu agieren, einzuschränken.[4] Es ist wichtig zu sehen, dass die Koordination hier implizit (regelgebunden) und nicht diskretionär ist.

Um aufzuzeigen, dass die britische Fiskalpolitik die Geldpolitik in diesem Sinn führt und dass dies der Grund für die Pareto-superioren Ergebnisse in Tabelle 10.1 ist, wird Evidenz in drei Teilen geliefert:

- Institutionelle Evidenz: dem eigenen Bericht des britischen Finanzministeriums darüber entnommen, wie die eigene Entscheidungsfindung funktioniert, welche Ziele erreicht werden müssen und wie die geldpolitische Haltung sie beeinflusst oder umgekehrt.
- Empirische Evidenz: das Ausmaß, in dem die Geldpolitik durch Fiskalpolitik beeinflusst wird, wobei die Fiskalpolitik durch ihre längerfristigen Ziele jedoch nicht von den geldpolitischen Maßnahmen abhängt.
- Theoretische Evidenz: die zeigt, wie mit verschiedenen Zielen für Regierungen und Zentralbanken Pareto-superiore Ergebnisse aus einer fiskalpolitischen Führung zu erwarten sind. Großbritannien hatte daher den Anreiz und die Möglichkeit, auf diese Art und Weise vorzugehen.

10.3 Institutionelle Evidenz: die Zielsetzungen des Finanzministeriums

Geschichte: Die britische Fiskalpolitik hat sich in den letzten Jahrzehnten sehr stark verändert. Es ist nicht übertrieben zu sagen, dass die Fiskalpolitik das wesentlichste Instrument der Wirtschaftspolitik in den 1960er und 1970er Jahren war und nahezu ausschließlich auf die Nachfragesteuerung ausgerichtet war. Die Geldpolitik und die (nach unten begrenzte) Bereitstellung von öffent-

4 Wie andernorts ausgeführt (Hughes Hallett 1998), würde ein gemeinsames Inflationsziel diesen Prozess im Falle Großbritanniens weiterführen. Es handelt sich hier jedoch nicht um einen essentiellen Punkt, sobald die koordinierenden Elemente der Führung eingesetzt sind, da ein strengeres Ziel bei der Zentralbank zu einer Verschiebung ihrer Reaktionsfunktion führen würde. Die Regierung als Führer würde diese Veränderung in die eigene Entscheidungsfindung integrieren und dann neu optimieren, um sie auszugleichen (Hughes Hallett und Weymark 2004).

lichen Dienstleistungen waren im Wesentlichen Anpassungsfaktoren, da als Hauptbeschränkung die Finanzierung der anhaltenden Leistungsbilanzdefizite erachtet wurde. Daraus ergab sich eine kurzfristige Betrachtungsweise, bei der die Konflikte zwischen dem Wunsch nach Wachstum (Beschäftigung) und der sich wiederholenden Überhitzung (Handelsdefizite) zu einer unvermeidbaren Politik von Hin und Her geführt hat. Es gab Viele[5], die argumentierten, dass das echte Problem das Fehlen von langfristigen Zielen für die Fiskalpolitik sei und dass die Verzögerungen vom Erkennen der Notwendigkeit einer Politikänderung über die Umsetzung durch das Parlament bis zum Greifen auf den Märkten ein System erzeugten, das tatsächlich destabilisierend statt stabilisierend wirkte. Es hätte jedoch sowieso Konflikte gegeben, weil es zwei oder mehr im Wettbewerb stehende Ziele, aber tatsächlich nur ein einziges Instrument, um sie zu erreichen, gab.

Ein derartiges System konnte nicht die langfristigen Ziele wie die Bereitstellung von öffentlichen Dienstleistungen, öffentlichen Investitionen und sozialer Gerechtigkeit bedienen. Es zeigte sich, dass es zu schwierig war, die Fiskalpolitik so schnell und so oft wie nötig „ein- und auszuschalten“ und sich zugleich bestimmten Ausgaben- und Steuerplänen zu verpflichten. Der Punkt ist: wenn es nicht gelingt, die Fiskalpolitik an bestimmte Ziele zu binden, ist es auch nicht möglich, die Geldpolitik bindend zu gestalten. Das bedeutet, dass das Ziel „stabiles Wachstum bei geringer Inflation“ verloren geht. Versuche, dieses Problem zu vermeiden, indem der Politik des Finanzministeriums längerfristige Ziele und größere Kohärenz durch das Wirtschaftsministerium (1960er Jahre) und neuerlich durch den Sozialvertrag in den 1970er Jahren auferlegt wurden bzw. indem ein weiteres Instrument (preis- und einkommenspolitische Maßnahmen) eingeführt wurde, als die Angebotsseite begann, in eine Stagflation zu rutschen, scheiterten allesamt, weil sie nicht dazu beitrugen, das Gleichgewicht zwischen kurz- (Nachfragesteuerung) und langfristigen (Dienstleistungen, soziale Gerechtigkeit, Wettbewerbsfähigkeit) Zielen bzw. zwischen Wachstums- und „Nicht-Überhitzen“-Ziel wieder herzustellen. Dies wäre tatsächlich aufgrund des Zusammenbruchs des Phillipskurven-Zielkonflikts nicht möglich gewesen.

In den 1980er Jahren veränderte sich die Strategie, als ein neues Regime eingeführt wurde, mit dem Ziel, die Größe und die Rolle der Regierung in der Wirtschaft zu reduzieren. Die nachfragesteuernde Rolle der Fiskalpolitik ließ man auslaufen. Diese Rolle ging über in Inflationssteuerung und geldpolitische Steuerung – mit beschränktem Erfolg in den frühen Phasen der Geld- und Wechselkurspolitik, dann aber mit mehr Erfolg, als sie als

5 Dow (1964); ebenso Radcliffe Report (1959), Plowden Report (1961), Prest (1968), Price (1978), Hatten und Chrystal (1991).

Inflationssteuerungsregime mit einer unabhängigen Zentralbank und einem Geldpolitischen Komitee formalisiert wurde. In dieser Periode lag die Aufgabe der Fiskalpolitik also darin, die „Konditionierungsinformationen", innerhalb derer die geldpolitische Steuerung funktionieren musste, zu liefern. Sie wurde in zwei klar getrennte Bereiche aufgeteilt. Die kurzfristige Stabilisierung von Output und Beschäftigung wurde den automatischen Stabilisatoren, die den vorherrschenden Steuer- und Ausgabenregeln innewohnen, überlassen. Diskretionäre Anpassungen wurden – wenn überhaupt – nur unter besonderen Umständen vorgenommen.[6] Der restliche (größere) Bereich der Fiskalpolitik war dann auf langfristige Ziele ausgerichtet: in diesem Fall Veränderungen vorzunehmen, um die Angebotsseite freizuspielen (und die Wettbewerbsfähigkeit zu verbessern) mit dem Argument, dass eine größere mikroökonomische Flexibilität sowohl den Bedarf an stabilisierenden Eingriffen reduzieren (da relative Lohn- und Preisanpassungen das besser könnten) als auch die Bedingungen für stärkere Beschäftigung und Wachstum liefern würde (HM Treasury 2003). Unter diesen Umständen könnten die längerfristigen Ziele wie bessere öffentliche Dienstleistungen, Effizienz und soziale Gerechtigkeit erzielt werden. Darüber hinaus konnte sich dieser Bereich der Fiskalpolitik bei zunehmender Marktflexibilität weiter auf die direkte Anpeilung der längerfristigen Ziele konzentrieren.[7]

Heute: Gemäß der eigenen Einschätzung des Finanzministeriums (HM Treasury 2003) führt die Fiskalpolitik die Geldpolitik in zweierlei Hinsicht. *Erstens* wird über die Fiskalpolitik vor geld- oder anderen wirtschaftspolitischen Maßnahmen entschieden (S. 5, 63 f., 74)[8], *und* mit einem längeren Zeithorizont (S. 5, 42, 48, 61). *Zweitens* ist es Aufgabe der Geldpolitik, die Inflationssteuerung und Outputstabilisierung im Konjunkturzyklus vorzunehmen – anstatt die Wirtschaft als solche zu steuern (S. 61 ff.). Die Fiskalpolitik legt also die Bedingungen fest, innerhalb derer die Geldpolitik reagieren und ihre eigenen Ziele erreichen muss (S. 9, 15, 67 f.). Die kurzfristigen fiskalpolitischen Interventionen – jetzt weniger als die Hälfte und abnehmend – (S. 48, Kasten 5.3, Abschnitt 6) sind auf die automatischen Stabilisatoren beschränkt – mit bekannten und abschätzbaren Auswirkungen. Die kurz-

6 Dies folgt den Empfehlungen in Taylor (2000). Aufgrund des unvermeidbaren Zielkonflikts zwischen konjunktureller Stabilität und Budgetstabilität ist ein Erfolg jedoch nur auf Märkten mit ausreichend flexiblen Löhnen und Preisen wahrscheinlich (siehe Fatas et al. 2003).

7 Diese Zusammenfassung stammt aus der Eigeneinschätzung des britischen Finanzministeriums (HM Treasury 2003), Abschnitte 2, 4 und S. 34–38.

8 Alle in diesem Abschnitt ohne weitere Referenzen angeführte Seiten- oder Abschnittsnummern beziehen sich auf HM Treasury (2003).

fristigen diskretionären Komponenten sind vernachlässigbar geworden (S. 59, Tabelle 5.5), und die langfristigen Ziele werden im Konfliktfall stets prioritär behandelt (S. 61, 63 ff.). Die Fiskalpolitik würde daher nicht für eine Feinabstimmung (S. 11, 63) oder Stabilisierung (S. 1, 14) verwendet. Bei *gegebener* fiskalpolitischer Haltung und ihren Zukunftsplänen wird diese Last durch die Zinssätze getragen (S. 1, 7, 11, 37).

Drittens erscheint es in Anbetracht der Tatsache, dass Konsumenten und Unternehmen oft nicht effizient vorwärts blicken und außerdem Kreditbeschränkungen unterliegen können sowie dass auch die Auswirkungen der Fiskalpolitik unsicher sind und variable Verzögerungen aufweisen (S. 19, 26, 48; Taylor 2000), logisch, die Fiskalpolitik konsequent und sparsam einzusetzen, und zwar so, dass sie klar mit den langfristigen Zielen in Verbindung gebracht wird. Großbritannien hat folgende Ziele in dieser Hinsicht definiert (S. 11 ff., 39 ff., 61 ff., 81 ff.):

- Das Erreichen langfristig tragfähiger öffentlicher Finanzen, eines niedrigen Schuldenstands (40 % des BIP) und einer symmetrischen Stabilisierung über den Konjunkturzyklus hinweg.
- Eine nachhaltige und verbesserte Bereitstellung öffentlicher Dienstleistungen (Gesundheitswesen und Bildung), die Verbesserung der langfristigen Wettbewerbsfähigkeit / angebotsseitigen Effizienz; die Aufrechterhaltung der sozialen (intergenerationalen) Gerechtigkeit sowie die Linderung der Armut.
- Erkennen, dass das Erfüllen dieser Ziele oftmals vertraglichen Charakter hat und aufgrund entsprechender Verpflichtung nicht leicht umgestoßen werden kann. Die langen Vorlaufzeiten für den Aufbau dieser Programme bedeuten, dass die notwendigen Verpflichtungen schon frühzeitig eingegangen werden müssen. Häufige Kursänderungen würden den mittelfristigen Nachhaltigkeitszielen der Regierung schaden und können nicht vorgenommen werden. Ebenso wirken sich Veränderungen der direkten Steuern auf Eigenkapital und Effizienz aus und sollten nur selten erfolgen.
- Die Formulierung klarer numerischer Ziele in Übereinstimmung mit diesen Zielen; eine transparente Reihe von institutionellen Regeln, um sie zu erreichen, und die Verpflichtung, diese Ziele klar von der volkswirtschaftlichen Stabilisierung im Konjunkturzyklus zu trennen.[9]
- Um zu gewährleisten, dass die Fiskalpolitik nach diesen Vorgaben agieren kann, werden die öffentlichen Ausgaben mit festen Drei-Jahres-Grenzen

9 Die Glaubwürdigkeit der Fiskalpolitik und daraus folgend auch einer unabhängigen Geldpolitik wird in Abhängigkeit von diesen Schritten *und* einer *symmetrischen* Stabilisierung gesehen. Siehe auch Dixit (2001), Dixit und Lambertini (2003).

der Ressortbudgets geplant,[10] die zusammen mit Entscheidungs- und Umsetzungsverzögerungen von bis zu zwei Jahren bedeuten, dass die Fiskalpolitik mit einem Zeithorizont von bis zu fünf Jahren geplant werden muss – im Gegensatz zu maximal zwei Jahren bei den Inflationssteuerungsregeln der britischen Zentralbank. Darüber hinaus sind diese Ausgabendeckelungen nominell definierte Beschränkungen, die daher eingehalten werden. Außerdem verfolgt das Finanzministerium einen Steuerglättungsansatz – indem es „formelhafte Regeln" ablehnt, die Steuern oder Ausgaben angepasst hätten, bzw. verschiedene Steuerregelungen oder Kreditsteuern, die die Wirtschaft kurzfristig stabilisieren hätten können. Der Großteil der Fiskalpolitik bleibt daher mittel- bis langfristig ausgerichtet.

Kurzum, die institutionelle Struktur selbst hat die fiskalpolitische Führung eingeführt. Und da die diskretionären Elemente kleiner als anderswo sind – und kleiner als die automatischen Stabilisatoren (Tabellen 5.1–5.3) sowie abnehmend (Kasten 5.3) – muss etwas anderes (die Geldpolitik) die Aufgabe der kurzfristigen Stabilisierung übernommen haben. Dieses Arrangement wird daher am besten als Stackelberg-Spiel mit institutionellen Parametern für Ziele, Unabhängigkeit, Prioritäten usw. modelliert. Es soll gezeigt werden, dass dies zu dem sehr wünschenswerten Ergebnis geführt hat, dass das Ausmaß der Koordinierung zwischen den Entscheidungsträgern erhöht wurde, ohne ihre formale bzw. institutionelle Unabhängigkeit zu gefährden – oder überhaupt ihre Glaubwürdigkeit, Stabilität und niedrige Inflation, frei von politischem Druck für kurzfristige Ergebnisse. Beschränkte Unabhängigkeit, in anderen Worten, wurde konzipiert, um die Externalitäten, die einander die Entscheidungsträger gegenseitig auferlegen könnten, zu reduzieren.

10.4 Empirische Evidenz

Der nächste Schritt besteht darin, festzustellen, ob die britischen Behörden das oben beschriebene Modell tatsächlich befolgt haben. Die (eigene) Aussage, dass sie solch eine Strategie verfolgen, bedeutet nicht, dass sie das in der Praxis auch tun. Die Schwierigkeit liegt im Folgenden: Obwohl die Asymmetrie in den ex ante (antizipierten) Reaktionen zwischen Nachfolger und Führer in der Theorie klar genug ist – der Nachfolger erwartet keine weiteren Veränderungen vom Führer, nachdem er seine Reaktionsfunktion gewählt hat, wobei der Führer diese Reaktionsfunktion berücksichtigt –, scheint eine derartige Asymmetrie und Nullrestriktion in den ex post (beobachteten) Reaktionen,

10 Das Modell hierfür scheint die „Australian Charter of Budget Honesty" (Australische Charta der Budgetehrlichkeit) zu sein, mit einem Zeithorizont von vier statt drei Jahren für die Ausgabenpläne.

die sich in der endgültigen Lösung herauskristallisieren, nicht auf.[11] Da keine Daten über Erwartungen vorliegen, ist es sehr schwer, direkt aufgrund der Ergebnisse auf Führung zu testen. Es können jedoch indirekte Tests, die auf dem Grad des Wettbewerbs bzw. der Komplementarität zwischen Instrumenten basieren, verwendet werden.

a) **Geldpolitische Reaktionen:** Hinsichtlich der Geldpolitik wird weitgehend angenommen, dass die Entscheidungen der Wirtschaftspolitiker am besten mittels einer Taylor-Regel (Taylor 1993a) modelliert werden können:[12]

$$r_t = \rho r_{t-1} + \alpha E_t \pi_{t+k} + \beta gap_{t+h},\ \alpha, \beta, \rho \geq 0, \tag{1}$$

wobei k, h den Prognosehorizont[13] der Entscheidungsträger darstellen und positiv oder negativ sein können. Normalerweise ist $\alpha > 1$ Voraussetzung, um Unbestimmtheit, d.h. beliebige Schwankungen bei Output oder Inflation als Ergebnis nicht verankerter Erwartungen im privaten Sektor zu vermeiden (Woodford 2003). Die relative Größe von α und β zeigt dann die Kraft der Entscheidungsträger, Inflationskontrolle bzw. Einkommensstabilisierung zu versuchen, und ρ ihre Präferenz für Gradualismus. h wird in (1) gleich 0 gesetzt, da die Geldpolitik anscheinend nicht von erwarteten Output-Lücken abhängt (Dieppe et al. 2004).

Um eine Idee vom Einfluss der Fiskalpolitik auf die Geldpolitik in der Praxis zu erhalten, werden einige Schätzungen der Taylor-Regel – mit und ohne fiskalpolitische Variablen – in Tabelle 10.2(a) dargestellt. Sie zeigen derartige Regeln für Großbritannien und die Eurozone seit 1997 und 1999; d.h. seit neue geldpolitische Regimes jeweils eingeführt wurden. Die Eurozone wurde inkludiert, um den potentiellen Gegensatz zwischen fiskalpolitischer Führung in Großbritannien und deren Fehlen in Europa aufzuzeigen.

---

11 Siehe Başar und Olsder (1999), Hughes Hallett (1984), Brandsma und Hughes Hallett (1984).

12 Es kann argumentiert werden, dass die Politik auf vollständig optimalen Regeln basieren sollte (Svensson 2003), wovon (1) ein Sonderfall sein wird. Es ist jedoch schwer zu argumentieren, dass Entscheidungsträger tatsächlich optimieren, wenn der zusätzliche Gewinn daraus möglicherweise nur klein ist und die Unsicherheiten bezüglich ihrer Informationen, der geldpolitischen Transmissionen oder der Reaktionen der Volkswirtschaft recht groß sein könnten. In der Praxis hat sich die Taylor-Regel daher als am besten zur Beschreibung des Zentralbankverhaltens passende erwiesen.

13 In Prinzip können k und h sowohl positiv als auch negativ sein: positiv, wenn die Entscheidungsregel auf der künftigen erwarteten Inflation basiert, um ein antizipiertes Problem abzuweisen, wie bei der britischen Zentralbank; hingegen negativ, wenn die Zinssätze einer Rückkoppelungsregel folgen sollen, um vergangene Fehler oder Versagen zu korrigieren.

Tabelle 10.2(a): Verallgemeinerte Taylor-Regeln im Vereinigten Königreich von Großbritannien und Nordirland und der EU-12

Abhängige Variable: Zinssatz der Zentralbank r_t

Für das Vereinigte Königreich, Monatsdaten für 1997.06–2004.01

	Konst.	r_{t-1}	$\pi^e_{j,k}$	*j, k*	*Lücke*	*PD*	*Schulden*
1)	–1,72 (2,16)	0,711 (5,88)	1,394 (2,66)	+6, +18	0,540 (2,06)	–	–

$\bar{R}^2 = 0{,}91, \quad F_{3,21} = 82{,}47 \quad N = 29$

2)	–2,57 (2,59)	0,598 (4,38)	1,289 (0,66)	+9, +21	1,10 (1,53)	–0,67 (0,83)	0,43 (0,50)

$\bar{R}^2 = 0{,}90 \quad F_{5,19} = 44{,}1 \quad N = 25$

Für die Eurozone (EU-12), Monatsdaten für 1999.01–2004.01

	Konst.	r_{t-1}	$\pi^e_{j,k}$	*j, k*	*Lücke*	*PD*	*Schulden*
1)	–0,996 (0,76)	0,274 (1,04)	1,714 (3,89)	+9, +21	0,610 (1,77)	–	–

$\bar{R}^2 = 0{,}82, F_{3,11} = 22{,}2 \; N = 15$

2)	–13,67 (0,59)	0,274 (1,04)	1,110 (1,19)	–6, +6	0,341 (1,22)	0,463 (2,89)	0,191 (0,63)

$\bar{R}^2 = 0{,}87 \; F_{5,13} = 24{,}7 \; N = 19$

Bezeichnung: *j, k* geben das Inflationsprognoseintervall der Bank an; $\pi^e_{j,k}$ stellt den über das Intervall *t+j* bis *t+k* erwarteten durchschnittlichen Zinssatz dar: $E\pi_{t+j,t+k}$; *Lücke* = BIP – Trend-BIP; *PD* = Primärdefizit/-überschuss als Prozentsatz des BIP (Überschuss: >0); *Schulden* = Schulden-BIP-Quote.
Schätzung: instrumentiertes 2SLS-Verfahren; t-Statistiken in Klammern; *j, k* durch Suche bestimmt, die BIP-Lücke wird über einen konventionellen HP-Filter zur Bestimmung des Trend-BIP errechnet.

b) Verschiedene Arten der Führung: Die gängige Meinung deutet darauf hin, dass Europa entweder eine geldpolitische Führung oder unabhängige Politiken verfolgt und somit Maßnahmen, die *entweder* im üblichen Sinn gemeinsam abhängig *oder* komplementär und gegenseitig unterstützend sind. Letzteres impliziert, dass die Geldpolitik zu einer Expansion / Kontraktion tendiert, wann immer die Fiskalpolitik einer Expansion bzw. Kontraktion bedarf – nicht jedoch notwendigerweise umgekehrt, wenn die Geldmenge expandiert oder schrumpft und ausreicht, um allein die Inflation zu steuern. Dies ist eine schwache Form der geldpolitischen Führung, bei der die fiskalpolitischen Maßnahmen ein zusätzliches Instrument in Fällen besonderer Schwierigkeiten darstellen, und nicht Politik in einem Nash-Spiel mit potentiellen Zielkonflikten, die in Einklang gebracht werden müssen.

Im Allgemeinen impliziert Führung Komplementarität zwischen den wirtschaftspolitischen Instrumenten in der Reaktionsfunktion des Führers, aber Konflikte (Wettbewerb) zwischen jenen in den Reaktionen des Nachfolgers. Die schwache Form der Führung ermöglicht die Unabhängigkeit unter den Instrumenten in der Regel des Führers. Eine geldpolitische Führung würde daher eine Komplementarität (oder Abhängigkeit) in der Taylor-Regel implizieren, hingegen Konflikte in den fiskalpolitischen Reaktionen. Und eine fiskalpolitische Führung würde Komplementarität (oder Abhängigkeit) in der fiskalpolitischen Regel aufweisen, jedoch Konflikte in den geldpolitischen Reaktionen. Aufgrund von Abschnitt 10.3 wäre daher eine Stackelberg-Führung mit fiskalpolitischem Führer in Großbritannien und das umgekehrte in der Eurozone zu erwarten.

c) **Beobachtetes Verhalten:** Die oberen Gleichungen in den einzelnen Blöcken von Tabelle 10.2(a) zeigen die Standardergebnisse für geldpolitisches Verhalten sowohl in Großbritannien als auch in der Eurozone. Beide geldpolitischen Entscheidungsträger haben mehr auf die erwartete Inflation als auf die BIP-Lücke seit Ende der 1990er Jahre und mit Zeithorizonten von 18 bis 21 Monaten abgezielt. Die EZB war diesbezüglich aggressiver. Entgegen der gängigen Meinung war sie jedoch auch sensibler auf die BIP-Lücke eingestellt und wies einen längeren Zeithorizont und geringere geldpolitische Trägheit auf.

Lässt man jedoch die Geldpolitik auf Veränderungen in der fiskalpolitischen Haltung reagieren, erhält man andere Ergebnisse (die unteren Gleichungen). Hier sieht man, dass die britischen geldpolitischen Entscheidungen die Fiskalpolitik zwar berücksichtigen können, die Auswirkungen jedoch nicht sehr stark bzw. nicht klar definiert sind. Dieses Modell des geldpolitischen Verhaltens impliziert jedoch eine aktivere Politik, einen längeren Prognosehorizont (bis zu 2 Jahre, wie die britische Zentralbank behauptet) und größere Aufmerksamkeit für die BIP-Lücke – die Symmetrie in der britischen geldpolitischen Regel. Und insofern die Fiskalpolitik Einfluss hat, ist sie ein Substitut (oder eine Konkurrentin) für die Geldpolitik – Budgetdefizite führen zu höheren Zinssätzen. Dies ist der Stackelberg-Teil ihrer Interaktion bei fiskalpolitischer Führung – obwohl der Effekt schwach ist, höchstwahrscheinlich weil nur 25 Beobachtungen zur Schätzung dieses Teils der Beziehung vorliegen. Die fehlende Signifikanz der Schuldenquote ist jedoch leicht verständlich. Da dies ein erklärtes langfristiges Ziel der Fiskalpolitik ist, braucht die Geldpolitik dies nicht extra zu berücksichtigen. Die Evidenz könnte eine Stackelberg-Nachfolger-Rolle oder Unabhängigkeit der Geldpolitik implizieren, wodurch der Wettbewerb (die Externalitäten) zwischen den Instrumenten gelockert wird (werden).

Die EZB-Ergebnisse sehen ganz anders aus. Sobald die fiskalpolitischen Effekte berücksichtigt werden, wird die Konzentration auf die Inflationssteuerung stark reduziert (sie nähert sich der Unbestimmbarkeit und könnte sogar nicht signifikant sein) und der Prognosehorizont schrumpft auf 6 Monate. Darüber hinaus kommt noch ein Rückkoppelungselement zur Korrektur vergangener Fehler hinzu. Gleichzeitig wird die Outputstabilisierung weniger wichtig, was die Beendigung der symmetrischen Zielsteuerung impliziert. Stattdessen scheint die Geldpolitik nun auf die Fiskalpolitik zu reagieren, allerdings mit dem „falschen" Vorzeichen: je größer das Primärdefizit, desto lockerer die Geldpolitik. In diesem Fall agieren die Politiken komplementär – Umstände, die ein Primärdefizit erfordern, verlangen somit auch nach einer Lockerung der Geldpolitik. Somit zeigt sich eine mögliche geldpolitische Führung, wenn die Fiskalpolitik als zusätzliches wirtschaftspolitisches Instrument verwendet wird.

d) Fiskalpolitische Reaktionsfunktionen in Großbritannien und der Eurozone: Zahlreiche Autoren haben die Hypothese aufgestellt, dass fiskalpolitische Reaktionen am besten mittels einer „fiskalpolitischen Taylor-Regel" modelliert werden:

$$d_t + \alpha_t + \gamma gap_t + sd, \gamma > 0, \quad (2)$$

wobei sd = strukturelle Defizitquote, d_t ist die tatsächliche Defizitquote (d > 0 ist ein Überschuss),[14] und α_t stellt alle anderen Faktoren dar, wie z. B. den Einfluss der Geldpolitik, bestehende oder antizipierte Inflation, die Schuldenlast oder diskretionäre fiskalpolitische Interventionen. Der Koeffizient γ gibt dann ein Maß der automatischen Stabilisatoren einer Volkswirtschaft an. Die Europäische Kommission (2002) z. B. schätzt $\gamma \approx ½$ für Europa – etwas mehr in Ländern mit einem umfangreicheren Sozialversicherungssystem, etwas weniger woanders. Und ein ähnliches Verhältnis wird auch der britischen Fiskalpolitik unterstellt (siehe HM Treasury 2003, Kästen 5.2 und 6.2).

Die Vorzeichen der restlichen Faktoren sind nicht so klar. Die Schuldenlast sollte die laufenden Defizite erhöhen, außer wenn ein systematisches Schuldenabbauprogramm am Laufen ist. Die Inflation sollte sich positiv auf die Schuldenquote auswirken, wenn die Fiskalpolitik zu Stabilisierungszwecken

---

14 Siehe Taylor (2000), Galì und Perotti (2003), Canzoneri (2007), Turrini und in't Veld (2004) für ähnliche Formulierungen. Die Europäische Kommission (2002) verwendet eine ähnliche Regel, definiert $d > 0$ aber als Defizit. Sie erwartet daher, dass γ negativ ist.

eingesetzt wird, ansonsten ohne Wirkung bleiben. Schließlich sollte sich auch die Output-Lücke positiv auf die Defizitquote auswirken, wenn Letztere zu Stabilisierungszwecken verwendet wird – in diesem Fall sollten die Zinssätze negativ mit der Größe des Defizits korrelieren, weil auf Inflation ausgerichtete geldpolitische Maßnahmen und auf kurzfristige Stabilisierung ausgerichtete fiskalpolitische Maßnahmen in Konflikt stehen würden. Umgekehrt würde ein negativer Zusammenhang mit der Output-Lücke, aber ein positiver mit den Zinssätzen fehlende Effekte automatischer Stabilisatoren und gegenseitig unterstützende Maßnahmen implizieren: d. h. höhere Zinssätze treten mit restriktiver Fiskalpolitik auf. Dies impliziert komplementäre Maßnahmen.

Tabelle 10.2(b) enthält unsere Schätzungen der fiskalpolitischen Reaktionsfunktionen für Großbritannien und die Eurozone. Höhere Schulden erhöhen die Überschussquote in Großbritannien, haben aber keine Auswirkungen im Euroraum. Während also Großbritannien offensichtlich ein systematisches Schuldenabbauprogramm verfolgte, wurden keine Anstrengungen in dieser Richtung in Europa unternommen. Andererseits hatte die Inflation keine Auswirkungen auf das britische Defizit, hingegen negative in Europa. Ähnlich produziert die Output-Lücke eine negative Reaktion in Europa und eine positive in Großbritannien. Diese zwei Variablen deuten also darauf hin, dass die Fiskalpolitik zur Output-Stabilisierung in Großbritannien verwendet wurde – entsprechend dem Beschluss, die Arbeit den automatischen Stabilisatoren zu überlassen –, jedoch zu anderen Zwecken als in der Eurozone. Dieses Ergebnis passt gut zu Europas offensichtlicher Unfähigkeit, bei einem Aufschwung für schlechtere Zeiten zu sparen, *und* seiner Unfähigkeit, wegen des Stabilitätspakts bei einem Konjunkturrückgang stabilisierend zu wirken.[15]

Tabelle 10.2(b): Fiskalpolitische Reaktionsfunktionen

Für UK, Zeitraum 1997q3–2004q2:

$$d_t = -0{,}444 + 0{,}845\,debt_t + 0{,}0685\,r_t + 1{,}076\,gap_t$$
$$\quad (0{,}37) \quad (7{,}64) \qquad (0{,}30) \qquad (1{,}72)$$

$\bar{R}^2 = 0{,}78$

$F_{3,24} = 33{,}23$

15 Siehe Buti et al. (2003). Die Existenz von Schulden in der britischen Regel zeigt, dass die Nachhaltigkeit in Großbritannien ein primäres Ziel war, nicht jedoch in der Eurozone.

Für die Eurozone, Zeitraum 1999q1–2004q2:

$$d_t = 3{,}36 + 1{,}477\, d_{t-1} - 0{,}740\, \pi^e_{+9,21} - 0{,}207\, r_t - 0{,}337\, gap_t$$
$$(2{,}96)\ (9{,}66)\quad (2{,}21)\quad (1{,}16)\quad (2{,}18)$$

$$\bar{R}^2 = 0{,}95$$
$$F_{4,11} = 54{,}55$$

Schlüssel: d_t = Bruttodefizit/BIP (%), wobei $d < 0$ ein Defizit kennzeichnet; $debt_t$ = Schulden/BIP (%); r_t ist der Zentralbankzinssatz; $\pi^e_{j,k}$ und gap_t wie in Tabelle 10.2(a).
Schätzmethode: instrumentiertes 2SLS-Verfahren; lineare Interpolation für Defizitquartalszahlen, t-Statistiken in Klammern.
Anmerkung: Bei den laufenden Schulden, Zinssätzen und Inflationszielen implizieren diese Schätzungen ein strukturelles Defizit von ca. 0,1 % für Großbritannien und 2,6 % für die Eurozone.

Dementsprechend scheint Großbritannien die Fiskalpolitik weniger als behauptet für Stabilisierungszwecke einzusetzen, während die Euro-Volkswirtschaften die Fiskalpolitik überhaupt nicht dahingehend zu verwenden scheinen. Bestätigt wird dies durch die Reaktionen auf Zinssatzänderungen, die positiv, aber sehr klein und statistisch nicht signifikant in Großbritannien, hingegen negativ und knapp signifikant in Europa sind. Dies impliziert, dass die britische Fiskalpolitik unabhängig von der Geldpolitik, wie hier in dem Modell einer schwachen Führung angedeutet, gewählt wird. Sollte es jedoch Beziehungen zwischen beiden geben, agieren Fiskal- und Geldpolitik komplementär und sind nur schwach koordiniert.

Die Ergebnisse für Großbritannien sind also nicht schlüssig. Sie entsprechen unabhängigen Politiken oder einer fiskalpolitischen Führung – Letztere trotz Insignifikanz der fiskalpolitisch-geldpolitischen Verknüpfung aufgrund des signifikanten Output-Lücken-Terms in der fiskalpolitischen Gleichung, was, vorausgesetzt der gleiche Effekt tritt nicht in der geldpolitischen Reaktion auf, andeutet, dass fiskalpolitische Führung vorhanden war. Jedenfalls gibt es keinen Hinweis auf geldpolitische Führung; bestenfalls implizieren die Ergebnisse Unabhängigkeit oder fiskalpolitische Führung.

In der Eurozone fallen die Ergebnisse ganz anders aus. Das signifikante Resultat hier ist der Konflikt zwischen Instrumenten der Geldpolitik (und im Wesentlichen derselbe Konflikt in den fiskalpolitischen Reaktionen). Die Politiken stehen daher im Wettbewerb, was darauf schließen lässt, dass sie ein Nash-Gleichgewicht bilden oder möglicherweise eine geldpolitische Führung vorliegt, da der Koeffizient der Fiskalpolitik in der Taylor-Regel klein ist und es keine Glättung der Output-Lücke gibt. Dies lässt auf eine schwache geldpolitische Führung oder ein einfaches nichtkooperatives Spiel schließen.

10.5 Theoretische Evidenz: ein Modell fiskalpolitischer Führung

Beschränkte Datenreihen und die Tatsache, dass die neuen geldpolitischen Regimes nur wenig Zeit hatten, sich zu etablieren, bedeuten, dass alle statistischen Tests notwendigerweise nur bedingt aussagekräftig sein können. Es soll hier daher ein theoretischer Test angewandt werden, um zu zeigen, dass Entscheidungsträger einen klaren Anreiz haben, dem Modell der fiskalpolitischen Führung zu folgen. Damit kann berechnet werden, um wie viel fiskalpolitische Führung im Vergleich zu nichtkooperativer Wirtschaftspolitik von Fall zu Fall besser sein könnte. Es zeigt sich, dass die gewonnenen Ergebnisse ziemlich nah an der britischen Realität liegen. Daraus ergibt sich eine eher starke Evidenz zugunsten des vorgestellten fiskalpolitischen Führungsmodells.

10.5.1 Das volkswirtschaftliche Modell und wirtschaftspolitische Beschränkungen

Die verbleibende Frage ist, würden Regierungen tatsächlich ein Regime fiskalpolitischer Führung verfolgen wollen? Das in Hughes Hallett und Weymark (2004, 2004a, 2005, 2007) vorgestellte Modell kann zur Analyse dieser Frage verwendet werden. Zwecks Überschaubarkeit werden die möglichen Spillover-Effekte zwischen den Ländern unterdrückt und folgende drei Gleichungen schwerpunktmäßig zur Darstellung der volkswirtschaftlichen Struktur der jeweiligen Länder herangezogen:

$$\pi_t = \pi_t^e + \alpha y_t + u_t, \tag{3}$$

$$y_t = \beta(m_t - \pi_t) + \gamma g_t + \varepsilon_t, \tag{4}$$

$$g_t = m_t + s(by_t - \tau_t), \tag{5}$$

wobei π_t die Inflationsrate in Periode t ist, y_t das BIP-Wachstum in Periode t, und π_t^e stellt die Inflationsrate dar, die rationale Wirtschaftssubjekte in Abhängigkeit von den zum Zeitpunkt der Erwartungsbildung verfügbaren Informationen als in Periode t vorherrschend erwarten. Die wirtschaftspolitischen Instrumente m_t, g_t und τ_t stellen das Wachstum von Geldmenge, Staatsausgaben bzw. Steuereinnahmen in Periode t dar, und u_t und ε_t sind Zufallsstörungen, die unabhängig verteilt sind mit Mittelwert null und konstanter Varianz. *Alle* Variablen sind als Abweichungen von ihren langfristigen Gleichgewichtswachstumspfaden definiert, und die Trend-Budgetvariablen werden als im Vorhinein festgelegt und ausgeglichen behandelt. Die Koeffizienten α, β, γ, s und b werden alle als positiv angenommen. Die Annahme, dass γ positiv ist,

ist manchmal umstritten.[16] Die aus der Mehrländer-Schätzung von Taylor (1993) abgeleiteten kurzfristigen Impakt-Multiplikatoren belegen diese Annahme jedoch empirisch. Was in diesem Kontext jedoch wichtiger ist: das britische Finanzministerium arbeitet ebenfalls unter der Annahme, dass diese Multiplikatoren positiv sind (HM Treasury 2003).

Gemäß (3) steigt die Inflation mit der von privaten Wirtschaftssubjekten vorhergesagten Inflationsrate und mit dem BIP-Wachstum. Gleichung (4) zeigt, dass sich sowohl die Geld- als auch die Fiskalpolitik auf die Output-Lücke auswirken. Die Mikrofundierungen der gesamtwirtschaftlichen Angebotsfunktion (3), ursprünglich von Lucas (1972, 1973) abgeleitet, sind bekannt. McCallum (1989) zeigt, dass gesamtwirtschaftliche Nachfragefunktionen wie (4) von einem Standard-Mehrperioden-Nutzenmaximierungsproblem abgeleitet werden können.

Gleichung (5) beschreibt die Budgetbeschränkung des Staates. Zwecks Einfachheit dürfen *diskretionäre* Steuereinnahmen ausschließlich für Umverteilungszwecke, *diskretionäre* Ausgaben hingegen zur Wachstumsförderung verwendet werden. Weiters wird angenommen, dass es zwei Arten von Wirtschaftssubjekten – reich und arm – gibt und dass nur die reichen Subjekte ihre Ersparnisse zum Ankauf von Staatsanleihen verwenden. In (5) ist b der Anteil des Einkommens vor Steuern (Output), der an die Reichen geht, und s ist der Anteil des Einkommens nach Steuern, den die Reichen dem Sparen zuweisen. Die Steuereinnahmen τ_t werden vom Staat verwendet, um Einkommen von den Reichen zu den Armen umzuverteilen (ein erklärtes wirtschaftspolitisches Ziel in Großbritannien), entweder direkt oder über öffentliche Dienstleistungen. Die hier beschriebene fiskalpolitische Struktur weist somit wachstumsfördernde Ausgaben g_t und Transfers τ_t auf. Beide werden über gesamtwirtschaftliche Steuereinnahmen finanziert, d. h. aus diskretionären und trendbestimmten Einnahmen. Ausgaben über diese Einnahmen hinaus müssen durch den Verkauf von Staatsanleihen finanziert werden.

Wird mittels (3) und (4) nach π_t^e, π_t und y_t gelöst, erhält man folgende reduzierte Formen:

$$\pi_t(g_t, m_t) = (1+\alpha\beta)^{-1}[\alpha\beta m_t + \alpha\gamma g_t + m_t^e + \frac{\gamma}{\beta} g_t^e + \alpha\varepsilon_t + u_t], \qquad (6)$$

$$y_t(g_t, m_t) = (1 + \alpha\beta)^{-1}[\beta m_t + \gamma g_t - \beta m_t^e - \gamma g_t^e + \varepsilon_t - \beta u_t] \qquad (7)$$

---

16 Barro (1981) argumentiert, dass Staatseinkäufe kontraktiv auf das BIP wirken. Das hier verwendete Modell behandelt die Fiskalpolitik hingegen als wichtiges Element, weil: (i) Fiskalpolitik weitgehend zum Erreichen von Umverteilungs- und Dienstleistungsbereitstellungszielen verwendet wird; (ii) Regierungen die Geldpolitik nicht glaubwürdig vorher fixieren können, wenn die Fiskalpolitik nicht fixiert wird (Dixit und Lambertini, 2003); und (iii) Zentralbanken und insbesondere die EZB sich intensiv Gedanken über die Auswirkungen der Fiskalpolitik auf Inflation und finanzielle Stabilität machen (Dixit 2001).

Die Lösung nach τ_t mittels (5) und (7) ergibt dann

$$\tau_t(gt, mt) = [s(1+\alpha\beta)]^{-1}[(1+\alpha\beta)m_t - (1+\alpha\beta - sb\gamma)g_t - sb\beta m_t^e - sb\gamma g_t^e + sb(\varepsilon_t - \beta u_t)]. \quad (8)$$

10.5.2 Regierungs- und Zentralbankziele

In dem hier verwendeten Modell ist es möglich, dass die Regierung und eine unabhängige Zentralbank sich hinsichtlich ihrer Ziele stark unterscheiden. Insbesondere wird angenommen, dass die Regierung um Inflationsstabilisierung, BIP-Wachstum und die Bereitstellung von öffentlichen Dienstleistungen (Einkommensumverteilung) bemüht ist, während die Zentralbank – wenn sie sich selbst überlassen wird – nur an den ersten beiden Zielen, möglicherweise sogar nur dem ersten interessiert ist. Es wird darüber hinaus auch angenommen, dass die Regierung mit Mehrheit gewählt wurde, so dass die Verlustfunktion der Regierung in signifikantem Ausmaß die Präferenzen der Gesellschaft widerspiegelt.

Formell ist die Verlustfunktion der Regierung gegeben durch

$$L_t^g = \frac{1}{2}(\pi_t - \hat{\pi})^2 - \lambda_1^g y_t + \frac{\lambda_2^g}{2}[(b-\theta)y_t - \tau_t]^2, \quad (9)$$

wobei $\hat{\pi}$ das Inflationsziel der Regierung, λ_1^g das relative Gewicht bzw. die Bedeutung, die die Regierung dem BIP-Wachstum beimisst,[17] und λ_2^g das relative Gewicht, das sie der Einkommensumverteilung zuordnet, sind. Der Parameter θ steht für den Anteil des BIP, den die Regierung idealerweise den Reichen zukommen lassen würde. Alle anderen Variablen sind wie zuvor bereits definiert.

Die Ziele der Zentralbank allerdings können sehr stark von jenen der Regierung abweichen. Sie werden wie folgt modelliert:

$$L_t^{cb} = \frac{1}{2}(\pi - \hat{\pi})^2 - (1-\delta)\lambda^{cb} y_t - \delta\lambda_1^g y_t + \frac{\delta\lambda_2^g}{2}[(b-\theta)y_t - \tau_t]^2, \quad (10)$$

wobei $0 \le \delta \le 1$ und λ^{cb} das von der Zentralbank dem BIP-Wachstum zugeordnete Gewicht ist. Der Parameter δ misst das Ausmaß, in dem die Zentralbank gezwungen ist, die Ziele der Regierung bei der Formulierung der Geldpolitik

17 Die Wahl einer linearen Darstellung des Wachstumsziels folgt Barro und Gordon (1983). In der Literatur über geldpolitische Delegation wird die BIP-Komponente in der Verlustfunktion der Regierung üblicherweise quadratisch dargestellt, um ein BIP-*Stabilitätsziel* widerzuspiegeln. Im vorliegenden Modell ermöglicht es der quadratische Einkommensumverteilungsterm der Geld- und Fiskalpolitik, eine stabilisierende Rolle zu spielen sowie eine Position im BIP-Inflations-Zielkonflikt der Volkswirtschaft zu wählen. Vgl. dazu Hughes Hallett (2005).

zu berücksichtigen. Je näher δ bei 0 liegt, desto größer ist die Unabhängigkeit der Zentralbank bei ihren Entscheidungen. Und je niedriger λ^{cb}, desto größer ist der Grad von Konservativismus bei diesen Entscheidungen.

In Gleichung (9) wurde das Inflationsziel der Regierung als $\hat{\pi}$ definiert. Die Tatsache, dass das gleiche Inflationsziel in (10) erscheint, spiegelt die Situation bei der britischen Zentralbank wider, wo die Bank instrumentunabhängig, aber nicht zielunabhängig ist. Es ist jedoch leicht, diese Annahme zu lockern und der Zentralbank zu ermöglichen, ihr eigenes Ziel zu wählen (wie die EZB es tut). Wie in Hughes Hallett und Weymark (2004) jedoch gezeigt, bringt dies keine Vorteile, da die Regierung einfach ihre Parameter anpassen würde, um dies zu kompensieren. Nur wenn die Bank selbst auch den Wert von λ^{cb} wählen kann, ergibt sich daraus ein zusätzlicher Vorteil.[18] Doch nicht einmal das reicht, um die Vorteile einer fiskalpolitischen Führung zu übertreffen – wie am Ende dieses Abschnitts festgestellt wird. Nichtsdestoweniger ist diese Formulierung für Großbritannien die richtige. Die aktuellen geldpolitischen Bestimmungen verlangen, dass die britische Zentralbank ein Ziel von 2 % Inflation erreicht, – ein von der Regierung festgelegtes Ziel – und einen offenen Brief an die Regierung schreibt, um die Gründe für jegliche Abweichungen von mehr als ± 1 % um dieses Ziel herum zu erklären und die von der Zentralbank für notwendig erachteten Maßnahmen zu spezifizieren, um es wieder zu erreichen.

Das zweite für die britische Wirtschaftspolitik bedeutende Merkmal ist, dass (9) und (10) symmetrische Inflationsziele um $\hat{\pi}$ herum definieren. Symmetrische Inflationsziele werden sowohl vom Geldpolitischen Komitee als auch von den fiskalpolitischen Entscheidungsträgern als besonders erforderlich betont (HM Treasury 2003). Symmetrische BIP-Lücken-Ziele werden ebenfalls im Kontext der Fiskalpolitik unterstrichen, die vorsichtige Ablehnung von „formelmäßigen" Entscheidungsregeln für die Fiskalpolitik seitens des Finanzministeriums aus praktischen Gründen führt jedoch dazu, dass man sich auch hier auf Symmetrie bei den Inflationszielen verlassen muss, um diesen Aspekt zu erfassen.

10.5.3 Wirtschaftspolitische Ergebnisse

Die strategische Interaktion zwischen Regierung und Zentralbank wird als zweistufiges nichtkooperatives Spiel charakterisiert, in dem die Struktur des Modells und der Zielfunktionen allgemein bekannt ist. In der ersten Stufe wählt die Regierung die institutionellen Parameter δ und λ^{cb}. Die zweite Stufe ist ein Stackelberg-Spiel, in dem die Fiskalpolitik die führende Rolle über-

18 Mit anderen Worten: Zielunabhängigkeit muss sowohl mittels Prioritäten als auch Zielen definiert werden.

nimmt. Auf dieser Stufe legen die Regierung und der geldpolitische Entscheidungsträger ihre Instrumente bei gegebenen Werten von δ und λ^{cb}, die in der vorherigen Stufe bestimmt wurden, fest. Private Wirtschaftssubjekte verstehen das Spiel und bilden rationale Erwartungen hinsichtlich künftiger Preise in der zweiten Stufe. Formal läuft das wirtschaftspolitische Spiel wie folgt:

Stufe 1:

Die Regierung löst das Problem

$$\min_{\delta,\lambda^{cb}} EL^g(g_t, m_t, \delta, \lambda^{cb}) = E\left\{ \tfrac{1}{2}[\pi_t(g_t,m_t) - \hat{\pi}]^2 - \lambda_1^2[y_t(g_t,m_t)] \right\} + \frac{\lambda_2^g}{2} E[(b-\theta)y_t(g_t,m_t) - \tau_t(g_t,m_t)]^2, \tag{11}$$

wobei L^g $(g_t, m_t, \delta, \lambda^{cb})$ die mit $(g_t, m_t, \delta, \lambda^{cb})$ bewertete Gleichung (9) ist, und E stellt den Erwartungswert dar.

Stufe 2:

(i) Private Subjekte bilden rationale Erwartungen über künftige Preise π_t^e, bevor die Schocks u_t und ε_t realisiert werden.
(ii) Die Schocks u_t und ε_t werden realisiert und von Regierung und Zentralbank beobachtet.
(iii) Die Regierung wählt g_t, bevor m_t von der Zentralbank gewählt wird, um L^g $(g_t, m_t, \bar{\delta}, \bar{\lambda}^{cb})$ zu minimieren, wobei $\bar{\delta}$ und $\bar{\lambda}^{cb}$ die in Stufe 1 bestimmten Werte haben.
(iv) Die Zentralbank wählt dann m_t, wobei sie g_t als gegeben annimmt, um

$$L^{cb}(g_t, m_t, \bar{\delta}, \bar{\lambda}^{cb}) = \frac{(1-\bar{\delta})}{2}[\pi_t(g_t,m_t) - \hat{\pi}]^2 - (1-\bar{\delta})\bar{\lambda}^{cb}[y_t(g_t,m_t)] + \bar{\delta}L^g(g_t, m_t, \bar{\delta}, \bar{\lambda}^{cb}) \tag{12}$$

zu minimieren.

Das Spiel wird gelöst, indem zuerst die zweite Stufe (für die wirtschaftspolitischen Entscheidungen) gelöst wird, und dann die Ergebnisse zurück in (11) substituiert werden, um die optimalen Parameter δ und λ^{cb} zu bestimmen. Von Stufe 2 erhält man

$$\pi_t(\delta, \lambda^{cb}) = \hat{\pi} + \frac{(1-\delta)\beta(\phi - \eta\Lambda)\lambda^{cb} + \delta(\beta\phi + \gamma\Lambda)\lambda_1^g}{\alpha[\beta(\phi-\eta\Lambda) + \delta\Lambda(\beta\eta+\gamma)]}, \tag{13}$$

$$m_t(\delta, \lambda^{cb}) = -u_t / \alpha, \tag{14}$$

$$\tau_t(\delta, \lambda^{cb}) = \frac{(1-\delta)\beta s(\beta\eta+\gamma)(\lambda^{cb} - \lambda_1^g)}{[\beta(\phi-\eta\Lambda) + \delta\Lambda(\beta\eta+\gamma)]\lambda_2^9} - \frac{(b-\theta)u_t}{\alpha}, \tag{15}$$

wobei
$$\eta = \frac{\partial m_t}{\partial g_t} = \frac{-\alpha^2\gamma\beta s^2 + \delta\phi\Lambda\lambda_2^g}{(\alpha\beta s)^2 + \delta\Lambda^2\lambda_2^g}, \tag{16}$$

$$\phi = 1 + \alpha\beta - \gamma\theta s, \tag{17}$$

und
$$\Lambda = 1 + \alpha\beta - \beta\theta s. \tag{18}$$

Die Substitution von (13)–(15) zurück in (11) impliziert, dass man nun die Lösung von Stufe 1 erhalten kann aus:

$$\min_{\delta,\lambda^{cb}} EL^g(\delta,\lambda^{cb}) = \frac{1}{2}\left\{\frac{(1-\delta)\beta(\phi-\eta\Lambda)\lambda^{cb} + \delta(\beta\phi+\gamma\Lambda)\lambda_1^g}{\alpha[\beta(\phi-\eta\Lambda)+\delta\Lambda(\beta\eta+\gamma)]}\right\}^2$$
$$+\frac{\lambda_2^g}{2}\left\{\frac{(1-\delta)\beta s(\beta\eta+\gamma)(\lambda^{cb}-\lambda_1^g)}{[\beta(\phi-\eta\Lambda)+\delta\Lambda(\beta\eta+\gamma)]\lambda_2^g}\right\}^2. \tag{19}$$

Dieser Teil des Problems weist folgende Bedingungen erster Ordnung auf:

$$(1-\delta)(\phi-\eta\Lambda)\lambda_2^g\,\{(1-\delta)\beta(\phi-\eta\Lambda)\lambda^{cb} + \delta(\beta\phi+\gamma\Lambda)\lambda_1^g\}$$
$$-(1-\delta)^2(\beta\eta+\gamma)^2\,\alpha^2\,s^2\,\beta(\lambda_1^g-\lambda^{cb}) = 0 \tag{20}$$

und
$$\{(1-\delta)\beta(\phi-\eta\Lambda)\lambda^{cb} + \delta(\beta\phi+\gamma\Lambda)\gamma_1^g\}(\gamma_1^g-\lambda^{cb})\{\delta(1-\delta)\Lambda\Omega + (\phi-\eta\Lambda)\}\,\gamma_2^g$$
$$-(1-\delta)(\beta\eta+\gamma)\alpha^2 s^2\beta\{(\beta\eta+\gamma)-(1-\delta)\beta\Omega\}(\gamma_1^g-\lambda^{cb})^2 = 0, \tag{21}$$

wobei $\Omega = \partial\eta / \partial\delta$ Es gibt zwei reellwertige Lösungen, die dieses Paar von Bedingungen erster Ordnung erfüllen.[19] Offensichtlich sind beide erfüllt, wenn $\delta = 1$ und $\lambda^{cb} = \lambda_1^g$. Diese Lösung beschreibt eine völlig abhängige Zentralbank, was im britischen Fall nicht zutrifft, und sie ist in jedem Fall inferior zur Lösung, die nun folgt. Die zweite Lösung ist $\delta = \lambda^{cb} = 0$ In dieser Lösung ist die Zentralbank völlig unabhängig und widmet sich ausschließlich dem Inflationsziel der Volkswirtschaft.

Von diesen zwei Möglichkeiten kann jene Lösung, die den geringsten mittels Verlustfunktion des Staates (bzw. der Gesellschaft) gemessenen Wohlfahrtsverlust ergibt, durch den Vergleich von (19) mit dem erwarteten Verlust, der beim anderen institutionellen Arrangement erlitten wird, identifiziert werden. Ersetzt man $\delta = 1$ und $\lambda^{cb} = \lambda_1^g$ in (19), erhält man

$$EL^g = \frac{(\lambda_1^g)^2}{2\alpha^2}. \tag{22}$$

Ersetzt man jedoch $\delta = \lambda^{cb} = 0$ im rechten Teil von (19), erhält man

$$EL^g = 0. \tag{23}$$

19 Weil η eine Funktion von δ ist, ist (21) in δ quadratisch. Dieses Polynom hat vier verschiedene Wurzeln, von denen nur zwei reellwertig sind. Details zu der kompletten Lösung sind in Hughes Hallett und Weymark (2007) zu finden.

Dementsprechend zeigen die Ergebnisse, dass der (durch (19) gemessene) Wohlfahrtsverlust der Gesellschaft bei fiskalpolitischer Führung minimiert wird[20], wenn die Regierung unabhängige Zentralbanker bestellt, die sich ausschließlich dem Erhalt eines vorgegebenen Inflationsziels widmen und mögliche Auswirkungen ihrer Politik auf das BIP gänzlich ignorieren.
Die Ergebnisse deuten jedoch ebenfalls darauf hin, dass eine unabhängige Zentralbank mit fiskalpolitischer Führung unter allgemeineren Bedingungen von Vorteil ist. Wenn $\delta = 0$, $\beta\eta + \gamma = 0$, werden die Externalitäten zwischen den Entscheidungsträgern neutralisiert. Daher wird (19) zu

$$EL^g = \frac{1}{2}\left\{\frac{\lambda^{cb}}{\alpha}\right\}^2 \tag{24}$$

für jeden Wert von λ^{cb} Eine unabhängige Zentralbank wird daher immer bessere Ergebnisse produzieren als eine abhängige, so lange sie konservativer agiert als die Regierung ($\lambda^{cb} < \lambda_1^g$), unabhängig von deren Engagement für soziale Gerechtigkeit (λ_2^g). Eine konservative Zentralbank wäre also die beste Wahl, aber jede Zentralbank, die konservativer als die Regierung ist, würde genügen.
Eine interessantere Frage ist, ob fiskalpolitische Führung mit einer unabhängigen Zentralbank auch bessere Ergebnisse aus Sicht der Gesellschaft produziert als jene, die in einem Spiel ohne Führung mit simultanen Zügen erzielt werden. Im Spiel mit simultanen Zügen ist die Lösung für das Minimierungsproblem der Regierung in Stufe 1

$$\delta = \frac{\beta\phi^2\lambda^{cb}\lambda_2^g + \alpha^2\gamma^2 s^2\beta(\lambda^{cb} - \lambda_1^g)}{\beta\phi^2\lambda^{cb}\lambda_2^g + \alpha^2\gamma^2\beta(\lambda^{cb} - \lambda_1^g) - \phi(\beta\phi + \gamma\Lambda)\lambda_1^g\lambda_2^g} \tag{25}$$

und der Wohlfahrtsverlust der Gesellschaft ist dann

$$EL^g = \frac{1}{2}\left\{\frac{\lambda_1^g}{\alpha}\right\}\left\{\frac{(\alpha\gamma s)^2}{(\alpha\gamma s)^2 + \phi^2\lambda_2^2}\right\}. \qquad (26)^{21}$$

Dieser ist immer kleiner als jener Verlust, der entsteht, wenn fiskalpolitische Führung mit einer *abhängigen* Zentralbank kombiniert wird. Den optimalen Grad an Konservativismus für eine *unabhängige* Zentralbank in diesem Fall erhält man jedoch, indem man $\delta = 0$ in (25) setzt, um

$$\lambda^{cb*} = \frac{(\alpha\gamma s)^2\lambda_1^g}{(\alpha\gamma s)^2 + \phi^2\lambda_2^g} \tag{27}$$

20 Dies impliziert nicht notwendigerweise, dass die Verlustfunktion der Zentralbank zugleich minimiert wird, wobei die Inflations- und Output-Lücken-Ergebnisse in (29) unten andeuten, dass dies vermutlich zutreffen würde.

21 Siehe Hughes Hallett und Weymark (2002, 2004a) für diese Ergebnisse.

zu erhalten. Es lässt sich ganz einfach zeigen, dass (24) immer kleiner als (26) ist, solange

$$\lambda^{cb} < [\lambda_1^g \lambda^{cb*}]^{1/2}. \tag{28}$$

Es ist auch offensichtlich, dass $\lambda^{cb*} \leq \lambda_1^g]$ für jeden Wert von $\lambda_2^g \geq 0$ Folglich wird eine fiskalpolitische Führung mit *jeglichem* $\lambda^{cb} < \lambda^{cb*}$ immer bessere Ergebnisse aus Sicht der Gesellschaft erzielen als jegliche Spiele mit simultanen Zügen zwischen Zentralbank und Regierung. Dies ist eine wichtige Beobachtung, weil viele Inflationssteuerungsregimes, wie jene der britischen, schwedischen und neuseeländischen Zentralbanken, mit fiskalpolitischer Führung agieren; während viele andere, wie z. B. die Europäische Zentralbank oder das US-Zentralbanksystem, es nicht tun. Letztere werden besser als in einem Spiel mit simultanen Zügen mit ihren Regierungen beschrieben.

10.5.4 Die Vorteile fiskalpolitischer Führung

Woher kommen diese Führungsvorteile schließlich? Ersetzt man $\delta = 0$ und $\lambda^{cb} = 0$ in (13)–(15), ergibt sich:

$$\pi_t = \hat{\pi}, y_t = -u_t / \alpha \text{ und } \tau_t = -(b - \theta)u_t / \alpha \tag{29}$$

als Endergebnis. Im Gegensatz dazu ist das Ergebnis für das wirtschaftspolitische Spiel mit simultanen Zügen:

$$\pi_t^* = \hat{\pi} + \frac{\alpha(\gamma s)^2}{[(\alpha\gamma s)^2 + \phi^2 \lambda_2^g]}, \tag{30}$$

$$y_t^* = -u_t / \alpha, \tag{31}$$

$$\tau_t^* = \frac{\gamma s(\lambda^{cb*} - \lambda_1^g)}{\phi \lambda_2^g} - \frac{(b-\theta)u_t}{\alpha}. \tag{32}$$

Ein Vergleich dieser zwei Ergebnisse zeigt, dass die fiskalpolitische Führung die Inflationslastigkeit eliminiert und zu geringerer Inflation führt. Fiskalpolitische Führung produziert auch höhere Steuern und eine stärkere Einkommensumverteilung.[22] Darüber hinaus werden diese zwei Verbesserungen ohne Verlust beim erwarteten Wachstum erzielt und ohne Volatilität. Die Frage stellt sich, warum?

---

22 Man beachte, dass die Steuereinnahmen bei einem Spiel mit simultanen Zügen im Durchschnitt geringer sind, weil $\lambda^{cb} < \lambda_1^g$. Die Umverteilung hängt positiv mit der Höhe der Steuereinnahmen zusammen, weil $(b - \theta)Ey_t^* = 0$ sodass τ_t^* das tatsächlich erzielte Ausmaß an Einkommensumverteilung bestimmt: $E\tau^* = 0$ in (29) vs. $E\tau_t^* \leq 0$ in (32). Die Gründe hierfür werden in Hughes Hallett und Weymark (2004a) diskutiert.

10.5.5 Der Koordinationseffekt

Eine der zentralen Fragen in der Koordinationsliteratur ist, ob es institutionelle Arrangements gibt, die Pareto-Verbesserungen gegenüber den Standardergebnissen der Nichtkooperation hervorbringen.[23] Wenn derartige Institutionen existieren, könnten sie als Koordinationsinstrument betrachtet werden. Im vorliegenden Modell ist die Zentralbank unabhängig, ohne weitere institutionelle Beschränkungen, die notwendigerweise zu nichtkooperativen Ergebnissen führen würden. Ist die Regierung jedoch einer langfristigen Führung wie oben beschrieben verpflichtet, ohne die Unabhängigkeit der Bank zu reduzieren, wird das wirtschaftspolitische Spiel zu einem Beispiel für regelbasierte Koordination, bei der Leistungsgewinne für beide Seiten verfügbar sind. In Anbetracht der Stackelberg-Spielstruktur wird es für keine der Parteien einen Anreiz zu neuerlicher Optimierung geben, so lange die Regierung eher der langfristigen Führung als einem kurzfristigen Nachfragemanagement verpflichtet ist – es sei denn, beide Seiten vereinbaren, ihre Unabhängigkeit durch diskretionäre Koordination zu reduzieren.[24] Das ist ein allgemeines Ergebnis: Es gilt für jedes Modell, in dem Inflation und BIP beide sowohl von der Geld- als auch von der Fiskalpolitik abhängen und wo es von beiden Spielern bis zu einem gewissen Grad Inflationssteuerung gibt (Hughes Hallett und Viegi 2002). Die Ergebnisse sind daher robust.[25]

10.5.6 Empirische Evidenz

Ob diese Ergebnisse nun praktisch signifikant sind, ist eine empirische Frage. Tabelle 10.3 zeigt Berechnungen der erwarteten Verluste unter Regimes simultaner Züge bzw. Regierungsführung für sechs Länder, wenn die Fiskalpolitik und die Zentralbank optimal gestaltet sind. Die verwendeten Daten stammen

---

23 Siehe z. B. Currie et al. (1989), Currie und Levine (1991), Hughes Hallett (1992, 1998).

24 Der wesentlichste Punkt bei diesen Ergebnissen ist, dass keine Verpflichtung über die Führung hinaus und keine Bestrafung über die Wahlergebnisse hinaus erforderlich sind. Ersteres gilt, weil Regierungen eine natürliche Verpflichtung gegenüber öffentlichen Dienstleistungen (Gesundheit, Bildung, Verteidigung) sowie eine gewisse Auffassung von Gerechtigkeit bzw. wirtschaftlicher Effizienz haben – alles langfristige Angelegenheiten. Letzteres ergibt sich aus dem einer Demokratie innewohnenden politischen Wettbewerb.

25 Das bedeutet jedoch nicht, dass beide Spieler gleichermaßen gewinnen. Steigt die Priorität für die Inflationssteuerung, nachdem die Führung gewährt wurde, dann gewinnt der Führer in geringerem Ausmaß. Das ist wichtig, weil es erklärt, warum in einer Welt mit Inflationssteuerung die Zuweisung der Führungsrolle an eine Zentralbank, deren Toleranz für Inflation bereits geringer und deren Verpflichtung bereits größer ist, keine *zusätzlichen* Gewinne generiert – obwohl diese Lösung immer noch besser sein könnte als jene in dem Spiel mit simultanen Zügen.

aus 1998, dem Jahr, in dem die Eurozone gebildet wurde. Die Daten selbst und die Quellen dazu sind im Anhang zusammengefasst.

Die ausgewählten Länder fallen in zwei Gruppen:

(a) Länder der Eurozone: Frankreich, Deutschland und Italien, und
(b) Länder mit expliziter Inflationssteuerung: Schweden, Neuseeland und Großbritannien.

In der ersten Gruppe werden die Geldpolitik auf europäischer Ebene und die Fiskalpolitik auf nationaler Ebene gestaltet. Die wirtschaftspolitischen Interaktionen in dieser Gruppe können als Spiel mit simultanen Zügen mit sowohl Ziel- als auch Instrumentunabhängigkeit charakterisiert werden. Die zweite Gruppe von Ländern hat explizite und meist öffentlich angekündigte Inflationsziele angenommen. Den Zentralbanken in diesen Ländern wurde Instrumentunabhängigkeit, jedoch nicht Zielunabhängigkeit gewährt. Die Regierung legt den Inflationszielwert selbst fest oder hilft, ihn festzulegen. In jedem Fall hat die Regierung langfristige (angebotsseitige) fiskalpolitische Maßnahmen beschlossen und überlässt die aktive Nachfragesteuerung der Geldpolitik. Dies sind klare Fälle, in denen es sowohl eine fiskalpolitische Führung und Instrumentunabhängigkeit für die Zentralbank gibt.

Die Ergebnisse dieser Berechnungen sind in Tabelle 10.3 dargestellt. Spalte 1 zeigt die Verluste bei einer abhängigen Zentralbank in Wohlfahrtseinheiten, mit oder ohne Führung. Spalte 2 zeigt die Verluste, die bei Regierungsführung mit einer unabhängigen Zentralbank, die ihre Geldpolitik ausschließlich auf die Erreichung des Inflationsziels ausrichtet, eingefahren würden (d. h. mit $\delta = \lambda^{cb} = 0$). Die dritte Spalte zeigt den mit einer Fassung simultaner Entscheidungsfindung des gleichen Spiels verbundenen Mindestverlust.

Tabelle 10.3: Erwartete Verluste bei fiskalpolitischer Führung und anderen Strategien

	Vollständige Abhängigkeit $\delta = 1$ $\lambda^{cb} = \lambda^g_1$	**Fiskalpolitische Führung** $\delta = 0$ $\lambda^{cb} = 0$	**Simultane Züge** $\delta = 0$ $\lambda^{cb} = \lambda^{cb*}$	**Verlorene Wachstumsraten-äquivalente %**
Frankreich	5,78	0,00	0,0125	1,26
Deutschland	16,14	0,00	0,0079	0,79
Italien	1,28	0,00	0,0116	1,16
Schweden	4,51	0,00	0,0098	0,98
Neuseeland	8,40	0,00	0,0104	1,04
Vereinigtes Königreich	3,37	0,00	0,0113	1,13

Anmerkung: Die in Spalte 3 angeführten Verluste wurden mittels $\lambda^g_1 = 1$ und $\lambda^g_2 = 0,5$ für jedes der sechs Länder in der Stichprobe berechnet.

Offensichtlich ist vollständige Abhängigkeit bei der Geldpolitik äußerst ungünstig, obwohl die Größenordnung des Verlusts von Land zu Land beträchtlich variiert. Die Verluste in Spalte 3 scheinen im Vergleich zu jenen in Spalte 2 relativ klein zu sein. Werden diese Zahlen jedoch in „Wachstumsratenäquivalente" umgewandelt, werden diese Verluste doch bedeutend. Ein Wachstumsratenäquivalent ist der Verlust an BIP-Wachstum, der den gleichen Wohlfahrtsverlust verursachen würden, wenn alle anderen Variablen auf ihren optimierten Werten fixiert blieben.[26]

Die Zahlen in Spalte 4 zeigen, dass die mit simultaner Entscheidungsfindung verbundenen Verluste einer permanenten Verringerung der langfristigen Wachstumsrate des Bruttoinlandprodukts um rund 1 Prozent gleichzusetzen sind. Das heißt, Deutschland, Frankreich und Italien hätten theoretisch um rund 1 % schneller wachsen (bzw. ihre Wachstumsraten von 2003 verdoppeln) können, wenn sie dieses Regime gehabt hätten; und Schweden, Großbritannien und Neuseeland um 1 % langsamer, wenn sie es nicht gehabt hätten. Das sind bedeutende Veränderungen; sie entsprechen zwei Dritteln der Gewinne, die von einer internationalen Koordination (Currie et al. 1989) oder von der europäischen Einheitswährung selbst (Europäische Kommission 1990) zu erwarten gewesen wären.

10.6 Schlussfolgerungen

(a) Fiskalpolitische Führung führt zu verbesserten Ergebnissen, weil sie ein bestimmtes Ausmaß an Koordination und verringerten Konflikten zwischen Entscheidungsträgern impliziert, ohne dass die Zentralbank ihre Fähigkeit, unabhängig zu agieren, verliert. Damit liegen die Ergebnisse irgendwo zwischen den überlegenen, aber diskretionären Politiken vollständiger Kooperation und den nichtkooperativen, jedoch unterlegenen Politiken vollständiger Unabhängigkeit.

(b) Diese Ergebnisse zeigen, dass die wichtigste Eigenschaft für die Geldpolitik die Instrumentunabhängigkeit ist. Ist diese gegeben, bringt Zielunabhängigkeit nur wenige zusätzliche Gewinne und kann den Effekt

26 Currie et al. (1989), Oudiz und Sachs (1984). Um diese Zahlen zu erhalten, werden die Grenzraten der Transformation um die Indifferenzkurve der jeweiligen Regierung herum berechnet, um die Veränderung des BIP-Wachstums, dy_t, zu finden, die dann den Wohlfahrtsverlust in Spalte drei ergibt. Formal:

$$dy_t = \frac{dEL_t^g}{[\lambda_2^g\{(b-\theta)y_t - \tau_t\}(b-\theta) - \lambda_1^g]},$$

unter Verwendung von (9). Den Mindestwert von dy_t erhält man daher, wenn die Steuereinnahmen τ_t mit der gleichen Rate wachsen wie das Umverteilungsziel $(b-\theta)y_t$. Dies sind die in Spalte 4 angeführten Verluste.

haben, dass die Komplementarität zwischen fiskal- und geldpolitischen Maßnahmen aufgehoben wird.

(c) In Anbetracht sowohl der institutionellen Struktur als auch der verfügbaren empirischen Evidenz scheint Großbritannien dieses Führungsregime seit 1997 zu verfolgen. Dies ist möglicherweise der Hauptgrund für dessen verbesserte Leistung sowohl hinsichtlich der Ergebnisse als auch der effizienteren Nutzung der fiskal- und geldpolitischen Instrumente.

(d) Obwohl es schwierig ist, definitive Ergebnisse aus direkten Tests zu bekommen, ergibt sich aus den theoretischen Ergebnissen ein klarer Anreiz, fiskalpolitische Führung zu betreiben. Eine Bestätigung dieser Erkenntnisse kommt von den beobachteten Resultaten. Das Modell der Führung mit Trennung sagt Verbesserungen bei Wachstum, Inflation bzw. Einkommensverteilung in der Größenordnung von 1 % des BIP voraus. Und genau das konnte seit dem Jahr 2000 beobachtet werden. Darüber hinaus benötigt das Führungsregime weniger präzise Informationen für die Festlegung der strategischen und institutionellen Parameter als andere Strategien.

10.7 Anhang: Datenquellen für Tabelle 10.3

Die in Tabelle 10.3 verwendeten Daten sind in untenstehender Tabelle angeführt. Sie stammen aus verschiedenen Quellen und stellen die besten Schätzungen aus der Praxis der relevanten Parameter dar.

Der Phillipskurven-Parameter, α, ist der Kehrwert der auf Jahreswerte umgerechneten Opferverhältniszahl der Quartalsdaten von 1971–1998 von Turner und Seghezza (1999). Die Werte für β und γ, die Impakt-Multiplikatoren für die Fiskal- bzw. Geldpolitik sind die für ein Jahr simulierten Multiplikatoren für diese Politiken in Taylors Mehrländermodell (Taylor 1993). Die nationalen Sparquoten, s, stammen aus OECD-Daten (Economic Outlook, verschiedene Ausgaben). Es wurden die Zahlen aus 1998 verwendet, da dies das Jahr ist, in dem die EWWU begann und in dem neue fiskal- und geldpolitische Regimes in Großbritannien in Kraft traten. 1998 wurde auch zum Festlegen von θ, dem gewünschten Niveau von Einkommensungerechtigkeit, herangezogen. Da θ den Anteil am nationalen Einkommen, der den Reichen zufällt, misst, wird es auf eins minus dem Anteil der für soziale Programme zugewiesenen fiskalpolitischen Ausgaben in jedem Land gesetzt. Schließlich wurde λ_1^g=1 und λ_2^g=0.5 in jedem Land gesetzt. Der Wert von φ ergibt sich daraus.

	α	β	γ	s	θ	φ
Frankreich	0,294	0,500	0,570	0,211	0,620	1,072
Deutschland	0,176	0,533	0,430	0,216	0,583	1,040
Italien	0,625	0,433	0,600	0,214	0,651	1,187
Schweden	0,333	0,489	0,533	0,206	0,504	1,107
Neuseeland	0,244	0,400	0,850	0,124	0,596	1,035
Vereinigtes Königreich	0,385	0,133	0,580	0,180	0,675	0,980

10.8 Literaturverzeichnis

Barro, R. J. (1981): Output Effects of Government Purchases, Journal of Political Economy 89, 1086–1121.

Barro, R. J.; Gordon, D. B. (1983): Rules, Discretion, and Reputation in a Model of Monetary Policy, Journal of Monetary Economics 12, 101–21.

Başar, T. (1989): Time Consistency and Robustness of Equilibria in Non-Cooperative Dynamic Games, in: van der Ploeg, F.; de Zeeuw, A. (Hrsg.): Dynamic Policy Games in Economics, Amsterdam, 9–54.

Başar, T.; Olsder, G. (1999): Dynamic Noncooperative Game Theory, SIAM series "Classics in Applied Mathematics", Philadelphia.

Brandsma, A.; Hughes Hallett, A. (1984): Economic Conflict and the Solution of Dynamic Games, European Economic Review 26, 13–32.

Buti, M.; Eijffinger, S.; Franco, D. (2003): Revisiting the Stability and Growth Pact: Grand Design or Internal Adjustment? CEPR Discussion Papers, Nr. 3692.

Canzoneri, M. (2007): Coordination of Monetary and Fiscal Policy in a Monetary Union: Policy Issues and Analytical Models, Manchester School 75, Supplement, 21–43.

Currie, D. A.; Holtham, G.; Hughes Hallett, A. (1989): The Theory and Practice of International Economic Policy Coordination: Does Coordination Pay? In: Bryant, R.; Currie, D.; Frenkel, J.; Masson, P.; Portes, R. (Hrsg.): Macroeconomic Policies in an Interdependent World, Washington, D.C.

Currie, D.; Levine, P. (1991): The International Coordination of Monetary Policy: A Survey, in: Green, C.; Llewellyn, D. (Hrsg.): Surveys in Monetary Economics, Bd. I, Oxford.

Dieppe, A.; Kuster, K.; McAdam, P. (2004): Optimal Monetary Policy Rules for the Euro Area: An Analysis Using the Area Wide Model, ECB Working Paper Nr. 360.

Dixit, A. (2001): Games of Monetary and Fiscal Interactions in the EMU, European Economic Review 45, 589–613.

Dixit, A. K.; Lambertini, L. (2003): Interactions of Commitment and Discretion in Monetary and Fiscal Issues, American Economic Review 93, 1522–1542.

Dow, J. C. R. (1964): The Management of the British Economy 1945–60, Cambridge.

Europäische Kommission (1990): One Market, One Money, European Economy 44, Luxemburg.

Europäische Kommission (2002): Public Finances in EMU: 2, European Economy – Studies and Reports 4, Brüssel.

Fatas, A.; von Hagen, J.; Hughes Hallett, A.; Strauch, R.; Sibert, A. (2003): Stability and Growth in Europe, CEPR (MEI-13), London.

Galì, J.; Perotti, R. (2003): Fiscal Policy and Monetary Integration in Europe, Economic Policy 37, 533–571.

Hatten, T. J.; Chrystal, A. (1991): The Budget and Fiscal Policy, in: Crafts, N.; Woodward, N. (Hrsg.): The British Economy since 1945, Oxford.

HM Treasury (2003): Fiscal Stabilisation and EMU, HMSO, London.

Hughes Hallett, A. (1984); Noncooperative Strategies for Dynamic Policy Games and the Problem of Time Inconsistency, Oxford Economic Papers 36, 381–399.

Hughes Hallett, A. (1992): Target Zones and International Policy Coordination, European Economic Review 36, 893–914.

Hughes Hallett, A. (1998): When Do Target Zones Work? Open Economies Review 9, 115–138.

Hughes Hallett, A. (2005): In Praise of Fiscal Restraint and Debt Rules: What the Euro Zone Might Do Now, CEPR Discussion Papers, Nr. 5043.

Hughes Hallett, A.; Viegi, N. (2002): Inflation Targeting as a Coordination Device, Open Economies Review 13, 341–362.

Hughes Hallett, A.; Weymark, D. (2004): Policy Games and the Optimal Design of Central Banks, in: Minford, P. (Hrsg.): Money Matters, London.

Hughes Hallett, A.; Weymark, D. (2004a): Independent Monetary Policies and Social Equity, Economics Letters 85, 103–110.

Hughes Hallett, A.; Weymark, D. (2005): Independence before Conservatism: Transparency, Politics and Central Bank Design, German Economic Review 6, 1–25.

Hughes Hallett, A.; Weymark, D. (2007): Government Leadership and Central Bank Design, Canadian Journal of Economics 40, 607–627.

Lucas, R. E. (1972): Expectations and the Neutrality of Money, Journal of Economic Theory 4, 103–124.

Lucas, R. E. (1973): Some International Evidence on Output-Inflation Trade-Offs, American Economic Review 63, 326–334.

McCallum, B. T. (1989): Monetary Economics: Theory and Policy, New York.

Oudiz, G.; Sachs, J. (1984): Macroeconomic Policy Coordination among the Industrial Economies, Brookings Papers on Economic Activity 1, 1–64.

Plowden Report (1961): Report of Committee in Control of Public Expenditure, HMSO, London.

Prest, A. R. (1968): Sense and Nonsense in Budgetary Policy, Economic Journal 71, 1–18.

Price, R. W. R. (1978): Budgetary Policy, in: Blackaby, F. T. (Hrsg.): British Economic Policy 1960–74, Cambridge.

Radcliffe Report (1959): Committee on the Working of the Monetary System Report, Command 827, HMSO, London.

Svensson, L. (2003): What is Wrong with Taylor Rules? Using Judgement in Monetary Rules through Targeting Rules, Journal of Economic Literature 41, 426–477.

Taylor, J. B. (1993): Macroeconomic Policy in a World Economy: From Econometric Design to Practical Operation, New York.

Taylor, J. B. (1993a): Discretion vs. Policy Rules in Practice, Carnegie-Rochester Conference Series on Public Policy 39, 195–214.

Taylor, J. B. (2000): Discretionary Fiscal Policies, Journal of Economic Perspectives 14, 1–23.

Turner, D; Seghezza, E. (1999): Testing for a Common OECD Phillips Curve, OECD Economics Department Working Papers, Nr. 219.

Turrini, A.; in't Veld, J. (2004): The Impact of the EU Fiscal Framework on Economic Activity, European Commission, DG II, Brüssel.

Woodford, M. (2003): Interest and Prices: Foundations of the Theory of Monetary Policy, Princeton.

Kurzbiographien der Autoren

BALASSONE, Fabrizio, MSc (Banca d'Italia, Research Department, via Nazionale 91, 00184 Rom, Italien und Ministry of the Economy, State General Accounting Department, via XX Settembre 97, Rom, Italien, Tel.: +39–06-4761-0403, Fax: +39–06-4761-7557, Email: fabrizio.balassone@bancaditalia.it; fabrizio.balassone@tesoro.it).

Geboren am 8. Dezember 1963 in Sulmona (Italien). Er studierte Volkswirtschaftslehre von 1982 bis 1987 an der Universität Rom und 1988–1989 an der Universität York (UK), wo er einen MSc (mit Auszeichnung) erlangte. Im Zeitraum 1989–2004 arbeitete er in der Direktion für Finanzwissenschaft der Forschungsabteilung der Italienischen Zentralbank, wo er von 2003 bis 2004 Vizedirektor war. Von 2004 bis 2006 war er leitender Volkswirt in der fiskalpolitischen Sektion der Abteilung für Fiskalpolitik des Internationalen Währungsfonds. 2006 kehrte er zur Forschungsabteilung der Italienischen Zentralbank zurück und ist seit 2007 Berater des zentralen Rechnungsamts im italienischen Wirtschaftsministerium in Rom. Seine zahlreichen Veröffentlichungen in Fachzeitschriften und Büchern behandeln unter anderem Fragen der Fiskalpolitik, Nationalökonomie, Neuen Politischen Ökonomie und europäischen Integration.

BOHN, Henning, PhD, Prof. (Department of Economics, University of California Santa Barbara, NH 2127, Santa Barbara, CA 93106, USA, Tel.: +1–805-893-4532, Fax: +1–805-893-8830, und CESifo, Email: bohn@econ.ucsb.edu).

Geboren am 10. August 1960 in Frankfurt am Main. Er studierte Volkswirtschaftslehre und Mathematik an der Universität Mannheim von 1979 bis 1982 und wechselte dann an die Stanford University (USA), wo er einen MS in Statistik, MA in Volkswirtschaftslehre und 1986 das Doktorat in Betriebswirtschaftslehre erlangte. Er war Außerordentlicher Professor für Finanzwissenschaft an der Wharton School, University of Pennsylvania, ehe er 1992 an die University of California Santa Barbara kam, wo er Professor für Volkswirtschaftslehre ist. Er ist Forschungsbeauftragter des CESifo seit 1999. Seine Forschungsschwerpunkte umfassen eine Reihe von Themen in Finanzwissenschaft, Makroökonomik und internationaler Volkswirtschaftslehre, insbesondere Staatsschulden und Schuldenmanagement, staatliche Pensionen, intergenerative Risikoteilung, optimale Besteuerung, Abstimmungstheorien sowie Ökonomik der Bevölkerungsalterung.

BUTI, Marco, Dr. (GD Wirtschaft und Finanzen, Europäische Kommission, BU1 01/201, Avenue de Beaulieu, 1, 1049 Brüssel, Belgien, Tel.: +32–2-29-62246, Fax: +32–2-29-93504, Email: marco.buti@ec.europa.eu).

Marco Buti studierte an den Universitäten von Florenz und Oxford und arbeitet seit 1987 für die Europäische Kommission. Er war volkswirtschaftlicher Berater des Kommissionspräsidenten bis 2003. Von September 2003 bis August 2006 war er Direktor der Abteilung für Volkswirtschaften der Mitgliedstaaten der Generaldirektion für Wirtschaft und Finanzen, wo er am 1. September 2006 zum stellvertretenden Generaldirektor und im Dezember 2008 zum Generaldirektor ernannt wurde. Er war Gastprofessor an der Université Libre de Bruxelles, der Universität von Florenz und dem European University Institute. Er hat zahlreiche Veröffentlichungen über die EWWU, makroökonomische Politik, Reformen des Wohlfahrtsstaats und die Arbeitslosigkeit in Europa verfasst.

CUNHA, Jorge, MA (Banco de Portugal, Economic Research Department, Av. Almirante Reis, 71, 1150–012 Lissabon, Portugal, Tel.: +351–213128-358, Email: jmmccunha@bportugal.pt).

Jorge Correia da Cunha ist seit 1986 Volkswirt in der volkswirtschaftlichen Forschungsabteilung der Portugiesischen Zentralbank. Er war Leiter der Einheit für Staatsfinanzen von 1996 bis 2005 und ist derzeit Leiter der Abteilung für Staatsfinanzen und strukturelle Studien. Seine Veröffentlichungen befassen sich mit Staatsfinanzen, Fiskalpolitik und Steuern in Portugal sowie den fiskalpolitischen Regeln der EU. Seit 1998 ist er Vertreter der Portugiesischen Zentralbank in der Arbeitsgruppe für Staatsfinanzen des Europäischen Systems der Zentralbanken.

DEROOSE Servaas, Dr. (GD Wirtschaft und Finanzen, Europäische Kommission, Rue de la Loi 200, 1049 Brüssel, Belgien, Email: servaas.deroose@ec.europa.eu).

Servaas Deroose ist stellvertretender Generaldirektor der Generaldirektion für Wirtschaft und Finanzen (DG ECFIN) bei der Europäischen Kommission. Vor seiner Zeit bei der Europäischen Kommission war er Mitglied der Fakultät für Wirtschaftswissenschaften der Universität Gent (Belgien) und hat zahlreiche Artikel über die Wirtschaftspolitik in der EU, einschließlich Veröffentlichungen über den Stabilitäts- und Wachstumspakt, geschrieben.

EIJFFINGER, Sylvester, Prof. Dr. (CentER Tilburg University, RSM Erasmus University, CEPR und CESifo; CentER Tilburg University, Faculty of Economics, P. O. Box 90153, 5000 LE, Tilburg, Niederlande, Tel.: +31–13-4662411, Fax: +31–13-4663042, Email: s.c.w.eijffinger@uvt.nl).

Sylvester Eijffinger ist Professor für Finanzwissenschaft und Europäische Finanzmarktintegration an der Universität Tilburg. Er war unter anderem

Gastprofessor an der Harvard-Universität in Cambridge, MA, an der Universität von Johannesburg, der Universidade Catolica Portuguesa sowie der Universität München. Professor Eijffinger beschäftigt sich intensiv mit Geld- und Fiskalpolitik und war Gastwissenschaftler bei der Deutschen Bundesbank, den Nationalbanken Japans, Frankreichs und Englands, dem Board of Governors des Federal Reserve System und der Federal Reserve Bank of New York sowie Spezialberater für den Internationalen Währungsfonds und die Europäische Kommission. Er hat zahlreiche Artikel in renommierten volkswirtschaftlichen Fachzeitschriften veröffentlicht und ist Herausgeber mehrerer Fachjournale sowie Programmdirektor des European Summer Institute des Center for Economic Policy Research, London. Er ist einer der Gründungsväter des European Banking Center in Tilburg, war Mitglied des wirtschaftspolitischen Beirats des Niederländischen Parlaments und ist Mitglied der geldpolitischen Expertengruppe des Europäischen Parlaments für den geldpolitischen Dialog mit der EZB.

FRANCO, Daniele, Dr. (The State General Accounting Department, Ministry of Economy and Finance, Via Venti Settembre, 97–00187 Rom, Italien, Tel.: +39–06-4761-1)

Abschluss in Politikwissenschaften und MA in Unternehmensorganisation (Universität Padua), MSc in Volkswirtschaftslehre (Universität York). 1979 trat er in die Italienische Nationalbank ein. Von 1994 bis 1997 fungierte er als wirtschaftspolitischer Berater bei der Europäischen Kommission. Von 1999 bis 2007 war er Vorsitzender der Arbeitsgruppe für Finanzwissenschaft der Europäischen Zentralbank. Ab 1998 war er für Organisation und Vorsitz der internationalen Fiskalpolitik-Workshops der Italienischen Zentralbank zuständig. Am 20. Mai 2013 wurde er zum Leiter des zentralen Rechnungsamts des Staates Italien ernannt. Er hat an den Universitäten von Bergamo, Mailand (Cattolica) und Triest sowie am Institut für Öffentliche Verwaltung in Rom gelehrt. Er ist Autor von Büchern über Staatsausgaben, soziale Sicherheit und europäische fiskalpolitische Regeln sowie von zahlreichen Artikeln über Budgetpolitik, fiskalischen Föderalismus, Generationenbilanzierung, Besteuerung von Finanzvermögen und Einkommensverteilung.

GALLI, Emma, Dr. (Dipartimento di Teoria Economica e Metodi Quantitativi per le Scelte Politiche, Università di Roma La Sapienza, Piazzale Aldo Moro 5, 00185 Rom, Italien, Tel.: +39–06-49910627, Fax: +39–06-4453870, Email: e.galli@dte.uniroma1.it).

Master in Volkswirtschaftslehre an der George Mason University, Fairfax, VA; PhD in Wirtschafts-, Mathematik- und statistischer Analyse sozialer Phänomene an der Universität Rom La Sapienza. Emma Galli war Forschungsassistentin für Finanzwissenschaft an den Universitäten Rom La Sapienza und Catanzaro Magna Graecia und ist Professorin an der Universität Rom La Sapienza. Sie hat an den Universitäten in Rom, Viterbo, Catanzaro und L'Aquila die Fächer Finanzwissenschaft, Informationsökonomik und Wirtschaftspolitik gelehrt. Sie war auch Gastvortragende im zentralen Steuerdirektorat der Slowakischen Republik und Gast-wissenschaftlerin am Zentralarchiv für Empirische Sozialforschung in Köln sowie am Institut für Volkswirtschaftslehre der Universität Durham. Ihre Forschungsschwerpunkte sind Finanzwissenschaft, lokale Finanzen, Institutionenökonomik und Public Choice, und sie hat zahlreiche Artikel in nationalen und internationalen Fachzeitschriften veröffentlicht.

GREINER, Alfred, Prof. Dr. (Fakultät für Wirtschaftswissenschaften, Universität Bielefeld, 33501 Bielefeld, Deutschland, Tel.: +49–521-106-4859, Fax: +49–521-106-2994, Email: agreiner@wiwi.uni-bielefeld.de).

Alfred Greiner, geboren 1963 in Traunstein, studierte von 1984 bis 1989 Wirtschaftswissenschaften mit der Spezialisierung Volkswirtschaftslehre an der Universität Augsburg. Daran anschließend arbeitete er dort als wissenschaftlicher Mitarbeiter und promovierte 1993. Von 1994 bis 1996 hatte er ein DFG-Habilitandenstipendium inne und erhielt 1996 die venia legendi für Volkswirtschaftslehre. Seit Mai 2000 ist er Professor für Wirtschaftspolitik an der Universität Bielefeld. 1995 und 1998 forschte er als Visiting Research Fellow an der New School University in New York. Seine Forschungsschwerpunkte liegen auf dem Gebiet der dynamischen Makroökonomik und der Finanzwissenschaft, wobei er sich insbesondere mit den Auswirkungen staatlicher Steuer- und Verschuldungspolitiken auf die Wachstumsraten von Volkswirtschaften befasst. Professor Greiner war Berater der Weltbank und hat zahlreiche Aufsätze in internationalen Fachzeitschriften veröffentlicht.

HABER, Gottfried, Univ.-Prof. Mag. Dr. (Zentrum für Management im Gesundheitswesen, Donau Universität Krems, Dr. Karl-Dorrek-Strasse 30, A-3500 Krems, Österreich, Tel.:+43 (2732) 893–2603, Fax: +43 (2732) 893–4602, Email: gottfried.haber@donau-uni.ac.at, http://www.haber.at/).

Er wurde am 3. Dezember 1972 in Wien geboren. Diplomstudium der Volkswirtschaft und der Betriebswirtschaft an der Wirtschaftsuniversität Wien von 1992 bis Dezember 1996. Juni 2000 Promotion summa cum laude zum Doktor der Sozial- und Wirtschaftswissenschaften an der Wirtschaftsuniversität Wien. Von 1997 bis 2006 Universitätsassistent an der Universität Klagenfurt, Habilitation 2006, ab 2007 Außerordentlicher Universitätsprofessor. Seit 2012 Universitätsprofessor an der Donau-Universität Krems, zuständig für die Bereiche „Management im Gesundheitswesen" sowie „Wirtschafts-, Budget- und Finanzpolitik", seit 2014 auch Vizedekan der Fakultät für Gesundheit und Medizin. 2009 bis 2015 Vorsitzender des Wirtschaftspolitischen Beirates des Landes Kärnten, 2012 bis 2016 stellvertretender Aufsichtsratsvorsitzender der Kärntner Krankenanstaltenbetriebsgesellschaft (KABEG), seit 2013 Mitglied des Generalrates der OeNB und Vizepräsident des Fiskalrates, seit 2015 Mitglied des Aufsichtsrates der HYPO NOE Gruppe Bank sowie der HYPO NOE Landesbank, seit 2016 Mitglied des Aufsichtsrates der EBG MedAustron GmbH. Forschungsschwerpunkte sind unter anderem Wirtschaftspolitik, Makroökonomik, quantitative Methoden in der Volkswirtschaft, Computational Economics, angewandte Ökonometrie und europäische Integration.

HOLZMANN, Robert, o. Univ.-Prof. Mag. Dr. (Social Security Research Centre (SSRC), Faculty of Economics & Administration, University of Malaya, 50603 Kuala Lumpur, Malaysia, Tel.: +603–7967-3774, Email: robert.holzmann@gmail.com)

Er wurde am 27. Februar 1949 in Leoben, Steiermark geboren. Er studierte an den Universitäten Graz, Grenoble (Frankreich), Bristol (England) und Wien Volkswirtschaft, wo er 1977 promovierte. Von 1975 bis 1992 war er Universitätsassistent, Assistenzprofessor bzw. ao. Professor am Institut für Wirtschaftswissenschaft der Universität Wien, an der er sich 1983 habilitierte. 1985–1987 war er als Principal Administrator bei der OECD in Paris und 1988–1990 als Senior Economist beim Internationalen Währungsfonds in Washington tätig. Ab 1992 war er ordentlicher Professor für Volkswirtschaft, insbesondere Internationale und Europäische Wirtschaft, und Direktor des Europa-Instituts an der Universität des Saarlandes, Saarbrücken. Ab Mai 1997 war er Direktor bei der Weltbank in Washington und für konzeptuelle und strategische Fragen im Bereich der sozialen Sicherheit weltweit zuständig; 2011 trat er bei der Weltbank in den Ruhestand. Er ist Honorarprofessor an der University of Malaya (Kuala Lumpur) und der University of New South Wales (Sydney) sowie ordentliches Mitglied der Österreichischen Akademie der Wissenschaften. In seinen zahlreichen Publikationen hat er sich u. a. mit Fragen der Wirtschaftspolitik und Finanzwissenschaft, europäischen Integration und osteuropäischen Reformen, den mikro- und makroökonomischen Problemen der Altersversicherung, Arbeitsmärkten und sozialen Sicherungsnetzen beschäftigt.

HUGHES HALLETT, Andrew, PhD, Prof. (Department of Economics and Public Policy, School of Public Policy, George Mason University, Fairfax, VA 22030, USA, Tel.: +1–703-993-2280, Fax: +1–703-993-2284, Email: ahughesh@gmu.edu).

Andrew Hughes Hallett wurde am 1. November 1947 geboren. Er studierte an der Universität Warwick, der London School of Economics und am Nuffield College der Universität Oxford, wo er 1976 promovierte. Von 1973 bis 1977 war er Lehrbeauftragter an der Universität Bristol (UK), von 1977 bis 1985 Außerordentlicher Professor an der Erasmus-Universität (Niederlande), von 1985 bis 1989 Ordentlicher Professor an der Universität Newcastle, von

1989 bis 2001 Ordentlicher Professor für Volkswirtschaftslehre an der Universität Strathclyde in Glasgow, 2001 bis 2007 an der Vanderbilt University in Tennessee (USA) und seither an der George Mason University und an der University of St Andrews, Schottland. Unter anderem ist er Research Fellow des Centre for Economic Policy Research, London, Fellow der Royal Society of Arts und war Gastprofessor an der Princeton Universität, USA. In zahlreichen Büchern und Aufsätzen in Fachzeitschriften und Sammelbänden hat er sich unter anderem mit Problemen der Makroökonomik offener Volkswirtschaften, wirtschaftspolitischer Koordination, der Geld- und Fiskalpolitik in Europa, den internationalen Finanz- und Handelsbeziehungen, der Theorie der Wirtschaftspolitik sowie der dynamischen Spieltheorie und der Entscheidungstheorie auseinandergesetzt. Daneben hat er häufig journalistische Beiträge und Gutachten für verfasst und war als Experte für zahlreiche Regierungen und als Herausgeber von Fachzeitschriften tätig.

KLINGLMAIR, Andrea, Mag. Dr. (Diakonie de La Tour gemeinnützige Betriebsgesellschaft mbH, A-9020 Klagenfurt, Tel.: +43–463-32303-325, Fax: +43–463-32303-399, Email: andrea.klinglmair@diakonie-delatour.at).

Sie wurde am 10. Februar 1983 in Steyr (Oberösterreich) geboren. Von 2002 bis 2006 studierte sie Wirtschaftswissenschaften mit dem Studienschwerpunkt Volkswirtschaftslehre an der Johannes Kepler Universität Linz. Ende 2010 begann sie ihr Doktoratsstudium im Fach Volkswirtschaft an der Alpen-Adria-Universität (AAU) Klagenfurt und promovierte im Februar 2013. Von 2007–2016 war sie als wissenschaftliche Mitarbeiterin am Kärntner Institut für Höhere Studien (KIHS) in Klagenfurt beschäftigt. Ihre Forschungsschwerpunkte lagen im Bereich der Energie- und Umweltökonomik, Wirtschafts- und Regionalpolitik sowie der angewandten Ökonometrie. Seit Juni 2016 im Sozialbereich bei der Diakonie de La Tour in Kärnten tätig. Daneben externe Lektorin am Institut für Volkswirtschaftslehre der Alpen-Adria-Universität Klagenfurt.

KÖLLER, Uwe, (Fakultät für Wirtschaftswissenschaften, Universität Bielefeld, D-33501 Bielefeld, Deutschland, Tel.: +49–521-106-6936, Fax: +49–521-106-2994, Email: ukoeller@gmx.de).

Er wurde am 18. April 1973 geboren. Von 1992 bis 1994 absolvierte er eine Lehre zum Bankkaufmann, anschließend studierte er von 1994 bis 2002 Volkswirtschaftslehre an der Universität Bielefeld. Nach seinem Abschluss 2002 war er als wissenschaftlicher Mitarbeiter am Lehrstuhl für quantitative Wirtschaftspolitik von Prof. Willi Semmler tätig. 2005 bis 2006 war er Mitglied der Bielefelder Forschungsgruppe des ESEMK-Projektes, gefördert durch die Europäischen Union, welches die Diversität bestehender sozioökonomischer Modelle analysierte. Seine Forschungsschwerpunkte liegen auf dem

Gebiet der Ökonometrie und empirischen Wirtschaftsforschung und dabei insbesondere im Bereich der Nachhaltigkeit von Finanzpolitiken.

LANGENUS, Geert (National Bank of Belgium, Research Department, Boulevard de Berlaimont 14, 1000 Brüssel, Belgien, Email: geert.langenus@nbb.be).

Geert Langenus arbeitet als Volkswirt in der Forschungsabteilung der Belgischen Zentralbank, wo er Leiter der Einheit für Volkseinkommensrechnung und Konjunktur ist. Während er auch Themen wie EU-Integration und internationale Wirtschaftsbeziehungen lehrt, liegt sein Hauptaugenmerk auf Fragen der Fiskalpolitik. Seine Forschungsinteressen und Expertenschwerpunkte beinhalten die Verwaltung öffentlicher Finanzen, fiskalpolitische Nachhaltigkeit, strukturelle Budgetsalden und den fiskalischen Föderalismus.

LARCH, Martin (GD Wirtschaft und Finanzen, Europäische Kommission, Rue de la Loi 200, 1049 Brüssel, Belgien, Email: martin.larch@ec.europa.eu).

Martin Larch ist volkswirtschaftlicher Berater in der Abteilung für wirtschaftspolitische Studien und Forschung der Generaldirektion für Wirtschaft und Finanzen (DG ECFIN) bei der Europäischen Kommission. 2008–2010 war er als Berater des Kommissionspräsidenten José Manuel Barroso tätig. Seine Aktivitäten konzentrieren sich auf öffentliche Finanzen und Fiskalpolitik in der EU.

MANZKE, Bernhard, Dr. (Deutsche Bundesbank, Wilhelm-Epstein-Str. 14, 60431 Frankfurt/Main, Deutschland, Email: bernhard.manzke@bundesbank.de).

Bernhard Manzke, geboren 1966, arbeitet als Chefvolkswirt in der Abteilung für Öffentliche Finanzen des volkswirtschaftlichen Forschungszentrums der Deutschen Bundesbank.

NECK, Reinhard, o. Univ.-Prof. Mag. Dr. (Institut für Volkswirtschaftslehre, Alpen-Adria-Universität Klagenfurt, 9020 Klagenfurt, Österreich, Tel.: +43–463-2700-4121, Fax: +43–463-2700-4191, Email: reinhard.neck@aau.at).

Er wurde am 19. Mai 1951 in Wien geboren. Von 1970 bis 1975 studierte er Volkswirtschaft und Sozial- und Wirtschaftsstatistik an der Universität Wien, wo er 1975 sub auspiciis praesidentis promoviert wurde. Er war Universitätsassistent an der Universität Fribourg (Schweiz) und an der Wirtschaftsuniversität Wien, an der er 1991 habilitiert wurde. 1991 bis 1992 war er Joseph Schumpeter Research Fellow an der Harvard University, Cambridge, MA (USA). Von 1992 bis 1995 war er Professor für Volkswirtschaftslehre/quantitative Wirtschaftspolitik an der Universität Bielefeld (BRD), von 1995 bis 1997 Professor für Volkswirtschaftslehre/Finanzwissenschaft an der Universität Osnabrück (BRD). Seit 1997 ist er Ordentlicher Universitätsprofessor für Volkswirtschaftslehre an der Universität Klagenfurt, seit 1999 Gastprofessor an der Universität Ljubljana (Slowenien). In zahlreichen Publikationen in Fachzeitschriften und Sammelbänden hat er sich unter anderem mit Problemen der Wirtschaftspolitik, der Makroökonomik, der angewandten Ökonometrie, der Finanzwissenschaft, der europäischen Integration und mit philosophischen Problemen der Wirtschaftswissenschaften beschäftigt.

PADOVANO, Fabio, PhD, Prof. (Dipartimento di Istituzioni Politiche e Scienze Sociali und Center for Research on the Economics of Institutions, Università Roma Tre, Via G. Chiabrera 199, 00145 Rom, Italien, Tel.: +39–06-54085320, Fax: +39–06-54085280; Email: padovano@uniroma3.it)

Fabio Padovano ist Professor für Finanzwissenschaft an der Universität Roma Tre und Direktor des Centre Condorcet for Political Economy an der Université de Rennes 1 in Frankreich. Er war Gastprofessor an der University of Western Ontario (Kanada), der University of Maryland (USA), der George Mason University (USA), der Universität Fribourg (Schweiz), Gastforscher an der London School of Economics and Political Science (UK) und Gastprofessor an der Université de Rennes 1. Seinen PhD in Volkswirtschaftslehre erhielt er an der George Mason University, wo er auch Forschungsassistent beim Nobelpreisträger Professor James M. Buchanan war, und er erhielt ein Dottorato di Ricerca in Metodi Quantitativi per le Scienze Sociali an der Università di Roma La Sapienza. Ferner war er Präsident der European Public Choice Society und Mitglied des Consiglio Scientifico della Società Italiana di Economia Pubblica (SIEP). Professor Padovano ist Mitherausgeber zahlreicher Fachzeitschriften und Autor zahlreicher Publikationen in internationalen Zeitschriften und Büchern. Seine Forschungsinteressen liegen in den Gebieten Public Choice, Politische Ökonomie, Ökonomik des Rechts und lokale öffentliche Finanzen. Er war Berater der Banca d'Italia, der Confindustria und des Ministero dell'Interno in Italien.

PAVOT, Jeanne (Banque de France, 31 rue Croix des petits champs, 75001 Paris, France, Email: jeanne.pavot@banque-france.fr).

Jeanne Pavot ist seit 2005 als Volkswirtin in der Abteilung für Konjunktur und Makroökonomische Prognosen der Französischen Zentralbank tätig. Nach drei Jahren in der Einheit für Finanzwissenschaft arbeitet sie nun an der Erstellung von Wirtschaftsprognosen in der Makroanalyse- und Prognoseabteilung. Ihre Schwerpunkte beinhalten u.a. die Fiskalpolitik Frankreichs und der EU sowie makroökonomische Entwicklungen.

PRAMMER, Doris, Dipl.-Ing. Dr. (Oesterreichische Nationalbank, Otto Wagner Platz 3, 1090 Vienna, Austria, Email: doris.prammer@oenb.at)

Doris Prammer hat ein Studium der Angewandten Mathematik an der Technischen Universität Wien und anschließend eine postgraduale Ausbildung in Volkswirtschaftslehre am Institut für Höhere Studien in Wien absolviert.

Seit 2000 ist sie bei der Oesterreichischen Nationalbank im Bereich der Finanzwissenschaft mit Schwerpunkt Österreich tätig. Derzeit ist sie an die Europäische Kommission entsandt, um an den wirtschaftlichen Aspekten der Besteuerung zu arbeiten.

SCHÄCHTER, Andrea, Dr. (International Monetary Fund, Fiscal Affairs Department, Fiscal Policy and Surveillance Division, 700 19th Street, NW, Washington, DC 20431, USA, Email: aschaechter@imf.org).

Andrea Schächter ist leitende Volkswirtin in der Abteilung für fiskalpolitische Angelegenheiten des Internationalen Währungsfonds (IWF) in Washington, DC. Sie hat verschiedene Stellen als Volkswirtin beim IWF bekleidet, unter anderem in den Abteilungen für Europa bzw. Afrika sowie der Abteilung für Geld- und Kapitalmärkte. Bevor sie beim IWF tätig wurde, war Andrea Schächter Mitglied des wissenschaftlichen Mittelbaus der Universität Würzburg, Deutschland.

SEMMLER, Willi, Univ.-Prof. Dr. (Fachbereich Wirtschaftswissenschaften, Universität Bielefeld, 33512 Bielefeld, Deutschland, Tel.: +49–521-1064857, Fax: +49–521-1062994, Email: wsemmler@wiwi.uni-bielefeld.de).

Willi Semmler ist Arnhold Professor of International Cooperation and Development an der New School University, New York. Er hat neben seiner Tätigkeit an der New School in den letzten Jahren auch gleichzeitig eine Gastprofessur an der Universität Bielefeld (Deutschland) inne. Im Herbst 2011 war er Fulbright Professor an der Wirtschaftsuniversität Wien. Seine Forschungs- und Lehrgebiete sind Empirische Makroökonomik, Industrieökonomik, Finanzwirtschaft und Internationale Volkswirtschaftslehre. Er ist Autor und Koautor von zahlreichen Fachbüchern und Artikeln in Fachzeitschriften. Er ist Ko-direktor des Center for Empirical Macroeconomics, Universität Bielefeld, Mitglied im Scientific Committee der Society for Computation in Economics and Finance und der Gesellschaft für Nonlinear Dynamics and Econometrics. Er ist Mitherausgeber zweier wissenschaftlicher Buchreihen (Peter Lang and Springer Verlag) und Berater und Mitautor von Artikeln für die Weltbank und Gutachter für EU-Forschungsprojekte zur europäischen Makroökonomie. Er schreibt monatliche Kolumnen für den Spiegel-online.

TOMMASINO, Pietro (Banca d'Italia, Via Nazionale, 91, 00184 Rome, Italy, Email: pietro.tommasino@bancaditalia.it).

Pietro Tommasino ist Ökonom in der Forschungsabteilung der Banca d'Italia. Er studierte an der Bocconi Universität in Mailand, wo er einen MSc und einen PhD in Volkswirtschaftslehre erwarb. Seine Forschungsinteressen liegen in den Gebieten Finanzwissenschaft (insbesondere Pensionsökonomik), Fiskalpolitik und Politische Ökonomie.

ZOTTERI, Stefania, MPhil, PhD (Banca d'Italia, Research Department, Via Nazionale 91, 00184 Rom, Italien, Tel.: +39–06-4792-3168, Fax: +39–06-4792-2324, Email: stefania.zotteri@bancaditalia.it).

Geboren am 30. Mai 1971 in Görz (Gorizia, Italien). Von 1990 bis 1995 studierte sie Volkswirtschaftslehre und Sozialwissenschaften an der Bocconi-Universität Mailand. Von 1996 bis 1998 studierte sie in Oxford (UK) und schloss mit einem Master of Philosophy in Volkswirtschaftslehre ab. 1999 promovierte sie im Fachbereich Volkswirtschaftslehre an der Università Cattolica in Mailand. Sie war Universitätsassistentin an der Bocconi-Universität Mailand von 1995 bis 1996. Seit 1998 arbeitet sie in der Forschungsabteilung für Finanzwissenschaft der Italienischen Zentralbank. Ihre Veröffentlichungen und Forschungsschwerpunkte befassen sich unter anderem mit Fragen der Fiskalpolitik, fiskalpolitischen Indikatoren, Fiskalregeln, Besteuerung, Wirtschaftswachstum und Humankapital.

Schriftenreihe des Robert Holzmann Instituts zur Analyse wirtschaftspolitischer Aktivitäten

Herausgegeben von Robert Holzmann und Reinhard Neck

Band 1-20 erschienen im Manz Verlag Wien

Ludwig Boltzmann-Institut für ökonomische Analysen wirtschaftspolitischer Aktivitäten

Band 1 Bernd Genser (Hrsg.): Abfertigungsregelungen im Spannungsfeld der Wirtschaftspolitik. Eine Interdisziplinäre Analyse. 1987.

Band 2 Peter Findl / Robert Holzmann / Rainer Münz: Bevölkerung und Sozialstaat. Szenarien bis 2050. 1987.

Band 3 Robert Holzmann (Hrsg.): Ökonomische Analyse der Sozialversicherung. Ergebnisse für Österreich. 1988.

Band 4 Gerhard Clemenz / Georg Inderst: Ökonomische Analyse der Ladenöffnungszeiten. 1989.

Band 5 Friedrich Schneider / Rainer Bartel: Gemeinwirtschaft versus Privatwirtschaft. Ein Effizienzvergleich. 1989.

Band 6 Friedrich Schneider / Markus F. Hofreither (Hrsg.): Privatisierung und Deregulierung öffentlicher Unternehmen in westeuropäischen Ländern. Erste Erfahrungen und Analysen. 1990.

Band 7 Rainer Bartel / Gerald Pruckner: Deficit Spending and Stabilization Behaviour in Austria. An Empirical Analysis of the Budget Balance in the Central and General Government Sector. 1992.

Band 8 Günther Pöll / Friedrich Schneider: Einweg-Mehrweg-Verpackungsdiskussion. Ökonomische und abfallwirtschaftliche Beurteilung von Mehrweg-Quoten am Beispiel Fruchtsaft. 1992.

Ludwig Boltzmann-Institut zur Analyse wirtschaftspolitischer Aktivitäten

Band 9 Reinhard Neck / Friedrich Schneider (Hrsg.): Österreich und Europa 1993. Herausforderungen der europäischen Integration für eine kleine offene Volkswirtschaft. 1993.

Band 10 Robert Holzmann / Reinhard Neck (Hrsg.): Konjunktureffekte der österreichischen Budgetpolitik. 1993.

Band 11 Manfried Gantner (Hrsg.): Budgetausgliederungen – Fluch(t) oder Segen? 1994.

Band 12 Sohbet Karbuz: Macroeconomic Decision Support for Developing Countries. The Case of Turkey. 1995.

Band 13 Wolfram Krendlesberger: Handelbare Belastungsrechte in der Umweltpolitik. Theorieorientierte Untersuchung mit Schwerpunkt Österreich. 1996.

Band 14 Robert Holzmann / Reinhard Neck (Hrsg.): Ostöffnung: Wirtschaftliche Folgen für Österreich. 1996.

Band 15 Reinhard Neck / Friedrich Schneider (Hrsg.): Politik und Wirtschaft in den neunziger Jahren. Empirische Untersuchungen zur Neuen Politischen Ökonomie. 1996.

Band 16 Reinhard Neck / Robert Holzmann (Hrsg.): Was wird aus Euroland? Makroökonomische Herausforderungen und wirtschaftspolitische Antworten. 1999.

Band 17 Reinhard Neck / Robert Holzmann / Friedrich Schneider (Hrsg.): Staatsschulden am Ende? Ursachen, Wirkungen und Zukunftsperspektiven. 2000.

Band 18 Klaus Weyerstraß: SLOPOL. Ein makroökonomisches Modell für Slowenien. 2001.

Band 19 Werner Neudeck: Das österreichische Gesundheitssystem. Eine ökonomische Analyse. 2002.

Band 20 Gottfried Haber: Simulation und optimale Kontrolle der österreichischen Wirtschaft. 2002.

Ab Band 21 erscheint die Reihe bei Peter Lang

Band 21 Reinhard Neck / Robert Holzmann (Hrsg.): Nachhaltigkeit der Staatsverschuldung. 2017.

www.peterlang.com

www.ingramcontent.com/pod-product-compliance
Ingram Content Group UK Ltd.
Pitfield, Milton Keynes, MK11 3LW, UK
UKHW021858290926
8980IPUK00005B/893

9 783631 609798